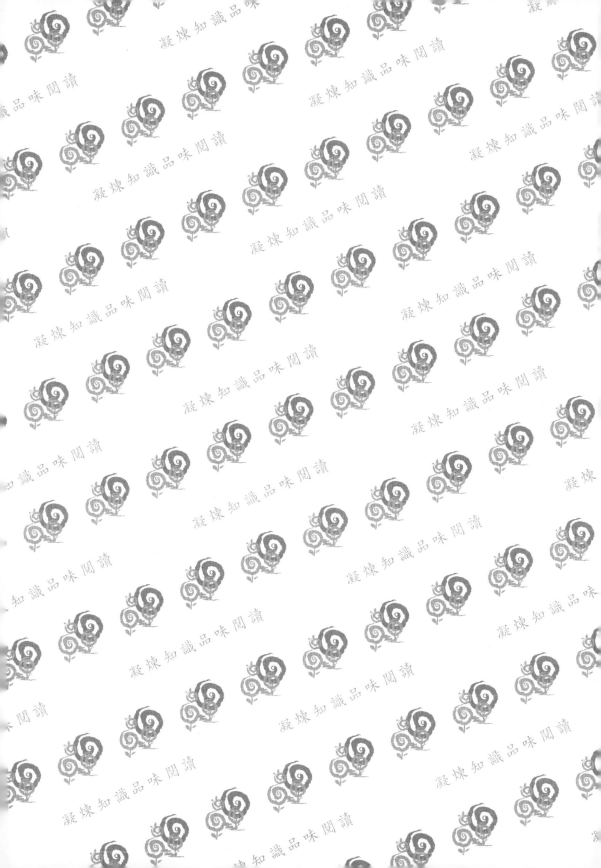

民事法系列

家事事件法疏義

賴淳良 著

五南圖書出版公司 印行

推薦序 PREFACE

家事事件法規範新詮

在法學思維中，關於對立觀念，常以二分法表達，以收簡明扼要之效，例如：大陸法系vs.海洋法系、實體法vs.程序法，或財產法vs.身分法等。尤其在大陸法系傳統中，常運用抽象概念，以建構法律體系，試圖形成學術性的法律（WissenschaftlichesRecht，由薩維尼倡議）。此一「法律科學」理想，一方面固然得以執簡馭繁，對於事物一目瞭然；另一方面則因趨向形式化，致易僅專注於「法律」，難免與社會脫節。就此發展，各種批判理論應運而生，法律因而孕育生命，法學隨同不斷演化。

無論大陸法系的利益法學、自由法學或法社會學，海洋（普通）法系的工具論或法唯實論、法程序學派，均已認知法學的對象，不僅是概念的建構，更應是社會生活問題的解決，法學遂與社會科學有所接軌。基本上，無論何種法系或法律領域，均以特定時間、空間生活關係爲對象，並基於特定規範，採取特定理論，運用特定方法，解決相關紛爭。換言之，在不同法律體系中，針對法律規範的原則、規則，不同理論均以某種正義理念爲前提，據以建立宏觀藍圖與分析架構，回應特定時空或具體個案的挑戰。基此，對於法律的詮釋，無非是人對正義的回應。

著名法諺所稱：有社會斯有法，家庭雖是最小的社會，但因家庭成員互動密切，衍生千絲萬縷關係，一旦有所衝突、產生紛爭，恩怨情仇不免浮上檯面，糾結難纏事務所在多有，妥適解決難度高於其他類型案件。此時如純粹專注於「法律」層面，不免有江郎才盡的感慨，唯與醫學、心理、社會工作或其他社會科學領域合作，方能協力共構、互補不足。同時，家庭組織既是微型社會，對其成員身分、財產問題定紛止爭，因所涉關係錯綜複雜，在處理機制、方法，甚至觀念上均有獨特之處，如非經特殊設計，實難妥適因應，此即我國家事事件法（下稱「本法」）誕生的背景。

有趣的是，本法形式上雖脫胎於民事訴訟法典，實質上卻已換骨爲嶄新典範，而在新、舊典範轉移之間，相關爭議難免接踵而至。尤其關於本法的概念、體系及價值判斷，因在設計上與眾不同，致法學論理方法向所重視元素，諸如概念化、形式化及邏輯推理，於本法部分規範的解讀上爭議叢生，而法律人所重視的共同詮釋模式，亦連帶遭受重大質疑。從而，不僅實務家有所困惑，初學者更有無所適從之感。因此，本法施行雖已屆滿十年，但對於不少學子及實務家而言，仍然企盼基於共享的詮釋文化，結合理論基礎與實務經驗，藉以整合詮釋規範的佳構。

本書作者賴律師淳良，人如其名，淳厚善良。自臺灣大學畢業後，因嚮往學問之道，復於輔仁大學深造，受業於馬大法官漢寶教授，除浸淫基礎法學外，對於國際私法鑽研尤深，先後榮獲法學碩士、博士學位。淳良兄自1990年起職司審判，歷任地方法院法官、庭長及高等法院法官、審判長，前後長達近30年，其間曾遊學西雅圖華盛頓大學。此種理論與實務兼備的背景，及馬師博學鴻儒的身教，使淳良兄論述行文，秉持治學古風，於廣泛涉獵之餘，尤重追根究柢，審慎推論，思辨異同，篤實貫徹，適切映照思上書屋學風。淳良兄近年主持華嚴法律事務所，在浩瀚無涯的世間，以慈悲胸懷與智慧理念，爲芸芸眾生指點法律迷津，因緣具足，成就美事！

另一方面，淳良兄曾任司法官學院及法官學院講座，並自1996年起兼任國立東華大學教席，作育英才、如魚得水，其間未曾中斷思上、向善歷程，嗣更將學思所得出版論文專集。而其承襲馬師儒雅學風，對於法學思索與闡述推理，特重分析問題的基礎規則，於博覽群籍、考察眾說之餘，不失睿智洞見，允執厥中，文如其人！此外，淳良兄更心繫傳世之作，毅然承擔協助修訂馬師經典著作的重任，厥功至偉！

淳良兄任職法界期間，除累積豐富民事及家事審判經驗外，並曾擔任司法院少年及家事廳副廳長，親自參與本法草案研議過程，個人在因緣際會下，於此期間有緣共事，深知其思慮縝密、謙遜好學。

基此背景，淳良兄對於研議過程的激盪與折衝，諸如理念對立、概念分歧、體系統合、價值選擇等複雜議題，自然知之甚稔。值得慶幸的是，淳良兄在服務眾生之餘，仍勤於筆耕，集數年心力，撰述《家事事件法疏義》一書，體例分明，深入淺出。本書不僅對於程序法理及各類事件，詳加闡析、提問釋疑，並對於複雜而充滿爭議的規範內涵，疏通文理、解說事理、闡明法理，讀來令人如沐春風！尤以淳良兄的人格特質，字裡行間躍然紙上，並將本法規範的形式對立，以巧思加以融合、會通，展現非凡學養與見識！

個人結識淳良兄多年，早知才德兼備及樸實風格，無論治學或爲人處事，其道一以貫之。適值本書問世之際，個人有幸先睹爲快，獲益良多！爰樂意極力推薦，並對作者嘔心瀝血成果，嘉惠學子與實務家，聊表個人敬佩之意！

國立政治大學法學院
院長　許政賢謹識
公元2023年母親節前夕

自序 PREFACE

本書旨在梳理家事事件法，依照家事事件法結構，依序說明法律體系、概念、文字承載的程序法理。以程序權、兒童權利、老人權利、身心障礙者權利等基本人權內容保障爲經緯。由簡入繁，由通則而到各類家事事件。家事事件法是程序法，本書自應以梳理程序法理爲主要內容，旁及必要的實體法理。本書除作爲學校教材之用外，也提供法律實務家從事實務工作之所需。又鑑於家事事件審理之理念，結合醫學、心理、社工等各專業人士，共同妥適處理家庭成員之關係。因此本書納入若干非法律領域的文字說明，如調解、監護宣告、嚴重病人等等，以增加法律的可親近度，又將文字及各項法律問題的討論簡化說明，使讀者更容易閱讀瞭解。

宋代辛棄疾曾經寫下一首詞《清平樂・村居》，描寫家人互動的情景。「茅檐低小，溪上青青草。醉里吳音相媚好，白髮誰家翁媼？大兒鋤豆溪東，中兒正織雞籠。最喜小兒亡賴，溪頭臥剝蓮蓬。」無論是否爲有血緣的家庭成員，或是婚姻關係，家庭生活都是每一個人成長、生育、衰老不可或缺，也無法避免的重要組成部分。

家庭成員間的規範，並非想當然耳的應當存在。無論是馬斯洛的需求層級理論，或是修身齊家的儒家思想，個人的發展成長，家庭都扮演著重要的角色，發揮著重要關鍵的功能。家事事件法之制定，正是因應快速變遷的社會中，家庭生活成員及家庭功能，包含婚姻、親子、繼承、矜寡孤獨者的照顧，邁向未來的可能典範移轉。

本書的完成，首先感謝政治大學許政賢教授的鞭策及鼓勵。家事事件法於2011年公布後，許政賢教授即在月旦法學雜誌第209期發表〈人事訴訟的典範轉換？！—以家事事件合併審理制度爲例〉一文，討論家事事件程序法理因爲家事事件法之公布，而可能產生典範移轉，深刻改變既有的訴訟法理，無論是法律之繼受或是再生，都深具啓發性。家事事件法完成立法過程中，許多先進、教授、法官、律師以及其他領域專業人士的投入，許多老師輩的教授們，辛苦地閱讀文獻、研擬法律草案文字，思考如何讓這部完全本土生產的法律臻於完美，令人尊崇。筆者任職司法院少年家事廳期間，參與家事事件法制定過程，兩位廳長的主事，以及諸位調辦事法官的協助，已經退休的編纂林敏蕙，二科張科長、淑愼、美君，三科林科長、麗瑛與育丞以及其他同仁付出的心血，均使本書成爲可以一起回憶留念的成果。此外，政治大學戴瑀如教授熱心鼓勵並提供資料，林秀雄老師、鄧學仁教授不吝指正，內人陳淑媛法官提供了30年實務工作的經驗，也都成爲本書的肌理。筆者才疏學淺，諸多因緣，草成本書，希望有助這株在本土摘種的樹苗，更加茁壯成長。若有缺誤之處，還請方家多多指正。最後感謝五南圖書公司劉副總編輯之支持及呂編輯伊眞耐心精確的校對。

賴淳良

2023年9月3日

目錄 CONTENTS

第一編

總則

本編目次

第一章　緒論

第一節　家事事件法與基本人權

壹、訴訟權

一、當事人程序主體權

當事人作爲國民主權之主體，依照憲法第2條所揭示之國民主權原則、國民之人格尊嚴[1]，理應擁有參與形成、決定所處社會之行爲規範的權利，包含透過論證程序形成立法，也包含參與法院之論證程序形成具體規範。因此憲法除了第2條揭示國民主權原則之外，第16條更規定人民得參與訴訟程序，享有訴訟權，參與具體規範之形成與建立的訴訟權。因此，司法裁判之程序構成及運作，均應以確保人民作爲國民主體，得以完整參與具體規範形成建立之程序爲主要內容，此即當事人程序主體原則之展現。相應於此項原則，必須賦予當事人程序上諸種權利，此即當事人程序主體權[2]。

當事人以書狀陳明某項爭議原因事實，請求法院爲適當之判決、裁定，旨在要求法院爲「愼重而正確之裁判」，也同時要求法院爲「迅速而經濟之裁判」[3]。前者旨在促使法院認清事實，正確適用法律，給予當事人符合實體法規範之裁判，此即當事人之實體利益；後者旨在促使法院以最有效率之方式完成裁判，此即當事人之程序利益。據此，當事人程序主體地位之諸權利，體現在審理程序之各個階段，由前階段之起訴聲請程序，經準備程序、言詞辯論程序等審理階段，到審理之後階段，即受裁判效力影響之階段均包含在內。

由於家事事件之審理與裁判，不僅影響身分關係之當事人，還會

---

1 邱聯恭，《司法之現代化與程序法》，1992，頁111。

2 邱聯恭，《司法之現代化與程序法》，1992，頁111-112、118註52。邱聯恭教授稱之爲當事者權。

3 邱聯恭，《司法之現代化與程序法》，1992，頁113。

影響到其他人，因此也有必要在受審理及裁判影響之範圍內，保障第三人之程序權[4]。家事事件法分別於第40條規定家事訴訟事件應使第三人參與程序、第76條規定家事非訟事件之第三人參與程序。

家事事件法也依照上述憲法所揭示程序權保障之基本原則，參考德國2009年家事及非訟事件法之規定，除了延續家事訴訟程序之程序權保障外，更強調在家事非訟審理程序中，所應保障的程序權。至於民事訴訟法上所保障之程序權，如公正程序請求權，也同樣適用於家事審理程序中。

二、聽審請求權

聽審請求權係指當事人請求參與裁判程序，提出攻擊防禦方法、陳述意見或言詞辯論的權利而言[5]。聽審請求權也可以包含知悉權以及陳述權，並因而形成法院之審酌義務[6]。知悉權係指當事人瞭解訴訟繫屬、審理進程、接觸訴訟資料的權利。陳述權係指當事人依照訴訟所得資料，聲明調查證據、主張事實、說明法律意見的權利。陳述權之標的包含事實、證據以及法律意見。

家事事件法第51條規定，家事訴訟事件準用民事訴訟法程序保障之規定。在審理裁判之階段，爲使當事人儘可能地充分參與，以形成、確認具體的法規範，自應由法院協同當事人共同決定事實認定以及法律適用之過程。其中以程序保障論，防止突襲性裁判，取得值得當事人信賴之眞實，應爲審理裁判階段，落實當事人程序主體權之主要內容。於審理裁判過程，使形成裁判、做出最後決定之過程儘量透明，並使當事人有參與、陳述意見、辯論以影響法官原有心證、既存法律見解[7]，即成爲落實當事人聽審請求權之重要制度。

---

4 沈冠伶，《家事程序之新變革》，2015，頁34。

5 姜世明教授稱之爲合法聽審權，見姜世明，《民事訴訟法（上冊）》，2022，頁30。

6 姜世明，《民事訴訟法（上冊）》，2022，頁30-34；姜世明，《家事事件法》，元照出版，2019，頁204。

7 邱聯恭，《司法之現代化與程序法》，1992，頁113-115。

家事非訟事件，雖然採取職權主義的程序架構，仍然基於保障聽審請求權之原則，分別有程序監理人、社工陪同等具體制度，落實兒童、老人、身心障礙者之聽審請求權。更於家事事件法第108條、第119條、第122條、第178條均一再規定兒童、受輔助宣告人、身心障礙者等，可以在審理程序中陳述意見。

三、公正程序請求權

公正程序請求權係指人民有權利請求國家選任受身分保障的合格法官，在確保依據法律獨立審判，不受其他干擾下，審理案件的權利。此爲公政公約第14條所規定人民的基本權利。由此，公正程序請求權包含法院組成以及審理程序兩個面向。

就法院的組成而言，公正程序請求權要求審判的法官必須是合格的法官、法院的組成不得隨意變動、做出最後決定的法院必須受職務保障等。我國憲法第80條規定法官獨立審判，第81條規定法官職務保障，均係貫徹人民公正程序請求權之具體規定。

就審理程序而言，公正程序請求權要求法院審判原則上應公開爲之，法院的審判必須依照法律爲之，不受任何政治因素、個人偏見、民眾情緒的影響。因此法院組織法第3條規定法院的組成、第86條法院的公開審判均屬於公正程序請求權之具體規定。

四、程序選擇權

程序選擇權係爲保障當事人實體法利益之處分權，亦同時保障當事人在法律所規定之一定範圍內，處分程序利益，允許當事人可以選擇程序之種類、法院之管轄等，俾利平衡當事人之程序利益與實體利益[8]。例如家事事件法第6條規定之合意管轄、第33條之調解程序中之合意裁定、第41條之合併審理、第121條之合意適用通常訴訟程序等。

---

8 邱聯恭，《程序選擇權論》，2000，頁25。

五、適時審判請求權

適時審判請求權係指當事人基於程序主體之地位，並本於憲法平等保障其基本人權，請求國家設計適當的訴訟制度，進行適時適式的審判，有效促進訴訟的進行，解決紛爭之權利而言。有學者稱之爲有效權利保護請求權（Anspruch auf effektivenRechtsschutz）[9]。

我國家事事件法依照家事事件的對審性、法院裁量性之強弱等特性，區分家事身分訴訟、家事財產訴訟、家事非訟，設計不同的審理制度。並且運用訴訟法理與非訟法理交錯適用[10]，充分落實妥速處理家事事件之基本立法目的。

爲了保障適時審判請求權，法院於審理家事訴訟事件，應依照家事事件法第47條第1項，依事件之性質，擬定審理計畫，並於適當時期定言詞辯論期日；依照家事事件法第97條準用非訟事件法第30條之2，於審理家事非訟事件，應於收到聲請狀後，定期限命當事人或相對人就特定事項陳述意見。當事人以及所委任之律師，也應該依照家事事件法第47條第2項適時提出攻擊防禦方法；依照家事事件法第78條第2項就特定事項詳爲陳述，以盡協力義務。英國學者有指出，受委任之律師更應避免提出不符合妥適處理家事事件之攻防方法[11]。

六、程序上平等權

程序上平等權係指當事人，不分男女、宗教、種族、貧富均有平等接近法院，尋求法律救濟途徑的權利。此由憲法第7條、第16條所揭示平等保障訴訟權之規定可推出人民的程序平等權。

學說上將程序上平等權稱之爲武器平等原則，並區分爲形式意義之武器平等與實質意義之武器平等。前者係指當事人進入法庭，進行訴訟程序，即不再因爲法庭外不同的種族、身分、年齡、衣著、貧

9 姜世明，《民事訴訟法（上冊）》，2022，頁32以下。

10 邱聯恭，〈家事事件法之解釋、適用應依循之基本方針與審理原則〉，《月旦法學雜誌》，第209期，2012/10，頁231以下。

11 Frances Burton, Family Law, London, 2012, p. 12.

富、語言、宗教信仰而有任何訴訟地位上的差異；實質意義之武器平等，則指審理中，應給予當事人平等獲取訴訟資訊、專業協助、陳述意見、聲明調查證據、法律上主張等權利，不因任何上述因素而受差別待遇[12]。為保障弱勢當事人亦有機會選任律師擔任訴訟代理人，我國制定法律扶助法，資助經濟弱勢之當事人。另外家事事件法為了協助兒童、老人以及身心障礙者等程序能力不足之人，更設計了程序監理人、社工陪同等制度。

貳、家庭及私人生活受尊重權

聯合國經濟、社會及文化權利國際公約第10條第1項規定：「本公約締約國確認：一、家庭為社會之自然基本團體單位，應儘力廣予保護與協助，其成立及當其負責養護教育受扶養之兒童時，尤應予以保護與協助。婚姻必須婚嫁雙方自由同意方得締結。」

歐洲人權公約第8條規定了「私人生活及家庭生活受尊重的權利」（right to respect for private and family life）。英格蘭1998年制定了基本人權法（Human Right Act 1998），第8條也規定同一權利內涵。所謂私人生活，並不是一個定義完整而無法擴展的權利內涵，也並不僅限於個人自己居住的內在核心生活（inner circle）而已，還包含與他人發展人際網絡關係（relationships with other persons and outside world）[13]。所謂家庭生活雖然是以結婚為主要的根基，但並不限於因結婚而形成的家庭。母親與子女之間，當然構成家庭生活。沒有結婚的父母與子女同住，也是應受尊重的家庭生活。生父與子女之間，縱然沒有認領、同住過或是有婚生關係，都屬於歐洲人權公約第8條所規範的家庭生活。歐洲人權法院更進一步指出，家庭生活是社會概念，不以血緣為前提，然而單純的血緣也不當然構成家庭生活。其他如兄弟姊妹、與兒童有緊密聯繫的叔伯阿姨等，也都可以構

---

[12] 姜世明，《民事訴訟法（上冊）》，2022，頁35-37。

[13] Ursula Kilkelly, The Right to Respect for Private and Family Life, a Guide to Implementation of Article 8 of the European Convention on Human Rights, 2003, p. 11.

成應受尊重的家庭生活[14]。私人生活與家庭生活的內涵，可以隨著社會、法律以及生殖等科技的發展，而有不同的內容。歐洲人權公約第8條第2項進而規定，締約國之公務機關只有爲避免失序、預防犯罪、維護健康或品德、保障自由或他人權利時，可以在民主社會、維護國家安全、公眾安定，或者維護國家經濟福祉所必要範圍內，依法限制或干預私人生活、家庭生活。

我國司法院大法官會議2002年釋字第554號解釋，開宗明義認爲「婚姻與家庭爲社會形成與發展之基礎，受憲法制度性保障」。2013年釋字第712號解釋，再度闡述家庭制度應受憲法保障。認爲：「基於人性尊嚴之理念，個人主體性及人格之自由發展，應受憲法保障……。婚姻與家庭爲社會形成與發展之基礎，受憲法制度性保障（本院釋字第三六二號、第五五二號、第五五四號及第六九六號解釋參照）。家庭制度植基於人格自由，具有繁衍、教育、經濟、文化等多重功能，乃提供個人於社會生活之必要支持，並爲社會形成與發展之基礎。……」

司法院大法官雖僅談及家庭制度之憲法保障，不過有幾位大法官在釋字第712號解釋的協同意見書中，提出承認家庭權的主張，如蘇永欽大法官認爲「確認人民對於家庭享有組成及自主運作的自由，也就是家庭權」；甚至有學者撰寫專文主張家庭權，以組成或不組成家庭之權利、和諧家庭生活之權利、維繫家庭存續之權利、維持家庭親屬關係之權利等爲家庭權保障之範圍[15]。不過家庭權是消極抵抗國家權力之侵擾，或者具有請求權之性質，而有給付之內容或義務人，仍有進一步發展的必要性。

---

14 Ursula Kilkelly, The Right to Respect for Private and Family Life, a Guide to Implementation of Article 8 of the European Convention on Human Rights, 2003, pp. 15-18.

15 李震山，〈憲法意義下之家庭權〉，《中正法學集刊》，第16期，2004/7，頁71-75。

參、兒童權利

一、兒童權利公約之內國法化

兒童權利爲憲法所保障的基本人權，國家有依權利之內容，透過不同措施予以保障之義務。台灣於2014年制定兒童權利公約施行法，將聯合國1989年兒童權利公約國內法化，該公約所列舉的兒童權利，成爲憲法所保障的基本人權，具有優先於法律的效力。而司法院大法官會議早在2004年釋字第587號解釋就引用兒童權利公約，司法實務有多件判決也引用兒童權利公約。

兒童得成爲權利主體的命題，爲憲法及民法所肯定，然而不同於基本人權保障的權利清單，對於兒童權利的瞭解，應從權利之利益理論（interest theory）著手，而非從權利之意志理論（will theory）出發。蓋對於兒童而言，權利的意涵更多在於保障其利益，而非其意志。因此，兒童權利不應被理解爲兒童可以在不受成年人介入的情形下，獨自享有的權利。兒童權利，與成年人權利著重於保護選擇的權利（choice-protecting rights）不同，更多是注重兒童利益的保護，而屬於一種利益保護的權利（interest-protecting rights）[16]。

兒童權利公約所規定的兒童權利，有學者劃分爲生存權、發展權以及特殊狀態下的兒童權利三大部分[17]。以內容之性質而言，可分爲生命權、自由權、受益權以及其他特殊保障等。以兒童權利公約之立法體例而言，除了訂出兒童權利的類別之外，也分別規定保障兒童權利的基本原則，例如第2條所列平等保護原則、第3條所定兒童最大利益原則、第18條所定之多重責任原則等[18]。兒童權利公約舉出兒童權利可以表列如表1-1-1：

---

[16] James G. Dwyer, The Relationship Rights of Children, Cambridge University Press, NY. U.S.A., 2006, pp. 160-167.

[17] 王勇民，《兒童權利保護的國際法研究》，法律出版社，2010，頁157。

[18] 施慧玲、陳竹上、廖宗聖，〈回顧過去、展望未來—兒童權利公約國內法化之社會分析與後續課題〉，《月旦法學雜誌》，第113期，2015/5，頁122；王勇民，《兒童權利保護的國際法研究》，法律出版社，2010，頁95以下；施慧玲、高玉泉主持，內政部兒童局委託，《我國踐行聯合國兒童權利公約規劃方案成果報告》，2001/1，頁28以下。

表1-1-1　兒童權利表

兒童權利	權利內容		公約條號
生存權	生存權（the right to life）		第6條第1項
自由權	表意自由（right to express）		第13條
	思想信仰及宗教自由（freedom of thought, conscious and religion）		第14條
	結社及和平集會自由（freedom of association and peaceful assembly）		第15條
	隱私家庭住宅通信名譽不受非法侵害的自由		第16條
受益權	程序中陳述意見權（opportunity to be heard）		第12條第2項
	意願受尊重權（right to express views）		第12條第1項
	資訊接近權（access to information）		第17條第1項
	身分認同權	血緣認知權（the right to know parents）	第7條第1項、第8條第1項
		取得姓名權（the right to a name）	第7條第1項、第8條第1項
		取得國籍權（the right to acquire a nationality）	第7條第1項、第8條第1項
	親子關係維繫權[19]	受父母照護權（the right to be cared for by parents）	第7條第1項、第8條第1項
		不與父母分離原則	第9條第1項、第10條
		排除兒童不法移置及拒絕返國之行為	第11條
		父母共同照護原則	第18條第1項
		國家替代照護	第20條
		免受不當對待	第19條
		收養之最佳利益原則	第21條

---

19 施慧玲、高玉泉主持，內政部兒童局委託，《我國踐行聯合國兒童權利公約規劃方案成果報告》，2001/1，頁53以下。

表1-1-1　兒童權利表（續）

兒童權利	權利內容	公約條號
	發展權（developmental right）[20]	第6條第2項、第27條[21]
	健康權	第24條、第25條[22]
	受教育權（right to education）	第28條、第29條
	休閒及遊戲權（right to rest and leisure）	第31條
	免受經濟剝削權	第32條
	社會保障給付權（the right to benefit from social security）	第26條
特殊保障	難民兒童	第22條
	身心障礙兒童	第23條
	少數族裔及原住民文化認同	第30條

二、兒童權利之網絡模式

兒童通常缺乏獨自謀生的能力，有賴父母親或者其他照顧者照護，方能茁壯成長。兒童權利的保障也與成年人有不同的風貌，以眞實穩定的親子關係以及合宜的親子互動爲首要。也因此，兒童權

[20] 王勇民教授以發展權含括受教育權、自由權以及勞動權，見王勇民，《兒童權利保護的國際法研究》，法律出版社，2010，頁181以下。戴利（Anne C. Dailey）指出發展權係指引導使兒童成爲自治個體的權利，Anne C. Daily, Children's Constitutional Rights, 95 Minn.L.Rev. 2099, 2011, pp. 2145-2147。

[21] 兒童公約第27條再度強調兒童發展所需要的身體、心靈、精神、道德以及社會的適當生活條件（the right to a standard of living adequate for the child's physical, mental, spiritual, moral and social development）。

[22] 有學者將公約第25條亦列入親子關係維繫權所列之國家替代照護原則，見施慧玲、陳竹上、廖宗聖，〈回顧過去、展望未來—兒童權利公約國內法化之社會分析與後續課題〉，《月旦法學雜誌》，第113期，2015/5，頁122。

利的網絡模式（relational model）不同於自由權利模式（free-rights model），它融合了權利倫理（ethics of rights）與關懷倫理（ethics of care）。其中權利倫理爲言說行動（discourse）提供基礎架構，而由吉利根（Carol Gilligan）於1980年代早期首創的關懷倫理學，使網絡模式定錨爲法律典範[23]。

網絡模式與關懷倫理學一致地體察人際紐帶的重要性、致力形成人際紐帶、尋找保存既存人際紐帶之道，並倡言人與人彼此的關懷及扶持。在此種理論下，關懷代表著去理解網絡意義下的「人」並確保其福祉。當自由權利模式聚焦於抽象原則，並注重裁決各種權利之間衝突；網絡模式則更聚焦於每一個人，強調每一個人與他人之間網絡的纖維強弱。自由權利模式經常必須面對著爭訟的兩造當事人（原告與被告）、做出輸贏的決定；網絡模式更注重傾聽人的心聲、去除疏離感、非階層式的言說討論（deliberation）以及盡量避免二元對立的結果決定[24]。

網絡模式的理論也影響家事事件程序理念，以關懷倫理學結合家事調解，鼓勵程序當事人，經由合宜的調解程序，在合意的基礎上建立解決的方案，替代傳統的對立型訴訟程序。縱使必須經由法院裁決，法院調查審理的目的也不在於判定勝訴之一方爲原告或被告，毋寧是希望兼顧各方當事人對於權利及利益相互回應鄰近之結果，力求維繫夫妻、父母子女之間的網絡。此種程序理念，並不崇尚二元對立的裁判結果，而是希望尋求照顧當事人需求，根據事件特點做出決定的理想方案。方案的發想、彈性在於強化其長期的可實踐性。當然在極端的例子中，如有家庭暴力等毀滅性情形存在時，法院仍然必須做出二元對立的裁判決定。

網絡模式結合關懷倫理以及權利倫理，使權利的概念在網絡模式中不會消失，而是形成與傳統權利模式不同的形貌，形塑出不同於理性個人獨白的倫理典範。網絡模式的權利觀點有三個重要面向，第一

---

[23] Ruth Zafran, Children's Rights as Relational Rights: the Case of Relocation, 18 Am. U.J. Gender Soc. Pol'y & L. 163, 2010, p. 193.

[24] Ruth Zafran, Children's Rights as Relational Rights: the Case of Relocation, 18 Am. U.J. Gender Soc. Pol'y & L. 163, 2010, pp. 193-194.

個面向是改變權利運作的方式，權利不再是人與人之間的藩籬界線，而是人與周遭環境互動的一種臨近（draw on）、回應（reflect）與增益（advance）。以網絡模式詮釋的權利，不是一種造成人與人隔離孤立的概念，而是在有意義的人際網絡中賦予、增強一種因子，讓人與人彼此之間持續地相互關懷、承擔責任；第二個面向是召喚新的權利類型，滋養家庭網絡，包含人際網絡權、兒童權利公約所列舉之親子關係維繫權以及各種發展權；第三個面向是成爲一種可以爲法律裁決的規則，而且是一種可以滋養家庭網絡的裁決規則，此包含三項要素，分別是裁決的方案必須顧及所有關係人的主觀意願，因此必須盡力傾聽包含兒童之所有關係人的意見；裁決的方案應力求造成所有關係人的最小損害；且如果各種利益無法獲得平衡時，必須優先保護兒童利益，其次注重保護弱勢一方之利益[25]。

三、兒童人際網絡權

保護兒童的核心任務，在於爲兒童建立一套緊密有效且可以充分發揮照顧兒童成長的人際網絡，此即兒童的人際網絡權（relationship rights of children）。照顧兒童的人際網絡圖可能不限於一層，越多越密的人際網絡，如果能在適當重疊中有相對清晰的分工，將更能發揮保護兒童權益的功能。因此國家機關在形成兒童新的人際網絡或延續既存的人際網絡時，必須考量不同的人際網絡圖，並給予不同的人際網絡內涵。例如雖然兒童有法定父母親的人際網絡，但是兒童仍然可能需要其他家屬，包含兄弟姊妹或朋友的人際網絡[26]。多層的人際網絡，於兒童的法定父母親離婚後，如何爲兒童建構適宜的人際網絡圖，包含照護義務歸屬以及會面交往權的內容等，均屬國家機關如法院、行政機關於決定時必須考量的事項。

正由於兒童的人際網絡，並不僅限於父母親以及親屬，行政機關

---

[25] Ruth Zafran, Children's Rights as Relational Rights: the Case of Relocation, 18 Am. U.J. Gender Soc. Pol'y & L. 163, 2010, pp. 196-198.

[26] James G. Dwyer, A Taxonomy of Children's Existing Rights in States Decision Making About their Relationship, 11 Wm. & Mary Bill Rts. J. 845, 2003, p. 848.

也有介入的可能，因此兒童的人際維繫權的確保，所涉及的法律，除了民法親屬編之規定外，還應包含兒童及少年福利與權益保障法等行政法規。

兒童的人際網絡從形成、變更到重建大約可分爲下列幾類，不同的類別，有不同因素的考量，判斷兒童的最佳利益時，應有不同的實體考量，也應該有不同的程序。人際網絡權是一種權利，即不再僅僅是一種自然的生活狀態，而是由國家機關從兒童的生活網絡中加以確認，可能包含建立法定的人際網絡以及終止法定的人際網絡。因此有學者認爲有四種內涵，分別是：形成人際網絡的權利（right to form a relationship）、避免人際網絡的權利（right to avoid relationship in the first instance）、延續既存人際網絡的權利（right to continue in an existing relationship）、脫離既存人際網絡的權利（right to get out of an existing relationship）[27]。

國家透過法律的強制規定，使兒童與特定人之間形成一定的人際網絡，並保護該人際網絡，也同時使兒童因爲人際網絡的建立而與特定人之間形成人際紐帶（interpersonal bond），要求必須在一段時間內彼此相處。在形成人際網絡中，核心家庭成員的建立最爲關鍵，一旦建立兒童與父母親之家庭成員關係後，其他親戚以及兒童來往朋友的網絡也就跟著決定，包含祖父母、叔伯姑姨、兄弟姊妹等。這種人際網絡的形成，包含婚生、收養，或者在一定條件下，建立生父與非婚生子女的人際網絡。

國家除了前述形成兒童與成年人間之人際網絡之外，於若干情形，必須變更原有的人際網絡。變更兒童人際網絡，是變更部分原有人際網絡，也同時延續部分原有的人際網絡關係。變更原有人際網絡的原因有多種情形，在法律體系中，約可分爲三類：一類是因家（民）事法院行爲產生之變更，包含父母之一方不能承擔時（民§1089Ⅰ）、父母分居達六個月以上（民§1089-1）、父母離婚（民§1055）、宣告停止父母親權之一部（民§1090、兒少福權法

[27] James G. Dwyer, A Taxonomy of Children's Existing Rights in States Decision Making About their Relationship, 11 Wm. & Mary Bill Rts. J. 845, 2003, p. 848.

§71、§72）等；二類是行政機關之行爲所產生之變更，包含兒少福權法第52條以下所定之各種協助輔導安置、兒少福權法第56條所定之緊急安置、2015年兒童及少年性剝削防制條例第15條第2項第2款所爲之緊急安置；三類是少年法院行爲所產生之變更，包含少年事件處理法第26條第1項第2款之收容等。不同的機關所爲之行爲效力不同，程序並不相同，但均屬變更兒童原有的人際網絡，也產生是否應考量兒童權利的問題。

兒童人際網絡權原本就有複數的內容，形成一種權利叢的現象。不同的權利分由不同的相對人行使，不同的義務也由不同的相對人承擔。包含身心照護以及財產照護兩大類[28]。無論是家事法院、刑事法院或是行政機關之行爲於變更兒童原有人際網絡時，均應逐一考慮原有的權利叢是否有變更之必要，或者可以延續原有人際網絡，而僅變更部分內容。例如父母離婚導致兒童改變原有人際網絡，因爲父母親無法同住一處，勢必變動兒童與父母見面之方式，也可能必須變更原有生活費用的負擔方式。

四、親子關係維繫權

此項權利包含三項內容，分別是：兒童權利公約第7條所規定受父母照顧的權利、第9條所規定不與父母分離，並得單獨與父母一方會面交往的權利、第10條第2項所規定爲使父母與子女得會面交往，應允許出境以及入境[29]。

親子關係維繫權，係以兒童爲權利主體，賦予兒童請求國家機關採取措施，確保兒童同時受到父母照護的權利，兒童不再只是親權之客體，也不僅將兒童列爲受照顧的人而已。因此離婚後父母探視子女，不再僅僅是父母的權利而已，也是兒童要求受到父母照顧的親子關係維繫權。這些親子關係維繫權，既屬兒童權利之一，其他人即不得任意加以阻礙侵犯。

---

28 陳祺炎、黃宗樂、郭振恭，《民法親屬新論》，2022，頁346。

29 高玉泉、蔡沛倫，《兒童權利公約逐條釋義》，衛生福利部社會及家庭署出版，2016，頁73以下。

五、受最佳福祉保障的權利

受最佳福祉保障的權利分爲積極的權利及消極的權利，前者係指取得生活必需品的權利；後者係指不受虐待、傷害以及不法拐帶的權利。

兒童最佳福祉的保障究竟是權利，或者只是一個原則，在理論上有爭論，有下列兩種見解[30]：

（一）自由權利理論

認爲充足一項獨立權利的要件必須是權利的擁有者可以爲法律上的宣稱或主張，也可以做出選擇性的決定，並有權利要求相對人做出相應的舉動及決定，但是兒童最佳福祉保障並沒有這項具體內涵，僅僅只要求照顧兒童的福祉而已，因此還不足以成爲獨立的權利。

（二）利益權利理論

認爲只要有足以辨別的利益，並有相應的責任時，即可充足權利的要件，並不以權利擁有者可以獨自做出決定爲必要。雖然保障兒童最佳福祉的判斷，不能完全仰賴兒童本身，而必須由成人們代爲決定，但是因爲已經有足以辨別的利益，而且也可以要求成人們負起責任，即已經充足成爲一項權利的要件，而成爲獨立的權利。

有學者認爲兒童權利公約第3條之規定，意在賦予兒童一種特定之權利，使兒童最佳福祉受到保障，並非僅是一項原則而已[31]。也有學者認爲兒童最大利益原則是一種綱領，一種原則的闡述[32]；也有學者引述兒童權利公約一般意見書，而認爲兒童最佳福祉有三種面向，分別是一種權利、一項原則，也是一項程序規則[33]。

---

30 Rhona Schuz, The Hague Child Abduction Convention and Child's Rights. 12 Transnat'l L. & Contemp. Probs 393, 2002, p. 402.

31 Rhona Schuz, The Hague Child Abduction Convention and Child's Rights. 12 Transnat'l L. & Contemp. Probs 393, 2002, p. 402.

32 王勇民，《兒童權利保護的國際法研究》，法律出版社，2010，頁95以下。

33 高玉泉、蔡沛倫，《兒童權利公約逐條釋義》，頁20。此外兒童權利公約中

六、意願受尊重的權利

兒童權利公約第12條第1項規定：「締約國應確保有形成其自己意見能力之兒童有權就影響其本身之所有事物自由表示其意見，其所表示之意見應依其年齡及成熟度予以權衡。」此即兒童意願受尊重的權利[34]。

意願受尊重權與陳述意見權雖然緊密相連，卻有不同的意涵。陳述意見權係指應聽取兒童的意見，讓兒童有陳述自己意見的機會。意願受尊重的權利則指兒童所表達的意願應受到尊重，至多僅能在有妨害兒童最佳福祉原則下，限制兒童的意願，否則均應尊重兒童的眞實意願。有學者甚至認爲兒童也應擁有自我決定權，亦即涉及兒童本身之事務，應由兒童自己做出最後的決定。只要兒童達到一定的年齡，有一定的成熟度，瞭解所做出決定隱含的深遠影響，即應賦予兒童自我決定的權利[35]。因此意願受尊重權與陳述意見權並不相同。

意願受尊重權賦予兒童參與決定形成的權利，公約規定應衡酌兒童年齡與成熟度以決定兒童意願的重要度。兒童的年齡與成熟度屬於兩種各自獨立的判斷標準，有些兒童雖然年齡小，但是因爲家庭環境因素，必須由兒童自行獨立求生，其成熟度高，自應給予比較高度的意願尊重。正由於個案情形有異，各國經濟發展情形、風俗習慣不同，表達意願的能力也隨著兒童生長環境而有不同，僅能委由各國依照個案情形決定之[36]。

兒童的意願或者做出的決定，違反兒童的最佳福祉時，應如何處理，有待思量。弗里曼（Freeman）所提出的「自由放任父權主義」（liberal paternalism），認爲唯有兒童表達的意願或做出的決定，有

子女最佳福祉的討論，尚可見施慧玲，〈從聯合國兒童權利公約到子女最佳利益原則—兼談法律資訊之應用與台日比較法研究方法〉，《台灣國際法期刊》，第8卷第2期，2011，頁95-150。

34 高玉泉、蔡沛倫，《兒童權利公約逐條釋義》，頁93。

35 Rhona Schuz, The Hague Child Abduction Convention and Child's Rights. 12 Transnat'l L. & Contemp. Probs 393, 2002, p. 404。高玉泉、蔡沛倫，《兒童權利公約逐條釋義》，頁95。

36 王勇民，《兒童權利保護的國際法研究》，頁131以下。

埋葬兒童未來生活選擇可能性或對於兒童利益造成無可逆轉的損害時，才可以由他人在最小的限度內干預排除兒童的意見以及決定。於此，有法院認爲應尊重成熟兒童的意願，但也有法院認爲兒童意願只是眾多應考量的因素之一而已[37]。

七、陳述意見的權利

兒童權利公約第12條第2項規定保障兒童陳述意見的權利。該規定之內容爲：「據此，應特別給予兒童在對自己有影響之司法及行政程序中，能夠依照國家法律之程序規定，由其本人直接或透過代表或適當之組織，表達意見之機會。」兒童權利公約賦予兒童陳述意見權之理由，有下列三種：

（一）協助決定者決定何者有利於兒童。因爲如果能讓兒童陳述意見，並納入考量，可能更有助於確認兒童最佳福祉。

（二）使兒童感受到參與。因爲讓兒童參與其中，能有效降低兒童的挫折感與無力感，可以使兒童更容易接受可能的不理想後果。

（三）落實尊重兒童意見的具體方法。

三種理由的差異在於，兒童之意見不再重要時，是否仍然應該讓兒童陳述意見。此由兒童權利公約第12條第2項緊接著同條第1項，且第2項開頭就規定「爲此」，顯然係在落實第1項所規定兒童意見受尊重的權利，因此有學者認爲兒童陳述意見之權利，係在落實兒童意願受尊重的權利，縱然兒童陳述意見可能不利於兒童本身，仍然必須讓兒童有陳述意見的機會[38]。

負責保護兒童的政府官員、兒童心理專家或者其他專業人士的報告雖然有高度參考價值，但是由兒童權利公約之規定可以得知，其他專家的報告僅具有補充性，無法完全取代兒童本身的陳述。特別是當心理專家受法院委派或者由父母親出資委請者，更應確保兒童有陳述

[37] Rhona Schuz, The Hague Child Abduction Convention and Child's Rights. 12 Transnat'l L. & Contemp. Probs 393, 2002, pp. 405-406.

[38] Rhona Schuz, The Hague Child Abduction Convention and Child's Rights. 12 Transnat'l L. & Contemp. Probs 393, 2002, p. 405.

意見的權利[39]。

英國負責審理家事上訴案件之上訴法院於2005年*Mabon v. Mabon*一案中，肯認有一定成熟度的兒童有權要求在法官面前陳述自己的意見。該案是一件涉及父母分居後，六名子女應該與母親或父親同住的案件。法院審理中過程，由英國「兒童及家事法庭諮詢及服務中心」（Children and Family Court Advisory and Support Service, CAFCASS）指定一位程序監理人，在程序中代表六名子女。法院完成調查事實的程序，進入言詞辯論程序時，其中年紀較長的三名子女，分別是17歲、15歲以及13歲，聲請自己出庭陳述意見。第一審法院駁回該聲請，理由是造成程序延宕，也會因爲呈現訴訟資料所無法避免的粗暴，帶給兒童非預期的情緒傷痛。上訴後，上訴法院廢棄原裁定，理由是認爲應該區分事實調查程序以及言詞辯論程序之不同，也必須注意英國家事審判系統中所採用的兒童程序監理人制度，能夠在「串聯模式」（tandem model）下，經由選任有合格社工專業以及程序經驗的人擔任程序監理人，再由其選任一位律師，兼顧兒童福祉、兒童陳述意見權可能存在的衝突。上訴法院最後決定由於兒童權利公約第12條已經明文規定兒童陳述意見的權利，在邁入21世紀時，應該更尊重兒童自主意思，並確保兒童參與決定形成的權利。

由於兒童往往對於司法程序或行政程序較爲陌生，無法有效表達意見，因此有必要爲兒童選任一位代理人，例如律師擔任兒童陳述意見的代理人。雖然各國普遍由父母本身或者由父母爲兒童選任律師充任代理人，但是也有國家例如以色列[40]、英國、德國設立獨立的代理人制度，擔任兒童的代理人。台灣之家事事件法第108條第1項經規定在親子責任及扶養費等親子非訟事件中，應使兒童有陳述意見的機會，並且規定可以請兒童心理或專業人士參與，此外同法第106條第2項也規定，判斷兒童最佳利益時，也應該使兒童有陳述意見的權利，並於第15條以下設計了程序監理人的制度。

---

[39] Rhona Schuz, The Hague Child Abduction Convention and Child’s Rights. 12 Transnat’l L. & Contemp. Probs 393, 2002, pp. 405-406.

[40] Rhona Schuz, The Hague Child Abduction Convention and Child’s Rights. 12 Transnat’l L. & Contemp. Probs 393, 2002, p. 406.

又爲了避免使兒童陷入「忠誠衝突」的困境中，陳述意見的內容，應避免僅僅問及「於父母離婚後，希望由何人照顧」的問題，而應盡量地以親子責任的實際狀況、兒童需求等事項，使兒童充分陳述。包含兒童認知父母的工作、兒童自己的可能模仿對象、就讀學校、居住環境的期望、其他親友網絡的狀況、上學補習的規劃、假日的旅遊玩伴、使用的語言習慣、遊戲運動的喜好等。甚至也應該讓兒童明確瞭解，法院不會以陳述內容爲決定的唯一依據[41]。

兒童權利公約所保障兒童陳述意見權利，除了司法程序之外，也包含在行政程序中。台灣除了家事事件法中之親子非訟事件外，另外訂有兒少福權法，其中第二章第14條以下規定身分權益、第四章第43條以下規定各種保護措施，卻沒有比較詳細保障兒童陳述意見權利的規定。僅得依照行政程序法規定，特別是第102條以下之規定保障，恐有不足。因爲保護措施中，包含安置、寄養以及停止親權的聲請，均非行政處分，行政機關於決定時，也應依照兒童權利公約之規定，保障兒童陳述意見的權利。

肆、老人權利

一、老人權利之基本概念

一般所謂的老人，係指年滿65歲以上的人。老人基本人權的概念有雙重功能，第一重功能是作爲老人可以主張的權利內容；第二重功能是形成客觀的法律規範，以資政府機關以及人民共同遵守。第一重功能可以稱爲「權利」；第二重功能稱爲「客觀規範」。每個時代的老人都有不同基本人權保障的面貌，也因爲年齡不同、身心狀況不同，而有不同基本人權保障的面貌。有人區分老人爲初老、中老及老老。初老期的人，係指65歲至74歲者，一般健康良好，仍在就業，具有活動的能力，其參與社會活動的動機仍然強烈；中老期的人，係指75歲至84歲者，多數罹患有一種以上的慢性病，心理已有某種障礙，

---

[41] Rhona Schuz, The Hague Child Abduction Convention and Child's Rights. 12 Transnat'l L. & Contemp. Probs 393, 2002, p. 424.

較少社會活動，其活動力較低；老老期的人，係指85歲以上者，多數已癱瘓在床，通常居住在老人安養機構中，常有精神及神智錯亂的現象，需要依賴別人的幫助與協助。

目前老人問題更多地集中在歧視、虐待、家暴、貧窮以及缺乏特定適合的方法、服務。這些問題並不具有內在可非難性，毋寧更與老人未能獲得適合的賦權有關。因此，老人人權的基本架構也逐步被提出討論。聯合國於2010年12月成立一個「不限成員名額的工作小組」（Open Ended Working Group, OEWG），專門研究「強化老人基本人權的保障」（strengthening the protection of human rights of older persons），可以說是老人問題從福利轉向權利思考的重要轉捩點。兩人權公約，特別是經社文公約第25條所規定之基本人權，列爲國內法而具有法律效力。對於老人問題的思考，也從福利的觀點轉向基本人權保障的觀點。

老人基本人權保障的各項工作，應該分別從剛性法律與柔性法律、公法與私法、政府機構與民間團體等三方面一起搭配運用，家事事件法也可以成爲其中一個重要的平台。第一方面，係剛性與柔性法律搭配方面，指應該隨著社會政治法律環境的變遷，分別制定效力強弱不一的法律，搭配穩定性高、效力強的法律規範以及彈性足、效力弱的綱領性法規，有效檢視、推動、促進老人基本人權之保障。在工作的推動上，也應該結合穩定性高、效力強的政府機構以及彈性足、創意佳的各種民間團體，共同推動；第二方面，係公法與私法搭配方面，老人權利中，有可以請求國家機關提供照顧服務的公法上請求權，也有基於身分或契約等私法上法律關係所生的請求權。前者有老人福利法第12條第1項所規定生活津貼請求權、依照國民年金法第29條規定請求老年國民年金；後者如民法第1114條第1款、第1116條以下各條文所規定請求扶養的權利、老人福利法第38條老人與長期照顧之老人福利機構所訂長期照顧契約所生受長期照顧之請求權；第三方面，係政府機構與民間組織也一起致力於保障老人權益。依照2015年老人福利法第2條規定，老人福利之中央主管機關爲衛生福利部，地方主管機關爲各縣市政府。而老人福利在中央係由衛生福利部之社會家庭署主管，地方政府則分別由社會局處、衛生局處主管。衛福部社家署並建置有相當完整的老人福利網站，包含法規、長期照顧、老人福利機構、老人社會參與等事項之網頁連結資料，方便查詢使用，寓有一站式服務的基礎形貌。

二、免受身心暴力的權利（the right to freedom from violence）

世界人權宣言第3條規定：「人人有權享有生命、自由和人身安全。」老人也同樣有權免受身心暴力。聯合國人權委員會於2012年提交給聯合國大會的報告中指出，所謂身心暴力，包含身體上、情緒上、財務上等所有形式的暴力[42]。聯合國世界衛生組織於2002年提出的全球防止老人受虐宣言（The Toronto Declaration on the Global Prevention of Elder Abuse），將老人受虐定義爲「在期待可信賴的關係中，一次或重複地作爲或不作爲，對老人造成傷害或使老人受到挫折」。

聯合國大會社會、人道以及文化委員會（即第三委員會）於2009年提出一篇年終報告，指出對於老人的暴力虐待，不僅僅是在開發中國家，在已開發國家也存在著問題。暴力形成的來源除了家庭之外，也來自於照顧機構中。因此要求各國採取積極的措施及早介入，防止老人受暴事件的發生。消除對婦女一切形式歧視公約（CEDAW）委員會也建議各國應該採取措施，介入家庭中老人受暴的問題，及早防止，顯見各國已經逐漸意識到老人受暴問題[43]。

三、家庭生活受尊重的權利（the right to respect for home and family）

聯合國公政公約第23條規定：「家庭爲社會之自然基本團體單位，應受社會及國家之保護。」經社文公約第10條也規定：「家庭爲

---

[42] Claudia Martin, Diego Rodríguez-Pinzón, & Bethany Brown, Human Rights of Older People, 2015, p. 29.

[43] Claudia Martin, Diego Rodríguez-Pinzón, & Bethany Brown, Human Rights of Older People, 2015, pp. 31-32.

社會之自然基本團體單位，應儘力廣予保護與協助，其成立及當其負責養護教育受扶養之兒童時，尤應予以保護與協助。」

經社文公約所設之經社文人權委員會，更提出具體的建議，包含：（一）確認在許多文化中，都認爲家庭是提供老人照護的最適當單位，有必要支持、保護並強化家庭功能；（二）留在家中的老人，應該受到無歧視的待遇，甚至應該得到來自政府機構以及非政府機構的完整協助；（三）政府應該提供家庭必要的財務協助以及後勤支援，特別是貧窮家庭；（四）政府應該爲獨居老人以及獨居老夫妻，提供必要的財務以及後勤支援；（五）以上協助以及支援應該包含交通、遞送食物、護理照顧以及就往醫治等。

也因此，政府的經費應該更多地補助願意在家中照護老人的家庭。2009年聯合國人權委員會的審查報告，更確認家庭是最基本最穩定的單位，同時也是照顧老人的最佳人選。聯合國大會社會、人道以及文化委員會（即第三委員會）2009年的年終報告，強調增強不同世代合夥關係的重要性，使家庭中、工作場所以及社會中的老年世代與年輕人，有更多更好互動溝通的機會[44]。

既然老人的家庭生活應受到尊重，政府除了透過各種行政作爲，保障此項權利之外，也應該在家事事件中貫徹保障老人此項權利。因此家事事件法第125條以下之扶養事件、第164條監護宣告事件、第177條以下輔助宣告事件，如何運用家事調查官、程序監理人、老人意見陳述權等，讓老人得以確保家庭生活受尊重的權利，成爲必須關切的重要議題。甚且在家事財產訴訟事件中，包含遺囑、繼承事件，如何確保老人在生前可以用自己半生努力而積蓄的財物，支撐自己家庭生活，也是法院裁量時應考慮的重要因素。

---

44 Claudia Martin, Diego Rodríguez-Pinzón, & Bethany Brown, Human Rights of Older People, 2015, pp. 42-43.

四、維持適當生活的權利（the right to an adequate standard of living）

爲保障老人作爲一個權利主體的人性尊嚴，自有必要保障老人維持適當生活的權利[45]。世界人權宣言第25條第1項宣示：「人人有權享受爲維持他本人和家屬的健康和福利所需的生活水準，包括食物、衣著、住房、醫療和必要的社會服務；在遭到失業、疾病、殘廢、守寡、衰老或在其他不能控制的情況下喪失謀生能力時，有權享受保障。」

保障老年人的適當生活權利，首先必須考慮的有效途徑，就是保障老年人可以在家終老，而不是機構化的照顧。如前所述，保障老年人家庭生活受尊重的權利，保障老年人適當生活的權利，也應鼓勵政府致力於補助在家照顧，特別是陷入財務貧困的老年人。

而所謂適當生活的界定，除了前述世界人權宣言的宣示之外，經社文公約第11條也具體規定，係指合於老年人年齡所需要的生活需求，包含食物、衣物、住所、可以持續改善的生活條件。

爲了維持老年人的適當生活，必須解決老年人普遍的財務貧困問題。因此必須提供機會讓老年人可以保持健康、持續工作、賺取薪資等，讓老年人可以自助維持適當生活。

也因此必須保障老年人的財產權，確保其財產權不被任何人任意剝奪，包括自己的子女。因此在繼承以及遺囑法律制度的安排上，也應該以保障老年人的財產權爲優先考慮。在有些國家，因爲法律或習慣，會要求配偶死亡者，另一方配偶不要繼承遺產，而應由子女繼承，導致生存的配偶陷入貧困生活中。

退休制度也關係著老年人適當生活權利的保障。公政公約之人權委員會於2001年曾經表示意見，認爲只是以年齡爲理由，而不考慮其他安全或客觀條件，所建立的強制退休制度，違反公政公約第26條所規定的法律平等原則。

維持適當生活既然是老年人的權利，家事事件法也應朝著保障老

---

[45] Claudia Martin, Diego Rodríguez-Pinzón, & Bethany Brown, Human Rights of Older People, 2015, pp. 49-52.

年人該項權利方向發展，包括遺產分割、扶養、監護制度等，都應以保障老年人此項權利爲核心。

伍、身心障礙者權利保護

聯合國於2006年通過身心障礙者權利公約（Convention on the Rights of Persons with Disabilities, CRPD），是21世紀第一個人權公約，影響全球身心障礙者之權利保障，公約於2008年正式生效。身障公約落實權利保障之理念，將身心障礙者視爲權利主體，不以能力爲行使權利的前提，著重排除身心障礙者行使權利所可能遭受之不平等待遇[46]。使用融合式新平等模式，從四個面向闡述平等，第一個面向是公平的再分配；第二個面向是確認人性尊嚴及其所具有的交織性；第三個面向重申社會群體成員均屬於社會分子的參與面向；第四個面向是依差異性調整的面向。使身心障礙者以其差異性、實質保障得以尊嚴之方式融合於社會。

身心障礙者公約首先於第3條揭示八項大原則，分別是：一、尊重固有尊嚴，包括自由做出自己選擇之個人自主及個人自立；二、不歧視；三、充分有效參與及融合社會；四、尊重差異，接受身心障礙者是人之多元性之一部分與人類之一份子；五、機會均等；六、無障礙；七、男女平等；八、尊重身心障礙兒童逐漸發展之能力，並尊重身心障礙兒童保持其身分認同之權利。

身障公約首先以第10條規範生命權，再於第14條保障人身自由、第15條及第16條保障免受非人道對待、第17條保障遷徙自由、第21條保障意見表達自由以及接近資訊權、第22條保障隱私；第24條確認教育權、第25條確認健康權、第26條確認復健權、第27條確認工作權；並於第29條規範政治參與權、第30條規範文化生活娛樂體育活動參與權。

爲了保障身心障礙者的人格尊嚴，身障公約第20條宣示應確保

---

46 戴瑀如，《由聯合國身心障礙者權利公約論我國成年監護制度之改革》、《高齡化社會法律之新挑戰：以財產管理爲中心》，新學林，2019，頁58-59。

身心障礙者與最大可能之獨立性下，享有個人的行動能力。進而於第19條規範自立生活與融合社區的平等權利、第23條宣示應消除身心障礙者之婚姻、家庭身分、親屬關係所有事項中的歧視。

鑑於平等保護，對於身心障礙者尤其重要。身障公約第12條揭示人格之平等保護、法律上能力之平等保護，並於第5項具體規定財產權利、繼承權利、自己財物、銀行貸款、金融信用貸款的平等保護。最後再於第13條要求締約國確保身心障礙者在平等基礎上獲得有效司法保護之權利。

台灣於2014年制定身心障礙者權利公約施行法，將身心障礙者權利公約保障的權利內容，納為國內法，同受憲法保障。

陸、性別平等原則

所謂性別平等並不限於因生理上的性（sex）所產生的不平等對待，而應包含社會意義上的身分、地位、分工角色等社會與文化意涵所產生的性別（gender）不平等對待。性別不平等的對待，於婦女尤為明顯，因而1979（民國68）年聯合國大會通過「消除對婦女一切形式歧視公約」（以下簡稱CEDAW），並在1981（民國70）年正式生效，其內容闡明男女平等享有一切經濟、社會、文化、公民和政治權利，締約國應採取立法及一切適當措施，消除對婦女之歧視，確保男女在教育、就業、保健、家庭、政治、法律、社會、經濟等各方面享有平等權利，公約可被譽為「男女平權法典」。我國於2012（民國101）年1月1日起施行「消除對婦女一切形式歧視公約施行法」，明定CEDAW具國內法效力，該公約所保障的各項人權，也成為我國憲法、法律以及法院、各行政機關應致力保障的基本人權。

CEDAW中禁止歧視有三個核心概念，無論是有意與無意的歧視、法律上與實際上的歧視、政府行為與私人行為之歧視，都屬於禁止歧視的範圍內。而平等原則的適用，除了形式主義、保護主義式的平等之外，也應納入矯正式平等，試圖找出差異對待的原因後，創造出可以促進平等的因素與環境，以利實現機會的平等、取得機會的平等、結果的平等等具實質意義的平等。

CEDAW於第16條第1項特別規定締約各國應採取一切適當措

施，消除在有關婚姻和家庭關係的一切事務上對婦女的歧視，並特別應保證婦女在男女平等的基礎上：一、有相同的締結婚約的權利；二、有相同的自由選擇配偶和非經本人自由表示、完全同意不締結婚約的權利；三、在婚姻存續期間以及解除婚姻關係時，有相同的權利和義務；四、不論婚姻狀況如何，在有關子女的事務上，作爲父母親有相同的權利和義務。但在任何情形下，均應以子女的利益爲重；五、有相同的權利自由負責地決定子女人數和生育間隔，並有機會使婦女獲得行使這種權利的知識、教育和方法；六、在監護、看管、受托和收養子女或類似的制度方面，如果國家法規有這些觀念的話，有相同的權利和義務。但在任何情形下，均應以子女的利益爲重；七、夫妻有相同的個人權利，包括選擇姓氏、專業和職業的權利；八、配偶雙方在財產的所有、取得、經營、管理、享有、處置方面，不論是無償的或是收取價値報酬的，都具有相同的權利。

第二節　家事事件審理模式

壹、身分／契約

著名的英國法律學者梅因（Henry Sumner Maine,1822-1888）曾經說過，法律現代化的重要特徵在於從身分到契約的發展。他認爲社會的進步呈現一種運動發展趨向，由個人逐漸取代家庭成爲組成社會的基本單元，個人與個人之間彼此權利義務的型態也同樣存在家庭關係中，因此具有契約的性質。梅因下結論認爲：「吾人可言進步社會之進行，自來乃由分位而趨至契約（from status to contract）[47]。」然而現代的親屬法，雖然已經十分尊重保障男女平等，親屬法也已經從身分屬性（status）的法律，逐步邁向尊重個人自由選擇的契約（contract）屬性。但實際上，現代親屬法或家庭法並未完全改爲契約屬性，仍然留有許多具有身分屬性之痕跡，諸如婚姻型態的限

[47] Henry Sumner Maine著，方孝嶽、鍾建閎譯，《古代法》，第二冊，1954，頁46。

制、夫妻財產制、家庭生活費用負擔等均不允許當事人自行完全安排。此外，在未成年子女最佳利益之保障[48]方面，時至今日，許多英美法的學者均一再強調，未成年子女已經不再被當作是父親的財產（chattel），未成年子女的照顧必須以其最佳利益為唯一之考量。未成年子女之監護照顧的法律制度原則，已經從父親財產之觀念轉而成為未成年子女之權利。呈現從身分到福利（from status to welfare）之觀念轉變[49]。從而可知，婚姻法或親屬法（或家庭法）並無法如梅因所預測，完全擺脫身分關係，純然地從身分走向契約，毋寧混合著身分與契約的屬性，因此學者哈雷（Halley）認為不應再以身分／契約、家庭／市場、親密關係法律／民事交易法律等兩分法討論家庭法[50]。學者指出，身分也許將其主宰範圍逐漸退讓於契約，但夫妻、父母、子女共同生活體，在人情常理上，既不能不續存，則身分不可能變成契約也是事實[51]。也有學者強調國家監督的強化，而呈現出用身分到契約，到法規的趨勢[52]。

由於家庭成員之間所產生的法律關係，除了財產上的請求之外，還包含其他身分上之請求，家事事件的審理模式，也因而與財產訴訟事件有所不同。

貳、權利型／效益型

現代家事事件法以及親屬法、繼承法，應著重於家庭成員之權利或全面性地照顧家庭成員之福祉，是一項值得思考的議題。如果家庭法應以福祉為基礎，代表著家庭法應著眼於使家庭成員在特定環境

48 劉宏恩，〈「子女最佳利益原則」在台灣法院離婚後子女監護案件中之實踐—法律與社會研究（Law and Society Research）之觀點〉，《軍法專刊》，第57卷第1期，2011/2，頁84-106。

49 Alison Diduck & Felicity Kaganas, Family Law, Gender and the State, 2012, p. 378.

50 Janet Halley, What is Family Law? A Genealogy part Ⅰ, 23 Yale J.L. & Human. 1, 2011, pp. 95-96.

51 陳棋炎、黃宗樂、郭振恭，《民法親屬新論》，三民書局，2022，頁99。

52 鄧學仁，《現代家族法之研究》，瑞興圖書公司，2009，頁5-6。

下，解決家庭紛爭，尋求最佳結果的方法[53]。20世紀的家庭法見證了由權利轉向福祉的變遷，我國民法第1055條之1所揭櫫之未成年子女最佳利益原則、第1057條贍養費給付等均爲明顯的例證。不過，步入21世紀的西方國家，主張以權利爲基礎之權利模式，吹起了反攻的號角，對抗以福祉爲基礎的福祉模式。權利模式強調國家不應該以社會福祉的最大化爲理由，嘗試爲家庭尋找特定的成果，反而只應以提供一種保護，確保個人得以追求個人心目中的「良善生活」（good life）[54]。

權利模式強調以權利爲基礎，並以確認權利的內容爲優先任務。權利觀點論者，將婚姻關係視爲一種契約關係，夫妻間結婚代表著嚴肅的契約履行、實現諾言，彼此終身照顧，不得任意解除終止神聖的契約關係，唯有夫妻一方有過錯時，他方始擁有請求離婚之權利。法院處理婚姻案件時，除必須由一造證明他方有過錯之外，也必須調查清楚責任，科予一定之責任。

效益模式者，藉用提出社會學系統理論學者帕森斯之見解，從家庭功能的觀點檢視離婚法，強調調適衝突整合利益、保護個人在家庭內之利益及支持社會共識的家庭價值，如果家庭無法發揮功能時，國家及法律即應介入。效益模式認爲家庭如果無法提供子女成長所需要的環境時，國家必須介入；夫妻無法處理婚姻破裂時，國家也必須介入。離婚不必以一方有過錯爲必要，只要無法發揮調適衝突整合利益之功能，法律便應允許夫妻離婚，在離婚事由上應採取無過失主義、破綻主義。法院處理離婚事件，不以訴訟事件方式審理，而是透過一定程序協助夫妻及家庭成員重新面對生活，經過一定步驟及階段後，建構新人生。在效益主義觀點的支持下，家事商談在英格蘭蓬勃發展，各種團體如雨後春筍般成立，英格蘭政府也積極採行試辦計畫。

權利觀點強調家庭的價值，主張應儘可能維繫家庭；效益觀點指

---

53 Sonia Harris Short & Joanna Miles, Family Law, Text, Cases and Materials, 2011, p. 3.

54 Sonia Harris Short & Joanna Miles, Family Law, Text, Cases and Materials, 2011, pp. 3-4.

出家庭功能之重要性，卻不執著家庭組織[55]。

參、規則／裁量

為了處理家事紛爭，立法者可能分別採取制定明確規則及廣泛授權法院裁量兩種不同的立法方式。前者係以描述性、排除性的法條，規定法院應如何處理家事紛爭；後者則僅於法律中，定下寬泛的原則，或者揭示法院於裁量時應考慮之因素，由法院於具體個案中裁量決定之。規則模式與裁量模式之區分，與前述權利模式與福祉模式之區分息息相關。不過，此尚牽涉一項更深刻的問題，即家事紛爭的處理是否可以試圖改變當事人之行為，或者只是提供一個必須做出決定，但卻保持道德中立的論證場域？採用規則模式，是否容易造成具體個案的不正義？採用裁量模式，是否會使裁判結果變得不可預測，以至於使當事人有倖進之心，妨害當事人透過調解方式自主地解決紛爭？

主張裁量模式的學者認為，裁量模式可以顧及具體個案的正義，達成個案的公平結果；主張規則模式的學者則認為，規則具有民主正當性，是大家共同遵守的法則，依照規則處理之結果，基本上也是公眾所能接受的，也符合相同事務應為相同處理之基本法律原則。裁量模式的學者批評規則模式，認為家事紛爭類型繁多，不可能預設所有詳細的規則；規則模式的學者則批評裁量模式，使當事人因為個別法官的偏好以及偏見，陷於一種被公眾拋棄的孤獨中。

規則模式與裁量模式的爭論，事實上可能帶來家庭法發展方向的思考。究竟應該以一種道德的觀點介入家庭，要求家庭成員改正行為，或者應該提供完整的價值中立規則體系，供法院據以裁判解決紛爭？

---

[55] Erza Hasson, Setting a Standard or Reflecting Reality? The "Role" of Divorce Law, and the Case of the Family Law Act 1996, Int. J.L.P.F. 2003, 17(3): 338-365, at p. 342.

肆、私人自治／國家干預

家庭是否應被視爲私人生活的堡壘，不應任由國家機關干預介入，一直都是爭論的議題。西方自由主義傳統，向來認爲家庭的私密性應受到嚴密的保護。不過此種非干預主義，經常受到女性主義的嚴格批判。女性主義者認爲自由主義者主張維繫家庭的成員自治，保持現狀，實際上等於正當化性別不平等的結構。在家庭暴力的案件中，非干預主義的不當性更被突顯。而除了家庭暴力之外，財產與財務的處理，如果不受到任何外力的監督與控制，任由當事人自主安排，則家庭成員間的權控關係，勢將取代法律原則，支配當事人自主安排的結果。

如何在家庭私密的保護以及個人權利的保障上取得平衡，也成爲現代家庭法必須思考的重要問題。適當的國家干預以確保個人權利能在家庭生活中落實，也似乎有其必要性。而干預的方式，是否可能不再是以僵硬的法則爲主，轉而採用「柔性法則」（soft law）的方式，提示負責任且合乎社會規範行爲的標準，供家庭成員遵循，特別是離婚後的家庭成員關係，也都是必須思考的議題。

第三節　家事事件法之沿革及立法目的

壹、立法沿革

2000年1月間，司法院依1999年7月全國司法改革會議所做成「就家事事件部分，應儘速制定家事審判法」之結論，成立第一階段「家事事件法研究制定委員會」，著手研擬家事事件法草案，組成小組，先於2001年9月26日完成草案初稿，提供委員會議討論，總計召開215次委員會議，完成百餘條條文。2011年2月，籌組第二階段研制小組，接續完成家事事件法草案。草案於2011年8月24日經司法院第139次院會通過後，於同年月31日送請立法院審議，並於同年12月12日三讀通過[56]。

---

[56] 立法院公報第100卷第88期院會紀錄，頁295。

家事事件法將原來規定在民事訴訟法人事訴訟編的人事訴訟程序、非訟事件法中之家事非訟程序及家事調解程序合併立法，並將原本之撤銷死亡宣告、監護或輔助宣告事件，從訴訟改為非訟事件，合計共200條條文。分為總則、調解程序、家事訴訟程序、家事非訟程序、履行之確保及執行、附則等六編。家事事件法除加強保障人民的訴訟權外，也容納保障弱勢之精神，創設社工陪同、程序監理人、家事調查官、合併審理、暫時處分、履行確保、交付子女並會面交往之執行等新制度，對於兒童、老人、身心障礙者等權益的保障，往前邁進一大步，是家事司法制度改革的重大里程碑。家事事件法制定後，自2012年6月1日施行[57]。

貳、立法目的

家事事件法第1條揭示以「維護人格尊嚴、保障性別地位平等、謀求未成年子女最佳利益，並健全社會共同生活」為立法之宗旨，並以「妥適、迅速、統合處理家事事件」之方法以達成立法之宗旨。

有別於民事訴訟程序，家事事件法更強調法院審理家事事件，特別是家事非訟事件所必須擁有謹慎行使的裁量，以更加妥適地處理每一件家事事件。而為了妥適處理家事事件，法院必須仰賴更多不同領域的專業，包含醫學、社工、心理等領域人員的共同融入。

家庭成員彼此情相牽絆，家庭成員有衝突發生時，有必要妥適迅速處理。而且家庭衝突問題的解困，往往伴隨著多數家庭成員彼此的權益衝突，有必要統合處理，不能一仍舊貫，仰賴傳統民事事件逐案審理模式。

為了更加落實家事事件法之立法目的，法院審理家事事件應形成以法官為團隊領導核心的家事審理團隊，容納包含司法事務官、家事調查官（家事§18）、社工（家事§11）、程序監理人（家事§15）、律師、各項專業調解委員（家事§32）等人員，共同致力於一個家庭的家庭衝突能在一個家事審理團隊的協助下，獲得妥適、迅速、統合性的處理。

---

57 司法院101年2月29日院台廳少家二字第1010005509號令。

第二章　家事事件之意義與種類

第一節　家事事件之意義

所謂家事事件係指普通法院（少年家事法院）受理應適用家事事件法之事件。依照家事事件法之立法結構，家事事件法可以區分爲第3條所列甲乙類之家事身分訴訟事件、丙類之家事財產訴訟事件，以及丁戊類之家事非訟事件。

家事事件若以內容而論，可以確認身分關係之事件、因身分關係所生身分或財產上請求事件、自然人地位及所生財產上管理事件、繼承事件及其他法律所特別規定之家事事件。

確認身分關係之事件，有婚姻關係（包含同性婚姻）、親子關係、養子女關係等等。

因身分關係所生之身分上或財產上請求，係指因爲身分關係所生之身分上或財產上效力，使一方家庭成員得向他方爲特定之請求。身分上請求如民法第1001條所規定夫妻同居義務、民法第1059條第4項變更子女姓氏等事件。因身分關係所生之財產上之請求，例如依照民法第1056條之規定所請求因離婚而受有損害之賠償請求權（即離婚損害賠償）、民法第1030條之1所規定之剩餘財產分配請求權、民法第1146條所規定之繼承回復請求權、遺產分割等事件。其他尚有列爲屬於家事非訟事件之財產上請求，例如給付家庭生活費用、扶養費、贍養費等請求事件；未成年子女扶養請求、親屬間扶養事件等；民法第1030條之3夫妻財產分配時對於第三人請求返還[1]。

自然人地位及所生財產上管理事件係指自然人因爲失蹤、喪失行爲能力，而須受監護宣告、輔助宣告、死亡宣告等事件。因此類事件所生之財產管理事件也屬於家事事件，例如家事事件法第112條特別代理人報酬請求事件、第121條監護損害賠償事件等。

---

1 沈冠伶，〈家事事件之類型及統合處理〉，《月旦法學教室》，第118期，2012/8，頁64。

繼承事件係因特定親屬死亡所生財產繼承事件，時而必須由法院協助處理遺產繼承、管理、清算事宜，亦屬於家事事件。例如家事事件法第128條所定陳報遺產清冊事件、第132條之拋棄繼承事件、第134條之選任遺產管理人事件。

若干具有行政法性質之法律，基於保護、照料人民之立場，授與行政機關得於特定條件下，剝奪人民基於身分關係所享有之親權或照料特定親屬之權利。爲使行政行爲受到法院監督，法律特別規定由家事法院審查行爲之妥當與否，而列爲家事事件。例如兒少福權法第56條所規定之被虐兒童之緊急安置、兒童及少年性剝削防制條例第15條以下所規定對於被害兒童的安置事件、2022年精神衛生法所定強制社區治療、緊急安置以及強制院住院事件、家庭暴力防治法所定民事事件，亦屬於此類家事事件等。

第二節　家事事件與民事事件、公法事件

壹、家事事件與公法事件之區分

身分關係往往依賴戶籍登記制度，以昭公示。戶籍法第48條第1項規定戶籍登記必須於事件發生或確定後30日內申請，同法第4條規定各種戶籍登記事項。如果人民認爲戶政機關所爲之登記與實際不符時，得循行政救濟程序，要求更正，然此屬於公法事件，而非家事事件。

另外，兒少福權法規定各種保護兒童及少年之福利措施，若屬於行政機關所爲之行政行爲，例如第64條所列之處遇方案，當事人若有不服，僅得循行政救濟程序尋求救濟，性質上屬於公法事件，並非家事事件。但該法特別規定應由法院處理之事件，而屬於身分關係事項者，例如第57條第2項裁定繼續安置、第71條第1項宣告停止親權、監護權或終止收養關係者，則屬於家事事件。

貳、家事事件與民事事件之區分

家事事件法第3條雖然定義家事事件之類型及範圍，但該條並非

列舉式的規定。

至於是家事事件，或是民事事件，應考慮家事事件法的立法目的與制度功能，不能以當事人所主張之實體法上請求權爲準。以目的而言，家事事件以一定之身分或親屬關係爲基礎，以及由此衍生財產上或身分上之請求。家事事件相較於民事事件，既有其主體上之特殊性，且應以一定親屬所衍生之身分上或財產上之事件爲限。因此除非有法律的特別規定，否則因一定身分或親屬關係所生財產上之請求，原則上屬於家事事件，除此之外，應屬於民事事件。另外也應該從家事事件法制度之功能觀點判斷之，如果事件有藉由家事事件法新增制度以及程序法理，獲得更妥當處理、解決者，應爲家事事件。否則，應爲民事事件。

一、應屬家事事件者

（一）離婚原因事實本身之損害賠償，學說稱爲離因損害，例如因通姦而請求侵權行爲損害賠償，依照家事事件審理細則第70條第3款之規定，屬於家事事件，多數學者也贊成屬於家事事件[2]。至於依照民法第1056條請求離婚之損害賠償事件，家事事件法第3條第2項第2款已經明確規定是家事事件。

（二）配偶離婚後，雙方訂有給贍養費或其他財產給付之協議，一方乃依照該協議請求給付贍養費或其他財產請求，仍然屬於家事事件法第3條第2項第2款、第3款所規定因爲離婚所生之財產上請求[3]。

（三）未成年子女扶養費用之分擔，無論是列入家庭生活費用項目，或者依照子女扶養費用請求，爲父母子女對於未成年子女之扶養義務所生之債務，屬於家事事件。

（四）夫妻間因爲支付照顧未成年子女所生費用，而向他方請求歸還所謂代墊扶養費之事件，無論是基於夫妻間家庭生活費用負擔或是父母照顧未成年子女義務所生事件，均屬家事事件，不因當事人以

---

[2] 唐敏寶，《家事事件實務爭議問題研析》，司法院，2013，頁28以下。
[3] 許士宦，《家事事件法》，新學林，2020，頁17。

不當得利或無因管理請求，而成爲民事事件。

（五）原告以被告未清償票款爲理由，起訴請求被告給付票款，事實理由除主張被告未清償票款之外，也陳明該票款係被告所簽發以交付夫妻剩餘財產分配之款項，屬於家事事件法第3條第3項第3款所規定之因夫妻財產分配所生事件，仍然屬於家事事件。但有學者採取不同意見，認爲當事人以票款請求時，係以票款請求權爲訴訟標的，屬於民事事件，而非家事事件[4]。

二、應屬民事事件者

（一）親屬間之紛爭而向第三人損害賠償、清償債務之財產事件，例如甲以乙與丙通姦爲由，向丙請求損害賠償，學者有基於統合處理之理念，認爲屬於第3條第3項第2款所定之家事事件[5]。但是此類事件既屬財產事件，並無使用家事事件法新增制度如家事調查官等制度之必要，該事件無列入家事事件之必要。

（二）繼承人之債權人依照民法第242條之規定，代位行使分割遺產請求權之事件，或者依照民法第244條提起撤銷遺產分割協議的訴訟，有學者認爲代位權行使者仍然是遺產分割請求權，因此屬於家事事件，後者並不是繼承人之間的事件，因此不屬於家事事件[6]。司法實務也傾向認爲代位遺產分割事件是家事事件（台灣高等法院106年法律座談會第30號提案討論結果）。本書認爲民法第242條之代位權以及第244條之撤銷權，都有權利行使的要件，法院審理的範圍包含該要件的存否，不僅僅審理被代位權或被撤銷法律行爲而已。而該要件的存否，並無適用家事事件程序法理以及制度的必要性，因此兩種事件都不是家事事件。

（三）第三人（銀行）依照民法第242條代位夫妻一方行使剩餘

---

4 邱聯恭，〈民事普通法院與家事法院之審判權劃分、牽連與衝突—闡釋其相關規定之法理依據及適用分針〉，《月旦法學雜誌》，第212期，2013/1，頁140以下。

5 沈冠伶，《家事程序之新變革》，元照出版，2015，頁72。

6 唐敏寶，《家事事件實務爭議問題研析》，司法院，2013，頁36以下。

財產分配請求權，原本有是否屬於家事事件的爭議，有學者認爲由於代位行使之訴訟標的仍爲夫妻之剩餘財產分配請求權，仍應屬於家事事件[7]。司法院函釋則認爲代位行使人，具有法定訴訟擔當之性質，權利行使之主體已非具有夫妻關係之人，性質上並非家事事件，認爲不是家事事件。但因爲民法第1030條之1第3項於2012年修正，規定剩餘財產分配請求權具有行使上的專屬性，第三人不得代位行使。而且親屬編施行法第6條之3規定該修正溯及既往，已經不會再有此類事件。

第三節　家事事件之種類

壹、實定法上之家事事件與本質上之家事事件

家事事件法第3條以法律定義家事事件，確定家事事件法適用之範圍，學者稱之爲「實定法之家事事件」，意即法律所明文規定之家事事件。除此之外，尚有法律沒有明文規定，卻屬於家事事件，而應該適用家事事件法者，此於家事事件法第37條及第74條分別定有「其他家事訴訟事件」、「其他家事非訟事件」，學者稱之爲「本質上之家事事件」，意即法律雖未明文規定屬於家事事件，但依其事件之本質，應適用家事事件法之事件而言。例如配偶間因爲通姦而生侵權行爲損害賠償，並非屬於家事事件法第3條第3項第2款規定因離婚之損害賠償事件，學說上稱爲離因損害賠償，雖非法定家事事件，性質上仍屬於家事事件，即爲本質上之家事事件。

貳、家事訴訟事件與家事非訟事件

一、區別之必要性

家事事件法將家事事件區分爲家事訴訟事件與家事非訟事件，分

---

7 沈冠伶，〈家事事件之類型及統合處理〉，《月旦法學教室》，第118期，2012/8，頁64。

別規定應適用之審理程序。由於非訟事件並無清楚的定義，凡是國家機關介入私法秩序管理的事件而言，都可以稱為非訟事件。也因此對於非訟事件之定義，有強調事件具有非爭訟性質者，有從受理之機關而為區別者[8]。

由於家事事件法區分家事訴訟事件與家事非訟事件，而且家事訴訟事件與非訟事件之程序法理各不相同，前者有對審型的訴訟結構，有對立之當事人概念，原則上適用處分權主義、辯論主義；後者並不採取對審型結構，並沒有對立的當事人，原則上不適用處分權主義、辯論主義。因此有必要先區分家事訴訟事件與家事非訟事件。

二、區別之理論

（一）法定類型理論

此理論認為家事訴訟事件或家事非訟事件，完全依照法律所規定之類型，決定事件應適用之程序法理。家事事件定義為家事訴訟事件，該類事件即應適用訴訟法理，並依此貫徹應有之程序保障。例如離婚事件，既屬於家事訴訟事件，就離婚原因事實之有無，即應適用訴訟程序法理審理。如果家事事件法將事件定義為家事非訟事件，即應適用非訟程序法理審理。例如離婚後未成年子女照護事件，應由法院裁量決定之。

法定類型理論，具有穩定性之優點，使當事人於程序審理之初，充分瞭解程序上之地位，足以確保當事人依照特定類型程序所應得之程序保障。其缺點在於無法因應複雜事件之處理。

（二）審理事項理論

此理論認為類型化的方式，不以家事事件法所定事件類型為準，而以審理之事項為準。如果審理之事項具有訴訟事件之性質，而應適用訴訟法理者，即屬於訴訟事件，如果屬於非訟事件性質，即適用非訟法理，不以家事事件法所定分類為準。諸如扶養費事件審理

---

8 Martin Haußleiter, FamFG, 2011, S. 2.

中，就扶養費之數額及方法之事項，固屬非訟性質，應適用非訟法理，但是就扶養義務之存否，則屬於訴訟性質，應適用訴訟法理。

事項類型理論，具有靈活性，使審理程序得以隨時因應事項之特性，而分別適用不同之程序法理，以求事件之具體妥當處理，其缺點則在於缺乏穩定性。

三、區別之方法

家事訴訟事件與家事非訟事件之區分方法，有學者指出，在傳統觀點下，訴訟事件具有訟爭性，裁判具有既判力，必須適用訴訟法理。而非訟事件不具爭訟性，強調迅速、裁量權以及展望性的決定[9]，因此適用非訟程序法理。然而誠如學者所指出，以訟爭性之有無，並無法明確區分訴訟或非訟[10]。例如離婚後未成年子女照護義務之歸屬，家事事件法第104條列爲非訟事件，但是爭執性、對立性仍高。

因此有學者轉而從程序保障之基本理念，以落實當事人程序主體權，使當事人得以清楚選擇實體利益與程序利益之觀點，劃分出事項審理之類型，方便法院及當事人接近並使用家事事件程序，以解決其家事紛爭。因此判斷哪些家事事項應適用家事訴訟法理、哪些事項應適用家事非訟法理，所應考慮者，應爲法院審理是否提供相應足夠的程序保障。至於程序保障之內涵，依德國家事及非訟事件法爲例，首應考慮如我國憲法第77條、第80條、第81條是否應由受終身職保障之法官進行審判之憲法保障問題。而且程序保障之內涵也必須分別從事件之特性以及當事人與事件關聯之密切度兩方面考慮保障的密度。所謂事件特性主要判準係事項內容是過去紛爭事實之確定，或是未來生活的展望，如果屬於過去紛爭事實之確定，由於必須依照證據方能判斷，衍生訴訟事件之程序法理，包含對審型的訴訟結構、當事人處分原則、辯論主義、嚴格證明程序、適時提出原則等。如果屬於未來生

9 姜世明，《民事訴訟法（上冊）》，2013，頁5。

10 沈冠伶，〈家事事件之類型及統合處理〉，《月旦法學教室》，第118期，2012/8，頁61。

活之展望，由於無法透過證據程序確認未來的生活，而有賴法官藉由其他專業人士之協助，裁量決定未來生活之安排，衍生出非訟程序法理，包含職權原則、職權探知原則、自由證明程序等[11]。

程序法理之設計，係從保障人民訴訟權之觀點出發，並基於相應於所處理事件之特性而制定。家事訴訟事件與家事非訟事件程序法理不同，也是因爲兩者處理對象不同。家事訴訟事件多有針對過往紛爭事實，由法院定出權利義務內涵的具體規範。家事非訟事件則是由處理未來生活的安排，由法院根據當事人之目前狀況，做出展望性的安排。因此家事訴訟事件與家事非訟事件之區別，應更多地從事件本身是過去紛爭事實的決定，或是未來生活的展望而定。民法第1149條規定繼承人生前繼續扶養之人請求酌給遺產，性質上屬於對於未來生活之展望性的裁判，與贍養費、扶養費等事件性質類似，應屬家事事件法第3條第4項第9款之其他繼承非訟事件[12]，即爲例證。

參、家庭成員間之家事事件與公法保護事件

家庭成員間之家事事件，係指具有一定家庭成員間之身分關係所生之家事事件，以及因該身分關係所稱之財產上、身分上請求事件。主要是夫妻婚姻關係、親子關係以及因此所生之財產上、身分上請求事件。家事事件法第3條所定之甲、乙、丙、戊類多數事件，均屬之。

所謂公法保護事件，係指國家機關基於保護、照料人民之立場，授與行政機關得於特定條件下，剝奪人民基於身分關係所享有之親權或照料特定親屬之權利，爲使行政機關此類行爲受到一定之監督，法律特別規定由家事法院審查行爲之妥當與否之事件。例如兒少之繼續安置事件、嚴重精神病患之停止緊急安置以及強制住院事件。此項事件，原具有行政行爲之性質，僅因法律特別規定，交由家事法院處理。此類事件，多有行政機關參與，法院僅事後審查行政行爲之妥當性，以確保人民之人身自由不受侵害，具有公益性，當事人不得

11 姜世明，《家事事件法》，2012，頁191以下。

12 李太正，《家事事件法之理論與實務》，元照出版，2016，頁199。

處分。家事事件法第3條第4項列爲丁類事件。

肆、訴訟與非訟之程序轉換

家事事件法基於當事人程序選擇權之基本理念，於尊重當事人程序利益之處分權之程序法理下，允許基於當事人合意之程序轉換，將家事訴訟事件轉換爲家事非訟事件，或者將家事非訟事件轉換爲家事訴訟事件。訴訟與非訟的程序轉換，有以下三種類型[13]：

一、合意將家事訴訟事件轉換為裁定程序

於家事調解程序中，當事人就解決事件之意思已甚接近或對於原因事實之有無不再爭執，然因爲調解事項屬於當事人不得處分之事項，例如否認子女，此時法院得依當事人之合意及聲請，改依裁定程序就該不得處分之事項審理並裁判之（家事§33Ⅰ），以求調解程序之完整。

二、將家事非訟事件轉換為家事訴訟事件

監護人執行監護職務，因故意或過失，致生損害於受監護人，而應負損害賠償責任之事件，家事事件法已經定爲家事非訟事件（家事§120Ⅰ⑨），但是仍屬於過往事實所生訟爭，而具有家事訴訟事件之性質，因此允許聲請人與相對人得於第一審程序終結前，合意向法院陳明改用家事訴訟程序，由原法官繼續審理（家事§121Ⅰ）。

三、家事非訟事件之前提法律關係轉換為家事訴訟事件

婚姻或親子非訟事件，因爲必須以婚姻關係或親子關係存在爲前提，審理中往往合併審理前提法律關係。然而此種前提法律關係之事

13 姜世明，《家事事件法》，元照出版，2019，頁265。

件，均屬於家事訴訟事件。雖然在家事非訟事件中一併審理，若當事人就所依據之法律關係有爭執，並提起訴訟，請求合併裁判外，除當事人合意適用家事非訟程序外，法院應裁定改用家事訴訟程序，由原法官繼續審理（家事§103）。

第三章　程序主體與審理團隊

第一節　法院

壹、家事事件管轄權之性質

家事事件應由哪一所法院管轄、由哪一庭審理，涉及到權限衝突、管轄權以及法院內事務分配之問題。

家事事件法雖然規定家事事件之管轄為專屬管轄，但由於家事事件法第4條規定可以將涉及權限衝突的事件合意由家事法院管轄、第6條第1項規定得合意管轄，已經和緩專屬管轄之強行性。

貳、家事法院與行政法院之審判權衝突

事件屬於家事事件或是公法事件，涉及到家事法院（庭）與行政法院權限衝突的問題。依照家事事件法第51條規定，原應準用民事訴訟法處理權限衝突。因此事件應由家事法院（庭）管轄或行政法院管轄，原應準用民事訴訟法第31條之2、第31條之3以及第182條之1等規定。然而依照2022年1月4日修正施行之法院組織法第7條之3規定，「法院認其無審判權者，應依職權以裁定將訴訟移送至有審判權之管轄法院。但其他法律另有規定者，不在此限。」「前項有審判權之管轄法院為多數而原告有指定者，移送至指定之法院。」「當事人就法院之審判權有爭執者，法院應先為裁定。」「法院為第一項及前項裁定前，應先徵詢當事人之意見。」強化移送裁定之程序保障。又在同法第7條之2第3項首先規定，「法院認其有審判權而為裁判經確定者，其他法院受該裁判關於審判權認定之羈束。」簡化審判權衝突之移送程序。同法第7條之4再進一步規定，「前條第一項移送之裁定確定時，受移送法院認其亦無審判權者，應以裁定停止訴訟程序，並向其所屬審判權之終審法院請求指定有審判權之管轄法院。但有下列情形之一者，不在此限：一、原法院所屬審判權之終審法院已認原法院無審判權而為裁判。二、民事法院受理由行政法院移送之訴訟，當事

人合意願由民事法院爲裁判。」「前項所稱終審法院，指最高法院、最高行政法院或懲戒法院第二審合議庭。」不再由大法官處理權限衝突之爭議[1]。

例如兒童或少年有遭遺棄之情形，直轄縣市主管機關，依照兒少福權法第56條之規定而爲緊急保護時，就該行政處分不服時，應由行政法院管轄，兒童或少年之法定代理人誤向家事法院聲請撤銷緊急保護處分。即屬權限衝突的例子。

審判權之規則雖然屬於強行法規，但有學者指出，此於家事事件法有特別規定範圍內，已被修正而具有任意法規的性質。例如當事人的合意選擇由家事法院處理一般民事訴訟事件（家事§4）、有統合家事事件處理之必要者[2]。

事件應由家事法院或行政法院管轄有爭議，而當事人得合意由家事法院管轄者，家事法院（庭）即取得審判權。當事人合意由家事法院（庭）審判，其合意應記明筆錄或以文書證之（家事§4、家事審理細則§3III）[3]。

參、家事法院與民事法院之管轄權衝突

依照少年及家事法院組織法之規定，我國可以設立專門的少年及家事法院。2012年將原有的高雄少年法院改制爲高雄少年及家事法院，成爲目前我國唯一的專門少年及家事法院。

在同一管轄區域內，既然分別有普通法院（高雄地方法院）以及（少年及）家事法院，法院管轄案件的分配成爲必須處理的問題。

由於家事法院所受理之家事事件，性質上屬於民事審判之一環，憲法第77條僅將審判權區分爲民事、行政及刑事審判，因此家事法院與民事法院之權限劃分並非審判權劃分，而屬於廣義民事法院之事務管轄分配。因此家事法院與民事法院之管轄權衝突，與行政法院之權限衝突不同。

---

1 呂太郎，《民事訴訟法》，元照出版，2022，頁34。

2 邱聯恭，《口述民事訴訟法講義（一）》，2015，頁184-185。

3 姜世明，《家事事件法》，元照出版，2019，頁21。

家事法院與民事法院管轄衝突，依照家事事件法第5條之規定，準用非訟事件法與民事訴訟法之規定。應由法院依職權裁定移送或由當事人聲請裁定移送，若裁定確定後，依家事事件法第5條準用民事訴訟法第30條第1項，受移送之法院即受羈束，不得再爲移送。

至於移送裁定之抗告管轄法院，若屬於家事訴訟事件，依家事事件法第51條準用民事訴訟法第486條第1項，應由上級法院即高等法院管轄，固無問題。若屬於非訟事件，該裁定之抗告法院，應爲地方法院合議庭或是該法院所屬高等法院，可能有不同見解。一種見解認爲家事非訟事件裁定之抗告均由地方法院合議庭審理（家事§94），管轄權裁定之抗告也應該由地方法院合議庭審理。且非訟事件法第44條第1項規定抗告由地方法院合議庭裁定，應解爲家事非訟事件移送裁定之抗告，應由地方法院合議庭裁定之。高雄少家法院103年度家簡抗字第1號就簡易程序管轄權有無之裁定，抗告後直接由該院合議庭審理，似乎有採取第一種見解的傾向。

由於民事事件與家事事件之法院管轄僅屬事務分配管轄之性質，因此允許當事人合意或法院認爲有統合處理之必要時，可以將民事事件合併由受理家事事件之法院管轄（家事§6Ⅰ）。高雄少家法院103年度家簡抗字第1號案件，就在當事人對於管轄權沒有異議的情形下，將夫妻間的借款事件合併在離婚事件中一併處理。

肆、同一法院內家事庭與民事庭之事務分配

在其他未成立少年及家事法院之縣市地區，同一法院內，分別設有家事庭與民事庭，事件應由民事庭或家事庭審理，制定法律之過程中，已經有委員明確主張屬於法院內部事務分配[4]。家事事件法第7條第2項也已經明文規定，同一法院家事庭與民事庭衝突，屬於事務分配，不屬於管轄問題。

既然屬於內部事務分配，爲了迅速處理事務分配，避免程序延宕，家事事件審理細則第7條第1項規定：「經法院受理之事件，家事庭與民事庭就事務分配有爭議者，應由院長徵詢家事庭庭長及民事

---

[4] 邱聯恭老師發言紀錄，制定資料彙編第二冊，頁334以下。

庭庭長意見後，決定之。」以免案件在同一法院內遲遲無法分予法官儘速審理，影響當事人程序利益。至於法官配受案件後，仍得本於確信，依事件之性質，適用該事件應適用之法律規定爲審理（家事審理細則§7II）。

已經配受案件之民事庭或家事庭法官，以裁定將案件移送家事庭或民事庭法官審理。由於該裁定違反法院組織法第81條之規定，對於受裁定之法庭而言，並無受拘束之必要，法院理應不能重新分案，以免案件遊蕩於民事庭與家事庭之間。而且該裁定屬於終結訴訟之裁定，並非訴訟指揮之裁定，當事人自得抗告。

此外，司法實務上，爲了便於統合處理，亦免分案行政作業上之負擔，多數法院採取所謂「歸股原則」，將相同當事人之家事事件，分由同一法官審理，惟因爲屬於法院事務分配，仍應由法官會議決定之，家事事件審理細則第6條第2項明定其旨。

伍、土地管轄

家事事件法就各類家事訴訟事件、家事非訟事件規定土地之管轄因素，有夫妻之住所地、子女之住所地等。又法條雖然規定爲專屬管轄，不過由於家事事件法第6條賦予當事人可以合意管轄，而且法院可以裁量移送管轄，因此各該家事事件之管轄，已經不再是固有意義的專屬管轄[5]。

受理家事事件之法院，除因爲當事人有合意管轄外，若認爲無審理該案之管轄權時，應將事件移送於有管轄權之法院（家事§6）。設有家事法院之地區，例如高雄少家法院，認爲案件並無土地管轄時，也應裁定移送。

至於未設家事法院之地方法院，認爲受理之事件屬於高雄地區之法院所應管轄之家事事件，將事件移送於高雄少家法院，裁定確定後，高雄少家法院即應受該裁定之拘束，不得再以事件爲民事事件爲理由，移送於高雄地方法院（家事§6V）。

---

5 松本博之著，郭美松譯，《日本人事訴訟法》，廈門大學出版社，2012，頁85。

法院取得家事非訟事件之土地管轄因素，除家事事件法有特別規定外，先準用非訟事件法，再準用民事訴訟法之規定。因此當事人住所地也可以成爲法院取得管轄之因素（非訟§7）。

第二節　當事人

家事事件有家事訴訟事件以及家事非訟事件之分，由於程序結構之不同，分別有不同的程序上當事人概念。家事訴訟事件以當事人稱之，家事非訟事件以關係人稱之（家事§97準用非訟§10）[6]。

壹、家事訴訟事件之當事人

一、對立之當事人概念

家事訴訟事件仍然延續民事訴訟制度，採取對立當事人的訴訟構造，由法律強行規定一方爲原告，提起主張，擔任攻擊者，另外一方爲被告，承擔防禦者。因此家事訴訟事件程序中，即有原告以及被告兩造當事人。對立當事人其實是法律規定的，因爲如果沒有對立的當事人，訴訟將無法進行[7]。

二、法律上利害關係之第三人

家事身分訴訟事件，審理當事人之身分關係，有高度的公益性，身分關係的存否，除了影響身分關係的當事人如夫妻之外，也會影響到與身分關係當事人共同生活的親屬如子女，以及交易的第三人。而且家事身分判決，原則上具有對世效（家事§48Ⅰ前），直接影響與當事人共同生活的其他家人，爲了保障受判決影響當事人之事前程序參與權，又兼顧形式當事人的訴訟權，家事事件法乃有法律上

---

6 本書爲了行文以及閱讀便利，也會以當事人稱呼非訟關係人。

7 Richard Zöller, Zivilprozessordnung, Kommenter, 30Aufl. 2014, S. 253.

利害關係第三人參與家事身分訴訟事件制度的設計（家事§40）。

貳、家事非訟事件之關係人

一、關係人之概念

非訟程序具有未來生活展望之特性，若干事件具有公益性，聲請人或相對人在若干非訟事件，是扮演促請法院發動非訟程序之角色，聲請人與相對人未必是實體法上權利義務關係之主體。例如失蹤人財產管理事件、監護宣告事件、保護安置事件等。且若干家事非訟事件，雖有聲請人與相對人，但該事件真正之權益主體卻非聲請人或相對人，而是第三人，例如親子非訟事件。因此非訟事件乃以關係人稱呼參與非訟程序之程序主體。

二、形式上關係人

所謂形式上關係人，係指出現在程序中，以程序主體地位爲有效程序行爲之人，主要是聲請人，如果有相對人的事件，也包含相對人。

可以啓動家事非訟事件之聲請人，可能是因爲法律之明文規定，也可能是屬於該事件所涉實體上權利義務關係主體[8]。前者例如民法第14條第1項規定，監護宣告由本人、配偶、四親等內之親屬、同居之其他親屬、檢察官、主管機關、社會福利機構、輔助人、意定監護受任人或其他利害關係人聲請；後者例如夫或妻聲請指定夫妻同居住所，或者如請求家庭生活費。

家事非訟事件，如果是實體上權利義務關係之義務人，而有容忍義務之人，該事件即有相對人，例如前述妻聲請指定同居住所，即應以夫爲相對人。如果沒有負有容忍義務之人，即無相對人，例如死亡

---

8 Ursula Bumiller & Dirk Harders, FamFG Freiwillige Gerichtbarkeit, 10Aufl. 2011, S. 120.

宣告事件。

上述所謂實體上權利義務關係主體，僅限於聲請事件，若屬於職權事件，非訟關係人向法院提出聲請，僅發生促請法院開啓非訟程序之作用，並非實體上有權利義務關係存在，因此在職權事件之形式關係人，僅得依照法律之規定爲之[9]。

三、程序參與人

家事非訟事件，由於往往需要法院裁量介入，而且受裁定影響的人並不限於聲請人或是相對人，爲了使法院裁量的行使更具有正當性，並更加充分地保障受裁定影響之當事人程序參與權，乃有必要設計程序參與人之制度。依照程序參與人與家事非訟事件關係程度之不同，可以分爲應參與程序人與任意參與程序人。

應參與程序人係指法院於家事非訟程序中，必須依職權通知參與程序之人（家事§77Ⅰ）。由法律規定之應參與程序人，如未成年人於親子非訟事件之參與權（家事§108）；親子關係相關事件所涉之子女、養子女、父母、養父母；因程序之結果而權利受侵害之人，例如主管機關依兒少福權法第71條宣告停止父母之親權，父母及未成年子女均屬權利受侵害之人。任意參與程序人有因程序之結果而法律上利害受影響之人、檢察官或主管機關等。

四、程序能力

所謂程序能力，係指家事訴訟事件之當事人以及家事非訟事件之關係人，能在家事事件審理程序中爲有效程序行爲之能力而言。相當於民事訴訟程序中之訴訟能力。

無論家事訴訟事件之當事人或是家事非訟事件之關係人，只要能獨立以法律行爲負義務者，即有程序能力（家事§14Ⅰ）。亦即，凡

---

9 Ursula Bumiller & Dirk Harders, FamFG Freiwillige Gerichtbarkeit, 10Aufl. 2011, S. 120.

是18歲以上之成年人，而未受監護或輔助宣告者，即為能獨立以法律行為負擔義務者，即具有程序能力。

七歲以上之未成年人，雖僅為限制行為能力人，不能獨立以法律行為負擔義務，理應無程序能力。但就涉及未成年人本人身分之家事訴訟事件，如確認親子關係存在或者是強制認領之訴；或者是涉及身分之家事非訟事件如改定監護人事件；或者涉及未成年人之人身自由之家事非訟事件，如保護安置事件，因為對於未成年人影響巨大，為了充分彰顯其程序主體地位，確保聽審請求權，自應賦予其程序能力（家事§14II）。至於未成年人能力不足之處，可以選任程序監理人以保護之。又滿七歲之未成年人，既有程序能力，自得獨立就有程序能力之非訟事件聲請，並沒有一定要由法定代理人代為聲請。

又如未滿七歲之未成年人或受監護宣告之人，雖不能獨立以法律行為負義務者，惟其如能舉證證明其於法院審理時具有意思能力，足以辨識利害得失，則就自己為當事人，且有關其身分及人身自由之家事事件，因該事件之結果影響當事人之權益甚鉅，亦應賦予程序能力（家事§14III），以保障其程序主體權及聽審請求權。

第三節　訴訟代理人

家事訴訟事件當事人，可以在審理中選任律師擔任訴訟代理人。至於非訟事件關係人，也可以選任非訟代理人（家事§97準用非訟§12）。

由於家事事件有其特殊性，不同於民事財產事件，擔任訴訟代理人或非訟代理人之律師，更應該遵照律師倫理規範第27條「為當事人承辦法律事務，應努力充實承辦該案所必要之法律知識，並作適當之準備」、「律師應依據法令及正當程序，盡力維護當事人之合法權益，對於受任事件之處理，不得無故延宕，並應適時告知事件進行之重要情事」，也應該遵照第30條「律師於執行職務時，如發現和解、息訟或認罪，符合當事人之利益及法律正義時，宜協力促成之」於處理衝突性高之家事訴訟事件、家事非訟事件，需要結合資源、緩和衝突時，應運用上述學習專業知識，以符合當事人最佳利益之方式促成之。

此外，律師執行職務，也必須注意律師倫理規範第31條所定利益迴避之規定。該條分別規定「依信賴關係或法律顧問關係接受諮詢，與該諮詢事件有關者爲對造之事件」、「與受任之事件利害相反之事件」、「以現在受任事件之委任人爲對造之其他事件」、「由現在受任事件之對造所委任之其他事件」、「委任人有數人，而其間利害關係相衝突之事件」。此於分割遺產事件、離婚事件、夫妻剩餘財產分配事件等，均有特別注意之必要。

第四節　司法事務官

壹、性質

法院組織法第17條之1規定法院設置司法事務官，職等爲七至九職等，主任司法事務官可列等至十職等，其職等屬於中階司法行政人員，仍得辦理不具訟爭性之非訟事件。又由於司法事務官不具有如法官之職務保障，爲確保人民公正程序請求權，司法事務官所爲之決定，特別是涉及人民自由、權利之事項，應受有終身職保障之法官審查。

由於家事事件法中，有許多非訟事件，如繼承非訟事件，可以由司法事務官處理，因此司法事務官在家事事件審理程序中，也可以扮演重要角色，而成爲家事審理團隊中重要的成員。在德國法制中也設有法律事務官（Rechtspfleger），扮演與司法事務官類似的角色。

貳、職權範圍

司法事務官掌理事件之範圍，依照法院組織法第17條之2的規定，有返還擔保金事件（民訴§104）、強制執行以及非訟事件法所定之非訟事件等。同時也可以辦理調解程序事件以及法律所定之事務。

目前，司法事務官可以辦理的家事事件，有協助處理調解事件（家事§23以下）、繼承事件（家事§127）、失蹤人財產管理事件

（家事§142）、親屬會議事件（家事§181）、兒少福權法第57條第2項以及第58條所定之繼續安置事件、兒童及少年性剝削條例第16條以下規定的保護安置事件（家事§184）、臺灣地區與大陸地區人民關係條例第66條所定大陸地區人民表示繼承事件、精神衛生法第66條所定停止緊急安置或強制住院事件（家事§185）[10]、家庭暴力防治法所定之民事緊急保護令事件及民事暫時保護令事件[11]。

至於收養事件，雖然仍允許司法事務官辦理，目前司法實務鑑於收養，影響當事人身分之變動，多數法院已經不再由司法事務官辦理。另外可能涉及人身自由事項，例如保護安置事件、強制住院事件，也都不應由司法事務官處理[12]。

參、處理程序

司法事務官處理家事非訟事件，得依職權調查事實以及必要之證據，但命爲具結者，必須報請法院爲之（家事§97準用非訟§51）。所謂命爲具結之調查，學者認爲應包含命具結之後所爲之訊問證人之程序，並不僅限於具結而已[13]。不過司法實務上，司法事務官爲了做出妥適的決定，於審理時調查證人，確實有必要。至於司法事務官就家事非訟事件所做出的決定，等同於一審法官的裁定（家事§97準用非訟§54），因此也具有裁定之性質，適用裁定之程序規定。對於司法事務官裁定不服，應抗告至地方法院合議庭（家事§97準用非訟§44）。

司法事務官於家事調解程序中扮演重要的樞紐角色。在調解程序中，法官通常先指定調解委員進行調解，從調解委員的選定、通知、

---

10 司法院97年10月31日院台廳司一字第0970023531號函。惟此並不包含依照家事事件法第33條、第36條所爲合意裁定及適當裁定。上開函釋業經司法院105年8月18日院台廳司一字第1050021677號發文廢止，不過並沒有訂出新的規範，應該是完全回歸法院組織法的規定而定。

11 司法院98年4月2日院台廳司一字第0980007844號函。本函也已經司法院上開函釋廢止。

12 姜世明，《家事事件法》，元照出版，2019，頁19。

13 葛義才，《非訟事件法論》，2008，再版，頁77。

調解期日的指定、調解內容的審核等事項，法官如果無法事事參與，多半仰賴司法事務官居間聯絡處理。因此調解委員的專長、時間、當事人的調解方案可行性，司法事務官均有較多掌握的機會，可以向法官提出有力的建議。家事事件法既然特別列出調解一章，並規定強制調解前置主義，司法事務官於家事調解的功能自然顯著。

第五節　程序監理人

壹、意義

爲了確保未成年人、身心障礙者、老人等作爲基本權利主體之地位，家事事件法於第15條以下設計了程序監理人制度。保障未成年人、身心障礙者以及老人之陳述意見權、聽審請求權等權利。德國家事及非訟事件法第158條於親子事件也設有程序輔助人（Verfahrensbeistand）的制度，取代原非訟事件法第55條之程序照護人（Verfahrenspfleger）。

家事事件法新設程序監理人制度，較民事訴訟法第51條之特別代理人制度，更能保障當事人之程序地位，理應取代特別代理人制度。然而由於兩者之選任要件確實有重疊之處，司法實務上，爲了避免選任程序監理人之報酬等問題，而有選定特別代理人者。不過，由於程序監理人之功能較爲廣泛，而且資格較爲嚴謹，家事事件法立法原意應係以程序監理人取代特別代理人，自應以選任程序監理人爲優先[14]。

貳、程序監理人之地位

程序監理人的地位，學說上有程序代理人、利益代表人以及折衷見解等爭論[15]：

---

14 姜世明，《家事事件法》，元照出版，2019，頁90。

15 許翠玲，《家事事件中程序監理人之角色、地位及功能之研究：以介紹美國相關制度爲主》，司法院印行，2015，頁52以下。

一、程序代理人說

此說認爲程序監理人類似兒童律師，是爲了確保未成年人在家事事件程序中之利益，只是一種未成年人程序利益的守護者，因此程序監理人執行職務應遵守律師倫理規範，不應任意以自己的意思，假兒童最佳利益之名，擅自違反未成年人之意願，提出自己的方案。

二、利益代表人說

此說認爲程序監理人是爲了保障能力尚有欠缺之未成年人或受監護宣告人之利益，並非僅僅代表本人爲程序上之程序行爲而已。因此，程序監理人除了於家事程序中代表未成年人或受監護宣告人爲程序行爲之外，也必須站在未成年人利益之立場，向未成年人說明解釋家事程序以及法院裁定之理由，在法院酌定未成年人子女照護義務之方法內容事件中，也必須站在未成年人子女利益之觀點，分別向未成年人之父親或母親說明解釋會面交往可能之最佳方式、扶養費給付之最佳方法等，俾周全保障未成年子女之利益。

三、折衷見解

（一）依事件性質而定

認爲應該區別事件的性質決定程序監理人的地位，如果是屬於兒童被虐待而需要保護安置的事件，程序監理人的地位趨向於程序代理人，主要的職責在於確保兒童在程序上的利益以及應享有的權利。如果是屬於兒童親子責任歸屬事件，程序監理人的地位趨向於利益代表人，其職責不僅限於確保兒童之程序權利而已，更必須確保兒童的最佳利益。

（二）依當事人本人年齡而定

認爲應區分兒童的年齡，以決定程序監理人的地位。如果是七歲以下的兒童，程序監理人是一種利益代表人；如果是七歲以上的兒童，已經可以自己做出決定了，程序監理人是一種程序代理人。

家事事件法立法說明雖然記載爲學習德國以及馬里蘭州的制度，但其實兩種制度並不相同，德國家事及非訟事件法第158條第3項規定程序輔助人經選任後，即成爲家事事件關係人，有獨立爲程序行爲之地位。而馬里蘭州的制度也分爲兩種，一種是代表兒童程序利益的兒童律師（Child Advocate），另外一種是代表兒童利益的「利益監護人」（Best Interest Attorneys）[16]。因此無法從立法說明中確認我國程序監理人之地位。不過，由家事事件法第16條第2項明文規定可知，程序監理人之職責在於爲受監理人之利益爲一切程序行爲之權，可以明確看出我國程序監理人的職責是在程序利益之維護，而不是兒童最佳（實體）利益的保護者。而且由於家事事件法另外設有家事調查官，能夠更主動地接近本人的家庭所有成員，更可能關照本人的所有利益。因此本書認爲我國程序監理人的地位是程序代理人，而不是利益代表人。

程序監理人既然是程序代理人，應居於維護當事人程序利益之地位，而爲程序行爲，並於執行職務過程中，從當事人與家人間之人際網絡中，注重與家人關係之調整與維繫，也因此有必要與家人自行委任之律師，共同合作，協助法院健全當事人與家人之關係及其社會生活。

由於程序監理人係由法院依照家事事件法選任，而爲程序行爲之人，並不是來自於當事人之委任，因此程序監理人之地位、職權以及應履行之義務，應悉依家事事件法而定。

參、選任程序監理人之要件

家事事件法第15條第1項規定，有下列三種情形時，可以選任程序監理人，學者稱之爲選任之必要性原則。又由於選任程序監理人是在補充程序能力不足之人，因此也必須限於程序能力不足者，方有選

16 許翠玲，《家事事件中程序監理人之角色、地位及功能之研究：以介紹美國相關制度爲主》，司法院印行，2015，頁19以下。

任必要，因此稱之爲補充性原則[17]。

一、無程序能力人與其法定代理人有利益衝突之虞

未滿七歲之未成年人不具有程序能力，無法開啓程序，也無法有效地參與程序，必須由法定代理人代爲訴訟行爲。然而當法定代理人與未成年人有利益衝突，例如未成年人以法定代理人未盡扶養義務爲由，聲請法定代理人給付扶養費，即必須爲未成年人選任程序監理人。

二、無程序能力人之法定代理人不能行使代理權，或行使代理權有困難

無程序能力人之法定代理人因爲法律上或事實上之原因，無法代理爲訴訟行爲時，即有必要爲無程序能力人選任程序監理人。法定代理人因爲受監護宣告、喪失行爲能力或者因爲遺產繼承分割等事件而有利益衝突，屬於法律上之原因無法行使職權。法定代理人因爲病重，無法代爲訴訟行爲，屬於事實上原因無法執行職權。

無程序能力之兒童，爲獲知其眞實血緣，因法定代理人不願代爲提起訴訟，亦應認爲得依此款選任程序監理人。如妻子在婚姻關係存續中與他人生育子女時，妻子死亡後，兒童之婚生父親不願意提起否認子女之訴。

三、為保護有程序能力人之利益認有必要

滿七歲以上之未成年人雖具有程序能力，但是沒有法定代理人協助參與程序，或者法定代理人因利益衝突等理由，於法律上或是事實上不能代爲程序行爲。或者法院認爲法定代理人無法完全顧及未成

---

17 鄧學仁，〈程序監理人制度施行後的問題與對策〉，《月旦法學雜誌》，第252期，2016/4，頁117以下。

年人之利益時，亦可職權選任程序監理人，例如改定子女照護義務歸屬之事件中，目前照護子女之一方，雖係子女之法定代理人，卻屬於被聲請改定之一方，法院自應選任程序監理人以確保未成年子女之利益。

除了以上所列的三種要件之外，受監護宣告及輔助宣告之受宣告人，有特受保護之必要，家事事件法第165條因此特別規定，原則上應選任程序監理人。另外有關未成年子女權利義務之行使或負擔事件，未成年子女也有特別受到保護之必要，因此家事事件法第109條特別揭示以選任程序監理人為原則的意旨，家事事件審理細則第22條更進一步再為提示性規定。

法院應選任程序監理人而未選任時，就本案程序及裁判而言，有學者認為應屬程序違法事由[18]，但本書認為程序監理人旨在保障當事人之聽審請求權，仍應視程序是否侵害當事人聽審請求權而定。

肆、程序監理人之選任程序

一、程序之啓動

只要符合選任程序監理人之要件者，法院得依職權或依聲請選任程序監理人（家事§15Ⅰ）。如果是未成年人而有程序能力者，或者有意思的無行為能力人，就涉及其身分或自由事件，也就是家事事件法第14條第2項、第3項有程序能力之人，法院可以依職權選任程序監理人（家事§15Ⅱ）。

聲請法院選任程序監理人是否以有程序能力為必要，可能有不同見解。肯定說認為聲請選任程序監理人也是一種程序行為，自必須具備程序能力；否定說認為選任程序監理人是為了保障無程序能力或有程序能力但能力不足的人，如果限於有程序能力才可以聲請，無異剝奪無程序能力人聲請選任程序監理人之權利。本書贊同否定說，不過由於法院可以職權選任，實務爭議不大。

18 姜世明，《家事事件法》，元照出版，2019，頁92-93。

二、當事人陳述意見

應否選任程序監理人以及應選任哪一位擔任程序監理人，往往涉及當事人之程序利益，爲確保當事人的聽審請求權，落實聯合國兒童權利公約第12條第2項之意見陳述權、聯合國身心障礙者權利公約第13條受司法保護的權利，因此應使受監理人於選任程序中陳述意見（家事§15Ⅳ）。除了受監理人之外，包含被選任人、受監理人之法定代理人及與事件相關之利害關係人，均應使其有陳述意見之機會。

至於陳述意見之方式，應不限於法庭內以言詞陳述，也可以用書面或電信傳真或其他科技設備之方式爲之（家事審理細則§20Ⅲ）。

三、程序監理人之資格

程序監理人必須由社會福利主管機關、社會福利機構所屬人員、律師公會、社會工作師公會或其他相類似的公會推薦（家事§16Ⅰ），而不是由法院自行選任。因此司法院建置有程序監理人名冊[19]，截至2023年2月23日，共計496人，其中有心理專業者167人，社工專業者186人，法律專業者127人，其他16人，容納各種領域的專業人士。

又如果當事人已經選任一位代理人，理應由該代理人代爲程序行爲即可，不須另外選任程序監理人。然如果法院認爲仍有必要選任程序監理人者，應避免選任該代理人爲程序監理人（家事審理細則§21）。

四、選任之人數

程序監理人之人數並不限於一人，也可以根據不同的需求，選任一位以上的程序監理人（家事審理細則§20Ⅰ）。特別是當事人可能分別需要律師、諮商心理師擔任不同事項的程序監理人。

---

19 以搜尋引擎鍵入「司法院程序監理人」搜尋名冊（2023/4/24瀏覽）。

五、選任裁定之救濟程序

選任程序監理人之裁定得否抗告，若參照最高法院88年12月14日民事庭會議決議，認爲於程序進行中選任特別代理人，屬於民事訴訟法第483條所規定之程序進行中所爲之裁定，當事人不得抗告，則於程序進行中選任程序監理人之裁定，應屬不得抗告之裁定。雖可能認爲程序監理人與特別代理人不同，選任程序監理人足以限制當事人實施訴訟之權能，應允許當事人提起抗告。惟依照家事事件審理細則第31條第2項，受監理人若自行選任訴訟代理人或代理人，程序監理人經法院裁定撤銷或變更時起即喪失實施訴訟之權能，當不至於限制受監理人之訴訟權。且如果選任程序監理人之裁定得提起抗告，勢將延滯家事審理程序之進行，似無必要。且德國家事及非訟事件法第317條第6項亦規定程序監理人之選任裁定，不得單獨抗告。因此法院於程序中選任程序監理人之裁定，應不得抗告。

伍、程序監理人之撤銷與變更

法院於程序進行中，認爲當事人有適合之代理人（其他法定代理人或程序代理人）、有程序能力人自己已能保護其實體及程序利益，或程序監理人不適任，且有必要時，自得隨時以裁定撤銷程序監理人之選任，或變更選任更適當之程序監理人（家事§15Ⅲ）。

陸、職務內容

一、協助程序行為

程序監理人係爲確保未成年人、身心障礙者、老人等當事人之程序主體地位而新設之制度。程序監理人自應以適當之方法，依受監理人之年齡及所能理解之程度，告知受監理人事件進行之標的、程序及結果（家事審理細則§26），以協助當事人爲適當之程序行爲。

二、為程序行為

程序監理人有爲受監理人之利益爲一切程序行爲之權，並得獨立上訴、抗告或爲其他聲明不服（家事§16II）。程序行爲應包含聲請調查證據、陳述意見等。由於程序監理人具有程序代理人之獨立地位，因此爲程序行爲時，可以用本人之名義爲之。不過程序行爲限由受監理人本人爲之者，程序監理人不得爲之（家事審理細則§24II）。

程序監理人與受監理人之法定代理人或有程序能力之受監理人所爲之程序行爲不一致時，應以法院認爲適當者爲準（家事§16II、家事審理細則§30）。諸如程序監理人就監護宣告所應選任之監護人，聲請由家事調查官提出調查報告，而受監護宣告人卻撤回聲請。

程序監理人有收受家事事件之裁判之權限（家事審理細則§24IV），因此法院於裁判時，應將裁判送達程序監理人。程序監理人之上訴、抗告及聲明不服之期間，應自程序監理人收受送達時起算。程序監理人獨立上訴、抗告時，應自行預納上訴抗告等費用（台灣高等法院105年法律座談會第41號提案討論結果），再由應負擔費用之當事人給付之。

三、閱卷權

程序監理人得向法院書記官聲請閱覽、抄錄或攝影卷內文書，或聲請付與繕本、影本或節本（家事審理細則§24Ｉ）。

四、會談

程序監理人履行職務，有必要與受監理人會談，可以分爲一般會談與許可會談。

（一）一般會談

程序監理人爲履行職務，需要告知當事人程序進行之進度、討論應採行之程序行爲，得於必要時，與受監理人會談。程序監理人與當事人會談時，對於會談的地點、討論的議題、環境、應提出之主張、聲明之證據等，均應審酌受監理人之最佳利益，避免使受監理人重複陳述，並於必要且最少限度內爲之（家事審理細則§27）。諸如應避免一再直接詢問兒童於父母離婚後，與何人同住的問題，也應避免一再詢問老人，於受監護宣告後，由何人照顧生活的問題。

（二）許可會談

法院依事件進行之程度，認爲有和諧處理之望者，得許可程序監理人與受監理人之特定家屬會談，分析事件進行之利害關係及可能影響，並參與調解程序之進行。法院爲許可時，應具體指明會談之重點與範圍，並向當事人或關係人說明之（家事審理細則§28）。因此，許可會談係由法院鑑於有和諧處理之望，允許程序監理人與當事人以外之其他家屬，如父母親、老人之子女等人會談，並支領因此增加的報酬。

五、提出建議

程序監理人可以言詞或書面，提出受監理人對於法院裁定之理解能力、受監理人之意願、是否適合或願意出庭陳述、程序進行之適當場所、環境或方式、時間、其他有利於受監理人之本案請求方案、其他法院認爲適當或程序監理人認爲應使法院瞭解事項之報告或建議（家事審理細則§29）。諸如兒童或身心障礙者受詢問，所需要的特定環境或協助等。

若干法院也會要求程序監理人，就親子責任歸屬等事項，提出報告（如台灣新竹地方法院107年家親聲抗字第18號民事裁定、台灣苗栗地方法院108年度婚字第53號民事判決、台灣台中地方法院109年家暫字第23號民事裁定等），台灣屏東地方法院108年婚字第2號民事裁定更載明：「程序監理人基於未成年子女之最佳利益及專業立場，宜儘速與兩造、未成年子女及其他家庭成員會談，以瞭解未成年子女之生、心理狀態、目前受照顧及與兩造之互動狀況及兩造之就探視權之態度、可行之探視權方案等，進行專業評估後提出書面報告供本院參考，兩造亦均應配合程序監理人進行會談。」凡此，容係因爲家事調查官人力、作業尚無法完全配合，而不得不然之做法。

六、注意維護受監理人之最佳利益

程序監理人執行職務，應維護受監理人之最佳利益，注意受監理人與其他親屬之家庭關係、生活狀況、感情狀況等一切情狀（家事審理細則§25Ⅰ）。

程序監理人發現其與受監理人有利益衝突之情形者，應即向法院陳明之（家事審理細則§25Ⅱ）。受監理人之親屬、學校老師或社會工作人員發現有此情形，亦得向法院陳明之（家事審理細則§25Ⅲ）。

七、保密義務

程序監理人得知受監理人或其家人所不欲人知之秘密事項，屬於業務上所知悉之秘密，應遵守各該專業倫理規則以及兒少福權法第69條第3項之規定，而不得任意洩漏得知之秘密。

柒、程序監理人之報酬

依照家事事件法第16條第4項之規定，程序監理人之報酬爲程序費用之一部，該條立法理由也敘明：「法院於程序進行中，依聲請選任程序監理人，因此所發生程序監理人之酬金當然爲程序費用之一部。」再參照民事訴訟法第77條之25規定有關選任律師爲特別代理人或訴訟代理人時之酬金，此項酬金之性質，於該條之立法理由中也明白記載屬於訴訟費用之一部。最高法院100年度台上字第382號裁判再確認該條所定律師報酬屬於程序費用之一部分。

程序監理人之報酬既然屬於程序費用，依照家事事件法第51條準用民事訴訟法第94條之1，審判長得命當事人預納訴訟行爲之費用。當事人如果不預納，法院得不爲該行爲。由家事事件法第16條之立法理由也明載此旨，程序監理人選任及酬金支給辦法第14條第1項也有明文規定。

如果當事人不依法院之裁定預納程序監理人之報酬，法院應依民事訴訟法第94條之1，命他造墊付。至於不繳納時，究竟應適用審判中合意停止訴訟之後續程序，或者應視爲起訴之訴訟要件有欠缺，裁定駁回，應視選任程序監理人之目的而定。如果因當事人無程序能力而選任程序監理人，性質上屬於訴訟合法要件，並非僅僅屬於調查證據等費用事項，法院亦無從命無程序能力之他造墊支費用，因此法院應可適用民事訴訟法第249條第1項第4款之規定裁定駁回訴訟或請求。

另外，程序監理人之報酬，如果依照家事事件審理細則第23條、程序監理人選任及酬金支給辦法第14條第2項，由國庫墊付時，當然不適用前述規定。

第六節　家事調查官

壹、制度沿革

我國於2010年12月8日制定公布之少年及家事法院組織法（以下均稱少家法院組織法），於第13條第1項規定少年及家事法院（以下均稱少家法院）設置家事調查官。2012年之家事事件法，於第18條規定家事調查官之職權。2013年起考試院舉辦家事調查官之任用考試，其後逐年舉辦，訓練完成後派任各法院服務。

家事調查官爲我國新設制度，該制度之設置起源，依少家法院組織法第13條之立法說明：「且家事紛爭常涉及家庭成員或親屬間之情感糾葛，爲使法院能瞭解眞正問題所在，圓融解決紛爭，進而促使當事人平和理性履行裁判或協議結果，亟需參考少年司法制度中少年調查官之例，由家事調查官協助法院就特定事項調查事實，並就本案之處理方向、有無調查其他證據或洽請專家鑑定等事項，提出具體建議。爰參考日本、韓國法制，於調查保護室增置家事調查官。」

日本家庭裁判所家事部正式設置「家事調查官」，係依昭和26年（西元1951年）4月1日施行之「裁判所法一部改正法律」。該法之提案理由，說明家事調查官之職權，係承裁判所命令，執掌對於家庭相關事件之審判或調解所必要之調查。而日本家庭裁判所分為家事部及少年部，「家事部」調查官係對於離婚、遺產繼承、兒童虐待等家庭內紛爭事件，聽取事件相關之人之意見、調查事實，提供問題解決之援助；「少年部」調查官則對於14歲以上20歲未滿之少年犯罪等事件，調查少年之家庭狀況、生活環境等，以瞭解非行原因並謀求解決之道。另外，調查官不論隸屬於「家事部」或「少年部」，都必須具備法律學、心理學、社會學、教育學等相關專業知識。

由以上制度沿革，可知我國家事調查官之功能定位，係協助家事庭法官認識家事衝突眞正之原因，藉此促使家庭成員得以自覺地解決家庭衝突。此因家事衝突可能起源於婚姻內部權力分配之不平衡，配偶之一方不斷抱怨無法參加家庭事務的決定[20]，也可能來自於馬斯洛所描述之各層級需求不滿足，包含生理需求、安全需求、愛與歸屬需求、尊重需求、自我實現需求等[21]。法官、律師等法律專業人士所進行之法庭調查、辯論活動，恐無法眞正探知家事紛爭之原因，有賴其他專業學科知識與技術之協助。因此，家事調查官應運用其他專業學科之知識與技術，發揮其功能，圓滿解決家事紛爭，即涉及法律與其他專業合作與融合，方得發揮其應有功能。

貳、家事調查官之地位以及功能

由於家事事件具有家庭成員關係性之特性，與一般民事財產事件性質不同，家事事件之審理，通常無法透過對審型、預設規則的審判模式妥善處理，毋寧更需要藉由社工、諮商心理等其他專業之協助，使家庭成員感知衝突之起因，進而自覺地處理衝突，妥適地在最低成本下，解決情感上、財務上等諸項問題[22]。為此，家事事件法第18條規定法官得命家事調查官調查事實，以協助法官處理家事事件。該法條立法理由並明確記載：「家事紛爭既常因家庭成員或親屬間感情之

---

20 蔡文輝，《婚姻與家庭家庭社會學》，2000，頁195。

21 陳淑媛，〈以馬斯洛需求層級理論建構少年司法審判輔導〉，《台灣花蓮地方法院100年度研究發展項目研究報告》，2011，頁63以下。

22 Frances Burton, Family Law, London & New York, 2012, p. 9.

糾葛引發，故發掘、瞭解家事紛爭背後隱藏之眞正問題，方能通權達變、圓融解決。法院爲處理特定事項，即有必要借助家事調查官調查事實。」

家事調查官的任用資格並不限於法律科系畢業之學生，而且家事調查官於執行職務時，可能採用社會工作專業知識與技術。雖然如此，不過家事調查官並不是嚴格意義下之社會工作者。因爲所謂社會工作者，可以區分爲兩類，一種是專業社會工作者，一種是非專業社會工作者，後者又包含志願工作者及非專業的社會福利工作者。

家事調查官是在法定職掌範圍內，主要運用法律與社會工作等專業智識與技術，協助當事人妥適迅速統合處理家事事件之公務人員。所以家事調查官有幾項重要的特點：具有公務員身分、具有法定職掌、主要處理家事事件、綜合運用法律與社工等專業智識與技術、以協助當事人爲志，期能妥適迅速統合家事紛爭。

家事調查官是家事事件審理團隊中，居於關鍵地位的一份子。必須能稱職地協助法官盱衡家事事件之全貌，發掘出家庭紛爭之眞正問題，進而提出評估以及規範方案，使當事人能自覺主動地解決家庭紛爭，重新建立個人或家庭生活。家事調查官的工作思維方式，也應以發覺家庭紛爭的原因爲主，不同於以構成要件事實爲中心的法律思維。

參、家事調查官之職掌

一、事項調查

（一）調查事項之特定

家事事件法第18條規定，法官得命家事調查官就特定事項調查事實。例如於未成年子女照護義務歸屬事件，家事調查官得受命調查未成年子女應由何人照護之特定事項。因此必須調查諸如父母親之居家、生活狀況、經濟狀況，其他家庭成員支持系統狀況、父母的職業及經濟能力、父母的品行（或道德操守）、父母的健康情形、父母保護教養子女的意願及態度、父母子女間的感情狀況、子女與其他共同生活之人間的感情狀況、父母雙方與未成年子女之互動關係、照顧子女之意願、家庭動力狀況等，依照與調查事項之關係詢問調查之。此由家事事件法審理細則第37條第1項之規定，當可得知。

除了上述事項之外，如果於事件審理過程中，有連結其他資源之必要、有命程序監理人進行特別會談等事項，家事調查官亦得就該事項受命調查之。其他如是否應進行親職教育、親子關係輔導或進行心理諮商、輔導，甚或各種醫療行為、身心門診等，或者交由其他社福機構或團體協助。均得由家事調查官受命就有無必要，以及如何進行等事項調查之（家事審理細則§34）。

至於家事訴訟事件之原因事實，其認定必須適用民事訴訟法理，事實存否之判斷必須由參與審判之法官直接接觸證據（直接審理原則），且證據限於法律所規定之證據方法（嚴格證明方法）。家事調查官既非審理之法官，就訴訟事件調查之事實，並不得充作認定事實之證據，因此不應要求家事調查官調查訴訟事件之原因事實。

（二）事項調查之特性

1. 以家庭為主要對象

社會工作在發展之初，係以家庭為工作重點。1920年代由於受到佛洛伊德心理分析學派理論的影響，強調對於個人的心理分析，社會工作逐漸轉向重視個人的診斷處遇。到了1960年代及1970年代，系統及生態學的社會工作理論興起，環境因素再度受到重視，強調個人在環境中之觀點，例如社會心理學派、綜融學派等[23]，因此以家庭為對象之社會工作再度受到重視。

家事調查官運用社會工作之方法，進行事項之調查，發覺家庭紛爭真正問題所在，評估應採行之方案，主要係以家庭為對象。無論是婚姻非訟事件或是親子非訟事件，均屬如此。因此其工作方法與面向不同於程序監理人以及陪同社工。蓋後兩者，均屬代表個人利益，屬於以個人為對象。

---

[23] 周月清，《家庭社會工作—理論與方法》，2011，頁40以下。

2. 綜合運用法律與社會工作的智識及技術

社會工作學科一直到1898年紐約慈善研究院設立一年的訓練課程後，才逐漸成形[24]。社會工作學科之發展乃伴隨著福利國家思想而興起，反對19世紀盛行於西方國家之社會達爾文主義、自由經濟思想。社會工作學科希望透過專業的訓練，運用其理論與技術，爲包含個人、家庭、團體、社區等案主提供社會服務，協助人們增強解決問題的能力，取得必需的資源，促進人與人、人與環境間的互動，促使組織有效地回應案主的需求，並影響社會政策[25]。我國1997年公布施行之社會工作師法第2條也明白記載，社會工作師爲「依社會工作專業知識與技術，協助個人、家庭、團體、社區，促進、發展或恢復其社會功能，謀求其福利之專業工作者」。

社會工作之實施方法發展成兩種不同的派別，一是「診斷學派」（diagnostic approach），一是「功能學派」（functional approach）。診斷學派受到醫療專業之吸引，強調社會工作之目的在找出因果關係，發現何種因素導致問題發生，進而提出處置（treatment）之方式，包含資源的使用、協助案主自我瞭解、幫助案主發展解決問題的能力；功能學派不認爲案主是病人或行爲偏差者，而是特別需要協助的人，前階段的診斷是引導社會工作者與案主一起工作的基礎，社會工作者秉持專業，與案主一起工作，運作機構功能[26]。

家事調查官負有調查特定事項並提出調查報告之職責，必須綜合運用法律與上述各種社會工作方法。

3. 以非自願性案主爲主要對象

採行社會工作方法協助對象，可以將對象分爲自願性案主與非自願性案主。所謂自願性案主，係指案主與專業人員之間建立在一種自

[24] 林萬億，《當代社會工作—理論與方法》，2003，頁154。一說主張是1904年，見陳竹上、孫迺翔、黃國媛，〈社會工作專業於家事事件程序之功能定位、法律效力及未來展望〉，《月旦法學雜誌》，第223期，2013/12，頁23。

[25] 陳竹上、孫迺翔、黃國媛，〈社會工作專業於家事事件程序之功能定位、法律效力及未來展望〉，《月旦法學雜誌》，第223期，2013/12，頁24。

[26] 林萬億，《當代社會工作—理論與方法》，2003，頁236以下。

願性的關係上，案主自己意識到問題，也有意願改變，因此主動找尋專業人員協助；非自願性案主則是指案主與專業人員之間不是建立在自願性的關係上，案主被迫尋求專業人員之協助，是因爲法院裁決、他人轉介，或者環境不允許做其他選擇等[27]。

家事調查官受法官之命就特定事項爲調查，自屬非自願性案主。而由於非自願性案主與家事調查官間，並非居於自願關係，案主經常採取抗拒的態度，也容易導致家事調查官產生挫折、無助感、自責，甚至進而轉嫁到案主，責難案主等負面情緒。因此家事調查官於調查時，應一如社會工作者般，注意合法性、倫理性以及有效性的議題[28]。

就有效性議題而言，家事調查官爲使工作更爲順利，應採行適當方式，成功地將案主轉爲自願性案主，此即有效性的議題。在方式上，應注意與案主間居於平權的地位。爲此，工作場域的選擇十分重要。家事事件審理細則因而於第37條第1項規定，家事調查官進行調查應實地訪視，以避免在法院辦公室工作所導致的權力不平衡議題，使案主更不願意合作配合。除了場域之外，讓當事人得以事先瞭解家事調查官之工作範圍與內容也十分重要，家事事件法第18條第3項即規定，法院命家事調查官調查事項，應使當事人陳述意見。如果法院所指定調查之事項，尚有不足，必須再行調查時，家事事件審理細則第35條第1項更規定，得視事件處理之程度，分別指明應調查之特定事項，使當事人得以清楚瞭解，以利當事人轉換爲自願性案主。

在合法性議題方面，家事調查官也應注意並告知法律所賦予當事人之權利內容。例如在訴訟程序進行得選任訴訟代理人、聲請選任程序監理人、聲請社工陪同、聲請陳述意見等事項。而且家事調查官也必須注意遵守法規所命之義務，例如保密義務。當事人之姓名、年籍、住所以及所涉事件之內容，均應保密，不得洩漏於無關之第三人或媒體（家事審理細則§39）。另外，調查之內容如果涉及當事人隱私或有不適宜提示當事人辯論者，或者未成年子女經陳述意

---

27 周月清，《家庭社會工作—理論與方法》，2011，頁161以下。

28 周月清，《家庭社會工作—理論與方法》，2011，頁165以下、168以下。

願，表示不願意公開者，家事調查官應於報告中載明（家事審理細則§38IV）。

另就倫理性議題而言，家事調查官應隨時注意尊重當事人之自覺以及自我決定之權利。縱然於家事事件審理模式，傾向於效益型，偏向福利國思想，以照顧當事人利益爲優先考量，亦應注意將工作建構在尊重當事人自決的基礎上[29]。

（三）調查報告

家事調查官完成調查後，必須依照家事事件法第18條之規定，提出調查報告，家事事件審理細則第38條第3項並規定調查報告所應記載之內容。爲了避免損及當事人之程序利益，調查報告應於接獲命令後二個月內完成（家事審理細則§38II）。且家事調查官應於調查報告書簽名，並記載報告日期（家事審理細則§38V）。家事調查官撰寫調查報告，應注意遵守四項原則，分別是必須根據事實、依受命調查事項之範圍撰寫、避免所提供的內容超出本身所具的專業智識與技術、避免使用專業術語[30]。

調查報告如使用於家事事件中，適用嚴格證明程序者，應以文書證據之方式調查之；適用自由證明程序者，成爲家事非訟事件審理法院之裁判資料，雖毋庸以調查證據之方式爲之，仍應就調查報告所可能影響法院裁量之範圍內，賦予當事人陳述意見之機會。

二、陳述意見

法院得命家事調查官到場陳述意見（家事§18V），審理筆錄並應記載出庭陳述意見之家事調查官之姓名（家事審理細則§40II）。換言之，家事調查官並非僅製作書面報告，而是實際參與審理過程，確實瞭解個案家庭之狀況，以便瞭解個案需求，配合法官指示，做出完整的調查報告，並得隨時與當事人、程序監理人、訴訟

[29] 周月清，《家庭社會工作—理論與方法》，2011，頁169以下。
[30] 陳慧女，《法律社會工作》，2006，頁127。

代理人、法官討論需要調查之事項。

三、資源連結

家庭社會工作之方法，係以家庭爲中心，維護家庭的完整、視家庭爲一個整體，因此必須顧及所有家庭成員的需求。傳統的家庭社會工作以個案工作法爲主，時至今日，已經兼採團體工作法與社區工作法，注意家庭與社區資源的結合，增強家庭功能。例如夫妻可能有家庭暴力問題、失業問題、兒童受虐問題，也可能有子女目睹家庭暴力等問題，均有待一併解決[31]。家事調查官爲處理上述問題，自得連結社會資源。法院也有於網路上設置家事服務專區，以供搜尋者。

四、履行勸告

因當事人間血緣親情關係及撫養未成年子女的共同責任，如當事人於裁判確定後，爲促進債務人自動自發履行，家事事件法創設「履行勸告」制度。促使債權人於認爲適當時，得以透過法院的協助與柔性勸導，讓債務人理解自動履行的好處、對未成年子女的正面影響，進而自動地依執行名義履行債務。此項制度之運作，有賴於再度釐清家庭紛爭之原因，因此家事事件法第187條第3項再規定，法院於必要時，得命家事調查官爲調查。家事事件審理細則第166條進而明定各種命家事調查官之事項。

肆、調查之方法——評估及規劃

家事調查官主要的工作對象是家庭，當家事調查官調查事實時，首先必須認識家庭是社會最基本的支持單位。當家庭成員因爲衝突問題而求助法院時，家庭的社會功能已經有嚴重缺失。家庭喪失社會功能，當然存在著家庭問題，家事調查官進行調查時，首先便必須

---

31 周月清，《家庭社會工作—理論與方法》，2011，頁43。

認知家庭問題之所在。一般常見之家庭問題，包含個人行爲問題、成員間問題、家庭經濟問題、意外事故或疾病問題等。個人行爲問題，包含酗酒、濫用藥物、嗜賭、犯罪、通姦、外遇、性偏差、逃家等；成員間問題，包含意外懷孕、老人照顧負荷、虐待、夫妻失和、親子關係不良、婆媳不睦、家族糾紛等；家庭經濟問題，包含貧窮、破產、金錢管理、失業等；意外事故或疾病問題，包含慢性疾病、疾病末期、死亡、愛滋病、意外傷害、心智障礙等[32]。

家事調查官也必須進行家庭評估（family assessment）。所謂家庭評估是針對以家庭多人的案主體系（multi-person system）進行問題本質、體系長處與弱點、適當干預，以及成效的判斷過程。家庭評估的方式有許多種，包含觀察法、婚姻量表、家庭量表，以及家庭社會史、家庭生態圖（eco-map）、家庭族譜圖（genogram）等[33]。

完成評估之後，可能必須規劃（planning）各種可行之方案，以解決家庭紛爭。規劃是評估與以行動達成變遷的橋梁，亦即爲了解決問題或達到目標所採行一連串的思考、衡量以及抉擇的過程。最重要的工作是設立目標，並選取備案[34]。因此家事調查官也必須注意規劃目標以及可選取之備案。

第七節　家事服務中心

爲了提供家庭暴力被害人，特別是婦女以及未成年人更周全的服務，1989年家事司法中心的觀念誕生於美國聖地牙哥市。當時的檢察總長聽取了有關「一次到位服務」（one-stop shop）的觀念後，希望能在市政府推動類似的整合性服務機構。隨後於1990年已經得到包含YWCA、CCS等機構的支持，之後兒童受虐及家庭暴力中心（Child Abuse and Domestic Violence Unit）、市府基金會以及被害人協會均願意參與計畫。1998年新任警察局長上任後，立即與檢察總

---

32 林萬億，《當代社會工作—理論與方法》，2003，頁328。
33 林萬億，《當代社會工作—理論與方法》，2003，頁334。
34 林萬億，《當代社會工作—理論與方法》，2003，頁260以下。

長一同推動整個計畫，並決定採取兩項步驟，一項是建立更便利之檢察官單位，一項是家庭暴力被害人整合性服務計畫。2001年檢察總長在獲得其他單位支持之下，正式向市議會提出家庭暴力被害人整合性服務計畫。2002年4月，市長、市議會及城市經理（city manager）支持在市政府成立「家事司法中心」（Family Justice Center）。預計該中心可以爲家庭暴力被害人提供最佳服務的建議方案，該中心雇用20名員工，並結合100位家庭暴力專家一起在一個單位內爲被害人提供整合性服務。2002年10月10日聖地牙哥家事司法中心正式成立，被害人在該中心可以得到所有必要的服務，包含獲得諮商、聲請禁制令、尋找庇護方案、與警員會商、向檢察官諮詢、取得醫療照護、與牧師諮詢、遷移、飲食以及妊娠照顧等。由於聖地牙哥家事司法中心有相當大的成效，2008年美國全國家事司法中心協會（National Family Justice Center Alliance）正式成立，並以非營利性組織形式提供各項服務[35]。除此之外，英國也設有兒童及家事法庭諮詢及服務中心（Children and Family Court Advisory and Support Service, CAFCASS）。

我國家事及少年法院組織法第19條之1規定，得由地方法院提供場所供各地方政府設立家事服務中心。目前各地方政府也都採取外包方式，由非營利組織在地方法院內設立家事服務中心，提供家事事件當事人所需要的法律以及各項協助。

---

35 見http://www.familyjusticecenter.org/History/history.html（2023/9/3瀏覽）。

第四章　審理程序

第一節　審理不公開

依照法院組織法第86條第1項規定「訴訟之辯論及裁判之宣示，應公開法庭行之」，揭示了公開審判原則，確保審判程序在公開透明的程序中進行，保障憲法第16條所規定之當事人公正程序請求權。同法第87條第1項進而規定「法庭不公開時，審判長應將不公開之理由宣示」。

訴訟審理採行公開審判原則，有其人權法發展的歷史背景。歐陸人權觀念逐漸興盛後，鑑於舊時代司法審判慣用秘密審判，可能使當事人在一個不熟悉的場域內，獨自面對龐大而高張度的審判程序，無法盡其完全眞實陳述義務，也無法確保其聽審請求權。因此近代司法審判制度，均強調公開、對審與判決，以此爲構成現代訴訟原理之三個基本要素，基於「公開即爲公正」這樣的想法，形塑現代司法權的面貌。

然而隨著審判權獨立性的高度落實、法官自我倫理要求的提升，司法審理程序中保障當事人的權利內涵，也應該有所變遷。家事事件的司法審理程序，鑑於審理的內容，多半涉及當事人間不欲人知之私密事項，爲強化保護家庭成員之隱私及名譽、發現眞實，故家事事件法改爲不公開審理原則，而於第9條第1項本文明定以不公開法庭行之。法院於審理家事事件時，無論於法庭內、外，均須遵守不公開審理之規定。

家事事件之審理雖然以不公開審理爲原則，但「經當事人合意，並無妨礙公共秩序或善良風俗之虞」、「經有法律上利害關係之第三人聲請」「法律別有規定」時，應許旁聽（家事§9Ⅰ但），審判長或法官認爲適當時，得許就事件無防礙之人旁聽（家事§9Ⅱ）。法院允許他人旁聽時，應讓當事人或關係人有陳述意見的機會，並應載明於筆錄，宣示允許旁聽之理由（家事審理細則§11）。審理程序是否公開之裁定，是法院訴訟指揮所爲之裁定，不得聲明不服。有學者主張，眞正訟爭之家事事件，基於以公開審判強化判決效力正當性之理由，仍應採公開審理原則[1]。

此外，考慮未成年子女上學無法於上班時間出庭，受監護或輔助宣告人不便外出，因此法官於訊問兒童及少年、受監護或輔助宣告之人前，可以考量如無法於上班時間受訊問時，得指定於非上學時間、夜間或休息日等非上班期日（家事審理細則§16）。

又家事事件之審理，雖然以不公開審理爲原則，但無論是審理程序或調解程序，仍然應該依照法院組織法第84條第1項前段之規定「法庭開庭，於法院內爲之」。

家事事件當事人倘窘於資力，無力支出提解羈押或執行中之他方當事人到法院開庭的費用，且如果重要證人、鑑定人因故無法於期日親自赴遠地法院應訊，均可能造成程序遲滯，因此家事事件法允許遠距視訊制度，利用科技設備，串聯不同的法庭地點，審理家事事件。法院就家事事件，認爲必要時（例如：兩造當事人均同意且事件之性質適當者），得依聲請進行遠距視訊審理，以便利家事事件之關係人利用法院，並兼顧審理之迅捷。於境外經司法互助並有必要者，亦準用之。進行遠距視訊審理時，筆錄及其他文書須受訊人簽名時，由訊問端法院傳送至受訊問人所在處所，經受訊問人確認內容並簽名後，將筆錄以電信傳眞或其他科技設備傳回訊問端法院（家事§12Ⅳ）。

第二節　社工陪同

處於權控關係下的家庭暴力被害人，或者受到性侵害而需要被賦權的被害人，必須出庭指證家庭暴力或者性侵害的事實時，往往因爲法庭場域的不熟悉，導致證述的內容無法眞實呈現，或者其意見的陳述無法反映內心的眞正想法。爲了改變法庭場域的不熟悉度，設立社工陪同制度，乃成爲必要之舉。家庭暴力防治法第36條之1以及性侵害犯罪防治法第18條均規定了刑事偵查以及審理過程中，被害人可以要求社工陪同到庭。

---

1 姜世明，《家事事件法》，元照出版，2019，頁199-200。

家事事件之審理，往往有由未成年人或受監護、輔助宣告之人在法庭表達意願或陳述意見之必要。例如兒童係家庭暴力事件中唯一的證人，而須就親人遭受暴力傷害的事實作證，或是在面臨父母離婚時，必須出庭陳述由父或母擔任其主要照顧者的意見。這些程序令對法庭陌生的兒童充滿矛盾、痛苦、焦慮、不安、恐懼和緊張，如有適當人員在旁陪伴，應較能緩和其心理壓力，孩子亦較能流露眞情、表達眞意，保障未成年子女表達意思的權利。因此家事事件法第11條也規定了社工陪同制度。

至於陪同人員之選派，依照家事事件法第11條之規定，應由法院通知直轄市、縣（市）主管機關指派社工人員或適當之人。所謂適當之人，可以是「未成年人、受監護或輔助宣告人之親屬或學校老師等其他適當人員」（家事審理細則§18II）陪同在場。司法實務上，由於各地方法院均已依照少年及家事法院組織法第19條之1之規定，設置家事服務中心，社工陪同多半由在家事服務中心之社工擔任之。

社工陪同制度既然是爲了增加兒童、受監護或輔助宣告人之法庭熟悉度，被指派陪同的社工自有必要於開庭前，與兒童、受監護或輔助宣告人見面會談，簡介程序，建立起信賴關係。而在開庭時，陪同人員可以坐於被陪同人之側（家事審理細則§18IV），而不是坐在旁聽席。

陪同的社工或其他人員，於法庭中，除了增加被陪同人的法庭熟悉度之外，也可以向法院陳述被陪同人所需要的陳述環境，包含是否必須隔別訊問。因此，法院就是否必須隔別訊問時，例如親子責任事件審理中，隔別訊問兒童與父母親等，可以先徵詢社工或陪同人員的意見（家事審理細則§18III）。

陪同之社工如果是縣市政府社會福利部門的個案管理社工，由於已經踏入高衝突的個案家庭中，會有一些安全議題，有必要保密其個人資料，因此「陪同未成年人、受監護或輔助宣告人陳述意見或表達意願之社會工作人員，得於報到簽名時，以其所屬機關、機構、工作證號或代號代替。陪同人之人別資料，若有危及陪同人之安全者，亦同」（家事審理細則§19II）。

第三節　隱私權保障

由於家事事件涉及當事人不欲人知的隱私，家事事件法設計了幾項保障當事人隱私的程序制度。

開庭通知的寄送，往往使當事人的訴訟事件曝光在親友面前，因此法院可於徵詢當事人或關係人之意見後，以電信傳眞或其他科技設備告知當事人或關係人開庭期日（家事審理細則§12）。當事人也可以在起訴狀中記載希望傳送法院文件方法。

爲了強化判決書的說服力，並促進法院裁判的發展，法院組織法第86條規定了判決書公開制度，各級法院的判決，除法律有特別規定外，均必須公開。其中當事人部分，可以只公開姓名，而不公開身分證字號等個人資料。

家事事件之裁判書是否應該以優先保障當事人隱私爲理由，在家事事件法特別規定裁判書不公開，排除法院組織法第86條的適用？容有不同意見，有從貫徹裁判書公開制度，以促進家事審理程序的公開透明觀點持肯定見解，也有從優先保障當事人隱私爲理由，採取否定見解。不過，立法通過的家事事件法並沒有特別規定，因此解釋上，應該適用法院組織法之規定，必須公開。不過司法實務上，在司法院外網的裁判書查詢系統中，雖有公開裁判書，卻基於保障當事人隱私之理由，以電腦技術之方法，遮掩當事人之姓名。

另外，依照兒少福權法第69條，明定司法機關所製成必須公開之文書（如司法院法學資料檢索系統之裁判書查詢），不得揭露足以識別兒童及少年身分之資訊，包括兒童及少年的照片、影像、聲音、住址、親屬姓名或其關係、就讀學校等個人基本資料，因此涉及兒童的家事裁判，必須遮掩之（家事審理細則§14）。

第四節　裁判費用之徵收

壹、家事訴訟事件

家事訴訟事件裁判費之徵收，應準用民事訴訟法之規定（家事§51、家事審理細則§41Ⅰ）。

家事身分訴訟事件，屬於民事訴訟法第77條之14所規定非因財產權而起訴之事件，應徵收裁判費新台幣3,000元。以一訴主張數項標的，而有競合或有應為選擇者，依照民事訴訟法第77條之2第1項之規定，仍然徵收新台幣3,000元，例如一訴請求確認婚姻不存在與離婚，即應僅徵收裁判費新台幣3,000元。

家事財產訴訟事件，屬於民事訴訟法第77條之13所規定因財產權而起訴，自應依照該條之規定，繳納裁判費。裁判費之核計，司法院在網站上提供「民事裁判費試算表」以搜尋使用。

家事身分訴訟事件合併家事財產訴訟事件，依照民事訴訟法第77條之14第2項之規定，應分別徵收。例如離婚訴訟合併提起剩餘財產分配之訴100萬元，即應徵收裁判費新台幣3,000元，加上依照請求給付之金額100萬元計算之裁判費新台幣10,900元。

家事訴訟事件合併家事非訟事件，既然是不同事件，也各自有徵收裁判之規定，只是合併審理，應各自徵收裁判費。

貳、家事非訟事件

家事非訟事件裁判費之徵收，應準用非訟事件法之規定（家事§97、家事審理細則§41 II）。

家事非訟事件屬因財產權關係而為聲請者，如請求贍養費者，準用非訟事件法第13條之規定，以標的金額或價額，定額徵收500元至5,000元之裁判費。

家事非訟事件因非財產權關係而為聲請者，如聲請監護宣告，準用非訟事件法第14條，一律徵收1,000元之裁判費。

因非財產權關係聲請，並為財產上之請求者，準用非訟事件法第14條第2項，關於財產上之請求，不另外徵收裁判費，僅徵收非財產權關係聲請費用1,000元裁判費。

參、調解

家事調解事件聲請費之徵收，應準用民事訴訟法之規定。至於家事調解事件中屬於家事非訟事件者，因為非訟事件法並無調解程序費用之規定，然而家事事件法第26條既然規定所有家事事件可以一併調解，家事調解程序之裁判費用，應一律準用民事訴訟法第77條之20之規定徵收，不再區分家事訴訟事件或家事非訟事件（家事審理細則§41Ⅲ）。

調解之事件屬於財產權事件者，依照民事訴訟法第77條之20第1項前段之規定，依照標的金額，定額徵收從0元至5,000元裁判費用。

調解之事件屬於非財產權事件者，依照民事訴訟法第77條之20第1項後段之規定，一律免徵裁判費用。

家事事件屬於調解前置程序者，應依照原告書狀之記載，分別徵收裁判費。原告聲請調解者，依調解事件徵收裁判費。原告起訴或聲請者，應直接按照事件性質徵收裁判費。

肆、裁判費之退還

家事訴訟事件起訴後，原告撤回起訴者，應準用民事訴訟法第83條第1項後段退還該審級裁判費三分之二。家事非訟事件聲請後，聲請人撤回聲請者，亦應類推適用上述規定（台灣高等法院102年法律座談會民事類第41案）。至於職權事件，聲請人於聲請後，撤回聲請，法院決定依職權續行程序，仍應退還裁判費。

家事訴訟事件，成立訴訟上和解者，準用民事訴訟法第84條第2項，應退還裁判費三分之二。家事非訟事件，依照法律規定，成立和解或合意者，亦應類推適用上述規定，退還裁判費三分之二。

家事事件，無論是訴訟事件或是非訟事件，經聲請調解後，又撤回聲請者，準用民事訴訟法第425條第2項，應退還裁判費三分之二。調解成立者，當事人得於調解成立日起三個月內聲請退還三分之二裁判費（家事§30Ⅳ）。至於非財產權事件，依照民事訴訟法第77條之20第1項後段之規定，無須繳納裁判費，當事人溢繳時，無論是當事人撤回或調解成立，均應退還溢繳的裁判費。

伍、訴訟救助

家事訴訟事件準用民事訴訟法第107條以下訴訟救助之規定，當事人得依此聲請訴訟救助。家事非訟事件，也可以類推適用該規定，聲請訴訟救助（最高法院101年第7次民事庭會議決議）。

爲保障人民訴訟權，無資力的當事人也可以依照法律扶助法第1條、第5條之規定，於符合社會救助法規定之低收入戶、中低收入戶；符合特殊境遇家庭扶助條例第4條第1項之特殊境遇家庭；其可處分之資產及每月可處分之收入低於一定標準等要件時，向各地法律扶助基金會申請法律扶助。

經准許法律扶助之無資力者，向法院聲請訴訟救助時，除顯無理由者外，應准予訴訟救助，不受民事訴訟法第108條規定之限制（法律扶助法§63）。

經申請爲法律扶助之家事事件，顯有勝訴之望，並且已經有聲請實施保全（如暫時處分）或停止強制執行程序之必要，受扶助人應向法院繳納之假扣押、假處分等保全程序之擔保金，得由分會出具之保證書代之（法律扶助法§67Ⅰ）。

第二編

家事調解

本編目次

第一章　家庭衝突

造成家庭衝突的動力，與其他型態的衝突如職場衝突、學校衝突有相似之處。但是家庭衝突對個人生活影響層面大，除了影響當事人的自我認同之外，還會間接擴及影響到的人，包含兒童、祖父母或其他親屬。

家庭衝突可以有四個面向，分別是個人內在的衝突、家庭成員間的衝突、家庭內次團體的衝突、家庭與外在團體間的衝突。個人內在的衝突可能來自於個人各種義務之間的衝突，例如：我應該照顧好孩子、為了讓孩子有好生活，我應該出養孩子；家庭成員間的衝突，例如：希望後妻能夠擔任起好母親的角色、前妻又不願意放棄母親的角色；家庭內次團體的衝突，可能導因於幾位家庭成員與其他家庭成員，對處理家庭事務有不同的想法，例如：希望維持對外孫子女會面交往的外祖父母與祖父母之間的衝突；家庭與外在團體的衝突，則是例如因為小孩需要被社福機關照顧，因此產生衝突。

大部分的家庭衝突都跟五種類型的衝突有關係，第一種是資訊衝突，來自於資料的不完整或者是欠缺；第二種是利益衝突，源自於實際上稀少資源的競爭，或者是主觀上認知到資源稀少的競爭，又或者是對資源重要性的認知有不同的認定；第三種是關係衝突，來自於刻板化的印象，導致溝通不良或者是認知錯誤；第四種是結構衝突，是因為家庭系統中不平衡的權力關係所導致；第五種是植根於深層的觀念與目標所導致的價值衝突。例如祖父母跟成年子女之間的衝突，主要是一種價值的衝突，父母之間的衝突可能是利益的衝突，對兒童的安置則是一種資訊的衝突。

家庭衝突伴隨著被親密家人指責、構陷、怪罪的負面情緒，使得家庭成員感受到巨大的痛苦，但是家庭衝突也可能會帶來建設性的力量與結果。所以家事調解主要處理的是使家庭成員從自我概念、激動的情緒、生活經驗、尊嚴等諸多議題交織的混亂中，討論出公平可行的結果。因此，一如民商事糾紛的字斟句酌，家庭成員在調解中如何討論與處理衝突就顯得非常重要，而這也是家事調解跟民事調解不同之處[1]。

1 Alison Taylor著，楊康臨、鄭維瑄譯，《家庭衝突處理—家事調解理論與實務》，學富文化公司，2007，頁61-63、71-73。

第二章　家事調解制度的原則與模式

第一節　家事調解制度之發展

司法院於2005年制定「地方法院實施家事事件調解試行要點」，同年3月25日擇定台北、板橋、士林、新竹、台中及屏東等六所地院為試行法院，遴聘多元領域之專業人員擔任調解委員，進行家事調解程序，啓動台灣專業家事調解的現代化。2006年召開檢討會議，選出五大議題，包括各試行法院調解作業程序是否一致、家暴事件是否調解、調解委員於調解中進行資源轉介是否適當、如何加強宣導及試行要點之修正等項目，同年增列苗栗、雲林、台南、高雄及基隆等五所試辦法院。2008年司法院制定「地方法院辦理家事調解事件實施要點」，取代原來的「試行要點」，並改為全國辦理。2009年我國民法新增第1052條之1，允許調解離婚，賦予家事調解另一個動能。隨後，2012年施行全新的家事事件法，專章規定家事調解制度，家事調解制度在法律體系上，脫離民事調解，邁向專業家事調解制度。2015年司法院修正公布「法院加強辦理家事調解事件實施要點」。

家事調解也受到各國的重視，日本於1948年即已成立調解制度，2004年修正人事訴訟法，將家事調解制度移由新設的家事裁判所管轄，並且新設家事調解官制度，由最高裁判所任命任職五年以上之律師充任家事調解官，搭配原有的家裁調查官，以及由醫生擔任的裁判所技官，共同運用醫學、心理學、經濟學及其他專門知識，調查事實、陳述意見提供專門知識經驗，提出具體妥當的調解方案[1]。日本的家事調解機關是由家事審判官及家事調解委員組成，家事調解委員是由最高裁判所任命，任期為兩年，家事調解委員的角色尤其關鍵[2]。

---

1 鄧學仁，《現代家族法之研究》，瑞興圖書公司，2009，頁176-177。

2 鄧學仁，《現代家族法之研究》，瑞興圖書公司，2009，頁184。

新加坡也致力於運用諮商調解（counselling and mediation）程序等訴訟外紛爭解決機制處理家事事件，將原本習於對審型訴訟制度實務工作者之心靈，透過各種密集之努力，包括強制性的或是自願性的，形成典範移轉，將傳統法律文化的工作模式，重置爲更具合作性、調和性，聚焦並納入兒童的模式，關照所有家庭成員的福祉，包含心理的、情緒的，使家事調解成爲家事審理制度中不可切割的一環，並有各式各樣的調解程序及單位，如諮商調解程序、扶養調解、諮商心理服務中心、兒童方案中心、家庭紛爭方案中心等[3]。

英國2010年家事程序規則（Family Procedure Rules）第三篇規定了訴訟外紛爭解決機制，允許法院在其權限範圍內，鼓勵當事人使用訴訟外紛爭解決機制。其中第3.1條規定明示其旨，第3.3條規定法院可以在其權限範圍內，指示利用訴訟外紛爭解決機制處理之爭點。法院向當事人說明訴訟外紛爭解決機制後，在當事人同意下，進行訴訟外紛爭解決機制。調解機制在英國起初使用於解決照顧孩子的紛爭，事後擴張到財產、財務問題的處理，以及其他任何實務的爭議事項，期盼能經由溝通以及共親職的觀念達到長期性的協議[4]。調解有兩種模式，一種是法院外之調解，由諮商、社會工作或法律專業背景的人共同進行；另外一種模式是法院內之調解，由法院人員在兒童暨家事司法服務中心人員、調解委員協助提出解決爭議事項的方案[5]。

第二節　家事調解原則

壹、調解前置原則

家庭衝突是一種權力碰撞跟平衡的過程，首先必須由家庭成員間

---

3 Valerie Thean JC & Fool Siew Fong ed., Law and Practice of a Family Law in Singapore, Thomson Reuters Corporation Ltd., Singapore, 2016, pp. 501-503.

4 Allison Diduck & Felicity Kaganas, Family Law, Gender and the State, Text, Cases and Materials, Hart Publishing, U.K., 2012, p. 711.

5 Allison Diduck & Felicity Kaganas, Family Law, Gender and the State, Text, Cases and Materials, Hart Publishing, U.K., 2012, pp. 713-714.

面對面地溝通協商，緊接著再進行非強制性的溝通，最後再進入強制性的權力平衡過程，通常就是法院的訴訟程序。家事調解就是一種非強制性的溝通程序，希望在當事人的利益能力及信任之下，做出符合各方當事人利益的權力平衡[6]。

家事事件法第23條第1項規定了調解前置原則，除當事人沒有處分權之第3條所定丁類事件如監護宣告事件之外，其餘家事事件在進入強制性的溝通程序，也就是法院審理之前，都要先進行非強制性的溝通程序。

家事調解處理家庭衝突，希望建立新的權力平衡，就必須藉由調解工作者的專業能力，澄清權力的界線。同時還應該考慮到調解成立後環境的變化，例如子女長大、家人搬遷、更換伴侶等因素。同時也要使當事人瞭解到，衝突有迴旋的特性，因此調解所建立的權力平衡，也應該使當事人有預先選擇回復會變更權力平衡的方案，包含時間跟地點。

貳、專業調解原則

家事調解程序，必須由專業的調解委員，遵守專業守則爲之。

一、選任

家事調解仰賴專業家事調解委員，專業家事調解委員應具備四大領域的智識：第一是家事法律，包含實體法的民法總則、親屬法、繼承法，以及程序法的家事事件法；第二是瞭解掌握衝突的理論與處理衝突的技巧；第三是家庭、成人與兒童的發展理論與知識；第四是掌握家庭衝突的脈絡[7]。

家事事件法第32條規定，家事調解應聘任具有性別平權意識、

---

6 Alison Taylor著，楊康臨、鄭維瑄譯，《家庭衝突處理—家事調解理論與實務》，學富文化公司，2007，頁64-65。

7 Alison Taylor著，楊康臨、鄭維瑄譯，《家庭衝突處理—家事調解理論與實務》，學富文化公司，2007，頁3-4。

尊重多元文化，並有法律、醫療、心理、社會工作或其他相關專業，或社會經驗者爲調解委員。法院設置家事調解委員辦法第4條第1項進而規定家事調解委員選任的積極資格，以曾任法官、律師、醫師、心理師、社會工作師等具備家事調解所需專業學經歷、經驗者聘用之。辦法第7條並規定各種消極資格，受有期徒刑宣告、監護宣告等情形者，不得選任爲調解委員。辦法第5條並規定擔任家事調解委員之前，必須受相當時數的專業訓練，擔任家事調解委員期間，還必須接受一定時數的專業訓練。專業訓練的內容，允宜從上述四大能力方面，著重個案經驗的交流、跨域能力之匯聚、答問能力的掌握等，由家事法官與調解委員互動討論，並成爲個案選任專業調解委員之憑據。

法院受理家事調解事件後，分由法官處理，並由法院家事調解員名冊選任適合的家事調解委員，進行家事調解程序[8]。也可以依照家事事件法第27條前段的規定，由法官行調解程序。個案調解委員之選任，或有依庭期，或有由紀錄科長，或有由司法事務官決定者，或有由法官組成調解團隊長期合作者。無論如何，均應基於專業調解原則，爲個案選任最適當專業的調解委員。有法院依照調解委員專長，分爲心理組、社工組、醫師組、婚姻實務組、團體組以及律師組等。面對具有專業能力的家庭成員，例如有身障特殊教育背景的家長，經由專業的調解委員如心理諮商背景者，透過對話，取得信任，更有助於調解程序之進行。

二、倫理守則

家事調解是一種專業服務工作，也應該遵守專業工作者的倫理原則[9]。

---

8 楊熾光，〈家事調解之實質發展與專業整合〉，《司法研究年報》，第31輯，2014，頁77。

9 Alison Taylor著，楊康臨、鄭維瑄譯，《家庭衝突處理－家事調解理論與實務》，學富文化公司，2007，頁224。

（一）公正公平

法院家事調解委員倫理規範第1條明定家事調解委員應本於客觀、中立、公正進行調解。在調解過程中應盡可能地維持雙方當事人平等與尊重的態度，保持價值中立。

調解委員應站在健康第三人的角色，避免與調解當事人之一方聯合成爲不平衡的聯盟關係。在家庭生活中，兩位家庭成員會試圖拉攏第三人來爲他們辨誤或者是舒緩衝突，因此就會造成三角化的關係。第三人的加入，可以調和衝突，也可以惡化關係，調解委員應該扮演健康且支持性的第三人，而不是負向具破壞性的第三人，因此應該避免與家庭成員的一方形成聯盟關係[10]。

爲了保持調解程序的中立性，法院家事調解委員倫理規範第15條、第16條以下詳細規範各種應迴避的事由，包含不得爲其所行調解事件當事人之代理人（含法定代理人、特別代理人）、程序監理人等；曾受當事人委任，或有民事訴訟法第32條所列法官應行迴避之事由者，應自行迴避等。第17條至第21條更規定不得「藉機招攬業務」、「向當事人收取任何費用」、「接受當事人請託或收受不正利益」、「不得與當事人、關係人、代理人及其他利害關係人爲案件外之接觸、往還酬應等不當行爲」。

（二）創造最大利益

以最佳的工作守則跟服務，促進調解目標的達成，創造調解當事人最大的利益。法院家事調解委員倫理規範第2條規定：「家事調解委員……力謀當事人及關係人之協議達成及其子女之最佳利益。」第4條規定：「……在調解程序中，應維持雙方權利（力）均衡，當權利失衡時，應採取相當措施，維護當事人之權利保障。」第10條規定：「家事調解委員應本於雙方之最佳利益，如涉及未成年子女，並應優先考量子女之最佳利益，……」

---

10 Alison Taylor著，楊康臨、鄭維瑄譯，《家庭衝突處理—家事調解理論與實務》，學富文化公司，2007，頁43-44。

（三）當事人自決

尊重當事人的選擇權，經由當事人的自覺，自主地提出調解的方案，也應由當事人自己決定是否繼續進行調解程序。法院家事調解委員倫理規範第3條規定：「家事調解委員應於調解程序前先向雙方說明家事調解之目的、優點及程序，尊重當事人及關係人參與調解之意願；並說明任一方或調解委員皆可隨時暫停或終止調解程序。」第9條再規定：「家事調解委員應尊重當事人及關係人之意願及其想法，不得強迫當事人及關係人進行或成立調解，或撤回訴訟。」

（四）不傷害

無論是在調解程序進行中或者結束之後，都不應以有偏見、批判的言詞造成當事人的傷害，更不應對當事人有脅迫恐嚇等足以傷害當事人的行爲。法院家事調解委員倫理規範第1條規定：「家事調解委員應秉持熱誠及耐心，以……、平和及懇切之態度處理家事調解事件。」第8條規定：「家事調解委員應尊重當事人性別、種族、多元文化之差異，不得有歧視、偏頗的言詞或態度。」第14條也規定：「家事調解委員應謹言慎行，不得爲促使調解成立而故爲詆毀、中傷或其他有損當事人人格尊嚴之不當行爲。」

（五）遵守承諾

對於當事人承諾的事情應確實做到，不論是書面或者人際關係的承諾。因此調解委員在調解程序當中，必須充分瞭解法律，避免做出與法律規定不符的分析，以至於無法兌現承諾。法院家事調解委員倫理規範第10條後段規定：「……，不得故意曲解法令或爲欺罔之告知，致誤導當事人爲不正確之判斷。」

（六）保守秘密

保守秘密是指參與調解的人，可以合理期待在專業調解程序中，訊息、檔案或意見的交換，不會向其他人洩露。保守秘密是調解程序取得當事人信任的重要基礎，也是調解程序得以順利進行的重要機制。法院家事調解委員倫理規範第5條前段規定：「家事調解委員因行調解知悉他人職務上、業務上之秘密或其他涉及個人隱私之事項，應保守秘密；……」調解委員於調解程序所獲得的資訊，當然不能作爲茶餘飯後的題材。至於是否可以向審理的法官透露，應注意家事事件法第31條第5項所規定：「調解程序中，當事人所爲之陳述或讓步，於調解不成立後之本案裁判程序，不得採爲裁判之基礎。」之界線。

參、調解自主原則

家庭作爲一個系統，當家庭的一位成員覺知問題並做出改變，家庭也會一如其他系統般產生改變，家事調解程序就是要協助家庭成員製造這種情境以達到改變，這也是家事調解的最高職業倫理。

希望家庭成員自己提出解決家庭衝突的方案，就必須避免使用任何標籤，例如失能、病態或不正常，來描述陷入衝突的家庭。

調解法官或調解委員應當在調解程序中鼓勵當事人自我發掘問題，尊重當事人做出獨立選擇的決定。縱使是非自願進入調解的案件，也應該維護當事人的選擇權[11]，不應當因爲當事人對法律程序的不熟悉，透露錯誤的訊息，扭曲當事人選擇的權利。

肆、家事調解多元文化議題

隨著跨國婚姻、同性伴侶、同性婚姻的增多，家事調解也面臨多元文化的議題。每個人都因爲環境以及自我選擇，而隸屬於不同團體，而形成不同的文化認同，並且可能有一定的外在特徵。在人與人互相交往的過程中，可能根據外在特徵以及各種團體特性，進行分類，以便觀察，建立往來的方式。社會經濟地位、族裔、身體障礙、性別、種族、年齡都是最爲常見的分類。家事調解工作者，既不能因爲族群團體的不同，而歧視當事人，卻也不能對差異的存在視而不

---

11 Alison Taylor著，楊康臨、鄭維瑄譯，《家庭衝突處理—家事調解理論與實務》，學富文化公司，2007，頁224；楊熾光，〈家事調解之實質發展與專業整合〉，《司法研究年報》，第31輯，2014，頁133。

見[12]。

以往的家庭是一對父母養育著多名子女，但是由於離婚、更換伴侶、未婚生子、雙薪家庭、隔代教養等因素，家庭文化已經有所變動。兒童在很小的年齡就必須適應不同的文化，面對許多不同的照顧者，依附關係的形成也有所不同。

性別與性取向是重要的人格認同，社會環境對於兩性角色跟性取向的期待，會影響教養兒童的態度方法，也往往是家庭紛爭的主要焦點，卻常常是隱而不顯。在家事調解程序中，忽略了性別對個人跟家庭認同的意義，就可能無法瞭解家庭紛爭形成的原因及結構。

調解委員或法官必須盡可能地瞭解性別、身心障礙、社會經濟、族裔等團體的主流文化想法，才能確實掌握家庭身分特殊的議題，以詢問正確且重要的問題。因此調解委員或法官，應該反省並瞭解自身的文化認同，以便對當事人的文化能有感同身受的關懷。

第三節　家事調解模式

家事調解有以下各種模式[13]可供選擇使用。

壹、階段理論模式

階段理論模式主要的精神，是指從調解開始到結束，必須遵循一定的流程，從開始、中間到結束，每一個階段都有不同的功能，階段之間是序列式的、是固定的過程。

學者之間對於家事調解的階段有各種不同的看法，有分爲7個階段、12個階段、5個階段。階段的區別，有從階段的功能區別，有從資料問題的研究蒐集解決區別，也有從會面的內容做區別。不過將家

---

[12] Alison Taylor著，楊康臨、鄭維瑄譯，《家庭衝突處理—家事調解理論與實務》，學富文化公司，2007，頁243-286。

[13] Alison Taylor著，楊康臨、鄭維瑄譯，《家庭衝突處理—家事調解理論與實務》，學富文化公司，2007，頁109-146；楊熾光，〈家事調解之實質發展與專業整合〉，《司法研究年報》，第31輯，2014，頁144-185。

事調解分爲以下幾個階段，可能更容易掌握各個階段應完成的功能：

一、建立當事人信任，以建立進行家事調解的基本結構。在這個階段藉由互相介紹、認識、寒暄，以取得當事人的信賴，並確認當事人瞭解家事調解，並有意願進行家事調解。

二、發現事實以及分析需要解決的錯綜複雜的問題。在這個階段需要透過會談，或者是證據的呈現，以瞭解事實跟問題。

三、接著要進行提供解決問題的選項以解決問題的可能性。

四、引導當事人進行協商，並針對若干問題做出決定。

五、澄清所有的問題，並擬定調解方案。

六、檢視調解方案在法律上的效力。

以上各個階段，有些是在調解會談當中完成，有些是當事人自行完成，有些必須仰賴法律專業人士的參與。

貳、問題解決／協商模式

這種模式認爲家事調解是法院訴訟程序之外解決紛爭的替代方法，希望藉由中立的第三人擔任調解員，解決當事人的問題。在這種模式下，儘量提供當事人腦力激盪以及發展選項，以解決當事人的問題。在這種模式底下，調解委員的功能，主要是引導問題解決的過程，幫助當事人在協商之前能夠發展出一些解決問題的選項與替代性的方案。盡可能地引導當事人以合作的方式，共同解決問題，也使當事人可以保有自己的主張。尤其要讓當事人瞭解調解是在解決問題，不是爭取對自己最有利的解決方法，更不是與對方競爭和攻擊對方。

這種調解模式必須確認以下幾個重要的事項：

一、當事人相信會達成結果。

二、當事人相信合作是有利的。

三、當事人相信都可以一起參與調解，並解決爭執。

四、當事人相信能夠找出眞正的利益，而不是只是讓步。

五、當事人相信能夠理解對方有可能是對的。

六、當事人相信雙方都能夠瞭解彼此的觀點，共同努力減少障礙。

由於這種模式傾向於解決問題，也就不可避免地涉及到分配時間、金錢資源的問題。調解委員在引導當事人協商調解方案時，就必須要意識到分配以及合作的背景。

參、轉化模式

轉化模式認為調解並不應該限制以一定的階段方式進行，也不是以解決問題為取向。而應該將焦點放在提升當事人深層的價值、賦權與認同，藉此轉化當事人本身。如何實施轉化，可以考量以下十個重要的因素：

一、開場說明：說明家事調解委員的角色目標，並強調調解的歷程主要目的是要給當事人力量、賦權以及認同。

二、當事人自己選擇：讓當事人瞭解必須自己做決定，而且要為自己的決定負責。

三、當事人最清楚自己的狀況：調解委員要自我覺知，當事人對自己的情況最瞭解，所以不要對當事人的觀點或決定有過多的評斷。

四、相信當事人具有應具備的能力：調解委員對於當事人的能力及動機，應保持樂觀以及正向的看法。

五、當事人表達的情緒話語中仍然存在有事實的陳述。

六、理解當事人在混亂當中呈現的不確定感，並且試圖瞭解不確定感的內容。

七、將焦點放在會談此時此地因為衝突而進行的互動狀態。

八、對於當事人陳述過去的事實，調解委員可以有所回應，而且肯定承受過去事實的價值。

九、將調解當成衝突互動中的一部分。

十、肯定任何一次的小進展，當賦權及認同發生時，都應該認為就是一種成功，不管程度高低、成效大小。

肆、敘事式調解模式

敘事式調解模式是調解模式的典範改變，調解委員在調解程式中，主要的任務是幫助當事人說出他們的衝突故事，進而解構故事，最後重新建構一個充滿希望、合作跟祥和的故事。所以調解委員不是爲當事人解決問題，而是與當事人一起工作，一起重新寫出一份當事人所期望之希望、祥和的新故事。敘事式調解模式是建構在後現代哲學的基礎上，認爲在家庭中沒有客觀的事實，只有主觀相信的事實。主觀相信的事實可以藉由語言建構、寫出、說出因而改變。也因此過去的衝突故事，就由言說者主動地說出、寫出，進而產生協議，即可產出不同的敘事故事。

敘事式調解模式有幾個重要的特色：

一、故事的意義比眞實重要。

二、要如重回衝突現場般，聆聽當事人所敘述的衝突故事。

三、區別衝突的故事與祥和合作的故事。

四、以談話幫助當事人從充滿問題的衝突故事中解脫。

五、製造環境幫助當事人改變，不以達成調解爲目標。

六、幫助當事人發展替代性的故事以解決爭端。

敘事式的調解，應該有三個階段：第一個階段是使當事人進入狀況，調解委員首先必須建立與當事人間的信賴與和諧關係，相互尊重，使當事人相信調解委員也可以參與到衝突的故事中；第二個階段是顯現衝突故事並且加以解構，調解委員邀請當事人呈現衝突故事，列出問題，討論問題的影響，甚至將問題命名；第三個階段是寫出一個改變衝突的替代性故事，調解委員可以與當事人一起反思，找到任何能達成希望的訊息，從中找到具有意義的替代性故事。

伍、啓動式家事調解

香港大學的陳麗雲教授從加拿大多倫多大學岳雲教授處瞭解到一種新型的家事調解模式，鑑於離婚中的夫妻無法有效溝通，導致無法有效調解，爲了使調解得以有效進行，必須改變夫妻原有互動模式的某些方面。這種改變需要家事調解人員的介入，可能帶有一點治療的性質，但是因爲這種介入以及改變並不是企圖永久改變，也不是尋求重建功能失調的體系，因此並非嚴格意義的「治療」[14]。正因如此，

---

[14] 侯活・岳雲（Howard H. Irving）著，萇英麗、王振福、袁菊花譯，《家事調解—適用於華人家庭的理論與實踐》，香港大學出版社，2005，導論。

此種新的家事調解模式也許可以稱爲啓動式家事調解，在嚴格遵循家事調解的目標限制下，透過改變當事人某些互動模式的方法，啓動當事人自主解決家事紛爭的動能，自行尋求合理的方案。

一、目標

傳統民事訴訟程序的對審模式，無法有效處理家事事件當事人存在的情緒感情糾結，對審模式的基本假設在於紛爭的一次解決，但是家事事件當事人的紛爭卻是過往長年生活的蓄積以及未來美好生活的期待。

雖然在西方國家，許多法院質疑調解的可靠性，認爲無法提供當事人完整的程序保障，但是東方儒家文化所強調的家庭和諧，確實帶給家事調解新的視野。家事調解是否能廣泛被接受，取決於法院以及當事人是否能因運用調解程序而獲得實際上的效用，包含有效處理紛爭，給當事人應有的程序保障。對於當事人而言，家事調解可能可以讓當事人取得自主決定命運的機會，當事人能在調解程序中感到被傾聽、被支持，不受干擾地表達自己的意見，有機會探求以及澄清法律問題及權利事項，洞察自己未曾瞭解的身心狀況等。這些效用有助於提升家事調解的接受度。

一般的調解模式希望可以達到以下的目標：

（一）發生衝突而要離婚／已離婚的配偶營造一個公平合作的過程。

（二）陳述和澄清夫婦間出現糾紛的問題。

（三）爲問題夫婦提供機會，讓他們考慮調解的可能性。

（四）鼓勵父母把孩子的最佳利益放在他們自己的利益之前。

（五）協助問題夫婦協商出現在他們之間的糾紛問題。

（六）達成對於夫婦雙方比較公平的可接受的共識。

啓動式的家事調解還希望達成以下的目標：

（一）瞭解問題夫婦衝突未得到解決的內在涵義。

（二）幫助夫婦從婚姻角色到做父母角色的轉變。

（三）阻止或改變夫婦在調解中任何有礙於有效協商的行爲模

式。

（四）鼓勵他們在長期利益中和諧共處，化解他們對前伴侶的敵意。

（五）重建已離婚夫婦之間好的方面，也就是說，作爲重建家庭的一種形式，爲雙方提供一個機會，讓他們或他們的家庭都可以有個新的開端。

進入家事調解的父母親，通常混淆了本身的問題以及作爲父母親責任的問題，所以在協商子女照顧責任的方案時，往往提出懲罰對方的方案。因此有必要讓雙方深入瞭解相處間的問題，進而區分夫妻與親子責任的不同[15]。

二、家事調解的實踐原則[16]

（一）**自決權**：自己的聲音、自己的故事和自己的感受，是當事人自決權的基礎。自決權意味著賦權父母，使他們爲自己的決定會影響到自己以及孩子的生活，必須自己負責，不能怪罪別人。

（二）**保密**：調解的過程是保密的，沒有留下任何紀錄，調解人員也不需前往法庭作證。

（三）**公正且平等**：當事人有權決定協定的主要內容；其次，調解人員有權力平衡雙方。

（四）**完全的披露**：調解程序所取得的資料完全披露。

（五）**安心且安全**：確保當事人在調解程序中，不受到暴力襲擊、恐嚇、威脅或其他心理攻擊。

（六）**保障兒童最佳利益**：讓兒童能參與其中，選擇程序監理人代表兒童之利益，爲兒童發言。

（七）**中立**：公平被認爲是家事調解的核心要求，在調解中缺乏公平，有認爲會根本性地損害調解。但卻有從女性主義、正常和交換

---

15 侯活．岳雲（Howard H. Irving）著，萇英麗、王振福、袁菊花譯，《家事調解—適用於華人家庭的理論與實踐》，香港大學出版社，2005，頁34以下。

16 侯活．岳雲（Howard H. Irving）著，萇英麗、王振福、袁菊花譯，《家事調解—適用於華人家庭的理論與實踐》，香港大學出版社，2005，頁44以下。

模式等角度思考，認爲調解人員在必要的時候，應該介入尋求合理的解決方案，因此可能會因爲實際需要，而需顧及合理性，從而偏離公正性。

（八）**文化體會能力**：北美地區對於醫療社工以及其他助人專業要求必須具備文化體會能力（culturally competent），已經普遍認爲是重要的事情，家事調解人員應該具備文化體會能力也不再是新穎的觀念。

三、調解的實踐程序

（一）評估

調解人員接受當事人委託、法院指派後，必須先評估調解的可能性，此階段可以說是奠定基礎，是十分費神的工作。而法院或機構委派調解人員時，也應該根據評估的結果，選定適任的調解人員。評估主要的內容包含以下幾項[17]。

1. 與當事人建立良好和諧的關係

調解程序之順利進行，很大程度上取決於當事人對調解人員的信任、尊重和尊敬。這些信任、尊重以及尊敬則來自於當事人感受到調解人員的理解、支持和尊重。除此之外，當事人主動願意接受調解也是重要的因素，除了聲請調解之外，調解範圍的決定屬於是否取得當事人信賴的因素之一。因此調解書狀的記載，當事人聲明接受調解的文件，均成爲建立調解人員與當事人間信賴關係的關鍵步驟。

2. 認識當事人間的關係模式

判斷當事人之間是否有高度的感情依附、對於過去事件的偏執、頻繁且激烈的爭吵、完全欠缺解決衝突的意向等因素；或者例如夫妻之間是否有暴力或敵對的情況導致雙方居於不平等的地位；此外例如夫妻請求離婚是否經過長時間的考慮，或者因爲小事爭吵後一時衝動的行爲。

---

[17] 侯活．岳雲（Howard H. Irving）著，萇英麗、王振福、袁菊花譯，《家事調解—適用於華人家庭的理論與實踐》，香港大學出版社，2005，頁44以下。

3. 瞭解當事人對於調解的要求以及接受的程度

可以透過以下幾項問題瞭解之：

(1)雙方是否清楚明白他們的爭議事項？

(2)雙方能否清楚地表達他們處理這些爭議事項的意見？

(3)雙方能否把婚姻關係和養育子女的爭議分開？

(4)雙方能否很好地控制他們的感受？

(5)雙方之間溝通的好壞狀況？

(6)雙方能否區分自己的利益和孩子的最佳利益？

(7)雙方能否一起討論如何結束爭議？

(8)雙方能否在同一時間專心於同一爭議？

(9)雙方能否一起著眼於目前（而不是經常把舊事重提作爲攻擊對方的藉口）？

(10)雙方能否開始考慮要爲他們的家庭創造未來？

如果對這些提問的答案都是否定，那麼當事人接受調解程序的可能性極低，應轉行訴訟程序；如果答案都是肯定的，表示接受家事調解的可能性極高，如果是部分肯定，部分否定，表示可能在調解人員的介入下可以順利進行調解程序。

（二）預備工作

在這個階段，調解人員，特別是接受過專業訓練的調解人員，必須隨時根據當事人狀況，從不同的角色中，包含促進者、專家、教育者、倡導者，協助當事人準備進行協商的程序。專家的角色，試著改變當事人的行爲模式，以利協商；教育者的角色，協助當事人學習一些溝通的技巧，讓當事人提出的方案可以有效地傳達給對方；促進者的角色，係以闡明狀況，總結建議或者提供解決方法幫助當事人相互瞭解各自的需求擔憂等；倡導者的角色，破除一些既存的偏見，例如對方太過情緒化等，以協助當事人釐清所處的環境以及法律地位等。

（三）協商

家事調解的目標並不以達成協議爲唯一的目標，因此進行調解的協商，還可以再分爲三種目標，分別是實質目標、關係的目標以及調解的目標。

實質目標是幫助每對夫妻解決所有的爭議事項，協商過程中，調解人員可以試圖闡明問題，擴展可供選擇的方案範圍，例如協商之初，雙方通常提出直率且是非分明的方案，例如孩子由母親照顧，但此時可以進行深層的討論，提出各式各樣的問題，包含時間的分配、費用的處理等。分門別類使各種要討論的問題更加清楚，一方面爲準備制定親子責任計畫、財政計畫提供基礎，另一方面也幫助雙方從感情化和婚姻問題中轉移，而實際討論具體的問題。

關係的目標則是希望透過關係的調整，讓當事人得以在調解協議後，持續地履行協議，主要的內容包含接受離婚的事實、把悲傷留在過去、建立一種工作夥伴關係、將孩子放在首位、展示出建設性的協商技巧、創造一個平等的環境、承諾服從調解結果等。如果無法調整關係，則調解協議很可能只是曇花一現，無法在調解程序結束後，持續發揮解決當事人紛爭的功能。其中建設性的協商技巧，可以在調解時運用，例如習慣一次一個人發言、學會傾聽他方的發言、運用調解人員不在場時，讓當事人自行協商等。另外協商的方案中也應該盡可能使雙方都能參與其中，當事人的滿意程度，往往取決於是否受到尊重、是否被聆聽、是否被支援、利益是否被認眞看待、是否充分的參與等。

至於調解的目標則是達成協議或找到方案。

第三章　家事調解程序

第一節　調解事件之範圍及啓動

家事事件以及與家事事件相牽連的民事事件，均得進行調解程序（家事§23Ⅰ、§26Ⅱ）。依照家庭暴力防治法第13條第7項之規定，保護令事件不得進行調解。然而已經有學者建議應區分權力控制與遇境施暴之保護令事件，具體評估採用調解程序的可行性[1]。

家事調解事件，可區分爲強制調解以及任意調解事件。除家事事件法第3條所定丁類事件，屬於當事人無處分權之家事非訟事件外，其餘家事事件均屬強制調解事件。丁類事件爲任意調解事件，可以由當事人聲請法院調解。丁類事件得行調解程序，乃是因爲家事調解並不以成立調解爲唯一的目標，更鼓勵家庭成員具備自主解決家庭紛爭的方案與能力。

得合併調解之民事事件，限於與家事事件有相牽連關係且經當事人合意者。所謂相牽連應係指與家事事件因同一紛爭衍生者，例如離婚事件中，夫妻間借款之民事事件。

強制調解之家事事件，一經當事人爲訴訟起訴或非訟聲請，無論有無聲請調解，均一律先進入調解程序，採取調解前置程序。相牽連之家事事件，無論是否已經繫屬其他法院，法院仍得依聲請或職權合併調解（家事§26Ⅰ）。

合併調解之民事事件，如已繫屬於法院者，原民事程序停止進行（家事§26Ⅲ前），如原未繫屬於法院者，調解不成立時，依當事人之意願，移付民事裁判程序或其他程序；其不願移付者，程序終結（家事§26Ⅳ）。

家事事件聲請調解，應由法院進行調解程序。然若法官認爲依事件性質調解無實益時，應向聲請人發問或曉諭，依聲請人之意願，

[1] 陳竹上、邱美月、賴月蜜，〈婚姻暴力事件進入家事調解程序之可行性探討：跨界整合及在地實證觀點〉，《成大法學》，第25期，2013/6，頁115。

裁定改用應行之裁判程序或其他程序；其不願改用者，以裁定駁回之（家事§28Ⅰ）。前項裁定，不得聲明不服（家事§28Ⅱ）。

第二節　家事調解程序之進行

壹、瞭解家庭動力

家事調解程序的進行，應同時注重行爲規範以及家庭動力。前者可以藉由法律規範顯現的權利義務關係來確認；後者必須由瞭解個別家庭成員及彼此間的互動來掌握，進而瞭解家庭衝突形成的原因，以尋找可能的解決方案。

家庭因爲時間的累積形成一個有動力且在改變中的系統，家庭同時也是由獨立的個人所組成。家庭以及作爲家庭成員的成年人、子女都有發展上的問題。依附、分化以及共依賴等三個概念可以用來描述家庭系統中個人的發展狀態，這也是代表著家庭的動力。作爲家庭成員的個人，可能不會覺察到這些動力，但是家庭衝突的形成以及解決方案，都會受到動力的影響[2]。

依附是討論孩子在何時以及如何與主要照顧者之間形成情感的連結，並且瞭解孩子被放棄、感到失望或者失去主要照顧者時會發生的狀況。完全依附型的孩子受到主要照顧者的完整照顧以及情感的保證；矛盾依附型的孩子只是因爲主要照顧者並沒有專注關心到孩子的需求以及情感；逃避依附性的孩子只是因爲主要照顧者太早讓孩子自立或者根本不關心孩子的需求。依附關係會一直影響到孩子成年之後，以依附關係所形成的內在工作模式，來處理目前的配偶或家庭關係。由此可以瞭解當事人目前配偶或家庭互動狀態的來由。這些互動狀態行爲模式都是學習而來的，因此可以被改變。家庭成員可以藉由調解委員或調解法官的協助，表達焦慮和對分離的恐懼，然後用一種新的能被接受的模式表達，最後可以從不安全且逃避的互動模式中，

---

2 Alison Taylor著，楊康臨、鄭維瑄譯，《家庭衝突處理—家事調解理論與實務》，學富文化公司，2007，頁29-42。

改爲更適當的模式，發展出更有內在安全感的互動模式。

分化是指家庭成員有能力思考並保持個人在家庭生活當中的獨立性，因此可以保持情緒的獨立狀態，不會隨著其他家庭成員的要求或情緒反應，陷入挫折跟焦慮中。家庭成員覺察到自己的成長，希望改變原有的行爲模式，就是一種分化。當此種分化作用產生時，卻可能因爲其他家庭成員無法同步改變，導致家庭關係破裂如離婚的情形。分化不良好的家庭成員，可能會把自己的希望跟情感投射到自己的伴侶甚或是孩子的身上，無法將其他家庭成員視爲獨立的個體。甚至於形成必須借由孩子來滿足父母情緒被照顧的需求，成爲一種被稱爲「當作父母的孩子」（parentified child）。這是一種不健康的依賴關心，阻礙了家庭成員的發展。

共依賴是指家庭成員認爲自己需要解救陷入困難中的家庭成員，他們因此認爲必須要求被解救的家庭成員改變行爲，但是實際上卻不給對方有改變的機會，甚至支持跟獎勵不負責任的行爲。換言之，就是沒有讓家庭成員學習到自己照顧自己、自己做決定、自己負責的行爲模式。這種共依賴的互動模式，可能存在於伴侶之間、父母子女之間、年老的父母和他們的照顧者之間。共依賴現象發生時，就需要家庭成員改變，並試圖瞭解、尊重自己與他人的界域。

貳、評估

調解委員或是調解法官可以藉由以下問題的答案，找到家庭動力，理解家庭衝突的原因[3]，進而評估調解的可能性：

一、家庭系統在家庭衝突發生之前、中、後的可能狀況？

二、家庭成員對於情境以及家庭衝突有不同反應的原因？

三、每一位家庭成員爲了維持自己的自我概念，可能採取何種增加衝突的行動？

四、過去的情境是如何對現在的衝突產生影響？過去的情境是正向的還是負向的？

---

[3] Alison Taylor著，楊康臨、鄭維瑄譯，《家庭衝突處理—家事調解理論與實務》，學富文化公司，2007，頁4-19。

五、哪一些解決衝突的方案可以維護家庭成員之健康狀況？

六、如何瞭解衝突中的其他潛在議題？

調解委員或調解法官在參與家事調解的過程中，可以從幾個面向進行調解的評估。首先是由家庭成員所構成的家庭系統的穩定性以及改變的彈性，家庭系統的穩定性是指家庭成員間互動的規則是否呈現穩定的狀態，包含家事事務的分工、生活的作息等，此可以藉由詢問家庭成員包含幾點鐘起床、幾點鐘用餐等問題得到答案。改變的彈性是指因爲家庭成員的發展階段，而必須改變原有的互動規則，包含步入青少年時間必須增加與同儕互動的時間、老人必須接受安置、必須改變原有作息等。缺乏穩定性的家庭，其家庭系統呈現混亂的狀態，成員容易出現高度壓力與焦慮的狀態。缺乏改變彈性的家庭，容易形成家庭成員間之衝突。

其次可以瞭解家庭的發展階段，從兩人結婚，經過生育子女，再到養育子女，進而到子女步入青少年、離家就學、外出工作，終於面臨退休、適應成爲祖父母的角色。每一個發展階段，家庭成員間的情緒平衡均不相同，評估的內容可以包含親密度、歸屬感、自由度、樂趣、陪伴感以及意義感。剛結婚的人親密度高，緊接著親密度降低而歸屬感提高，之後又成爲有高度的自由度。

第三是家庭系統的開放程度，家庭成員能夠接受專業的建議，保持著開放的態度，就容易接收到例如對孩子最大利益的訊息，可以瞭解不同發展階段的子女，有不同的需求，因此可以接受在親子責任方案做出不同的安排。但是另一方面，家庭成員過度依賴外在親友所傳遞的資訊，顯得過於開放，反而會破壞家庭成員彼此之間的良好信賴與互動。

第四是家庭成員在家庭中的自我歸屬定位，這是屬於家庭成員的個人深層需求，有了歸屬定位，家庭成員才會更願意遵守家庭成員的互動規則。家庭成員可以有很多不同的系統定位，父母可能歸屬定位是原生家庭中的成年子女，也可能是目前核心家庭當中最重要的成員，也可能是歸屬於配偶親屬系統中。健康的家庭系統，通常允許家庭成員有較多的自由，同時擁有不同的歸屬定位。而較爲封閉的家庭，可能採取嚴格二分法，區分我們與他們，因此限制壓抑家庭成員的自由，造成個人的情緒與自尊都會受到很大的影響。面對父母離婚中的子女，忠誠的議題就是屬於歸屬定位的問題。老人的安置事件，其歸屬的議題也占有非常關鍵的作用。

第五是家庭成員間的溝通型態以及有效程度，有一些家庭成員間互動的規則會使溝通扭曲或模糊。許多離婚後有關子女照顧的問題，都是因爲溝通方式模糊、誤導或者不完全所造成的。因此必須瞭解，應該由誰跟誰溝通、什麼時間可以溝通、要談論什麼問題，都需列入協商的議題當中。所謂的溝通並不限於口語，也包含非口語的溝通。沉默、沒有回應、閃避也都是一種溝通，也都具有某種意義，必須從家庭溝通的脈絡當中去瞭解其眞實的意義。薩提爾（Satir）指出所有的家庭成員之間的溝通，都包含三個部分，第一個部分是關於自己的訊息；第二個部分是關於他人的訊息；第三個部分是關於脈絡的訊息。例如由一方說「你可以對子女有共同的監護權」，這樣的一句話當中，就表達了發話人對自己平等地位及能力的看法，也表達了對受話人平等地位及能力的看法，更包含對監護權法律脈絡的看法。爲使家庭系統有改變的可能性，必須監控改變家庭成員的溝通狀況。

第六是瞭解家庭之間的次系統，家庭成員彼此之間可能會形成父母與第一個孩子或者是母親與兩個孩子間，各種不同的同盟系統關係。掌握這種次系統關係形成的三角化現象，可以更瞭解整個家庭成員衝突的脈絡。

評估之後，調解委員或調解法官會瞭解家庭系統改變的可能性，進而協助家庭成員進行改變。找出問題、提供合理有用的解決方案，讓家庭成員減低壓力，使家庭成員認知並被賦權（empower）進行改變，改變角色、功能或回應的方式。只要有人改變了，家庭就跟著改變了。

參、界域的製造、維持與改變

改變家庭系統必須注意到「界域」（boundary）的製造、維持與改變[4]。界域是家庭中一組看不見的規則，界定家庭成員彼此之間接

---

[4] Alison Taylor著，楊康臨、鄭維瑄譯，《家庭衝突處理—家事調解理論與實務》，學富文化公司，2007，頁20-23。

觸的方式、規則。例如父母親可不可以閱讀青少年孩子的信件、孩子們可不可以進到父母親的房間等。界域會因爲每一個原生家庭的不同而不同，也會受到文化因素的影響，例如孩子可以在父母親的房間裡面睡到幾歲等。每一個家庭、每一個成人之間都有複雜的界域的網絡。當界域被破壞時，家庭成員就會感覺到被背叛、受傷、混淆、憤怒、沮喪，如果認爲界域的破壞是故意的，反應就更爲強烈。

家庭成員之間的互動模式形成掌控與順從模式，而且是唯一的模式時，界域就會變得非常嚴苛而且難以改變，最後就會形成關係無法調整而走入離婚等關係破裂的狀態。青少年在成長過程中的反抗，也是對這種模式反應的一種警訊。安置年老父母也會有同樣的狀況，年長的兄姊認爲要扮演掌控的角色，其他兄弟姊妹要扮演順從的角色，因此引發衝突。

家事調解的核心就是在重新建立家庭成員之間的界域，透過溝通重新協調原本鬆散的界域或者是改變過於僵硬的界域，以改變原來的互動模式。家事調解委員或調解法官，在建議改變的過程中，注意到家庭成員對於改變的情緒反應、協助家庭成員之間的討論、建立可接受的方式、說明彼此回應都是必需的。調解方案的提出，也應瞭解到除非可以在互動模式以及界域上做出改變，否則只是直線性的問題解決方案，並不能眞正解決當事人的問題。

肆、家庭危機

處於家庭衝突增溫階段的家庭，不僅有衝突，還可能存在著危機。離婚、孩子被退學、孩子被安置到機構、拔除重病父親的維生器都是危機。家事調解工作者就必須協助家庭成員，控制並處理危機，避免憤怒的情緒跟暴力的行爲，以便進行衝突的解決，進而爲有效的調解。可能可以採取以下的步驟處理危機：

一、評估過去、現在跟未來的危險。

二、尋求適當的法律、社會、經濟或醫療的資源降低或預防傷害。

三、與當事人討論出可能的穩定狀況，解決問題的預備議題，例如心理治療、就醫、聲請保護令、暫時處分等[5]。

危機可能是在調解過程當中突然出現或被發現，例如失去工作、發生健康問題、年老的父母必須立即安置、必須處理財產以支應安置費用等。調解工作者在處理危機時，可能要扮演強勢的指導性角色，肯定地指出解決危機的方案，結合各種資源協助當事人處理危機。因此，法官的適時介入，可能可以扮演更好的危機處理角色。家事事件法第27條規定可以由法官參與調解程序，依照第15條選任程序監理人、第18條規定命家事調查官爲調查，進而結合資源；或者依照第85條之規定爲暫時處分，都可以是處理危機的手段之一。

伍、調解程序

一、程序之開啓

當事人聲請調解或強制調解的家事事件，於起訴狀或聲請狀送交法院後，經法院處理繳費以及其他起訴或聲請要件之後，依照家事事件法第27條，分由法官處理調解程序。各法院再依各自辦理調解程序之事務分配，分別由法官或司法事務官交由選定的調解委員進行調解程序，調解程序也由法院書記官發出通知書而開啓。通知書會記載指定之期日時間，請雙方當事人或關係人到法院指定的法庭進行調解協談[6]。

調解由法官選任符合家事調解委員資格者一人至三人先行爲之（家事審理細則§45Ⅰ）。法官選任之調解委員必須是符合家事調解委員資格之人，且經造冊送司法院者（家事審理細則§44Ⅰ）。法院選任調解委員可以採取同一家庭原則，由同一組調解委員處理同一家庭的紛爭。選任調解委員也視紛爭類型不同，分別由法律專長、心理專長、社工專長等參與協助。

5　Alison Taylor著，楊康臨、鄭維瑄譯，《家庭衝突處理─家事調解理論與實務》，學富文化公司，2007，頁74-75。

6　楊熾光，〈家事調解之實質發展與專業整合〉，《司法研究年報》，第31輯，2014，頁77。

二、調解之準備

爲了使調解程序有效進行，法官或調解委員可以採取必要的措施。其中關於未成年子女權利義務行使負擔事件之調解，法院於必要時，得命家事調查官先爲特定事項之調查。監護或輔助宣告事件，經當事人依家事事件法第33條或第36條聲請裁定者，法院於必要時，得命家事調查官先爲特定事項之調查（家事審理細則§46Ⅰ、Ⅱ）。

家事調查官或程序監理人於調解程序中，發現有危及未成年人、受監護或輔助宣告人、被安置人利益情事之虞者，應即陳報法院（家事審理細則§53）。

當事人聲請家事非訟事件之調解，於程序終結前，法院認爲有命爲暫時處分之必要者，宜曉諭關係人爲暫時處分之聲請。當事人爲家事非訟事件本案之聲請，經法院行調解程序者，法院於程序終結前，認有必要時，得依聲請或依職權命爲適當之暫時處分。但關係人得處分之事項，非依其聲請，不得爲之。調解委員於調解程序中，認爲有爲暫時處分之必要者，應報明審判長或法官（家事審理細則§56）。

行調解時，爲瞭解當事人或關係人之家庭及相關環境，於必要時，法院得命家事調查官聯繫社會福利機構，並提出行調解所必要事項之報告（家事審理細則§57）。

法院得根據家事調查官之報告，命當事人或關係人分別或共同參與法院所指定之專業人士或機構、團體所進行之免付費諮商、輔導、治療或其他相關之協助（家事審理細則§58Ⅰ）。

調解委員或法官在進行調解準備工作時，也可以依照家事調查官調查報告的內容，擬定調解計畫，整理出爭點，找尋出家庭紛爭背後可能存在的價值差異等問題。也可以逐次動態分析爭執內容，調整調解計畫，選派調解委員，紀錄調解摘要。

三、協談的時間與結構

調解必須指定期日，通知當事人及利害關係人面對面進行協談。調解期日，由法官依職權定之；其續行之調解期日，得委由主任調解委員定之；無主任調解委員者，得委由調解委員定之（家事審理細則§49Ⅰ）。調解期日，應通知經選任之程序監理人；已有陪同之人或已命家事調查官先為調查者，並應通知該陪同人及家事調查官（家事審理細則§49Ⅱ）。法官於必要時，得命當事人、關係人或法定代理人本人於調解期日到場；調解委員認有必要時，亦得報請法官行之（家事審理細則§50）。就調解事件有利害關係之第三人，經法官之許可，得參加調解程序；法官並得將事件通知之，命其參加（家事審理細則§51）。

調解期日開啓前，不妨請法院受理報到的人員，協助當事人塡寫基本背景以及調解意願的簡單評估表。

家事調解的當事人，往往有許多想要說的事情，但是大多數人注意力持續時間大約只有20分鐘，因此協談時間應該做合理的分配。協談的前15分鐘可以用來定位當事人與他人的關係、取得當事人的信賴、瞭解過去協談的狀況、掌握新的資訊或變化。中間可以區分為兩到三個時段，各自大約20分鐘，確保協談有效率地進行，避免當事人後退到舊有的或沒有建設性的行為模式，也避免讓當事人感到疲累。最後15分鐘準備結束會議，給出家庭作業，提出下一次會談的準備內容。

協談可能會進行兩、三次，調解委員或法官可以有調解計畫。第一階段的會談需要發展與當事人的關係，掌握調解的問題，進行評估，取得當事人的合作；第二階段使當事人確認可以改變的事項，接受不能改變的事實，思考改變的可能性；最後的階段，根據第二階段的結果，做出結論，或者是形成協議[7]。

法院家事調解雖然沒有嚴格的時間限制，主導調解程序的調解委員或法官仍然可以將時間以及調解計畫，在一開始進行調解時，就讓當事人瞭解。

法院調解程序有各自發展的模式，台北地院也曾經發展出子女照顧計畫表和孩子的十大權利[8]，作為具體化調解方案的思維方式。

---

7 Alison Taylor著，楊康臨、鄭維瑄譯，《家庭衝突處理—家事調解理論與實務》，學富文化公司，2007，頁159-162。

8 彭南元編著，《家事法庭裡的春天》，啓示出版，2021，頁48-59。

四、協談的終結與再開

協談完成後，當事人可以在法官的協助下，完成合於法律規定的調解筆錄。當事人也可以選擇撤回聲請或起訴，以終結家事調解程序。如果無法達成協議時，調解委員可以分別將達成或未達成的事項，記載於調解紀錄表，將案件交由審理的法官進行審理程序。

家事事件進入審理程序，法官認爲有必要時得移付調解，再開協談程序，但移付調解以一次爲限（家事§29Ⅰ）。

第三節　合意裁定與適當裁定

壹、合意裁定

一、意義及範圍

調解程序之家事事件，除了就當事人得處分之事項，如離婚贍養費之請求外，就當事人沒有處分權之事項，如確認婚姻不存在，也可以一併調解。當調解方案已經接近成立時，當事人就不得處分之事項之原因事實也沒有爭議，卻因爲就該事項不得調解成立，導致當事人必須另行訴訟，造成程序延滯，無法有效處理家庭紛爭。因此，家事事件法第33條設立了合意裁定制度，允許當事人立於程序選擇權，合意以較爲快捷的裁定程序，由法院審理裁定不得處分之事項，以利家事紛爭之合併解決。

合意裁定制度，廣被運用於減免扶養義務、否認子女、確認婚姻無效、確認親子關係存在、確認收養關係存在、停止親權、認領子女、宣告終止收養、確認繼承權存在等家事事件之調解中。例如於分割遺產之訴訟中，當事人對於分割方案十分接近，但是其中一位繼承人由於是在日據時代被收養，缺乏戶籍登記資料，無法確認收養關係存在，因此當事人合意由法院裁定確認收養關係存在（台灣新北地方法院109年度家調裁字第95號民事裁定）。

二、裁定之程序

（一）審理之程序法理

當事人行裁定程序之合意，性質上爲訴訟契約，有拘束法院之效力。此項合意是選擇裁定程序的協議，並不是針對實體上權利義務關係爲實體處分之合意，因此不生實體法上效果，此不同於日本家事審判法第277條第1項之制度[9]。

合意裁定之事項屬於不得處分之事項，其審理程序即應適用家事身分訴訟事件之職權探知原則以及家事非訟事件之職權探知原則（家事§33II）。由於合意裁定之審理程序，縱然原本屬於家事訴訟事件，也應選擇合意裁定程序後，成爲家事非訟事件，其調查證據的程序即應適用家事非訟程序，而不再適用家事訴訟程序，以尊重當事人之程序選擇權[10]。

合意裁定程序，法院除了依據調查證據所得資料以及事實爲裁判之外，還可以審酌調解委員之意見及家事調查官之報告，而爲裁定。此項證據方法，屬於家事非訟事件程序中的自由證明程序。

合意裁定程序雖然屬於家事非訟程序，但爲了強化非訟程序的程序保障，法院據爲裁定的證據資料、調解委員的意見、家事調查官的報告，均應使當事人有陳述意見的機會（家事§33II），以確保陳述意見權。又因爲僅僅是讓當事人有陳述意見的權利，自不以提示爲唯一合法調查證據之方法。

除了陳述意見的權利之外，當事人也有權利聲請就據以爲裁判基礎的事實資料、報告、調解委員之意見進行辯論（家事§33II），此即辯論聲請權。辯論聲請一經當事人啓動，法院即應准許之，無裁量之餘地[11]。

---

9 許士宦，《家事事件法論》，新學林，2019，頁206-207。

10 許士宦，《家事事件法論》，新學林，2019，頁207-208。

11 許士宦，《家事事件法論》，新學林，2019，頁216。

（二）第三人程序參與權之保障

得合意裁定的事項，既然是不得處分的事項，即可能涉及第三人權益，法院於裁定程序審理過程中，應特別注意適用家事事件法第40條，保障第三人之程序參與權，以避免身分關係之裁判，不當地影響第三人。

三、裁定之效力

合意裁定雖然是家事非訟事件裁定，裁定之效力，包含既判力、執行力以及形成力，應依原家事事件之性質分別判斷之。合意裁定事項屬於家事訴訟事件，例如確認親子關係存在的訴訟，裁定仍具有既判力。合意裁定事項屬於家事非訟事件，例如保護安置事件裁定，裁定並無既判力[12]。

至於形成力以及執行力發生效力的時點，由於已經由當事人合意改行裁定程序，自應適用家事非訟程序裁定發生效力之時點判斷之[13]。

貳、適當裁定

調解程序中，當事人就得處分之事項，無法成立調解。但爲求事件迅速落幕，基於當事人程序選擇權，可以由當事人合意，將家事訴訟事件等事件，改由法院就本案，以家事非訟程序爲適當裁定（家事§36）。

當事人得合意聲請法院爲適當裁定，有三種情形。第一種是當事人得處分的事項，經調解而無法成立者（家事§36Ⅰ①）；第二種是就處分之事項與不得處分的事項，合併爲裁定者（家事§36Ⅰ②）；第三種是就其他合併或附帶的請求事項有爭執，但法院認爲有統合處理之必要者（家事§36Ⅰ③）。

---

12 許士宦，《家事事件法論》，新學林，2019，頁231-234。

13 許士宦，《家事事件法論》，新學林，2019，頁234-238。

得聲請法院為適當裁定者，首先是必須有雙方當事人之合意。法院再審酌調解委員的意見，考量平衡當事人程序利益以及實體利益，認為改行非訟裁定程序較為適當者，方可審酌當事人的意思後，而為適當裁定。

行適當裁定程序審理之家事事件，應區分屬於當事人得處分之事項或不得處分的事項，分別適用該事件應適用之程序法理，以辯論原則或職權探知原則審理之。家事事件法第36條第2項準用第33條第2項，係針對同性質之不得處分之事項而言，並不包含應適用辯論原則之家事事件[14]。

適當裁定制度可謂係基於程序選擇權法理，在家事事件法中之重要展現[15]，與日本家事審判制度之替代調解制度不同[16]。

---

14 許士宦，《家事事件法論》，新學林，2019，頁215。
15 邱聯恭，《程序制度機能論》，臺大出版中心，2018，頁31-32。
16 許士宦，《家事事件法論》，新學林，2019，頁210-212。

第三編

家事訴訟事件

本編目次

第一章　通則

第一節　起訴

家事訴訟程序，因起訴而開啓。起訴書有應記載事項及宜記載事項。當事人及法定代理人、訴訟標的及原因事實、應受判決事項之聲明為應記載事項（家事§38Ⅰ）。應受判決事項之聲明，於司法文書製作上，記載為「訴之聲明」。訴之聲明應表明希望法院就該訴訟事件為如何判決之結論，其記載應完整、簡要、明確、可執行。例如當事人希望離婚，訴之聲明即應記載為「准原告與被告離婚」。至於訴訟標的之內容，應記載訴之聲明所依據之請求權、形成權或者確認之法律關係。而原因事實之記載即應以請求權、形成權或者確認之法律關係的要件事實為內容。

起訴書宜記載法院管轄、適用程序必要之事項、準備言詞辯論之事項、有無共同子女、有無其他訴訟等（家事§38Ⅱ）。例如應適用訴訟程序或非訟程序之意見、應通知參與程序人之年籍住所等資料、是否有可以合併審理之其他訴訟或非訟事件等。

第二節　當事人

壹、對立之當事人概念

家事訴訟事件仍然延續民事訴訟制度，採取對立當事人的訴訟構造，由法律強行規定一方為原告，提起主張，擔任攻擊者；另外一方為被告，承擔防禦者。因此家事訴訟事件程序中，即有原告以及被告兩造當事人。對立當事人其實是法律規定的，因為如果沒有對立的當事人，訴訟將無法進行[1]。

---

1 Richard Zöller, Zivilprozessordnung, Kommenter, 30Aufl. 2014, S. 253.

貳、當事人之適格

一如民事訴訟事件，家事訴訟事件必須由有訴訟實施權之當事人方得爲有效的訴訟行爲，因此也必須有當事人適格之概念。判斷當事人適格，學說上有各種理論，有認爲應以有無實體法管理權限爲基準之實體法管理處分權說、有認爲應以有無權利保護必要爲基礎之權利保護利益說、有採取是否有遂行訴訟利益之遂行訴訟利益說、有強調具有訴訟獨立制度意義之獨立程序制度說[2]。當事人適格之判斷係訴訟上制度，並非實體法制度，然與實體法有密切關聯，其判斷應以被表明爲訴訟標的之具體個別實體法上權利義務關係，以有助紛爭解決之觀點決定之[3]。

家事財產訴訟事件之當事人適格，可以依照民事訴訟程序之法理判斷之。家事身分訴訟事件，由於身分關係種類繁多，爲了加強事前之程序保障，必須明確規定當事人適格要件，篩選眞正具被告適格之特定人，期待其爲充分之攻擊防禦以盡可能達成實體眞實發現之目標。特別是形成之訴，如否認子女之訴等，均由法律明確規定有訴訟實施權之適格當事人。至於法律沒有明文規定時，應以該形成之訴所對應的權利義務主體爲基準[4]。

家事事件法於第39條規定了家事身分訴訟事件當事人適格的通則性規定。身分關係之一方當事人起訴時，應以他方爲被告。第三人起訴者，應以身分關係之雙方爲被告。身分關係之一方死亡者，以生存者之一方爲被告。例如確認婚姻存在不存在之訴、確認婚姻無效之訴等，均可適用之。家事事件法第39條第2項後段規定由第三人提起之訴訟，可以僅以身分關係生存者之一方爲被告，變更了最高法院50年台上字第1341號判例認爲必須以身分關係之全體爲被告，才有當事人適格之見解[5]。

除了通則性之規定外，各種婚姻或親子訴訟，另外定有適格當事

---

2 沈冠伶，《家事程序之新變革》，元照出版，2015，頁133-134。
3 邱聯恭，《口述民事訴訟法講義（一）》，2015，頁247-250。
4 邱聯恭，《口述民事訴訟法講義（三）》，2015，頁257-258。
5 沈冠伶，《家事程序之新變革》，元照出版，2015，頁135-136。

人之特別規定，自應優先適用。

當事人若欠缺訴訟實施權，該訴訟即不合訴訟要件，即應依照民事訴訟法第249條第1項第7款之規定駁回該訴。必須以多數人爲當事人之訴訟，屬於固有必要共同訴訟，欠缺其一，也屬於訴訟要件不備，應駁回該訴。

第三節　審理

壹、 審理之基本原則

一、處分權原則

（一）意義

程序之開啓、請求法院審理之範圍以及是否終結訴訟，三個部分的內容均由當事人決定者，即爲民事程序法之處分權原則[6]。處分權原則係基於自由憲政主義下，私法自治的憲法原則所衍生。憲法第15條既規定保障人民之財產權，人民可以自由處分其財產權，因此如何實現人民之財產權，也應由人民決定之，因此民事財產訴訟事件採取完全的處分權原則。有學者更進一步指出，除了從實體法上私法自治角度理解處分權原則之外，還應求諸於當事人程序主體權之保障，源於國民主權等原理，及有關訴訟權、財產權、自由權、生存權等憲法上保障之程序基本權[7]，從程序利益之平衡追求予以考量[8]。處分權原則的內涵包含三個層次，除了起訴之外，審判範圍主張何種請求權、請求之金額內容等等由當事人決定，且是否終結訴訟，如和解、撤回，也是由當事人決定[9]。

---

6 姜世明，《民事訴訟法基礎論》，元照出版，2022，頁23-24。
7 邱聯恭，《司法之現代化與程序法》，1992，頁134-135。
8 許士宦，《家事事件法》，新學林，2020，頁250。
9 姜世明，《民事訴訟法》（上），新學林，2022，頁43-45。

（二）家事身分訴訟事件之適用

家事身分訴訟事件，例如婚姻關係、親子關係等，是否完全適用私法自治原則以及處分權原則，頗有爭論，如果不能完全適用私法自治原則，處分權原則之適用即應受到限制。以婚姻爲例：

1. 主張婚姻是一種身分關係

此理論認爲男女雙方雖然在結婚時帶著契約合意進入婚姻，具有類似契約的形式，一旦有效結婚後，男女雙方便融入一種身分關係中，不再具有任何契約之特性，結婚時所需要的契約形式也因爲婚姻而煙消雲散，男女雙方從此不再受到契約法的規範，而應受到夫妻法律（law of husband and wife）的拘束。其理論內容有：第一，婚姻爲一種制度，所有有關夫妻間的規定都是直接適用，而不是透過約定；第二，婚姻爲社會基本制度，是法律與社會秩序的根本，也是文明社會所必要的制度；第三，婚姻屬於公法領域，因爲婚姻不是私人的、個人的事務，而是公共的、共同的事務，婚姻並不能只是契約，受到私法領域契約法理的拘束，婚姻在基因上具有公法的性質；第四，婚姻法必須與契約法區別，婚姻夫妻之權利義務完全由法律直接規定，法律甚至可以直接宣告婚姻有效無效，也可以宣告婚姻是否被違背，無人能夠接管、取代夫妻彼此間供養、保護的關係；第五，婚姻中並不僅僅只有夫妻關係而已，還包含親子關係，並由婚姻親子的輻射網，滲入整個社會中，並依此建構整個社會的網絡，親子關係的改變不會隨著個人意願變動，也幾乎無法被剝奪，子女因爲婚生性而得享有之權利，應負擔的義務，不會因爲個人的意志而改變[10]；第六，婚姻具有倫理道德以及情感的成分，屬於一種社會工程，也具有倫理上自我規律的特性，必須依賴成熟的道德、家庭感情以及細膩的關係。

2. 主張婚姻是一種契約關係

此理論主要著眼於夫妻地位的平等，強調夫妻個人在法律上主體之地位。德國著名的哲學家康德（Immanuel Kant,1724-1804）即以婚姻契約（contract of marriage）討論夫妻關係，他認爲婚姻是兩個不

---

10 Janet Halley, What is Family Law? A Genealogy part Ⅰ, 23 Yale J.L. & Human. 1, 2011, pp. 34-45.

同性別的人依據法律所擁有之相互關係，因爲是依據法律，所以與動物基於天然本性不同。婚姻就是一種爲了終身相互占有對方的性別功能而產生的結合體。正因爲具有類似物權之占有性，所以在婚姻關係中，夫妻雙方將自己成爲一種「物」（res），讓對方擁有，同時也居於平等之地位擁有對方，而由於不同性別，所以夫妻可以經由對於他方之擁有，而結合成爲一個整體。康德將此種權利稱之爲婚姻之合理權（rational right of marriage）[11]。有學者進一步分析康德之理論，稱爲配偶權，其內容包含兩種，一種具有對人權，要求他方配偶履行，具有債權之性質；另外一種是對物權，可以對任何第三人主張，排除他人介入婚姻關係中。康德的婚姻理念引入近代民法所有權絕對原則以及契約自由原則[12]，主張婚姻是一種契約關係者，能提供男女平等原則堅實的法律理論。

以上兩種理論，都無法否定婚姻或親子關係，並不能完全等同於財產法上契約。因此，婚姻或親子等身分關係所形成的權利義務關係也並不能如同財產上契約關係般，完全由當事人自由處分。財產訴訟事件所適用之處分權原則程序法理，也不能完全適用於家事身分訴訟事件。

家事身分訴訟事件既然不能完全適用處分權原則，自應分別討論程序之開啓、審理範圍之特定以及訴訟之終結等三個部分，是否適用處分權原則。其中程序之開啓，本於司法權被動性的憲法原則，應僅能由當事人決定之，因此適用處分權原則。法院審理的範圍，本於同一憲法原則，應由當事人特定之，也同樣適用處分權原則[13]。然而訴訟之終結，僅限於當事人有處分權之事項，如離婚、法院宣告成年人終止收養等事件，方得以和解、捨棄、認諾等方式終結（家事§45、§46），其他非當事人得處分之事項，如婚姻是否存在、否認子女等訴訟，即不得由當事人和解，也不得爲捨棄、認諾。

---

[11] Immunel Kant, translated by W. Hastie, The Philosophy of Law, 1887, pp. 109-112.

[12] 王洪，《從身分到契約》，2009，頁44。

[13] 沈冠伶，《家事程序之新變革》，元照出版，2015，頁37。

（三）家事財產訴訟事件之處分權原則

家事事件法第3條第3項所定丙類家事財產訴訟事件，例如遺產分割事項、夫妻剩餘財產分配事件、離婚損害賠償事件之性質，屬於財產訴訟事件，因此也完全適用處分權原則。

二、職權探知主義

（一）意義

所謂職權探知主義，意即作爲裁判基礎的事實以及證據資料應由法院依職權調查蒐集而言。職權探知主義有三項內涵，第一是當事人沒有主張的事實，法院得作爲裁判的資料；第二是當事人不爭執的事實，法院仍應調查事實的眞僞；第三是法院應依職權調查證據，縱使當事人沒有聲請調查，法院仍應職權調查。學者有將三項內涵稱之爲三項原則、命題，並分別稱之爲職權斟酌事實原則、自認無拘束的原則、職權調查證據原則[14]。

與職權探知主義相對應的是辯論主義，意指作爲裁判基礎的事實以及證據資料均應由當事人主張、提出而言。辯論主義可以引申出三項內涵，第一是未經當事人主張提出的事實資料，法院不得據爲裁判之基礎；第二是當事人不爭執的事實，法院不得爲不同的認定；第三是法院不得依職權調查證據[15]。

另外有學者指出，家事事件法採行協同主義，原則上有關事實證據之蒐集由當事人爲之，但爲了保護當事人程序及實體利益，法院得運用訴訟指揮爲必要之闡明，或者是爲了防止突襲性裁判以發現眞實，可以在保障當事人辯論陳述意見機會下，斟酌當事人未主張而於法院已顯著或職務上所知之事實，甚或依職權調查證據[16]。亦有學者主張於適用職權探知主義之事件，當事人仍負有一定之協力義務，以

---

14 許士宦，《家事事件法論》，新學林，2019，頁64。

15 許士宦，《家事事件法》，新學林，2020，頁247-248。

16 許士宦，《家事事件法論》，新學林，2019，頁80。

解明事案或促進訴訟，適時向法院提供必要的事實及證據[17]。

也有學者提出修正辯論主義，認爲原則上應以當事人主張之事實作爲裁判基礎、違反事實之自認原則上應以尊重，但違反公眾周知或客觀顯著事實不在此限、在部分條件下承認法官得職權調查證據，如具有公益性質事件、家事事件、撤銷股東會決議事件或武器不平等之事件[18]。

（二）家事身分訴訟事件

由於家事身分訴訟事件涉及多數人權利義務，並不僅限於訴訟當事人，因此有必要採取職權探知主義（家事§10Ⅰ前）。在婚姻關係、親子關係存否的身分訴訟事件中，就是否有結婚眞意、是否有辦理登記、是否有認領的意思表示、是否有自幼撫育等事實，縱使當事人主張沒有提出該事實，法院也應該職權探知。另外，證明該事實的證據，例如結婚的戶籍登記、給付撫育費用的匯款資料等，法院也可以職權調查。又既然適用職權探知主義，即應排除自認之適用。換言之，當事人縱然對於婚姻、親子關係存否的事實自認，法院仍應職權探知事實、蒐集證據以及調查證據。

家事身分訴訟事件中，屬於當事人得處分之事項，例如離婚事由等，家事事件法第10條第2項前段規定準用民事訴訟法證據章節舉證責任之規定。同條文但書進一步規定排除適用之情形，如果有涉及家庭暴力、損害未成年子女利益之虞、有害當事人或關係人人格權之虞、當事人自認及不爭執之事實顯與事實不符、依其他情形顯失公平者之外（家事§10Ⅱ但），法院仍應依職權探知事證。因此就所主張離婚事由之事實、證據，原則上均應由當事人提出、主張並聲明證據。雖然家事事件法第56條規定不同離婚事由必須強制合併審理，但該條係指起訴後之合併審理。至於法院可否依民事訴訟法第199條及第199條之1行使闡明權，雖然家事事件法第10條第2項本文沒有準用之明文，但闡明權之行使均屬補充辯論主義訴訟結構之不足，應連同

17 沈冠伶，《家事程序之新變革》，元照出版，2015，頁40。

18 姜世明，《民事訴訟法（上冊）》，2022，頁53。

一併適用之，最高法院103年台上字第2214號判決也採取同一見解。家事事件審理細則於2017年修正前，原於第15條規定：「離婚或撤銷婚姻之訴訟事件，就不利於維持婚姻之事實，法院不得斟酌當事人所未提出之事實。」之後修正爲同條第3項，採取全面的職權探知原則，規定：「法院審理家事事件，依職權調查證據，斟酌當事人未提出之事實時，應使當事人或關係人有辯論或陳述意見之機會。」有學者指出，由於離婚訴訟家事事件法採取限制辯論主義，因此就可據爲離婚之事實，如當事人表示異議而不欲主張者，法院仍不得作爲裁判之基礎[19]。至於撤銷婚姻之事實，若從證據調查結果屬於當事人未主張之撤銷婚姻事實，於賦予當事人辯論機會下，原告不反對作爲判決基礎，應許法院斟酌之[20]。

台南地方法院受理一件離婚訴訟案件，原告（夫）於2008年起訴主張兩造於1991年結婚，婚後因被告（妻）個性強勢而屢有爭執，未久發現被告與某男性友人往來密切，衝突更多。嗣原告返回台南就近照顧雙親，被告藉故時常發生口角，隨後自行搬至其他處所居住，2006年間在未告知原告情形下，逕自搬離到台北任職，不知去向，多年來未曾與伊電話聯絡，亦不曾在年節或重要節慶返回台南團聚，惡意遺棄原告，且兩造感情基礎已失，顯無法達成實質夫妻生活之婚姻目的，均難有繼續維持婚姻之意願，爲此訴請離婚。第一審時因爲被告無法送達而判決離婚確定，原告隨即與他人結婚，並產下孩子。被告（妻）隨後提起再審之訴，獲准後，被告抗辯稱因爲工作關係而離開，而且原告與某女性友人通姦，並於2008年10月12日育有一子，足認上訴人係有正當理由而未與被上訴人同居。台南高分院認爲以被告於2010年始知悉原告通姦，時間點是在被告於2000年間離去原住處及2006年10月間搬離頂美一街處之後，難認上訴人離開上開住處確有不能履行同居義務之正當理由，因此仍判准離婚。最高法院103年台上字第2214號判決認爲法院應職權探知「被上訴人與女性友人何時開始通姦？通姦情形爲何？期間多久？攸關上訴人主張其有不能履行

19 許士宦，《家事事件法論》，新學林，2019，頁88。
20 許士宦，《家事事件法論》，新學林，2019，頁99。

同居義務之正當理由是否可採，自有命原告及該女性友人到場查明之必要」。發回更審後，台南高分院調查後認定「被告所舉證據足以證明：原告與女性友人早於88年即相識交往，並於96年發生性關係，97年更生下一子」，因此判決駁回原告離婚之請求，上訴最高法院後，以106年台上字第488號判決駁回上訴確定。

就此案而言，程序標的之離婚請求權，爲當事人得處分之事項，應適用辯論主義之訴訟法理，被告既抗辯有不能同居之正當理由，自應就拒絕同居時有無正當理由，提出事實與證據。被告原主張原告於2008年與他人通姦，法院可否職權探知1999年間起即相識、自2007年起通姦，進而審定是否有其他拒絕同居之正當理由，此可作爲職權探知原則實務適用討論之實例。

就親子訴訟職權探知實例而言，台灣高等法院102年度家上字第269號判決，涉及親子關係存在訴訟中生父認領事實有無的職權探知問題。該案原告起訴主張其爲被告父親與原告生母於同居期間所生，因爲被告父親入獄服刑出監後，兩人沒有情感，乃訂立解除婚約書，其內容除承認男女雙方有婚約及同居生活，並記載生育有原告等兩名子女之事實，再又約定原告親子責任由原告生母任之，被告保有探望之權利。當時並沒有辦理生父認領之戶籍登記，之後因被告父親亡故，爲此訴請確認親子關係存在。在此案審理中，原告除提出解除婚姻書，應聲請傳喚證人之外，還曾經以被告父親病危住院、未表示認領爲理由聲請採集被告父親之檢體而爲證據保全。之後將檢體送驗結果，確認「研判被告父親極有可能（機率99.9%以上）爲原告之生父」。其中就原告曾經在證據保全程序中承認被告父親未曾認領的事實，法院認爲：「依家事事件法第10條第1項規定，（被告父親）有無認領被上訴人乙事，法院應本於職權爲事實調查及認定，不受當事人不爭執事實之拘束，不得僅因（原告）前開陳述，遽爲其不利之判決。」

三、集中審理原則

（一）意義

所謂集中審理原則，係指調查證據程序以及言詞辯論程序應集中連續於特定期日中完成。集中審理原則有助於促進訴訟，自有採取的價值。民事訴訟法第265條以下所規定書狀先行制度、第270條之1的爭點整理程序，乃至於第276條之失權效等規定，均以集中審理制度爲立法之目標。與集中審理原則相對的爲分割審理原則（或稱並行審理原則），係指調查證據程序以及言詞辯論程序，分割散布在數個不同的期日。

集中審理制度，必須配合完整有效的爭點整理程序，限制當事人於審理期日提出新攻擊防禦方法，也限制當事人於審理庭變更追加或提起反訴，以確定審理範圍，避免有新事實、新證據、新攻擊防禦方法、新訴訟標的的提出。也必須搭配完整的準備程序，更需要當事人及訴訟代理人有周全的準備。且必須限制上訴審審理範圍。凡此制度，於我國尚待補充規定，因此目前司法實務仍多採並行審理原則。

家事事件之審理也可以採取集中審理之原則，只是有若干與民事訴訟法不同的規定，例如合併審理制度。

（二）審理計畫

法院於收受訴狀後，審判長應依事件之性質，擬定審理計畫，並於適當時期定言詞辯論期日（家事§47Ⅰ）。故法官於收受原告起訴狀後，即應視個案之類型及性質，擬定審理計畫，內容有如何進行調解程序、瞭解家庭衝突形成之原因、試行和解、闡明事實證據之提出與調查、決定審理之先後順序、整理並協議簡化爭點期日等。審理計畫之擬定也可以與當事人、訴訟代理人協議爲之。

審理計畫中的爭點整理程序，藉由法律所規定要件的整理以及事實的釐清、證據的呈現，更有助於協助當事人整理、分析、改變、重建家庭成員間互動的規則與模式。

（三）適時提出原則

當事人所提出之主張以及調查證據之聲請，應於適當期日前提出，逾時提出，應發生不利於該當事人之程序上效果，此即適時提出原則。家事訴訟事件之當事人也應該依事件進行之程度，於言詞辯論終結前適當時期提出攻擊防禦方法（家事§47II）。當事人因故意或重大過失逾時提出攻擊或防禦方法，而有礙事件之終結者，雖然家事訴訟事件採取職權探知原則，但就逾期提出者，仍然可以由法院斟酌其逾時提出之理由（家事§47III），使其發生一定程序上之不利益，例如駁回調查證據之聲請或新攻擊防禦方法之提出。不過，仍應使當事人有陳述意見之機會（家事§47V）。

當事人得處分事項之家事訴訟事件，如離婚以及其他家事財產訴訟事件，既然採用辯論原則，自應適用民事訴訟法各項適時提出原則之規定，也包含如失權效等規定（家事§47III、IV）。

貳、訴訟要件之審查

訴訟要件包含裁判費、管轄權等等程序要件，均已詳如前述。此外，當事人訴訟實施權之有無（當事人適格）、訴之利益之訴訟要件也必須審查，原告也必須確保起訴符合要件，方得由法院進入審理程序。訴訟實施權之有無，於家事身分訴訟事件多由民法等法律明文規定之。確認親子法律關係存在不存在，必須以有訴之利益爲前提，均爲訴訟要件，應由法院審查之，方得進一步爲本案實體有無理由之審理。

參、程序之停止與終結

家事訴訟事件之審理，除可準用民事訴訟法停止訴訟程序之規定外，如果法院認當事人間之家事訴訟事件，有和諧解決之望或解決事件之意思已甚接近者，得定六個月以下之期間停止訴訟程序或爲其他必要之處分（家事§49）。此所謂必要之處分，可以包含各種資源連結，如婚姻諮商、就醫、就業等協助。法院可以在效益型審理模式思考下，指示家事調查官就處分之必要性以及內容決定之。

家事身分訴訟，原告於判決確定前死亡者，已經缺乏訟爭之當事人，因此除別有規定外，該訴訟即視爲終結，法院也以原告死亡爲理由報結（家事§50Ⅰ）。但是離婚之訴，夫或妻於判決確定前死亡者，關於本案視爲訴訟終結；夫或妻提起撤銷婚姻之訴者，亦同（家事§59）。養子女或養父母於判決確定前死亡者，於撤銷收養、撤銷終止收養之訴，亦視爲訴訟終結（家事§69Ⅲ準用§59）。

家事身分訴訟，如果是由第三人提起之訴訟，於判決確定前，共同被告中之一方死亡者，訟爭當事人仍然存在，因此由生存之他方續行訴訟（家事§50Ⅱ）。如果被告均死亡者，除別有規定外，即由檢察官續行訴訟（家事§50Ⅲ）。

第四節　合併審理

家事事件法爲了統合處理家庭紛爭，於第41條規定合併審理制度，期能妥速處理家庭紛爭。

壹、合併審理之要件

一、原則上限於家事事件，例外可以合併民事事件

家事事件法第41條第1項規定「數家事訴訟事件，或家事訴訟事件及家事非訟事件……」得合併請求。因此家事訴訟事件，無論是身分訴訟事件或者家事財產訴訟事件，均得合併審理。例如離婚訴訟事件以及夫妻剩餘財產分配事件，即得合併審理。

又家事訴訟事件與家事非訟事件，也可以合併審理。例如離婚訴訟事件，合併審理贍養費請求以及親子責任歸屬之家事非訟事件。

至於民事事件可否合併於家事事件合併審理，由於家事事件法第41條第1項沒有明文規定，因此有不同見解。有學者採取否定見解，認爲依照法條之體系解釋，僅限於家事調解程序可以由家事法院處理民事事件，除此之外，家事事件法未規定家事法院可以審理家事事件以外之其他事件，至於家事事件法第4條之合意由少家法院管轄，乃

是權限衝突之處理，並不是合併審理的規定[21]。採取肯定見解者，認爲丙類家事財產訴訟事件，原本就是民事事件，而可以與其他財產民事訴訟事件合併審理，若因爲列爲家事訴訟事件後，反而不能合併審理，有違家事事件法統合處理家事紛爭的立法目的；家事事件法第26條第4項允許當事人合意將民事事件與家事事件合併，此所謂合意有兩層含義，第一層是指屬於民事審判事件，可以經當事人合意由家事法院審理；第二層是指當事人可以合意將民事事件合併至家事事件審理；至於當事人沒有合意時，從家事事件法第1條、第6條、第41條、第79條、第103條及第105條之規定，允許各種不同家事事件之合併審理，也可以推知，合併審理有助於維持家庭平和，促進訴訟，保護當事人之實體及程序利益，也必須是爲基於統合處理家庭紛爭之理念，因此民事事件得與家事事件合併審理[22]。亦有見解認爲，家事事件法之規定禁止民事事件與家事事件合併審理，然而由於有家事事件法第4條，允許當事人可以由家事事件審理民事事件，仍無法完全排除家事事件與民事事件合併審理的可能性[23]。

司法實務上，最高法院於104年第15次民事庭會議決議，援引家事事件法第6條第1項管轄權之規定，肯定「家事法院受理家事事件法第三條所定丙類事件，與一般民事訴訟事件基礎事實相牽連者，如經當事人合意或法院認有統合處理之必要時，應許當事人合併提起或爲請求之追加、反請求，至所謂『有統合處理之必要』，則由法院斟酌個案具體情形定之。」最高法院104年度台抗字第739號、106年度台上字第2542號民事判決也同此見解。肯定民事事件可以與家事事件合併審理，不過仍有幾項限制，首先是必須爲家事財產訴訟事件，其次必須家事財產訴訟事件與一般民事訴訟事件基礎事實相牽連，再者還必須經當事人合意或有統合處理之必要，方得合併審理。

民事事件可否合併於家事事件，有上述法理上的分析，然亦必須同時考慮家事法院（庭）合併審理民事事件之量能及效率。

---

21 李太正，《家事事件法之理論與實務》，五南圖書，2020，頁281-286。

22 許士宦，《家事事件法》，新學林，2020，頁331、337-342。

23 魏大喨，〈家事事件之合併分離〉，家事事件法學術研討會，司法院、最高法院，2012，頁2-3。

所謂當事人合意，既然是合併審理之合意，具有合意管轄權之訴訟契約性質，應限於法院決定管轄權有無之審理前階段方允許之。雙方當事人已經爲本案之言詞辯論，就管轄權有無不再爭議，爲免於訴訟後階段，以合意合併審理爲理由，造成訴訟促進之突襲，無論是法院或當事人都不得再以當事人合意爲理由，將民事事件移由家事法院審理。又當事人之合意，僅限於由家事法院審理，不能反向地合意由民事法院合併審理家事事件。

至於是否有統合審理之必要，應依具體個案事實決定之。所謂具體個案事實，除了實體權利的要素外，也應審酌程序利益的要素。應以家庭紛爭得以適用家事事件法各種特殊程序一併審理，以達到妥速處理爲考量。至若法院認爲並無統合處理之必要，自應依照無管轄權裁定移送之程序處理。實務上，最高法院102年台抗字第802號允許原告起訴主張被告擅自將經營醫院所得款項，納入個人帳戶中，構成侵權行爲之訴訟，合併於離婚訴訟中審理之。最高法院104年台抗字第729號認爲分割遺產之訴中，合併提起回復遺產所有權並塗銷登記之訴，也屬於有統合處理必要之事件。

至於合併審理之訴，應不限於本訴，反訴亦可爲之。

二、限於第一審或第二審言詞辯論終結前

家事事件法第41條第2項規定，得合併審理之家事事件者，得於第一審第二審言詞辯論終結前，爲請求之變更、追加或反請求。因此家事事件而有統合處理之必要，自得於事實審言詞辯論終結前合併審理。然而所謂統合處理之必要，應同時考量當事人審級利益等程序利益之保障，避免造成訴訟促進的突襲，使他方當事人有相對的被剝奪感，反而不利於統合處理，法院自得駁回合併審理之聲請，另案審理之，以保障當事人的聽審請求權等訴訟利益。因此若聲請合併審理之事件，並未在審理程序過程中被討論，卻於第一審即將言詞辯論終結之際，才請求合併審理其他家事訴訟事件，或者於第二審程序中，特別是簡易第二審程序，是否允許合併審理，必須更著重考量上述因

素[24]。

三、限於基礎事實相牽連者

家事事件法第41條得合併審理之數家事事件，應限於請求之基礎事實相牽連者，由法條文字順序連接上，有可解釋的空間。應連結爲「數家事訴訟事件……得……合併請求」，或連結爲「數家事訴訟事件……之基礎事實相牽連者，得……合併請求」，可能有不同解釋方法。多數學者均認爲不限於請求之基礎事實相牽連者，採取認爲法條文字並沒有規定家事訴訟事件合併，必須限於基礎事實相牽連之見解。因此只要是家事訴訟事件，均得合併審理[25]，且家事訴訟事件合併審理，各依訴訟程序法理審理裁判，不至於影響訴訟之迅速經濟進行，而家事訴訟事件合併家事非訟事件限於基礎事實相牽連，乃出於訴訟經濟之立法目的上的不同，避免程序不統一導致程序之延宕[26]。另有認爲家事事件法第41條規定，請求之基礎事實相牽連者，方得合併審理。

所謂基礎事實，是指尚未經過法律評價之社會紛爭事實，具有連續不確定性及擴展性，難以控制其範圍，此與經法律評價而發生法律效果之原因事實有所不同[27]。以配偶因故意犯罪經判處有期徒刑逾六個月確定爲理由，依民法第1052條第1項第10款訴請離婚，訴請離婚之配偶主張他方有因爲故意犯罪，經某某地方法院判處有期徒刑三年，已經確定入監執行等事實，此均爲構成裁判離婚事由，而經法律評價之原因事實。有學者特別指出，所謂合併審理之基礎事實，是

---

24 姜世明，《家事事件法論》，元照出版，2019，頁304-310詳細討論各類家事事件於各審級合併審理之法理。

25 魏大喨，〈家事事件之合併分離〉，家事事件法學術研討會，司法院、最高法院，2012，頁3；沈冠伶，《家事程序之新變革》，元照出版，2015，頁61；李太正，《家事事件法之理論與實務》，五南圖書，2020，頁278。

26 許士宦，《家事事件法》，新學林，2020，頁331。

27 魏大喨，〈家事事件之合併分離〉，家事事件法學術研討會，司法院、最高法院，2012，頁4；姜世明，《家事事件法論》，元照出版，2019，頁278；李太正，《家事事件法之理論與實務》，五南圖書，2020，頁278-279。

處於可能隨著案情或本案審理進展而變動的狀態，所以在請求人表明事實以特定程序標的過程中，所有呈現的事實，都可能成爲判斷是否屬於基礎事實相牽連的事實[28]。德國家事及非訟事件法第20條規定：「於有助事件之處理者（sachdienlich），法院得合併或分別審理。」所謂有助於事件之處理，包含各程序間存在密切實質關聯，因此法官於裁量時，必須納入訴訟促進以及訴訟經濟之考量[29]。德國學者也指出，所謂有助於事件之處理，並不是依據法院主觀的標準，而是作爲法院裁量的客觀標準，以符合訴訟經濟之觀點，逐一逐步處理家事事件[30]。

合併審理制度既然是程序法上之制度，自應納入程序法所應達成之目標，而且由於合併審理是在審理的前階段，因此解釋哪幾種家事事件具有基礎事實相牽連之關係，而得合併審理，應從合併審理之數項請求間的關係判斷之。不同家事事件中主張之原因事實，在法律效果上具有相互依存，互爲前提結果之關係，固可認爲基礎事實相牽連。若所主張、陳述之家庭成員間互動關係之社會紛爭事實，具有訴訟資料之共通性，亦可認爲基礎事實相牽連。常見具有基礎事實相牽連而可合併審理之家事事件，如離婚訴訟事件，因配偶間婚姻關係之社會紛爭事實，牽連親子責任歸屬之家事非訟事件、扶養費請求之家事非訟事件等。至若離婚訴訟中，合併親子責任非訟事件，又因爲涉及一方濫用親權，而請求宣告停止親權之家事非訟事件，若是由離婚當事人所提出之請求，應可依照上述標準決定合併審理。但若係由主管機關或兒少福利機構依照兒少福權法第71條、第72條請求停止親權或者指定、改定監護人監護方法之事件，是否與離婚訴訟事件有相互依存、互爲前提之關係，有無統合審理之必要，是否屬於基礎事實相牽連，仍應由法院參酌上述促進訴訟之客觀標準裁量決定之。

---

28 邱聯恭，〈民事訴訟法研究會第119次研討發言記錄〉，《法學叢刊》，第232期，2013/10，頁206。

29 姜世明，《家事事件法論》，2012，頁271。姜世明教授將「sachdienlich」一詞譯爲有關聯性。

30 Martin Haußleiter, FamFG, Verlage C.H. Beck, München, 2011, S. 74.

四、強制合併審理

符合合併審理要件之數家事事件，由於有再行起訴限制之效力，因此有必要強制合併審理，以避免裁判歧異。

就同一婚姻所得提起之確認婚姻無效、撤銷婚姻、離婚或確認婚姻關係存在或不存在等事件，既然因為既判力之擴張，而不得再行起訴（家事§57），若有另行請求、起訴之情形，自應一併合併審理（家事§56）。此無待當事人之聲請，法院應依職權合併審理。

就同一親子關係所得提起之否認子女之訴等有關親子關係存在與否的事件，因為既判力之擴張，而不得再行起訴（家事§69Ⅰ準用§57），若有另行請求、起訴之情形，也應一併合併審理（家事§69Ⅰ準用§56）。

貳、合併審理之裁判

一、合併之程序

得合併審理之家事事件，得為合併審理之請求，法院應向當事人闡明之（家事§47Ⅵ）。事件分別繫屬不同法院時，得依聲請或由法院依職權，以裁定移送家事訴訟事件最先繫屬之法院合併審理（家事§41Ⅲ）。由於法律已經明文規定，僅得裁定移送家事「訴訟事件」最先繫屬之法院，並不是家事「非訟事件」最先繫屬之法院，因此先聲請履行同居，之後再提起離婚訴訟以及親子責任非訟事件，應將履行同居之家事非訟事件，裁定移送離婚之家事訴訟事件法院合併審理。

相牽連之家事訴訟事件已經繫屬第二審法院時，除了有強制合併審理之情形外，是否裁定合併審理，仍應考慮當事人表明程序標的所呈現之原因事實中是否具有基礎事實相牽連，並考慮家事事件法第42條第1項所定分別審理之各項因素以及審級保障因素[31]而決定之。

當事人對於移送裁定可以抗告，但是對於駁回移送之裁定不得

---

[31] 姜世明，《家事事件法論》，元照出版，2019，頁281。

抗告（家事§41Ⅲ準用§6Ⅲ、Ⅳ）。移送合併審理之裁定確定後，受移送之法院不得再以無管轄權為理由移送他法院（家事§41Ⅲ準用§6Ⅴ）。如果已經判決之事件，已經提起上訴，受移送之法院應將移送合併審理之事件，併送第二審法院合併審理（家事§6Ⅴ）。

合併審理之訴訟或請求，因為不符合合併審理之要件，經同一法院分成不同的案件審理者，仍屬法院審理之裁量，家事事件法並不允許當事人就此聲明不服。

當事人於高等法院（第二審）之家事訴訟程序（離婚）中，合併請求家事非訟事件（親子責任或監護宣告），第二審法院認為不符合併審理之要件，裁定移送其他法院審理，當事人就該裁定聲明不服時，由於是高等法院於家事訴訟程序中所為之裁判，自應由最高法院受理之。

得合併審理之家事事件繫屬同一法院，分別由不同法官受理時，僅屬法院內法官事務分配，應依照少年及家事法院組織法第34條或法院組織法第79條之規定，由各法院內部法官事務分配規則或法官會議決議移由法官審理。也因為屬於法院內法官事務分配，當事人無從聲明不服[32]。

二、合併審理之程序

數家事事件雖然合併審理，並沒有改變事件之性質。合併前是家事訴訟事件，合併審理後仍然是家事訴訟事件。合併前是家事非訟事件，合併後仍然是家事非訟事件。由於合併審理並沒有改變事件性質，因此各事件之審理，仍然應該依照合併審理前各該事件應適用法律之規定為審理（家事§41Ⅵ）。

以事證蒐集原則而言，合併審理之各家事事件，仍應依照合併審理前之事件性質，分別適用職權探知主義或者辯論主義，而為事證之蒐集[33]。

---

32 李太正，《家事事件法之理論與實務》，元照出版，2016，頁239。

33 許士官，《家事事件法》，新學林，2020，頁353。

以當事人可否和解、捨棄或認諾等處分事項而言，也應依照合併審理事件之原有事件之性質，以判斷該事項可否爲訴訟上和解、認諾、捨棄等。例如離婚之訴爲夫妻得處分之事項，可以爲訴訟上和解。若合併得和解之親子非訟事件，即得一併爲和解。但若是不得處分之事項，例如確認親子關係存在或不存在之家事訴訟事件，合併遺產分割訴訟程序，雖經合併審理，就親子關係存在或不存在之訴，仍不得一併成立訴訟上和解。又雖然是可以捨棄認諾之離婚事件，其捨棄認諾有危害未成年子女之虞，而未能就其利益保護事項爲合併裁判時，仍不得就離婚事件爲捨棄、認諾（家事§46Ⅰ②），法院亦不得依捨棄認諾而爲敗訴之判決。

實務上常見之代墊扶養費以及未來生活扶養費合併請求之事件，最高法院104年度台簡抗字第200號裁定：「末按父母之一方依雙方協議或不當得利之法律關係，請求他方返還代墊子女扶養費事件，本質雖具訟爭性，但目的核與請求家事法院酌定未成年子女扶養費之實體上經濟利益相同，均應經由程序法上非訟化審理以迅速裁判，而屬家事非訟事件，法院自得依該事件之特殊性與需求程度，於審理時交錯適用訴訟與非訟法理，爲實質之調查及認定。」認爲均屬於非訟事件，而依照非訟程序法理爲審理。

三、合併後之分別審理

已經合併審理之家事事件，基於統合處理之理念，固然應該合併審理、合併裁判，以求家事紛爭之徹底解決，使紛爭之家庭成員早日回復日常生活。然而家庭成員之紛爭，若因家庭衝突有長期的原因，必須緩步逐一釐清、建立信賴，再取得最終解決方案，此即有賴法院及當事人，依紛爭事實之發展，決定是否繼續合併審理，或分別審理、分別裁判。家事事件法第42條第1項規定了三項決定是否分別審理分別裁判的基準，分別是法院審理後發現請求之標的或其攻擊防禦方法不相牽連、兩造合意、依事件性質等三種情形。有此三種情形者，法院可以將已經合併審理之家事事件分別審理、分別裁判。

所謂「請求之標的或其攻擊防禦方法不相牽連」，應係指經合併審理之家事事件，雖然其基礎事實相牽連，但是請求之程序標的並不相牽連，或者其證明程序標的所依憑事實之證據，不相牽連，不具有共通性而言。如離婚之家事訴訟事件，程序標的爲離婚請求權，而合併審理之親子非訟事件，請求之標的爲親子責任，其基礎事實雖相牽連，但是請求之標的不同，不相牽連。法院即可決定就離婚請求權先爲裁判，就親子責任事件則分別審理、分別裁判。

至於兩造合意，則係尊重當事人之程序選擇權，由當事人決定是否繼續合併審理。

又所謂事件之性質，則應指法院審理後，發現當事人之間有諸多尙待處理之衝突原因，必須逐一分別處理，爲了避免諸多衝突始終懸而未決，因此有必要先就部分請求爲裁判。例如離婚訴訟合併損害賠償訴訟，因爲損害賠償還有項目金額無法確定，而離婚原因已經達於可爲裁判之程度，自可由法院分別裁判之。因此所謂事件之性質，應納入訟爭當事人彼此間家庭關係之判斷，而不是僅僅從請求基礎事實牽連性之有無判斷之。至於當事人彼此間家庭關係之判斷，自可指定家事調查官協助調查之。

已經合併審理之家事事件，審理之法院決定應分別審理裁判時，自應另分他案辦理之。

四、合併審理之裁判

合併審理之數家事事件，應合併裁判之（家事§42Ⅰ）。合併審理之家事訴訟事件與家事非訟事件合併裁判者，除別有規定外，應以判決爲之（家事§42Ⅱ）。如離婚之家事訴訟事件，合併親子責任非訟事件，經合併審理後，由法院以判決合併裁判之。

合併審理後之合併裁判，各該事件之裁判上效力，如裁判既判力之有無，也應該依照合併審理之家事事件各自原有事件性質，分別判定之（家事審理細則§63Ⅱ）。原事件屬於訴訟事件，而其判決有既判力者，經合併裁判，仍有既判力；原事件屬於非訟事件，其裁判不具有既判力，雖經合併裁判而以判決爲裁判，仍不改其事件性質，合併判決就該家事非訟事件部分不具既判力。如離婚合併親子責任非訟事件，法院一併以判決做出裁判，就離婚事件，固然於確定時發生既判力，但是就親子責任之歸屬，並不發生既判力。因爲家事事件法第42條第2項只是規定裁判的方式，並沒有改變裁判之效力[34]。

第五節　第三人參與訴訟

家事身分訴訟事件，有高度的公益性，家事事件法爲了確保受判決效力拘束之人的聽審請求權，依據保障密度以及判決效力強度，設有各種類型之第三人參與制度（家事§40）。

壹、第三人參與之要件

第三人參與家事訴訟事件有幾項要件：

一、必須是家事身分訴訟事件

只有家事身分訴訟事件才適用家事事件法所定第三人參與程序制度。如果是家事財產訴訟事件，如繼承訴訟，應適用民事訴訟法第53條以下之共同訴訟或第58條以下訴訟參加之制度。家事事件法第40條也明文規定限於甲類、乙類家事事件。

二、必須是法律上利害關係人

所謂「有法律上利害關係之第三人，係指本訴訟之裁判效力及於第三人，該第三人私法上之地位，因當事人之一造敗訴，將受不利益，或本訴訟裁判之效力雖不及於第三人，因當事人之一造敗訴，依該裁判之內容或執行結果，第三人私法上之地位，將受不利益者而言。」（最高法院104年台聲字第169號裁定、104年台抗字第146號裁定）。如確認婚姻關係不存在，直接影響到子女婚生地位，因此子

[34] 許士宧，《家事事件法》，新學林，2020，頁368。

女是法律上利害關係人。

三、必須在言詞辯論終結之前

第三人參與訴訟，必須在言詞辯論終結之前，而且必須在言詞辯論終結前之適當時期（家事§40Ⅰ）。至於參與的適當時期，必須視訴訟程序進行的程度而定。夫妻間同時有婚姻關係不存在、離婚及夫妻財產請求等婚姻訴訟程序合併審理，如果先審理婚姻關係不存在之訴，自應於該訴訟中通知子女參與訴訟，而不應等到進行夫妻財產請求之訴訟事件審理時，方通知子女參與。

第三人參與並不限於參加審理程序，也可以參加和解程序（家事§40Ⅳ）。

貳、第三人參與之類型

第三人參與家事身分訴訟程序，依照參與程度之權限，可以分為以下四類：

一、受通知之第三人

此類與家事身分訴訟事件有法律上利害關係之第三人，僅受訴訟事件之通知或收受來自法院寄送的判決，並不實際參與審理程序（家事§40Ⅰ），例如否認子女之訴中，長期照顧子女的祖父母。

二、應通知之第三人

應通知之第三人係指於確認親子或收養關係存否的訴訟事件中，法院應通知與該訴訟有法律上利害關係之人（家事§67Ⅲ），例如生父。

三、任意參加之第三人

與家事身分訴訟事件有法律上利害關係之第三人，為輔助一造當事人而依照民事訴訟法第58條參加訴訟（家事§40III），即屬此類第三人。因為已經參加訴訟，該第三人具有一定訴訟上地位，也有在訴訟中為一定範圍內訴訟行為的權限。此類第三人在訴訟上之地位等同於固有必要共同訴訟人。

四、強制參加之第三人

若干身分關係涉及第三人，且有必要獲得統一的處理，避免矛盾的身分關係，有必要強制與該身分關係有法律上利害關係之第三人參加訴訟，此即強制參加之第三人參與訴訟。婚姻無效、婚姻關係存在或不存在之訴訟，如果已經有第三人與夫妻之一人結婚者，即須強制參加訴訟（家事§54）。第三人參加後，所為訴訟行為之效力，等同必要共同訴訟人。

參、第三人參與之程序

法院知悉有法律上利害關係之第三人時，即得通知之。於應依職權通知之情形，也必須通知之。而法院為了查知是否有法律上利害關係之第三人時，得命當事人提出有關資料或為其他必要之處分（家事§40II），例如命當事人提出戶籍謄本，或由法院直接向戶籍機關函調等。

肆、第三人參與程序之效力

家事身分訴訟事件，經依照家事事件法第40條第1項受通知之第三人參與程序者，可以視其情形自行斟酌是否參與訴訟，也可以決定參與方式，包含依民事訴訟法第54條規定起訴，或依同法第58條規定參加訴訟，或為當事人之追加，或依其他法定程序行使或防衛其權利。該第三人如依民事訴訟法第58條規定參加訴訟者，因甲類或乙類事件係涉身分關係，其訴訟標的對當事人或參加人應合一確定，與民事訴訟法第62條規定之情形相若，家事事件法第40條第3項因此規定，於此情形應準用同法第56條之規定，以保護全體當事人及參加人之利益，並統一解決該等人間之紛爭。

第六節 訴訟之終結

壹、捨棄認諾

所謂訴訟標的之捨棄，係指當事人就爲訴訟標的之請求或法律關係，自爲拋棄其主張，法院因此而爲原告敗訴之判決而言。反之，訴訟標的之認諾是被告就原告爲訴訟標的之請求或確認、形成之法律關係，於審理中表示承認，並願受敗訴判決而言。

捨棄認諾係當事人本於訴訟程序處分權原則所衍生之權利，因此只有適用處分權原則之訴訟事件，如離婚事件，當事人方可爲捨棄認諾（家事§46Ⅰ）。但家事事件法第46條第1項但書仍設有如不利於未成年子女利益保護等情形之限制，不允許爲捨棄認諾。

貳、和解

一、意義

和解是當事人於訴訟繫屬中之期日，就訴訟上所主張權利義務，互相讓步，以終結訴訟程序之訴訟行爲。

訴訟上和解之性質，有不同學說[35]。有主張私法行爲說，此說認爲訴訟上和解性質如同民法上的和解，只是經由法院訴訟程序，將和解內容記載於筆錄內，使其具有更高的公信力；有主張訴訟行爲說，認爲和解是以在訴訟程序中處分實體上的權利以終結訴訟程序爲目的之訴訟行爲，處分實體上權利只是方法，訴訟和解欲達成終結訴訟程

[35] 姜世明，《民事訴訟法（下冊）》，2014，頁224以下；魏大喨，《民事訴訟法》，三民書局，2021，頁261-262。

序才是眞正的效果，因此性質上是訴訟行爲；也有主張雙重性質說，認爲訴訟上和解既有實體法律行爲的性質，也有終結訴訟程序之訴訟行爲的性質，因此具有雙重性質[36]。我國司法實務上，採取雙重性質說（最高法院43年台上字第1075號判例、102年台上字第587號判決）。

二、要件

（一）當事人有處分權

和解是當事人就訴訟標的之權利義務關係相互讓步以達成合意，是一種處分實體權利的行爲，必須當事人就權利義務關係有處分權方可。家事身分訴訟事件、家事財產訴訟事件之和解，亦應以當事人有處分權爲必要。而家事身分訴訟事件中例如離婚事件，當事人可以處分，亦得成立和解（家事§45Ⅰ）。至於家事財產訴訟事件，只要是適格可以處分權利義務關係之當事人，均得準用民事訴訟法之規定，而爲和解。

法律規定特定之權利義務關係之變動，必須經由法院判決才可以變動之形成之訴，例如離婚之訴以及遺產分割之訴，當事人可否成立和解，學說上曾有爭論。有認爲形成判決係以法院判決變動權利義務關係，只有法院以判決才可以變動權利義務關係，自不得由當事人和解之。並認爲如果允許形成判決得成立和解，恐怕形成判決效力所及之第三人將因爲和解而受到權益之損害[37]。但是有持肯定見解者，認爲離婚制度允許協議離婚，經由法院介入，可以使夫妻理性面對離婚之議題，應承認和解離婚之效力。而且2009年已經修正民法第1052條之1明文承認法院和解，也已經有法律上之依據。更且法官介入離婚，已經足以確保當事人離婚之眞意，足以取代離婚登記制度，也應

36 呂太郎，《民事訴訟法》，元照出版，2022，頁588。
37 姜世明，《民事訴訟法（下冊）》，2014，頁232-233。

該承認訴訟上和解離婚[38]。法院形成判決所變動之權利義務關係，如果只限於得由法院判決變動者，例如強制認領之訴、撤銷婚姻之訴、婚姻無效之訴、撤銷股東會決議之訴，當事人既無處分之權限，自不得成立訴訟上和解。但如果法律除規定得由法院判決變動權利義務關係之外，也允許當事人協議變動權利義務關係，例如離婚、成年人終止收養、遺產分割等訴訟，當事人即有處分之權限，自得成立訴訟上和解。家事事件法第45條已經明文規定離婚、分割遺產等得處分之事項，可以爲訴訟上之和解。

依照民事訴訟法第377條第2項之規定，第三人亦得參加和解。然由於第三人並不是訴訟事件當事人，有學者認爲第三人和解只具有民法上和解的性質[39]。惟第三人參與和解，仍得爲執行名義，當事人可以據此聲請強制執行（民訴§380-1）。

（二）於訴訟程序期日為之

訴訟上和解既然是訴訟行爲，即必須依照程序法所規定之方式，於訴訟程序期日爲之，方屬於訴訟上和解。所謂訴訟程序期日係指民事訴訟法第154條以下所規定之期日而言，必須由法官定之，原則上在法庭內由法官主持爲之。至於主持的法官是審判長、受命法官，期日爲準備程序期日或言詞辯論期日均在所不問。此所謂訴訟程序期日應包含強制合併審理之婚姻訴訟事件，當事人合意適用家事非訟程序之期日（家事§103II）。又由於期日必須製作筆錄（民訴§212），因此和解也必須製作和解筆錄。

當事人在訴訟程序期日外，也可以和解，但是並不是訴訟上和解，除非是行法院家事調解程序，否則不會發生訴訟上和解之效力。當事人在私下和解，例如協議離婚，並且依照民法第1050條之規定訂有書面，有二位證人、辦妥登記，也發生終結婚姻之效力，但並不會當然發生終結訴訟之效力。

---

38 陳榮宗、林慶苗，《民事訴訟法（下）》，三民書局，2010，頁949；林秀雄，《親屬法講義》，元照出版，2019，頁178-179。

39 張文郁，〈非當事人參與訴訟和解及當事人就訴訟標的外之法律關係成立和解〉，《月旦法學教室》，第48期，2006/10，頁2。

（三）不限於訴訟標的

訴訟上和解既然是就訴訟標的之權利義務關係爲和解，原則上應係於訴訟標的方可。但是司法實務上，當事人爲了達成和解，經常將原本不在起訴聲明範圍內之權利義務，也一併納入和解之中，而形成訴訟標的外和解之現象。學說上雖然有認爲訴訟標的外和解只具有民法和解性質，而不是訴訟上和解[40]。也有認爲應視爲當事人已經有追加訴訟標的或者追加訴訟上和解之處分標的，因此得成立訴訟上和解者[41]。由於民事訴訟法第380條之1已經規定當事人未聲明之事項成立和解者，也可以作爲執行名義。已經相當高程度地承認訴訟標的外和解具有程序法上效力，應認爲也是屬於訴訟上和解，只是效力有所不同而已。

三、效力

和解與確定判決有同一之效力（民訴§380Ⅰ），但是否包含既判力，有不同立法例，德國不承認和解有既判力[42]，我國法律條文沒有明確規定，有認爲和解有既判力[43]，且僅限於已經爲訴訟上請求而成爲訴訟標的者，才是既判力客觀範圍所及，惟亦有學者認爲訴訟上和解沒有既判力[44]。訴訟標的外的和解，並不是訴訟上和解，沒有既判力[45]。和解效力之主觀範圍與確定判決主觀範圍相同。

以給付爲內容之和解筆錄，具有執行力，可以作爲執行名義。訴訟標的外的和解，也具有執行力（民訴§381）。例如當事人訴請離

---

40 張文郁，〈非當事人參與訴訟和解及當事人就訴訟標的外之法律關係成立和解〉，《月旦法學教室》，第48期，2006/10，頁2。

41 姜世明，《民事訴訟法（下冊）》，2014，頁227。

42 姜世明，《民事訴訟法（下冊）》，2014，頁231。

43 呂太郎，《民事訴訟法》，元照出版，2022，頁594。

44 魏大喨，《民事訴訟法》，三民書局，2021，頁265。

45 姜世明，《民事訴訟法（下冊）》，2014，頁231；張文郁，〈非當事人參與訴訟和解及當事人就訴訟標的外之法律關係成立和解〉，《月旦法學教室》，第48期，2006/10，頁2。

婚，於審理中，一併就夫妻財產分配達成和解，合意由一方當事人給付他方一定金額。另外如家事財產訴訟事件，就訴訟標的外和解也有執行力。例如離婚損害賠償事件中，一併就夫妻財產分配達成和解。

形成之訴和解時，合併有同意由一方當事人爲一定給付或作爲的內容時，就該部分和解之內容，也具有執行力。例如遺產分割訴訟中，嗣成立訴訟上和解，同意變賣該土地，以價金分配於各繼承人，當事人得以和解筆錄爲執行名義，聲請執行法院拍賣土地並分配價金（參考台灣高等法院暨所屬法院96年法律座談會民執類提案第12號）。

和解成立之後，隨即發生權利義務關係變動的效果，自有必要由法院之職權通知戶政機關辦理登記（家事§45III）。

參、判決

一、判決之種類

（一）本案判決與非本案判決

法院判決依照是否針對本案實體之請求爲有無理由之終局判斷，而可分爲本案判決與非本案判決[46]。針對本案實體之請求爲有無理由之終局判決者，例如請求離婚有無理由，此乃屬於本案判決；針對訴訟要件之有無而爲終局判決者，如訴訟實施權之有無、確認訴之利益之有無，針對本案實體請求爲判斷，乃屬於非本案判決。如提起認領之訴，卻不具備訴訟實施權，法院因而以當事人不適格爲理由判決駁回，即爲可被稱爲訴訟判決之非本案判決。

（二）給付、確認與形成判決

法院依照原告請求權利保護形式而爲終局之本案判決，依其內容可以分爲給付判決、確認判決與形成判決。給付判決係原告請求法

---

[46] 姜世明，《民事訴訟法基礎論》，元照出版，2022，頁281；呂太郎，《民事訴訟法》，元照出版，2022，頁606。

院命被告爲特定金錢之給付或爲一定行爲，法院審理後肯定原告之權利主張，而判命被告應爲金錢給付或一定行爲之終局本案判決，如因離婚所生損害賠償請求之家事財產訴訟，法院判命被告應即付原告新台幣100萬元；確認判決係原告請求法院確認某項法律關係或特定重要事實存在、不存在，法院審理後，就原告請求確認之法律關係或重要事實，以終局判決確認其存在或不存在，如確認親子關係存在；形成判決係指原告請求法院依照其所主張之實體法上或程序法上之形成權，以終局判決形成、變更既存之法律關係，如准於離婚之判決，使原本存在之婚姻關係歸於消滅[47]。

二、判決之效力

（一）羈束力

判決之羈束力，係指爲判決之法院於判決宣示或對外發生效力後，不得變更判決而言（民訴§231Ⅰ）。羈束力旨在羈束法院，以使判決之其他效力成爲可能。

（二）形式上確定力

判決於上訴期間屆滿而無合法上訴時，即告確定，此時判決已無法再以上訴程序變更，判決即發生形式上之確定力。形式上確定力係針對當事人而言，即當事人已無法再以上訴程序請求變更判決，此與判決羈束力係針對裁判之法院有所不同。

判決原則上於20日之上訴期間屆滿，且當事人未合法上訴時確定。如果當事人於上訴期間屆滿前均捨棄上訴，判決於當事人最後捨棄時確定。如果當事人於上訴後撤回上訴，依照民事訴訟法第459條第3項，於撤回上訴時確定（最高法院96年度第6次民事庭會議決議）。

---

[47] 魏大喨，《民事訴訟法》，三民書局，2021，頁350。

（三）既判力（實質上確定力）

1. 意義

判決於確定後，當事人不得再就判決之內容做出相反之主張，此即判決之實質上確定力（die materielle Rechtskraft），日本學者稱爲既判力，我國民事訴訟法第400條、司法判決以及學者均引用之。既判力係就判決之內容而言，因此稱之爲「實質上確定力」。家事確定判決效力之主觀及客觀效力範圍，牽涉民事程序制度的基本法理及理念，既應考慮當事人程序保障權，亦必須注意家事事件於現代社會中應發揮有妥適解決家庭紛爭之功能。

2. 基準時點（遮斷效）

法院判決僅係就成爲審理客體之請求、權利或法律關係，於特定時點做出有無理由之判斷，因此乃以該特定時點爲法院判決既判力之基準時點[48]。最後言詞辯論期日爲判決既判力之基準時點。在基準時點以前存在之事實，爲判決既判力所及，當事人不得於後訴再行主張。基準時點以後所發生之事實，當事人得於後訴主張之。例如原告起訴請求離婚，法院於2013年4月1日言詞辯論終結，並駁回原告之訴確定。被告於2015年6月20日後再有裁判離婚之事宜，則原告得再行起訴主張因2015年6月20日所發生之新事實，訴請裁判離婚。

3. 既判力之客觀範圍

民事訴訟法第400條規定限於訴訟標的經裁判者方具有既判力，因此學者通說認爲僅限於主文中所爲之裁判，方有既判力[49]。判決理由中之判斷，原則上並不具有既判力。又所謂訴訟標的，應參照訴訟標的之理論判斷之。但應注意，雖然民事訴訟法第400條僅規定訴訟標的，但僅從主文，並無法清楚判斷，必須搭配判決理由中所記載之原因事實[50]。例如請求裁判離婚之判決，應進一步依照判決書事實所記載原告曾經與被告在2015年12月30日毆打原告之事實。

---

[48] 呂太郎，《民事訴訟法》，元照出版，2022，頁641-642；魏大喨，《民事訴訟法》，三民書局，2021，頁376。

[49] 呂太郎，《民事訴訟法》，元照出版，2022，頁644，但有說明通說之問題。

[50] 魏大喨，《民事訴訟法》，三民書局，2021，頁377-378。

4. 既判力之主觀範圍

判決既判力係以程序保障爲基本前提，自應以曾經參與訴訟程序，並受事前程序保障之人方受既判力之拘束。我國民事訴訟法第401條第1項即揭示此項基本原則，規定既判力原則上僅及於形式當事人，有學者稱爲既判力相對性原則[51]。

依照民事訴訟法第401條之規定，當事人、訴訟繫屬後爲當事人之繼受人、爲當事人及繼受人占有請求標的物均爲既判力主觀效力所及之人。至於所謂繼受人，可分爲一般繼受人及特定繼受人。一般繼受人係指當事人死亡，繼承其權利義務關係之繼承人而言，當然爲既判力效力所及；所謂特定繼受人，必須視訴訟標的之性質而定，如果是以債權關係爲訴訟標的者，繼受人必須是繼受該法律關係權利或義務之人。如果以物權關係爲訴訟標的，該訴訟標的物之繼受人亦屬民事訴訟法第401條第1項之繼受人（最高法院61年度台再字第186號判例）。

家事事件法第48條第1項前段，鑑於身分關係統一之必要性，規定家事身分判決之對世效。凡屬甲類、乙類之家事身分訴訟事件判決，判決之既判力不僅及於形式當事人，也及於所有之第三人。雖然家事身分判決具有對世效，但是對於受判決影響或於法律上有利害關係之第三人，如果因爲不可歸責於己之事由，未能參與訴訟，缺乏程序保障，自不應受既判力之拘束，因此家事事件法第48條第1項但書及第2項規定得提起第三人撤銷之訴，此即學者所謂對世效之相對效力化[52]。

（四）形成力

判決之形成力，係指判決具有創設、變更、消滅當事人間特定權利義務關係之效力而言，例如准於離婚之判決，使夫妻原本存在之婚姻關係歸於消滅，此即形成判決之形成力。

---

[51] 邱聯恭，〈既判力相對化原則之絕對性化及對世效之相對效力化〉，《月旦法學》，第211期，2012/12。

[52] 邱聯恭，〈既判力相對化原則之絕對性化及對世效之相對效力化〉，《月旦法學》，第211期，2012/12。

形成判決爲何具有形成力，學說上有不同說法[53]，有認爲形成力是因爲判決之既判力將形成權或形成變更法律關係之要件加以確定而成爲不可爭執之狀態，因此當然發生法律所定之形成力，此說稱之爲既判力根據說。也有認爲是因爲法律要件規定必須透過法院判決方可變更原有權利義務關係，一旦法律要件被滿足，自然發生該法律所規定之法律效果，此說稱之爲法律要件效果說。

形成力效力之主體範圍，我國通說認爲判決形成力具有對世效力[54]，家事事件法第48條亦定明文。例如離婚判決，經法院判決原告勝訴，准許夫妻離婚確定，則夫妻婚姻關係即告消滅，此項判決之形成力不僅止於夫妻而已，其他第三人均受該判決之拘束。至於第三人程序參與權是否應受到保障，家事事件法分別規定有事前程序保障與事後程序保障，前者例如家事事件法第40條通知參與程序；後者如第48條第2項所規定得提起第三人撤銷之訴。此種第三人程序保障之理念限制形成判決形成力之主觀範圍，學者亦稱之爲對世效之相對效力化，已如前述。

家事事件法第48條規定家事身分判決之既判力及形成力均具有對世效力，對於所有第三人均發生效力。但該條後段設有例外，如果因訴訟結果，其婚姻關係受影響、主張自己與該子女有親子關係、主張受其判決影響之非婚生子女等實質上當事人，非因可歸責於己之事由，例如法院未依第40條之規定通知參加程序，致當事人無法參加訴訟時，該當事人及不受既判力及形成力判決效力所及，此時可能產生跛行婚姻及親子關係。不過由於家事事件法第40條已經規定法院應依職權通知第三人參加訴訟，應可有效降低跛行婚姻或親子關係發生之可能性。

形成判決形成力之時點，係溯及法律關係發生時或者與判決確定後向後發生效力？應視實體法之規定。例如民法第1069條規定，認領溯及於出生時，因此強制認領之訴，形成親子關係之效力應溯及於非婚生子女出生時。又如民法第998條規定撤銷婚姻之效力，不溯及既往，因此撤銷婚姻之訴，其形成力即不溯及既往。

---

53 呂太郎，《民事訴訟法》，元照出版，2022，頁658-659。
54 呂太郎，《民事訴訟法》，元照出版，2022，頁659。

（五）執行力

以給付爲內容之判決，具有執行力，可以作爲執行名義。

肆、其他訴訟終結之事由

一、訴之撤回

家事訴訟事件，得準用民事訴訟法之規定，由當事人於判決確定前撤回（民訴§262Ⅰ）。但被告已經爲本案之言詞辯論，應得被告之同意。訴經撤回後，訴訟繫屬消滅，案件脫離法院，也視同未經起訴。原告於第一審判決後撤回者，不得對同一事件再行起訴（民訴§263Ⅰ）。

二、原告或當事人死亡者

身分關係之訴訟，如否認子女之訴等訴訟，原告於判決確定前死亡者，除別有規定外，關於本案視爲訴訟終結（家事§50Ⅰ）。

離婚之訴、撤銷婚姻之訴，夫或妻一方於判決確定前死亡者，關於本案視爲訴訟終結（家事§59）。

撤銷收養、終止收養關係、撤銷終止收養之訴，養子女或養父母一方死亡者，關於本案視爲訴訟終結（家事§69Ⅲ準用家事§59）。

訴訟視爲終結，法院仍宜函知其餘當事人。

第七節　救濟程序

壹、原則

對於家事身分訴訟事件之裁判不服，準用民事訴訟法第437條、第482條以下之規定，分別上訴、抗告於管轄之第二審法院（家事§51），再有不服，於符合民事訴訟法第464條以下規定，上訴到最高法院。

至於家事財產訴訟事件，則應區分是通常事件、簡易事件、小額事件，而分別準用民事訴訟法之規定，上訴至管轄之第二審法院或地方法院合議庭。

貳、管轄法院

當事人對家事訴訟事件之裁判不服，原則上上訴至管轄之第二審法院。但對於家事非訟事件之裁判不服者，應抗告至地方法院合議庭（家事§94Ⅰ）。因此於家事訴訟事件合併審理時，其上訴之管轄法院，應分別視情形而定。

一、數家事訴訟事件合併

（一）數家事身分訴訟事件合併

對於家事身分訴訟事件之判決不服，係上訴於管轄之第二審法院，數家事身分訴訟事件合併後之上訴，也應上訴於管轄之第二審法院。

（二）家事身分訴訟事件合併家事財產訴訟事件

家事身分訴訟事件合併應適用通常訴訟程序之家事財產訴訟事件，當事人對於判決不服者，均應上訴至管轄之第二審法院。

家事身分訴訟事件合併應適用簡易、小額訴訟程序之家事財產訴訟事件，當事人對於判決全部不服，應上訴至管轄之第二審法院（家事§44Ⅱ）。就家事身分訴訟事件之判決單獨上訴者，也應上訴至管轄之第二審法院。至於單獨就簡易、小額之家事財產訴訟事件提起上訴，例如離婚合併離婚損害賠償30萬元，僅就離婚損害賠償30萬元部分上訴，應上訴至管轄之第二審法院或者地方法院合議庭，可能有認爲應上訴至管轄之高等法院，因爲依照家事事件法第44條第2項之規定，對於家事訴訟事件一部上訴者，仍應適用上訴程序。該規定是家事事件法第51條所謂之法律別有規定，因此應上訴至管轄之第二審法院；可能有認爲應上訴至地方法院合議庭，因爲經合併審理之家事事件，仍應適用合併前之程序法理（家事§41Ⅵ），簡易、小額之家事財產訴訟事件，就該部分單獨上訴，也應適用合併前之簡易、小額之上訴程序，由地方法院合議庭受理，至於家事事件法第42條第2項係指家事訴訟事件合併家事非訟事件，當事人僅就家事訴訟事件部分上訴之情形，與此不同。

（三）數家事財產訴訟事件合併

家事財產訴訟事件之審理，應準用民事訴訟法上訴程序。數家事財產訴訟事件合併審理後，行通常訴訟程序者，應上訴至管轄之第二審法院。行簡易程序者，應上訴至地方法院合議庭。

二、家事訴訟事件合併家事非訟事件

（一）家事身分訴訟事件合併家事非訟事件

當事人對合併審理之家事身分訴訟以及家事非訟事件全部不服者，應上訴至管轄之第二審法院（家事§44Ⅰ）。當事人僅就家事非訟事件不服者，無論金額多寡、事件性質，均應適用抗告程序，由地方法院合議庭管轄。

（二）家事財產訴訟事件合併家事非訟事件

當事人對於合併審理之家事財產訴訟事件與家事非訟事件不服時，應區分合併審理事件係行通常程序事件或是簡易、小額程序，分別定管轄之上訴法院。例如遺產分割事件中，合併扶養生存者父母之家事非訟事件。且適用之程序，應以起訴時爲準，而非以上訴時爲準。

合併審理之事件行通常程序者，當事人全部不服，應上訴至管轄之第二審法院。當事人僅就家事非訟事件部分不服者，應依抗告程序，由地方法院合議庭管轄（家事§44Ⅲ）。

合併審理之事件行簡易、小額程序者，當事人全部不服，應上訴至地方法院合議庭。當事人僅就家事非訟事件部分不服者，應依抗告程序，由地方法院合議庭管轄（家事§44Ⅲ）。

參、聲明不服之程式

一、法定不變期間

依照民事訴訟法之規定，上訴期間爲20日（民訴§440），抗告期間爲10日（民訴§487）。經合併審理之家事事件，是否尚應區別事件之性質，而分別決定其聲明不服期間，容有爭論空間。不過本書以爲原則上應以合併審理後，法院終結訴訟之訴訟行為決定聲明不服期間。

法院以判決終結程序者，無論聲明不服應適用上訴或是抗告程序，均以20日爲聲明不服期間，縱使當事人僅就家事非訟事件不服，亦同[55]。

法院以裁定終結家事程序者，例如當事人於調解程序中合意裁定（家事§33），或者就家事非訟請求所依據之法律關係，同意以非訟程序審理者（家事§103Ⅱ），均應以10日爲聲明不服之期間。

二、上訴再抗告至最高法院之強制代理

當事人對家事訴訟事件聲明不服，而得上訴或再抗告至最高法院，應委任律師爲訴訟代理人（家事§51準用民訴§466-1Ⅰ）。合併審理後之家事事件，當事人僅就家事非訟事件部分抗告，再抗告至最高法院時，也必須委任律師爲訴訟代理人，但抗告人本人或法定代理人、程序監理人有律師資格者，不在此限（家事審理細則§94）。

55 許士官，《家事事件法》，新學林，2020，頁378；李太正，《家事事件法之理論與實務》，五南圖書，2020，頁301。

第二章　婚姻訴訟事件

第一節　訴訟之類型

家事事件法第52條規定婚姻訴訟分爲確認婚姻無效、撤銷婚姻、離婚以及確認婚姻關係存在或不存在等四種類型。2019年制定司法院釋字第七四八號解釋施行法，承認同性永久結合關係。也包含同性永久結合關係的無效（施行法第8條）、撤銷事由（施行法第9條）、合意終止（施行法第16條），以及法院裁判終止（施行法第17條）。因此，婚姻訴訟型態應增加確認同性永久結合關係、撤銷同性永久結合關係、終止同性永久結合關係、確認同性永久結合關係存在或不存在等訴訟型態，並分別依其性質，類推適用婚姻訴訟型態。

壹、確認婚姻無效

確認婚姻無效之訴，係指依照民法第988條所列三種婚姻無效的理由。三種婚姻無效的理由分別是結婚不具備法定方式、禁婚親以及重婚。

確認婚姻無效之訴的性質，學說有不同見解，有認爲是確認之訴，因爲婚姻無效是當然、自始、絕對無效，不需要法院的判決形成，因此婚姻無效之訴，只是當事人請求法院確認而已，性質上爲確認之訴[1]。有認爲是形成之訴，認爲婚姻無效不同於確認婚姻不存在之訴，必須有特定之事由，經由法院宣告後，才使原本的婚姻關係成爲無效，性質上爲形成之訴[2]。

---

1 吳明軒，《民事訴訟法（下冊）》，2011，修訂9版，頁1765。

2 陳榮宗、林慶苗，《民事訴訟法（下）》，三民書局，2010，頁946。2021新版似已刪除。

貳、撤銷婚姻

撤銷婚姻係指婚姻有民法第985條至第997條所規定得撤銷婚姻之事由，由有撤銷權之人起訴請求法院除去婚姻效力之訴訟。撤銷婚姻之訴，有表3-2-1內所列之各項事由，且分別有行使撤銷權之除斥期間或撤銷權消滅之事由。又撤銷之訴，性質上爲形成之訴。婚姻撤銷之訴的效力，並不溯及既往（民§998）。

表3-2-1　撤銷婚姻之訴訟類型表

編號	法條（民法）	撤銷婚姻事由	撤銷權人	撤銷權消滅事由
1	§989	未達法定年齡結婚	當事人 法定代理人	當事人已達法定年齡 當事人已懷胎
2	§991	監護人與受監護人在監護期間結婚	受監護人 受監護人之最近親屬	結婚已逾一年
3	§995	結婚時不能人道而不能治	他方	知悉不能治時已逾三年
4	§996	在無意識或精神錯亂中結婚	當事人	回復常態後超過六個月
5	§997	被詐欺或脅迫而結婚	當事人	於詐欺脅迫終止後超過六個月

司法實務上，台灣高等法院101年度家上字第95號案件，妻以夫「婚後不能人道，且無積極治療行為，性功能未能改善，迄今無性生活。兩造交往五個月後結婚，被上訴人因篤信佛教，婚前向上訴人表示不邪淫，即不能有婚前性行為……」等爲理由訴請撤銷婚姻。法院認爲夫「在新婚之夜因無法完成性行爲，而於97年12月16日至萬芳醫院泌尿科初診，當時主訴剛結婚一個月，性功能有障礙，無法進入陰道進行性交，當日由醫師開立處方，TRAZODONEHCL及PENTOXIFYLINE（具周邊血管擴張作用）藥物，進行兩星期藥物治療。……但依病歷，病人97年12月16日接受睪酮數值抽血檢，其結果爲：437.9（屬正常範圍內），故尙難執前揭事證，認定被上訴人性功能欠缺，已達於不能回復之程度」駁回撤銷婚姻之訴。不過該案因爲合併審理離婚之訴，仍判准兩造離婚。高雄高分院105年度家上字

第71號、台中高分院100年度家上字第119號案件都是以不能人道訴請撤銷婚姻，然均被駁回。

高雄高分院95年度家上字第69號案件，妻以「誤信以上訴人之經濟狀況及經驗能力，足以保障兩造婚姻生活之幸福美滿，遂於93年8月13日與上訴人結婚」爲理由訴請撤銷婚姻。不過法院認爲「上訴人前揭行爲，亦難認上訴人爲達與被上訴人結婚之目的，隱瞞其身體、健康或品德上某種缺陷或身份、地位上某種條件之不備之行爲。被上訴人主張上訴人之前揭行爲，使之誤信而與之結婚，係因受上訴人詐欺而結婚云云，應屬無據」而駁回之。

台南高分院101年度家上字第75號案件，夫以妻「足見（妻）爲達結婚目的隱瞞其曾未婚生子、及財務與精神狀態，並不時以言語恐嚇及要脅，並欺瞞允諾要與上訴人之父母同住，上訴人因受被上訴之詐欺與之結婚」爲由訴請撤銷婚姻，經法院駁回。

參、離婚

夫妻之一方，基於民法第1052條所規定之離婚事由，請求法院判決宣告准予離婚，即爲離婚之訴。離婚之訴性質上爲形成之訴。

司法實務上，離婚之訴已經是婚姻訴訟事件中案件量最大的訴訟類型。依照司法院統計年報所載，我國司法實務的離婚訴訟，以夫妻不能相聚一處或者夫妻不能好好同居共處的案件類型爲主。

至於夫妻已經協議離婚，一方卻反悔，不願意協同辦理離姻登記，因爲其離婚契約尚未有效成立，他方自無提起請求協同辦理離婚戶籍登記之訴之法律依據（最高法院75年5月20日民事庭決議）。

夫妻有不能履行同居之正當理由，固然可以拒絕同居，但是因爲我國並不承認配偶分居制度，因此配偶不得提起准許分居之訴（釋147）。

憲法法庭於2023年3月24日做成112年憲判字第4號判決，針對民法第1052條第2項但書限制有責配偶訴請離婚之規定，認爲：「……原則上與憲法第22條保障婚姻自由之意旨尚屬無違。惟其規定不分難以維持婚姻之重大事由發生後，是否已逾相當期間，或該事由是否已持續相當期間，一律不許唯一有責之配偶一方請求裁判離婚，完全剝奪其離婚之機會，而可能導致個案顯然過苛之情事，於此範圍內，與憲法保障婚姻自由之意旨不符。相關機關應自本判決宣示之日起2年內，依本判決意旨妥適修正之。逾期未完成修法，法院就此等個案，應依本判決意旨裁判之。」仍有待立法以及司法實務，依憲法法庭之解釋意旨而為發展。

肆、確認婚姻關係存在或不存在

婚姻關係因為有婚姻無效事由以外之原因，而使婚姻關係不存在者，配偶之一方得提起確認婚姻關係不存在之訴，例如當事人沒有結婚之真意，而虛偽辦理結婚登記。司法實務上，有與外籍人士結婚，因為沒有在台灣辦理結婚登記，而訴請確認婚姻不存在，如台中高分院104年家上字第79號判決。也有因為認識不久，結婚匆促，無結婚真意，證人並沒有確認等理由確認婚姻關係不存在者，如新北地院102年度婚字第115號判決等。當事人間就婚姻關係是否存在有爭執，得提起確認婚姻關係存在之訴。例如配偶間為特定理由虛偽辦理離婚登記，以離婚不生效力為理由，訴請確認婚姻關係存在。司法實務上，有與外籍人士結婚，因為被懷疑是假結婚，經駐外單位駁回入境申請後，提起確認婚姻關係存在之訴者，例如新北地院103年婚字第66號判決，該案原告是一位越南籍人士，被告是中華民國國民，被告於審理中並未出庭，原告起訴主張：「兩造於民國100年11月21日在越南太平省完成結婚登記，並依法定程序完成越南政府結婚證書認證，惟兩造參加兩次越南代表處所舉行之結婚面談均未通過，不受理原告之結婚證書驗證申請，致兩造無法完成中華民國之結婚登記，……而公民與政治權利國際公約第23條規定……，而婚姻關係與家庭生活的保障亦為司法院大法官釋字第242、554號所承認，從而，本件駐越南代表處顯已侵害原告之家庭團聚權、共同生活權暨婚姻自由權等語，聲明：請求確認兩造婚姻關係存在，被告應依法完成結婚登記。」法院審理時：「……依職權函請外交部提供兩造向駐越南代表處申請結婚證書證明文件及相關審議資料，……其中駐越南代表處所提意見書略以：『一、本處於受理……（即本案被告）與……（即本案原告）申請之越南結婚證書驗證及……本案原告之依親簽證後，爲探求雙方結婚眞意，……面談後經比對發現雙方對交往過程陳詞不一，有通謀而爲虛僞婚姻疑慮，故渠等面談未獲通過。二、經查……本案原告曾於臺擔任藍領外勞期間有逃跑紀錄，遭乙資入境管制，入境管制效期至2018年10月4日。另本案原告與越南籍前夫離婚後仍與前夫同居，不符常理。依據就業服務法第48規定，……』」法院據此駁回原告之訴。該案經上訴後，經台灣高等法院103年家上字第163號判決，以「兩造於101年3月6日、5月17日前往我國駐越南代表處面談，就其等認識後彼此如何稱呼、出遊時之人數及開車人、被上訴人給與上訴人父母之金額、被上訴人第一次過年時有無給紅包予上訴人、兩造在臺時有無談論過兩造婚事、日常生活時兩造洗衣家務如何分配、上訴人返回越南後，何人較常撥打電話予對方等問題，均回答不一致。而上訴人爲逃逸外勞，遭管制至107年10月，上訴人於越南曾有婚姻關係，經越南法院判決離婚，該離婚判決書記載上訴人曾要求當時之越南配偶假離婚，讓上訴人赴臺工作，且上訴人稱其之前在臺時即與被上訴人交往，被上訴人亦稱兩造當時即已論及婚嫁，惟上訴人自臺返回越南後，卻與前越南配偶同住，……」認定兩造並沒有結婚眞意，駁回上訴，因而確定。

第二節　管轄

壹、住居所

確認婚姻無效、撤銷婚姻、離婚、確認婚姻關係存在或不存在等事件，專屬夫妻之住所地法院、夫妻經常共同居所地法院之法院管轄（家事§52 I ①、②）。

夫妻之住所係指夫妻依照民法第1002條所定之婚姻住所而言。婚姻住所指定的方式，首先由夫妻協議定之，協議不成，由法院裁定之。夫妻婚姻住所不明時，以夫妻共同戶籍地推定爲婚姻住所。據此規定，司法實務上，多半以夫妻共同戶籍地認定婚姻訴訟之管轄法院。

夫妻可否因爲工作、就學之因素，約定兩個婚姻住所，以各自之工作、就業所在地爲婚姻住所？由於司法院大法官會議釋字第452號解釋之意旨，指出依照憲法第10條保障人民居住自由，並以此推論，認夫妻住所非必以約定一個爲必要，亦即夫妻雙方得協議各有其住所。因此，當夫妻約定以各自之工作就業所在地爲婚姻住所時，各自的婚姻住所地，均有婚姻事件之管轄權（台灣高等法院88年度法律座談會）。至於夫妻一方因爲工作、就學關係暫時離開原本協議的婚姻住所，另外前往他地，除非夫妻協議改變原定婚姻住所，否則仍應以原協議之婚姻住所爲婚姻住所，並以該住所地法院爲婚姻事件管轄法院（最高法院102年台上字第407號裁定）。

夫妻未協議婚姻住所，或者辦理婚姻登記之後，實際上並沒有共同居住在戶籍登記地時，而共同居住在戶籍登記以外之其他地方，婚姻事件即應以夫妻經常共同居所地爲管轄法院。夫妻經常共同居所地必須是夫妻兩人共同的居所，而且必須是兩人經常一起生活的居所。短暫停留，或者因爲特定目的如就學、短期派駐外地工作等，並不是經常一起生活的居所。

夫或妻死亡者，婚姻事件專屬於夫或妻死亡時住所地之法院管轄（家事§52Ⅲ）。所謂夫或妻死亡時之住所，應包含依照協議或法院裁定指定之婚姻住所，也包含夫妻約定兩個之婚姻住所。至於是否包含經常共同居所地，法律條文之規定並未納入，鑑於婚姻訴訟管轄之安定性原則，自應採取否定見解。至於夫妻兩人共同居住在戶籍登記地以外之處所，由於戶籍登記僅爲推定效力，自可提出證據證明夫妻之實際住所，並以該住所爲管轄法院。

不能以住所、共同經常居所等因素定婚姻事件之管轄者，即由被告住、居所地之法院管轄。被告之住、居所不明者，由中央政府所在地之法院管轄（家事§52Ⅳ）。

貳、訴之原因事實發生居所地

訴之原因事實發生在夫或妻居所地時，該居所地法院也有管轄權（家事§52Ⅰ③）。所謂訴之原因事實，例如夫妻原本共同居住在新北市，但是因爲子女管教問題發生嚴重衝突，一方盛怒之下，帶著子女離開原本之住所地，前往新竹市居住，拒絕返回新北市，他方遂以惡意遺棄爲理由起訴請求離婚（台灣高等法院101年家抗字第163

號），則新北地方法院即爲訴之原因事實發生居所地。

參、書面合意

除了以上所列之管轄因素之外，當事人可以書面合意定管轄法院（家事§52Ⅱ）。此係基於當事人程序選擇權之程序法理，允許當事人約定管轄法院。

合意管轄有並存合意管轄以及排他合意管轄，婚姻事件之合意管轄，也應該可以約定並存的合意管轄或者排他合意管轄。當事人合意內容不清楚時，因爲家事事件法第52條第2項係規定「不受前項規定之限制」，應解釋爲並存的合意管轄。

婚姻事件之合意管轄，可以在起訴前約定之，至於起訴後可否合意管轄，由於定法院管轄以起訴時爲準，因此不能允許當事人於起訴後以合意變更管轄法院。另外，由於家事事件法僅允許當事人合意，而且家事事件爲專屬管轄，因此並無應訴管轄之適用。

婚姻訴訟之合意管轄，必須以書面爲之。自不得於審理時以言詞陳述載明筆錄以替代書面。

第三節　當事人與訴訟參與人

壹、確認婚姻無效

婚姻無效之訴，可由訟爭婚姻關係之夫妻提起之。一方起訴者，以他方爲被告（家事§39Ⅰ）。

夫妻以外之第三人提起婚姻無效之訴，必須第三人有確認之訴的法律上利害關係，方可提起。所謂有確認之訴的法律上利害關係，有因爲訟爭婚姻無效身分關係受有影響的第三人或者子女，也有因爲訟爭婚姻關係無效而受有遺產繼承上之利益者。由第三人提起婚姻無效之訴，應以訟爭夫妻爲共同被告，其中一人已死亡者，以生存者爲被告（家事§39Ⅱ）。

以有配偶者與他人重爲結婚爲理由提起婚姻無效之訴，訟爭後婚姻關係之夫妻一方起訴者，以他方爲被告。前婚姻之配偶提起者，應以後婚姻之夫妻兩人爲被告。由其他有法律上確認之利害關係第三人提起者，應以後婚姻夫妻爲共同被告。

以一人同時與二人結婚爲理由提起確認婚姻無效之訴，由於只有一個結婚行爲，無從因爲對象爲二人而區分爲兩個結婚行爲，因此該婚姻關係被認爲屬於合一確定之訴訟，所有結婚之人均必須一同起訴或應訴。結婚人之一人起訴者，以其他結婚人爲被告。第三人起訴者，以所有結婚人爲被告（家事§39）。

貳、撤銷婚姻

撤銷婚姻之原告，僅得由前述有婚姻撤銷權之人提起。有撤銷權之人如果不是婚姻之一方，提起撤銷婚姻之訴，應以訟爭婚姻之夫妻爲被告，其中一人已死亡者，以生存者爲被告（家事§39II）。

參、離婚

離婚之訴，必須由有離婚請求權之夫妻一方起訴，其他第三人均非適格的離婚之訴當事人。

肆、確認婚姻存在或不存在

確認婚姻存在或不存在之訴，可由訟爭婚姻關係之夫妻提起之。一方起訴者，以他方爲被告（家事§39 I）。

夫妻以外之第三人提起確認婚姻存在或不存在之訴，必須第三人有確認之訴的法律上利害關係，方可提起，其認定同確認婚姻無效之訴。第三人提起婚姻存否之訴，應以訟爭夫妻爲共同被告，其中一人已死亡者，以生存者爲被告（家事§39II）。

伍、監護宣告人之程序能力

婚姻事件中之夫或妻爲受監護宣告人，由於無程序能力，應由監護人代爲訴訟行爲，法院並得依職權或依聲請選任程序監理人（家事§55 I）。

婚姻事件中，監護人爲受監護宣告人之夫或妻爲訴訟行爲時，其當本於爲受監護宣告人之最佳利益而爲訴訟行爲，始符合受監護宣告人設置監護人之本旨，如監護人違反上開原則而起訴時，法院應以裁定駁回之（家事§55II）。例如監護人爲繼承權人，爲了增加繼承遺產的分額，而提起婚姻事件，法院即應以裁定駁回之。

陸、婚姻訴訟之訴訟參與人

婚姻訴訟之結果，於第三人有法律上之利害關係者，法院應於事實審言詞辯論終結前相當時期，將訴訟事件及進行程度，以書面通知已知悉之該第三人（家事§40Ⅰ）。訴訟參與之通知固然可以保障第三人程序參與權，卻也應該兼顧婚姻訴訟當事人之隱私權，因此應受通知參與程序之人，應限於身分上關係以及因爲身分上關係所生財產上請求受影響之第三人。至於因爲親屬親情關係、一般交易生活可能受到影響之第三人，並不包含在內。

確認婚姻無效之訴，因該訴而婚生子女身分受影響子女，無論是否成年，均應通知參與程序。法院也應依職權通知未列爲當事人之其餘結婚人參加訴訟（家事§54）。

撤銷婚姻之訴，雖然撤銷婚姻沒有溯及既往的效力，但是婚姻撤銷將使婚姻關係消滅，對於子女的生活仍將產生重大的影響，自應通知子女參與程序。另外撤銷權人有數人時，也應通知未提起撤銷之訴的撤銷權人。至於以監護人與受監護人在監護存續期間，由最近親屬提起撤銷婚姻，所謂最近親屬[3]，有學者認爲指具有親屬會議資格之親屬；也有學者認爲只要是最近親屬即可，無論血親、姻親。如果採取前說，則應受通知參與程序之人爲具有親屬會議資格之人。

離婚之訴，使原有的婚姻關係消滅，自應通知婚姻關係存續中所生之子女參與程序，不過離婚後親子責任事件已經合併審理，自然不必再另行通知。至於其他基於親屬或情感因素，都不是法律上利害關係，不需要通知。

確認婚姻存在或不存在之訴，只要是因爲婚姻存在或不存在而身

[3] 林秀雄，《親屬法講義》，元照出版，2022，頁95。

分上受影響之人如子女，或者因爲身分關係而生財產上請求，例如以父母親爲具備順位之繼承人等，均應通知其參與程序。當事人若又結婚者，法院也應依職權通知未列爲當事人之其餘結婚人參加訴訟（家事§54）。因爲無結婚眞意而確認婚姻存在或不存在，又涉及入境、居留許可者（俗稱假結婚眞入境），目前仍無由移民機關經由證人程序或書面證據程序參與程序之實踐，然而基於公益考量，於涉及入境居留之婚姻存在或不存在訴訟，由移民機構參與程序，似乎是解決人民家庭生活受尊重權利、結婚自由以及入境管制衝突的可考慮方法之一。此種程序參與，應注意區別人民結婚自由之基本權利保障與家庭生活受尊重權利之不同，國家基於邊境管制安全需求，對兩種權利限制程度應有所不同，應爲不同處理[4]。

受通知參與程序之第三人可以參加訴訟，家事事件法第54條之規定，係指法院應依職權通知，而不是指受通知參與程序之第三人必須聲明參加訴訟。第三人聲明參加訴訟後，就所參加之訴訟事項，即具有合一確定之關係（家事§54）。

第四節　婚姻訴訟審理之程序標的

壹、確認婚姻無效

確認婚姻無效之訴的程序標的，係要求將特定婚姻確認爲無效之請求[5]，我國民法所規定三種婚姻無效的事由，只是攻擊防禦方法，並不會形成不同的程序標的。

貳、撤銷婚姻

撤銷婚姻之訴的程序標的，會隨著新舊訴訟標的理論之不同，而

---

4 賴淳良，〈跨國同性婚姻的憲法保障〉，《月旦法學雜誌》，第315期，2021/8，頁138-141。

5 松本博之著，郭美松譯，《日本人事訴訟法》，廈門大學出版社，2012，頁245。

有不同的理解。

採實體法上之權利爲程序標的之舊訴訟標的理論，認爲撤銷婚姻之訴的程序標的是個別撤銷婚姻的事由。

以二分肢說爲基礎的新訴訟標的理論，認爲撤銷婚姻之訴應以基於一定事實所形成的婚姻撤銷權的主張，因此不同的原因事實可能構成不同的程序標的，如果根據同一事實，雖然有不同的撤銷權，但是仍然只有同一程序標的[6]。也有學者認爲撤銷婚姻之訴的程序標的就是婚姻撤銷本身[7]。有學者則更進一步主張擴大訴訟標的之範圍，除了將離婚與撤銷婚姻的事由當作同一訴訟標的外，以整個婚姻關係存否作爲訴訟標的，並引據家事事件法第57條禁止再起訴效力之規定爲依據[8]。

參、離婚

離婚訴訟是基於當事人所擁有實體法上之離婚請求權，要求法院宣告結束兩人婚姻關係的訴訟，性質上爲形成訴訟。離婚訴訟之程序標的也因爲不同的訴訟標的理論而有不同的理解。

採舊訴訟標的理論者，以各個實體法上的離婚事由作爲離婚訴訟之程序標的，惡意遺棄、虐待等不同的離婚事由，構成不同的程序標的。此說相當吻合離婚有責主義的基本觀點，只要有造成離婚事由的行爲，他方就有了請求離婚的權利，不同的事由，形成不同的權利，不同的程序標的[9]。

採新訴訟標的理論之二分肢說者，認爲基於一定事實關係的離婚判決請求地位，才是離婚訴訟的程序標的。不過所謂基於一定事實關係，學者之間也有歧異，有認爲不同的離婚原因，事實關係也就不

---

[6] 松本博之著，郭美松譯，《日本人事訴訟法》，廈門大學出版社，2012，頁253。

[7] Ursula Bumiller & Dirk Harders, FamFG Freiwillige Gerichtbarkeit, 10 Aufl. 2011, S. 410.

[8] 許士宦，《家事事件法》，新學林，2020，頁276。

[9] 松本博之著，郭美松譯，《日本人事訴訟法》，廈門大學出版社，2012，頁261-262。

同，程序標的也不同；也有認爲離婚原因雖然不同，圍繞著離婚事實若是一個整體，屬於同一事實關係，也屬於同一程序標的。有學者就離婚原因構成整體事實的見解進一步闡述，認爲與他人合意性交，進而惡意遺棄，最後導致感情破裂，無法繼續維持婚姻，都是連續的生活事實關係，都屬於同一程序標的[10]。

更有學者主張，新訴訟標的理論係以紛爭爲單位而特定訴訟標的，究竟原告要用特定之形成權或形成要件，以其中某些離婚事由或全部離婚事由，作爲離婚訴訟之訴訟標的，應基於訴訟標的相對論的見解，尊重起訴者原告的選擇意思[11]。

肆、確認婚姻存在或不存在

確認婚姻存在或不存在的訴訟，均以特定夫妻間之婚姻關係爲程序標的，各種形成婚姻不存在的事由，或者確認婚姻存在的事實，都只是同一確認婚姻存否的程序標的內之構成攻擊防禦方法[12]。

第五節　審理

壹、審理之基本原則

審理確認婚姻無效、撤銷婚姻、確認婚姻存在或不存在之訴等不是當事人可以處分之事項，法院應依職權探知事實，並調查證據（家事§10Ⅰ）。關於訴訟上自認及不爭執事實之效力之規定，也不適用於撤銷婚姻等訴訟中（家事§58）。如原告起訴請求確認婚姻關係存在，被告雖然自認確實有結婚的眞意，法院仍得依職權探知原告與被告是否有同居、維持實際婚姻關係之事證。

---

[10] 松本博之著，郭美松譯，《日本人事訴訟法》，廈門大學出版社，2012，頁262。

[11] 許士宦，《家事事件法》，新學林，2020，頁269-271。

[12] 松本博之著，郭美松譯，《日本人事訴訟法》，廈門大學出版社，2012，頁289。

離婚事件，由於是當事人得處分之事項，因此應適用辯論原則以及處分權原則等審理原則（家事§10Ⅱ）。當事人起訴主張因爲他方通姦而有拒絕同居之正當理由，由於通姦屬於拒絕同居之事由，自應由當事人提出證據資料以證明之。當事人起訴主張不堪同居之毆打虐待，不主張通姦之事實，法院不得依職權探知調查通姦之事證。當事人私下蒐證取得的信函、通信軟體文字留言等資料，縱然屬於侵害隱私權取得之證據，既經當事人提出，法院仍得作爲裁判基礎之證據資料（最高法院101年台上字第1539號判決）。

離婚事件有下列情形之一者，法院仍應依職權探知事實並調查證據：

一、涉及家庭暴力或有危害未成年子女利益之虞

離婚之原因事實若有涉及毆打、辱罵、威脅等家庭成員間實施身體、精神或經濟上之騷擾、控制、脅迫或其他不法侵害之行爲，即家庭暴力防治法第2條第1項第1款所規定之家庭暴力者，法院即應依職權探知事實並調查證據。司法實務上，認爲若夫對妻爲家暴行爲，妻向法院聲請核發保護令並訴請離婚，於此離婚合併保護令事件，妻若於離婚時並未主張民法第1052條第1項第3款不堪同居之虐待，表示妻未以該款規定爲訴訟標的，則法院不應逕依該款規定判決兩造離婚（台灣高等法院101年度法律座談會）。依此而言，如果已經屬於起訴的程序標的之內的原因事實，法院即應依職權探知事實並調查證據。例如配偶一方主張不堪同居虐待，事實爲2016年10月1日遭毆打，法院根據原告提起之診斷證明書，發現還有2016年10月5日毆打的事實，即應依職權探知事實並調查證據。

原告起訴主張被告有虐待直系親屬即未成年子女之情形，而有兒少福權法第49條所列之各款行爲，依照民法第1052條第1項第4款訴請離婚時，法院即應職權探知有無對未成年子女遺棄、身心虐待、利用兒童及少年從事有害健康等危害性活動或欺騙之行爲、強迫引誘容留或媒介兒童及少年爲猥褻行爲或性交、供應兒童及少年刀械、槍砲、彈藥或其他危險物品等行爲。

二、有害當事人或關係人人格權之虞

所謂有害當事人或關係之人格權，包含離婚事件當事人的生命、身體、健康權可能有受到侵害之虞，或者離婚事件合併家事非訟事件之關係人，其身體、健康權可能受到侵害之虞。

三、當事人自認及不爭執之事實顯與事實不符

當事人在審理程序中對不利於己的事實自認，或者不加以爭執，例如對造主張兩人長久時間沒有同居，但是根據戶籍謄本的記載，卻還有一名子女出生等情。

四、依其他情形顯失公平

根據當事人所提出之證據，已經足以推斷所主張之事實可能存在，只是因爲當事人受限於調查能力之不足，無法取得證據，即屬本款所稱顯失公平，法院應依職權調查證據。例如原告以被告合意與他人性交爲理由請求離婚，已經提出被告與異性朋友在特定時日出現在餐廳一起親密用餐的照片，原告並提出被告曾經與該友人入住特定旅館的名稱，由於旅館的監視錄影器內容，原告無法取得，因此法院應得依職權調查該證據。

貳、婚姻訴訟審理範圍的特定

一、確認婚姻無效

在確認婚姻無效之訴中，各種無效的原因，僅是當事人攻擊防禦的事項，並不是程序標的，自屬法院得依職權探知事實調查證據的範圍。

二、撤銷婚姻

各種撤銷婚姻之事由，若認爲僅是撤銷婚姻訴訟的攻擊防禦方法，並非不同的程序標的。又因爲撤銷婚姻之訴，應非當事人得處分之事項，因此各種撤銷事由，均可由法院職權探知，並調查證據。因此審理範圍上，應該以提起撤銷婚姻之訴的當事人所得主張的撤銷事由，均屬法院應審理的範圍。不過，當事人未主張的撤銷事由，法院經調查而探知時，仍應使當事人有辯論或陳述意見的機會（家事§10Ⅲ）。學者有進一步強調，撤銷訴訟若是基於私益上的撤銷原因，如被詐欺脅迫等，法院於審理階段並無必要依職權探知當事人所未主張之事實，且於原告所主張之事實蓋然性低，法院亦無必要爲了追究該事實，而依職權調查證據[13]。

不過也有學者採取不同見解，認爲撤銷婚姻之訴仍然應該適用處分權原則，因此法院審理撤銷之訴的範圍，仍應尊重當事人的處分權，以當事人所主張之撤銷事由作爲審理的範圍。因爲既然是當事人的撤銷權，當事人仍然有權利不行使該撤銷權[14]。

三、離婚之訴

離婚之訴，由於屬於當事人得處分之事項，審理範圍也應該由當事人決定之。原告或反訴原告主張何種原因事實、構成民法第1052條哪一款的離婚事由，都應該讓原告決定。換言之，當事人不願意作爲法院裁判離婚事由者，法院應該尊重，既不能依職權探知，也不能職權調查證據，更不能作爲裁判的基礎[15]。

離婚之訴而有涉及家庭暴力等，法院可以職權探知事實時（家事§10Ⅱ但），是否進而以該事實以及所調查之證據作爲離婚事由，法

---

[13] 許士宦，《家事事件法論》，新學林，2019，頁77。

[14] 松本博之著，郭美松譯，《日本人事訴訟法》，廈門大學出版社，2012，頁253。

[15] 松本博之著，郭美松譯，《日本人事訴訟法》，廈門大學出版社，2012，頁262。

院仍應使當事人有辯論以及陳述意見的機會（家事§10Ⅲ）。如果當事人不願意以該事實作爲離婚事由而爲主張時，從離婚之訴採處分權原則，且法院職權探知事實限於必要之時（家事§10Ⅰ）等原則，兩相權衡，仍應限以當事人所主張之離婚事由爲法院審理之範圍，當事人表明不願意作爲審理對象時，法院應即停止繼續探知事實、調查證據。例如原告主張被毆打，而以不堪同居之虐待爲離婚事由，法院詢問證人後，探知被告可能也有毆打子女的行爲，經法院詢問原告是否另外主張毆打子女的事實作爲離婚事由，原告考慮到舉證困難，而且現存證據已經足以證明被告確實有毆打原告而有不堪同居虐待之離婚事由時，表明不願意主張該事實，法院即應以原告所主張之不堪同居虐待事由爲限，以此作爲審理之範圍。至於子女受到虐待之事實，應由兒少福利機關，依照兒少福權法之規定，啓動家事非訟事件，以保護未成年子女。

四、確認婚姻存在或不存在

確認婚姻存否的訴訟，並非當事人得處分之事項，法院應依職權探知事實，並調查證據。在言詞辯論終結之前存在的各項事由，諸如無結婚眞意、無離婚眞意等，都可以成爲法院確認婚姻存否判斷之依據[16]。不過，應讓當事人有辯論以及陳述意見的機會（家事§10Ⅲ）。

參、婚姻關係變動的準備

婚姻訴訟事件，如果是使原本一起生活的夫妻，結束婚姻關係，可能涉及到生活的重大變化，包含身心調整、經濟財務狀況的整理、親子責任、親屬互動模式的改變，在在需要時間以及他人的協助。結婚可以獲得親友們的支持、肯定與祝福，離婚卻是困難重重。研究也顯示離婚會造成持續性的創傷，因爲在特定社會結構下，可能

16 松本博之著，郭美松譯，《日本人事訴訟法》，廈門大學出版社，2012，頁289。

讓離婚之一方在離婚後無法取得適當的社會經濟地位，甚至落入比原來更低的生活水平。離婚也會使家庭制度喪失整合功能，使兒童無法再順利取得社會化、情緒支持以及物質照顧等。離婚也使在社會行動概念下，產生更多人際問題。同時，離婚也會帶來權力運作的重新分配，配偶、子女角色的變動等[17]。這些深刻的改變，往往是離婚決定者即夫、妻在做出決定當下，始料未及。確實有必要讓做出決定的人，有機會充分瞭解離婚決定所產生的各種效應。

英格蘭1996年家庭法（Family Law Act）草案，基於效益型審理模式的立場[18]，採取包含離婚前資訊會議（information meeting）以及愼思期（period of reflection and consideration）的制度。資訊議會是指夫妻一方聲請離婚時，首先必須聽取建議、瞭解離婚程序如何進行、是否有其他替代選擇、調解程序及其功能等資訊。愼思期制度，要求夫妻進入離婚程序前，必須有12週進行初期之評估，夫妻必須先提出離婚後財產、子女教養、生活等各方面之計畫，由法院根據所提出之計畫核發各種必要之命令，評估計畫之可行性。不過該草案因爲基於權利型審理模式倡導者的反對，沒有成爲生效的法律。

我國家事事件法沒有資訊會議以及愼思期的制度，但是司法實務上，透過調解（家事§27）、審理中移付調解（家事§29Ⅰ）、選定專業調解委員（家事§32Ⅰ）等途徑，以較節省的程序勞費，適當地引入離婚前調整的程序。而學者阿霍恩（Ahorn）從角色的轉換，將離婚分爲五個階段，即個人認知期、家庭成員共同認知期、分離期、家庭重組期、家庭重新定義期[19]。法院在審理中，也可以依照不同階段，採取不同的措施，進行離婚前的調整程序。在個人認知期，證據的展現、面對離婚的現實、情緒的安撫是重要的；在分離期，對於家庭成員中一員離開家庭已經可以接受，而處理生活上財物、子女照顧的安排則更爲重要。

---

17 彭懷眞，《婚姻與家庭》，巨流圖書公司，2012，頁148。

18 賴淳良，〈從身分到契約—家事事件審理模式之初步省思〉，《全國律師》，第17卷第5期，2013/5，頁29-40。

19 彭懷眞，《婚姻與家庭》，巨流圖書公司，2012，頁149。

我國民法雖然不承認分居制度，然而司法實務[20]以及學者[21]均肯定因無法維持良好婚姻生活，而爲短暫期間之分居協議並不違反公序良俗，而可爲有效的協議。在離婚、撤銷訴訟、確認婚姻關係不存在等訴訟中，經由調解程序，使配偶雙方爲分居一段時間之調解協議，連同經濟生活、財產分割、親子責任歸屬等事項，試行於分居協議中成立調解，以協助雙方對未來生活做出最終決定，應屬可行之舉。家事事件法第49條也規定，法院認當事人間之家事訴訟事件，有和諧解決之望或解決事件之意思已甚接近者，得定六個月以下之期間停止訴訟程序或爲其他必要之處分。

第六節　婚姻訴訟判決效力之擴張

壹、意義

家事事件法第57條前段規定，得合併審理之婚姻關係訴訟之事實，就同一婚姻關係，於判決確定之後，不得再提起獨立之訴。本條仿造日本人事訴訟法第25條，擴張確定判決禁止重複起訴之效力範圍，及於未經裁判之原因事實[22]，其立法目的係在穩定夫妻間之婚姻生活。與2013年刪除之民事訴訟法第573條相較，家事事件法第57條更擴大婚姻判決禁止重複起訴之範圍，不再限於離婚、婚姻無效及撤銷婚姻等訴訟型態，只要能依家事事件法第41條得合併審理之婚姻關係訴訟，包含確認婚姻無效、離婚、撤銷婚姻、確認婚姻關係存在或不存在等，均在禁止重複起訴範圍內。而且也不以無理由被駁回爲前提，縱使勝訴判決，亦禁止再行起訴。例如原告起訴請求離婚，法院判准離婚確定後，被告不得再以重婚爲理由另行提起婚姻無效之訴。

---

20 司法院第六期公證實務研究會。

21 陳棋炎、黃宗樂、郭振恭，《民法親屬新論》，三民書局，2022，頁118-119；林秀雄，《親屬法講義》，元照出版，2022，頁111-112。

22 吳明軒，《民事訴訟法（下冊）》，2011，修訂9版，頁1816。

貳、性質上之爭論

家事事件法第57條禁止再行起訴效力，性質上屬於確定判決既判力客觀範圍的擴張，或者僅是發生喪失再行起訴之失權效，德國學者間也頗有爭論[23]。我國學者間，有認爲並非既判力之擴張，僅係別訴禁止後所產生之失權效[24]，也有學者認爲家事事件法第57條採取全面解決主義，就同一身分關係無論是婚姻關係或親子關係，若有紛爭而開啓一道程序，例如婚姻究竟有效無效、可否撤銷、有無離婚事由，若在該家事訴訟程序未合併請求，本案確定後，即不得再以此爲理由提起獨立之訴，具有限制處分權原則的性質[25]，而家事事件法第57條是在處理不同訴訟標的間發生失權之問題[26]；也有認爲屬於既判力範圍之擴張[27]。由於既判力之作用在於限制人民就經法院審理之事件，再向法院起訴請求爲權利之保障，因此不可避免地涉及人民訴訟權保障，因此具有程序法制度的面向。又因爲既判力既然限制人民向法院請求權利保障之途徑，也就同時具有在法律應然面上，發生確定實體權利義務關係所涉原因事實之實體法效果，具有實體法制度的面向。家事事件法第57條基於實體身分關係穩定性之高度需求，佐以事前之職權探知原則及法院闡明、當事人聽審請求權保障等配合制度，採取限制人民就該條所定之實體婚姻關係，再行起訴之訴訟權利，應已具有既判力之程序功能。同時也部分釐清了訴訟標的與既判力緊密卻屬可分之程序制度功能，適度減輕訴訟標的法律概念之功能承載。

參、適用上之範圍

禁止再行起訴之範圍，必須具備下列幾項要件[28]：

---

23 松本博之著，郭美松譯，《日本人事訴訟法》，廈門大學出版社，2012，頁211。

24 陳計男，《民事訴訟法論（下）》，2005，頁507。

25 許士宦，《家事事件法》，新學林，2020，頁254-255。

26 許士宦，《家事事件法》，新學林，2020，頁393。

27 吳明軒，《中國民事訴訟法（下冊）》，2004，修訂6版，頁1780。

28 許士宦，《家事事件法》，新學林，2020，頁399-403。

第一要件是限於本案裁判。如果屬於非本案裁判，例如經訴訟判決駁回者，即無適用之餘地。至於本案裁判之形式，無論是以裁定或判決爲之，均屬之。雖然家事事件法第57條規定爲判決確定，但如果法院以裁定爲本案裁判者，例如家事事件法第33條第1項之合意裁定，仍屬於本案裁判。

第二要件是限於確定裁判。如果就同一婚姻關係所爲之裁判尚未確定，當事人得於訴訟繫屬中請求合併審理或爲請求之追加、變更、反請求，自不受禁止再行起訴原則之限制。至於經合併審理婚姻訴訟事件，經法院依照家事事件法第42條第1項分別審理、分別裁判，其中一部分經判決確定者，當事人得否另外再行起訴？例如前婚之妻以後婚姻夫妻爲被告，以重婚爲理由，起訴請求確認後婚姻無效，嗣後並以夫有通姦之事由追加請求離婚，法院審理中，就後婚姻無效之訴部分，認爲依事件之性質有分別裁判之必要，而確認後婚姻無效，該部分確定後。原告得否追加不堪同居之虐待，請求離婚之事實。由於同一婚姻關係之裁判尚未確定，即兩造之婚姻關係是否已經消滅，仍未判決確定，原告或被告自均得再起訴，不受家事事件法第57條之限制。

第三要件是限於同一婚姻關係之訴訟事件。所謂同一婚姻關係之訴訟事件，係指身分關係而言，並不包含因爲婚姻關係所生之身分上或財產上請求。至於所提起之婚姻訴訟型態爲何，在所不問。另外，第三人依照家事事件法第39條第2項提起確認婚姻訴訟存在或不存在之訴者，經本案判決確定者，第三人及婚姻關係之夫妻均爲當事人，自不得再行起訴。例如重婚者起訴請求確認前婚婚姻不存在，經判決確認婚姻關係存在者，後婚之配偶既曾爲當事人，自均不得再行起訴。

第四要件是限於得依請求之合併、變更、追加或反請求所得主張之事實。由於家事事件法第41條第1項、第2項規定家事訴訟事件基礎事實相牽連者，得合併請求，或爲請求之變更、追加、反請求。而婚姻訴訟事件，無論是離婚、撤銷婚姻、婚姻無效或婚姻關係成立或不成立，均應認爲屬於基礎事實相牽連者，自得合併請求，因此此類婚姻訴訟之事實，均受禁止再行起訴原則之限制。

第五要件是限於最後事實審言詞辯論終結前所得主張之事實。事實審言詞辯論終結後，新發生之事實，既不在既判力遮斷效所及之範圍，也不應在家事事件法第57條所定失權效所及之範圍內。因此如事實審言詞辯論終結後，新發生離婚事由時，當事人自得再行起訴。茲尚有應討論者，發生在事實審言詞辯論終結前之事實，爲當事人所不知，或證據尚未充分時，當事人可否在判決確定後，再行起訴。日本就民事訴訟法時期，主流意見認爲仍應發生失權效，不過有學者採不同意見，日本新法施行後，學者認爲只要是訴訟中能夠主張的事實，因當事人不知而不能夠主張之事實，即不在失權效之範圍內[29]。我國家事事件法第57條規定「得主張之事實」，所爲「得」是否指限於當事人知悉且證據充足，方得主張，容有疑義。家事事件法第57條立法理由記載該條之目的在於全面解決同一婚姻關係之紛爭，而欲全面解決同一婚姻關係之紛爭，自不應允許當事人於判決確定後，再以不知某項事實或證據尚未充分爲理由，再行起訴。且我國家事事件法第57條雖然仿造日本人事訴訟法第25條，但卻增加但書程序保障之規定，不同於日本人事訴訟法，自毋庸爲同一之解釋。因此當事人於事實審言詞辯論終結前所得主張之事實，縱然是當事人所不知或證據不足者，仍在家事事件法第57條所定失效權所及範圍內。我國最高法院85年度台上字第1635號判決，針對舊民事訴訟法第573條之規定，認爲「若該等事實……，或雖已發生而不爲原告所悉，或雖知悉但缺乏證據證明，故未主張者，則不應受此限制，否則有失事理之平」，自不應再行採用。惟有學者主張雖然知道但無具體事證，只是單純懷疑，不得認爲屬於所得主張之事實，或者如難以維持婚姻之重大事由，在判決確定之後不斷累加，仍得在後訴主張之[30]。

第六要件是當事人已受程序權保障。此所謂程序權保障，即指家事事件法第57條但書所定，透過法院闡明制度，使當事人得知可以併爲請求，而受充分之程序保障時，方發生失權效。如果法院未闡明以致未能主張或者雖經闡明，但非可歸責於當事人之事由而未爲主張時，仍不發生失權效。至於法院闡明之範圍，依照家事事件法第51

---

29 松本博之著，郭美松譯，《日本人事訴訟法》，廈門大學出版社，2012，頁213。

30 許士宦，《家事事件法》，新學林，2020，頁401-402。

條準用民事訴訟法第199條以及第199條之1，包含事實上之陳述、法律上之陳述、證據上之聲明以及實體法上權利之主張，若法院未能闡明，致當事人未爲以上之主張者，自不受家事事件法第57條失權效之效力所拘束。不過由於家事事件法第57條第1款規定，必須限於「致當事人未爲主張」，並非只要法院未闡明，即不受失權效之拘束。因此當事人已然知悉之事實，而爲法院所不知，或者當事人已經得爲實體法上權利之主張者，均應在失權效效力所及之範圍內。

第三章　親子訴訟事件

第一節　訴訟之類型

家事事件法依照民法親屬編所定之類型，分別規定了各種親子訴訟。這些類型的親子訴訟，都是以確認父母子女間之法律地位爲內容。比較法上，德國家事及非訟事件法第169條規定血緣事件（Abstammungsachen），類型包含認領、採樣鑑定以及認領撤銷等。日本人事訴訟法第41條以下也規定了親子關係的各種訴訟類型。我國家事事件法所定之親子訴訟類型，有下列幾種。

壹、否認子女之訴

否認子女之訴係以受婚生推定之子女，並非婚生子女爲理由，提起否認子女爲婚生子女之訴，此係依據民法第1063條第2項所設定之親子訴訟。否認子女之訴，以往曾經區分爲由夫妻提起之否認子女之訴，以及由子女提起之子女否認推定父親之訴。不過內容其實都是否認子女婚生性，具有共同性，家事事件法分別於第63條第1項以及第2項規定兩項訴訟之當事人。

否認子女之訴，性質上是確認之訴或是形成之訴，學說上有所爭論，有主張此訴旨在確認婚生子女關係，性質上屬確認之訴[1]。然由於否認子女之訴，使原本存在的婚生子女關係，變爲不存在，具有形成當事人間法律關係的效力，且司法院大法官會議釋字第587號解釋也認爲否認權之消滅時間爲除斥期間，因此多數學者均認爲否認子女之訴性質上屬於形成之訴[2]。

否認子女之訴，必須自夫妻知悉爲非婚生子女之日起，二年內提起（民§1063III）。由子女提起訴訟，必須在知悉時起算二年內提起。不過如果知悉在成年之前，仍可在成年後二年內提起之（民

---

1 吳明軒，《民事訴訟法（下冊）》，2011，修訂9版，頁1844。

2 林秀雄，《親屬法講義》，元照出版，2022，頁226-227。

§1063III）。至於以繼承權為侵害理由提起此項訴訟，必須在被繼承人死亡時起一年內為之（家事§64II）。

貳、確認母再婚後所生子女父親之訴

確認母再婚後所生子女父親之訴，係指子女因受胎期間之規定，同時被推定為母前後婚姻配偶之婚生子女，而由法院確認其中一位生父而言。此類訴訟型態，是因為依照民法第1062條受胎期間婚生推定時間為六個月到10個月，而子女生母於結束前婚姻關係後，未及六個月，又產下子女。

此訴性質上為確認之訴。

參、認領之訴

認領之訴係指經由法院裁判形成非婚生子女與生父間之婚生子女關係的訴訟。此係家事事件法第66條，依照民法第1063條之規定所設定之訴訟型態。此訴之性質，雖有認為屬於請求生父為認領意思表示之給付之訴，不過多數見解認為2007年修正民法第1067條用語，將原本「請求」生父認領之文字改為「向生父提起認領之訴」，因此性質上應為形成婚生子女關係之形成之訴[3]。且若生父為無意思能力人，即無法請求為意思表示，並不符合強制認領之意旨，因此本訴確實是形成之訴[4]。

認領之訴，因民法於2007年修正時刪除除斥期間之限制，已經沒有除斥時間之限制。

認領之訴可否與否認子女之訴合併提起，亦即否定原本存在之婚生子女關係，合併提起生父認領的訴訟。司法實務上曾有不同見解，肯定說者如最高法院100年度台上字第370號判決認為：「婚生子女之定義，依民法第1061條規定，為由婚姻關係受胎而生之子女。而受胎

---

3 林秀雄，《親屬法講義》，元照出版，2022，頁243-244；李太正，《家事事件法之理論與實務》，元照出版，2020，頁199；吳明軒，《民事訴訟法（下冊）》，2011，修訂9版，頁1846。

4 陳棋炎、黃宗樂、郭振恭，《民法親屬新論》，三民書局，2022，頁264。

期間之推算，依同法第1062條第1項規定，從子女出生日回溯第181日起至第302日止。妻之受胎，係在婚姻關係存續中者，依同法第1063條第1項規定，推定其所生子女爲婚生子女。但夫妻之一方或子女能證明子女非爲婚生子女者，則得依同條第2項規定，提起否認之訴。而有事實足認其爲非婚生子女之生父者，非婚生子女或其生母或其他法定代理人，得依同法第1067條規定，向生父提起認領之訴。」否定說者如最高法院99年度台上字第367號判決：「參照民法第1063條第1項規定，妻之受胎，係在婚姻關係存續中者，推定其所生子女爲婚生子女。而依法推定之婚生子女，在夫妻之一方或子女依同條第2項規定提起否認之訴，得有勝訴確定判決之前，既不屬『非婚生子女』，其生父自無從依同法第1065條第1項規定，爲認領或視爲認領之行爲。故生父在其所生子女尚具有他人婚生子女之身分時，苟爲認領或視爲認領之行爲，解釋上，應認不生認領之效力，始能兼顧婚姻、家庭之和諧、身分之安定及子女之利益。」學說上也有學者認爲因爲判決書送達之先後，可能導致認領之訴先確定，否認子女之訴尚未確定，導致重複之婚生子女關係，因此認爲縱然合併提起，也應依序先後審理，先後判決[5]。不過，如果合併審理更能確保兒童權利公約第9條所規定之兒童親子關係維繫權，避免使未成年子女，因否認之訴確認後，陷於與父親之婚生子女關係不確定之狀態，似無否定合併審理之必要。

肆、確認親子關係存在或不存在之訴

確認親子關係存在或不存在之訴，係指請求法院就特定當事人間之父母子女之間有無婚生子女之法律關係加以確認而言。

認領有無效之原因，例如無意思能力之認領、認領人不是生父、被認領之子女仍受婚生推定等[6]，當事人對於認領是否有無效之

---

5 李太正，《家事事件法之理論與實務》，元照出版，2020，頁202。

6 林秀雄，《親屬法講義》，元照出版，2022，頁238；陳棋炎、黃宗樂、郭振恭，《民法親屬新論》，三民書局，2022，頁259-260。

原因，自得提起確認親子關係存在或不存在之訴[7]。司法實務上也採取相同見解（台灣高等法院106年法律座談會第10號提案討論）。

生父認領不具有眞實血緣關係之子女，生母以及非婚生子女可以依照民法第1066條之規定否認之[8]。生母與非婚生子女否認認領之後，當事人對於否認存有疑義，即得提起確認親子關係存在或不存在之訴。生母或非婚生子女之否認，雖然具有形成權之性質[9]，但由於沒有時間限制，自可在確認親子關係存在訴訟中行使之。至於由第三人以繼承權侵害爲理由，提起確認親子關係不存在之訴，則必須舉證證明生母或子女曾有否認之意思表示。

生父認領子女之後，依照民法第1070條前段之規定，本不得撤銷認領，但是生父卻以受詐欺脅迫爲理由撤銷認領，使子女婚生地位處於不安定之狀態，自可提起確認親子關係存在或不存在之訴。至於該撤銷意思表示是否有理由，應屬實體認定之內容。

生父認領子女之後，以有民法第1070條但書事實足認其非生父爲理由，撤銷認領之意思表示。該撤銷認領之意思表示，使子女婚生地位陷入不安定狀態，也可以提起確認親子關係存在或不存在之訴（台灣高等法院暨所屬法院106年法律座談會民事類提案第10號研討結論）。

另外，於司法實務上，常見因爲繼承權之爭執，或者因爲時代久遠，導致戶籍登記資料不符實況，而提起確認親子關係存在或不存在之訴。

伍、血緣認知訴訟

兒童權利公約第7條第1項後段以及第8條第1項規定，兒童有認知父母的權利。司法院大法官會議釋字第587號解釋也認爲「子女獲知其血統來源，確定其眞實父子身分關係，攸關子女之人格權，應受憲法保障」。肯定兒童認知父母的基本權利，奠立兒童人際網絡權的

---

7 李太正，《家事事件法之理論與實務》，元照出版，2016，頁169。
8 林秀雄，《親屬法講義》，元照出版，2022，頁242。
9 林秀雄，《親屬法講義》，元照出版，2022，頁242。

基礎。而所謂「父母」，可否擴及血緣上的父母，容有解釋空間。

歐洲人權法院在2002年Mikulic v. Croatiau一案中認爲，歐洲人權公約第8條保障之家庭生活權，包含任何人都有構建人格身分的權利（establish details of their identity as individual human being），因此任何人都有權利透過訴訟程序，確認血緣上的父母。緊接著在2006年Jäggi v. Schwitzerland一案中，首度確認子女有血緣認知權，有權提起訴訟，確認血緣上父親。該案是一位在瑞士日內瓦出生之非婚生子女，在已經高齡67歲時，起訴請求法院採取因故必須移靈生父的體膚，以進行鑑定親子血緣。歐洲人權法院肯定這位非婚生子女，於不變動原來親子法律關係之狀況下，仍有透過訴訟程序，確認血緣生父的權利[10]。

德國聯邦憲法法院於2007年的一件判決中，也認爲應該由立法機關制定法律，創設獨立的血緣認知訴訟，在不變動法律上親子關係的前提下，確認生父與子女的血緣[11]。德國隨後於2008年通過一項特別法「婚生否認之訴外的認知親子血緣條例」（Gesetzes zur Klärung der Vaterschaft unabhängig vom Anfechtungsverfahren），在一定的條件、時間下，肯定子女認知血緣關係的權利。德國民法第1598a條也規定兩種型態的請求，一是該條第2項取得身體基因檢查並接受檢驗的同意請求，一是該條第3條確認子女血緣的請求。後者雖然是以前者爲前提，但仍然是兩種不同的請求。而要求同意取得基因檢體或其他文件的請求，如有爭議，可以訴請家事法庭裁定之。至於確認子女血緣，同樣也可以訴請法院確認之[12]。

英國最高法院在1993年一件有關血緣鑑定的案件中，已經肯定子女可以要求爲血緣鑑定。上訴法院於1997年一件案件中，也緊隨最高法院的見解，肯定了子女認知生父的權利。沃德（Ward）法官在上訴法院的判決中更指出，依照聯合國兒童權利公約，兒童擁有知道

---

10 戴瑀如，〈子女血緣認知權的實踐〉，《臺北大學法學論叢》，第83期，頁179-181。

11 戴瑀如，〈子女血緣認知權的實踐〉，《臺北大學法學論叢》，第83期，頁181-187。

12 Martin Haußleiter, FamFG, 2011, S. 569 ff.

眞相以及受到照顧的權利，而這兩項權利可以併行不悖。不能以兒童福祉爲理由，否定兒童認知血緣上生父的權利。母親養育兒童長大，應該知行合一，誠實爲上，不應在謊言中教養自己的孩子[13]。

我國有學者提出仿民事訴訟法第247條，基礎事實可以提起確認之訴的規定，允許當事人有認定之需求時，透過訴訟程序確認血緣[14]。也有學者認爲必須在條件、時間、文化上，認眞思考承認此種訴訟種類的可行性[15]。

我國無論是民法或家事事件法，都沒有明文規定認知血緣訴訟類型。然而面對各國保障兒童權利的思潮以及兒童權利公約內國法化後，如何在立法上或司法實務上，透過要件、當事人適格、除斥期間的設定、審理的隱密性等規範，有限度地肯定認知血緣訴訟，似乎是無法避免的課題。認知血緣訴訟，涉及到兩種基本面向的考量，分別是兒童權利理論／兒童福祉理論以及法律上父母／血緣上父母的面向。

兒童權利理論／兒童福祉理論的面向，係指血緣認知權是否爲兒童權利之一、是否應以符合兒童福祉時，方得行使。以前述歐洲人權法院肯定血緣認知訴訟的觀點，就是一種以權利爲基礎的理論。此種見解遭到以兒童福祉爲基礎理論的批評。後者認爲，任由生父介入已經穩定的家庭生活，會損及母親的家庭生活，也不符合兒童最佳利益的基本原則。因此生父的家庭生活權，不是絕對權利，應同時考量其他家庭成員的利益，以決定是否允許行使此項權利[16]。

法律上父母／血緣上父母的面向，涉及到兒童的人際網絡權，除

---

13 Sonia Harris-Short & Joanna Miles, Family Law, Oxford University Press, 2011, 2nd ed., pp. 605-606.

14 沈冠伶，《家事程序之新變革》，2015，頁156。沈冠伶於民事訴訟法2018年3月11日第137次〈確認身分關係存在訴訟之被告適格與訴之利益〉研討發言紀錄，《法學叢刊》，第63卷第3期，2018/7，頁188。

15 姜世明，《家事事件法理與實踐之虛與實》，新學林，2016，頁141；戴瑀如，〈子女血緣認知權的實踐〉，《臺北大學法學論叢》，第83期，頁203-204。

16 Sonia Harris-Short & Joanna Miles, Family Law, Oxford University Press, 2011, 2nd ed., pp. 602-603.

了法律上父母外，是否可以擴及到血緣上父母。肯定認知血緣訴訟之必要性，毋寧是立基於肯定兒童人際網絡權可以擴及的見解。然而，文化風俗、社會實況上的差異，可能會造成兒童人際網絡權兩頭落空的窘境。

至於人工生殖法第29條第1項規定：「人工生殖子女，或其法定代理人，遇有下列情形之一者，得向主管機關申請查詢：一、結婚對象有違反民法第九百八十三條規定之虞時。二、被收養人有違反民法第一千零七十三條之一規定之虞時。三、違反其他法規關於限制一定親屬範圍規定之虞時。」屬於查詢之規定，與認知血緣訴訟並不相同。

陸、確認收養關係存在或不存在之訴

收養關係因爲收養行爲是否違反收養年齡限制、近親收養等因素，而有收養無效之原因，或者因爲終止收養是否發生效力，或者是夫妻一方單獨收養子女等可撤銷收養之事由等，足以使收養關係陷入不安定之狀態，家事事件法規定一律納入確認收養關係存在或不存在之訴訟型態中。

至於成年子女裁判終止收養之訴，依照民法第1081條第1項各款之規定，聲請法院宣告終止成年人養子女事件，由於類似民法第1052條之裁判離婚，以過往是否發生該條各款所列之終止收養事由爲審理對象。因此，家事事件法第10條第2項規定爲家事訴訟事件。至於家事事件法第3條第5項第13款所列家事非訟事件中之終止收養事件，原應限縮解釋限於民法第1081條第2項所定之裁定宣告終止未成年養子女事件，並不包含成年人終止收養事件。但最高法院110年度台簡抗大字第33號裁定，一併認定成年人終止收養事件亦屬家事非訟事件，據此，裁判終止收養事件，無論養子女爲未成年人或成年人，均屬於家事非訟事件。

第二節 管轄

壹、子女或養子女之住居所

親子訴訟，既與子女有關，自應由子女、養子女住所地之法院管轄（家事§61Ⅰ①），以保障子女接近法院的訴訟權。子女或養子女之住所，依照民法第1060條父母居住所指定權之規定，應以其父母之住所為其住所[17]。父母離婚而由其中一方指定居住所者，即應以該指定之居住所為管轄因素。

德國家事及非訟事件法第170條，不再以住所地為管轄因素，改以子女之慣居地（gewöhnliche Aufenthalt）為管轄因素。慣居地不同於住所，慣居地係指子女事實上居住的所在地即可，並不以久住而設定住所之意思為要件[18]。因此只要是子女人際網絡重心地即為子女之慣居地，通常是子女長久或持續居住的地點，因此是一個事實上概念[19]。而且慣居地之判斷，也不必然是承擔親子責任所在地[20]。當未成年子女之慣居地，不是因為拐帶而造成與承擔親子責任父母親住所地不同時，該慣居地法院即為管轄親子訴訟事件之法院。

又未成年子為親子訴訟之被告時，應由未成年子女住所地之法院專屬管轄（家事§61Ⅱ），意即不應再由其他法院管轄。

貳、父母或養父母之住所地

親子訴訟既與父母有關，也應可以由父母、養父母住所地之法院管轄（家事§61Ⅰ②）。不過，如果被告中一人是未成年子女者，應由未成年子女住所地法院專屬管轄（家事§61Ⅱ）。

---

17 林秀雄，《親屬法講義》，元照出版，2022，頁318。

18 慣居地是國際私法上重要之連繫因素與管轄因素，其內容請參見賴來焜，《當代國際私法學之構造論》，自版，2001，頁457以下。

19 Martin Haußleiter, FamFG, 2011, S. 572.

20 Richard Zöller, Zivilprozessordnung, Kommenter, 30Aufl. 2014, S. 2754.

第三節　親子訴訟之審理客體

否認子女之訴的程序標的是原告所主張形成子女並非被告婚生子女之訴訟上請求，此類訴訟雖具有形成之訴的性質，但是程序標的是主張不是婚生子女所爲之請求[21]。

母再婚後確認生父之訴，此訴之目的係確認婚生子女親子關係，因此其程序標的是親子關係存在的法律關係[22]。

認領之訴雖然是形成之訴，不過多數見解認爲此訴的目的仍然是以親子血緣關係存在爲前提，因此程序標的並不是強制認領之形成權，而是確認親子間具有血緣關係存在的請求[23]。

確認親子關係存在或不存在之訴以及確認收養關係存在或不存在之訴，其程序標的分別爲確認之親子關係或收養關係。不過也有學者認爲確認不存在之訴，無法以法律關係本身爲程序標的，因此認爲此說並不妥當[24]。

認知血緣之訴，若可以成爲一種親子訴訟類型，其程序標的可能只是血緣上父子之事實關係，而未必是法律上之親子關係。

---

21 松本博之著，郭美松譯，《日本人事訴訟法》，廈門大學出版社，2012，頁297。

22 松本博之著，郭美松譯，《日本人事訴訟法》，廈門大學出版社，2012，頁324。

23 松本博之著，郭美松譯，《日本人事訴訟法》，廈門大學出版社，2012，頁309。

24 松本博之著，郭美松譯，《日本人事訴訟法》，廈門大學出版社，2012，頁331、361。

第四節　審理

壹、訴訟實施權（當事人適格）

一、原則

當事人有無親子訴訟事件之訴訟實施權，首先應該依照家事事件法第63條以下之特別規定判斷之。家事事件法第63條、第64條所規定之當事人適格，原則上以親子關係的父母子女、前配偶爲限；其次是否因爲死亡而無適格當事人，由檢察官爲被告。另外於否認子女之訴，可以由繼承人受侵害之人爲原告。整理如表3-3-1：

表3-3-1　親子訴訟當事人適格表

訴訟類型	原告適格	被告適格	法律條文
否認子女之訴	父、母、子女、繼承權被侵害之人	未起訴之父、母、子女尚生存者。 以上之人均死亡時，以檢察官為被告。	家事§63Ⅰ、Ⅱ、Ⅲ、§64
確定母再婚後所生子女父親之訴	子女、母、母之配偶或前配偶	母之配偶提起者，以前配偶為被告。 由前配偶提起者，以母之配偶為被告。 由子女或母提起者，以母之配偶及前配偶為共同被告；母之配偶或前配偶死亡者，以生存者為被告。 應為被告之人均已死亡者，以檢察官為被告。	家事§65
認領之訴	子女、生母或其他法定代理人 原告死亡者，有權提起同一訴訟之他人，承受訴訟	生父。 生父死亡後，生父之繼承人。 無繼承人時，以社福機關或檢察官為被告。	民§1067、家事§66

二、否認子女之訴

由子女提起否認子女之訴，家事事件法第63條第2項規定，應以法律上推定之生父爲被告，換言之，即應以父爲被告。至於母親，由於涉及母親扶養義務之內容，應認爲屬於家事事件法第40條第1項規定有法律上利害關係之人，應依該條通知母親參加訴訟。並依照該條第3項之規定，準用民事訴訟法第56條所定之固有必要共同訴訟，就父母親兩位當事人部分，有同勝同敗之合一確定性。

三、認領之訴

認領之訴應由子女、生母或其他法定代理人提起，如果「原告於判決確定前死亡者，有權提起同一訴訟之他人，得於知悉原告死亡時起十日內聲明承受訴訟。但於原告死亡後已逾三十日者，不得爲之。」（家事§66 II）。

四、確認親子（收養）關係之訴

家事事件法第67條所定確認親子關係存在或不存在、收養關係存在或不存在之訴，無論是民法或是家事事件法都沒有特別規定有訴訟實施權之當事人。韓國民法第865條一般確認親子關係之訴，規定只有可以提起其他如認領之訴等親子訴訟的當事人，才可以提起確認親子關係之訴。

通說認爲必須區分原告以及被告分別判斷之。以原告而言，親子關係之當事人即父親與子女，應有提起該訴之訴訟實施權。至於第三人有無訴訟實施權，而可提起確認之訴，通說認爲應以第三人有無確認之利益判斷之[25]。不過也有學者認爲第三人通常只有繼承權存否的財產上利益，不應允許第三人任意介入他人的身分關係中，因此不應承認第三人有訴訟實施權[26]。也有認爲確認利益與本案有無理由如繼

---

25 姜世明，《家事事件法理與實踐之虛與實》，新學林，2016，頁136；沈冠伶，《家事程序之新變革》，2015，頁137；林玠鋒，〈確認身分關係存否訴訟之被告適格與訴之利益〉，《法學叢刊》，第63卷第3期，2018/7，頁158。

26 陳瑋佑於民事訴訟法2018年3月11日第137次〈確認身分關係存在訴訟之被告

承權之有無之判斷，應予區別[27]。

至於被告方面，依照家事事件法第39條之規定，原告是訟爭親子關係之一方者，以他方爲被告。若是第三人起訴者，即訟爭親子關係之當事人爲共同被告，其中一人死亡者，即以生存者爲被告。而且被告爲多數人時，必須以該多數人全體爲共同被告，該訴訟方爲合法，換言之，此種訴訟即爲民事訴訟法第56條所規定之固有必要共同訴訟[28]。至於有學者主張應區分第三人起訴是基於財產利益或身分利益，而區別列爲被告之對象[29]，其說頗有見地，能避免因爲繼承權之財產訴訟，卻以身分訴訟提起，波及未能參與訴訟而身分受影響之第三人。

此外，確認親子關係涉及到第三人之身分關係時，例如使得原本具有親子關係之人，身分地位因此受到影響，法院應依照家事事件法第67條第3項之規定通知參與程序，使其有陳述意見之機會。至於其他第三人，則應視爭點整理之情形，決定是否爲家事事件法第67條第3項之利害關係人[30]。例如夫妻結婚後，生下一子，嗣後夫因於二次大戰期間，被徵調前往服兵役，妻與他人產下一女。該女兒爲確認身分，乃起訴請求確認與母親之夫無親子關係。此訴訟除應通知女兒之生父外，如果爭點整理結果，不涉及到女兒繼承權，自無通知該夫妻所生下之子參與程序之必要。

適格與訴之利益〉研討發言紀錄，《法學叢刊》，第63卷第3期，2018/7，頁158。姜世明教授也提醒有此爭議，見姜世明，《家事事件法》，元照出版，2019，頁58。

27 許士宦，《家事事件法》，新學林，2020，頁318-319。

28 姜世明，《家事事件法理與實踐之虛與實》，新學林，2016，頁137；沈冠伶，《家事程序之新變革》，2015，頁137。

29 陳瑋佑於民事訴訟法2018年3月11日第137次〈確認身分關係存在訴訟之被告適格與訴之利益〉研討發言紀錄，《法學叢刊》，第63卷第3期，2018/7，頁162-164。

30 沈冠伶，《家事程序之新變革》，2015，頁151。

五、認知血緣訴訟

若持肯定認知血緣之訴訟類型，兒童固有提起訴訟的實施權。至於生父，是否可以主張有應獲保障之家庭生活權（the right to respect for family life），而得請求確認其父親的身分，進而與兒童維繫一定關係的權利，則有疑問。

歐洲人權法院在1994年Kroon and others v. The Netherlands一案中，採取肯定見解，認爲依照歐洲人權公約第8條之規定，該權利之主體也包含血緣上的父親，進而肯定血緣上父親，也有透過DNA檢測、出生登記或除去出生登記，以確認父親身分的權利。歐洲人權法院因而認爲荷蘭民法規定，只有受婚生推定之父親可以提起訴訟，違反歐洲人權公約[31]。

德國民法第1598a條規定爲確認子女血緣，可以要求同意取得身體基因檢體，並要求接受檢驗。如果是父親請求，以母親及子女爲對象；如果是母親請求，以父親與子女爲對象；如果是子女請求，以父母親爲對象。對於此項請求有爭議時，可以訴由家事法庭裁定之，同時明確規定裁判程序之適格當事人。

英國上訴法院家事法庭於2001年的一件判決也持肯定的見解。該案是一對夫妻婚後不孕，於是妻子與數位男性發生性關係，隨後產下一子。孩子的生父得知後，也數度探視孩子，維持與孩子一定之聯繫。孩子的父親之後起訴請求進行DNA血緣比對，而孩子的婚生父親則堅持保留對於子女的親子責任。雖然英國上訴法院允許生父的DNA比對要求，不過也認爲身體檢體的取得，必須經過本人同意方可[32]。

---

[31] Sonia Harris-Short & Joanna Miles, Family Law, Oxford University Press, 2011, 2nd ed., pp. 601-602.

[32] Sonia Harris-Short & Joanna Miles, Family Law, Oxford University Press, 2011, 2nd ed., pp. 607-608.

貳、訴之利益

確認親子關係存否

家事事件法第67條第1項規定以有確認之法律上利益，方得提起親子確認之訴，確認利益之存否成爲確認親子關係存否的合法要件，此與其他親子訴訟不同。親子關係存否不明確，當事人之間有爭執，使自己的身分法律關係出現危險或不安定的狀態，均應肯定有確認利益。由於親子關係是最基本的身分法律關係，有必要統一確定，應廣泛承認確認利益，以求親子關係之明確化，如果戶政機關之登記與親子關係不符，也應該認爲有確認利益[33]。縱使依照民法第1065條第2項規定，母親與子女之關係視爲婚生子女，但如果母親曾經以不同的姓名出現在戶籍登記資料，特別是外籍配偶的情形，導致親子關係存否不明，司法實務有見解仍肯定確認利益，以更正戶籍登記[34]。

當事人提起確認親子關係之訴，目的在於解決遺產上之爭執，日本有學者認爲僅需針對財產事件做出判決即可，並無確認親子關係之確認利益[35]。學者亦有指出確認之利益與繼承權本案有無理由應予區別[36]。由於確認親子關係之判決，依照家事事件法第48條第1項之規定具有對世效力，而財產事件之判決，依照民事訴訟法第401條之規定，並無對世效力，且親子關係訴訟，依照家事事件法第40條之規定，必須通知法律上有利害關係之第三人，一般財產訴訟事件並無類似規定，因此兩者於效力以及程序法理均不相同，是否應以可提起財產事件爲理由，逕行否認確認親子關係之確認利益，仍有疑問。

繼承權受侵害之人逾提起否認子女之訴的期間，雖然可以提起確認親子關係不存在之訴，但是最高法院認爲由於實體上沒有權利否認

---

33 松本博之著，郭美松譯，《日本人事訴訟法》，廈門大學出版社，2012，頁327。

34 台灣新竹地方法院103年度家親聲字第163號判決。

35 松本博之著，郭美松譯，《日本人事訴訟法》，廈門大學出版社，2012，頁327。

36 許士官，《家事事件法》，新學林，2020，頁318。

子女身分，因此應受本案實體敗訴判決（最高法院104年台上字第138號判決）。

參、訴訟審理原則

一、辯論主義與職權主義

親子訴訟事件中，除因最高法院大法庭判決認為屬於家事非訟事件之成年裁判終止收養事件外，均為當事人無處分權事項，應適用職權探知原則，法院應依職權蒐集事證（家事§10Ⅰ）。因此縱然家事事件法沒有明文規定準用婚姻訴訟事件即第58條不適用訴訟上自認以及不爭執事項之規定，但仍應認為不能適用訴訟上自認以及不爭執事項之擬制自認[37]。至於法院實務上，於審理之準備程序中，分別整理不爭執事項及爭點，應僅具有順暢訴訟程序之效果，並不發生自認或擬制自認之拘束力。

當事人無處分權之親子訴訟事件，自不得由當事人和解、捨棄、認諾（家事§46）。

二、強制合併審理

數親子訴訟事件，均係以親子關係為審理的主要事項，其基礎事實自有牽連，自得合併請求，其分別起訴者，應強制合併審理（家事§69Ⅰ準用§56），不過得強制合併審理之親子訴訟，必須是針對同一子女，不同的子女，基礎事實不同，不得合併審理[38]。至於親子關係訴訟，與收養關係訴訟，其法律關係形成之原因全然不合，自無基礎事實相牽連可言，亦無合併審理之必要。惟若認作家事訴訟事件不以基礎事實相牽連為必要，似即可合併審理。

推翻子女婚生性之否認子女之訴與認領之訴，司法實務上雖有認

---

37 姜世明，《家事事件法理與實踐之虛與實》，2016，頁146。

38 Martin Haußleiter, FamFG, 2011, S. 598.

爲必須於否認子女之訴確定後，方可提起認領之訴的見解。不過，家事事件法既然規定可以合併審理，最高法院100年度台上字第370號民事判決也採取肯定可以同時提起之見解，爲統合處理親子關係，自應允許同時提起、合併審理，已詳如上述。

至於親子訴訟可否與其他家事訴訟事件如婚姻訴訟合併審理，參照德國家事及非訟事件法第179條之規定，原則上禁止合併審理之立法例，再從保障兒童權利的觀點而言，確保兒童程序主體地位，應採取否定見解。

肆、證據之調查

一、身體證據之調查

家事事件法第68條規定，確認親子關係存否之訴訟，就血緣之存否有爭執時，可以命當事人或關係人限期接受血型、去氧核醣核酸（DNA）或其他醫學上之檢驗。

不過，有四項限制或應遵守之程序：（一）爲聲請之當事人應釋明有事實足以懷疑血緣關係是否存在，即有初步蓋然性；（二）檢驗，應依醫學上認可之程序及方法行之，例如開棺採樣並非必然可行（台灣高等法院103年家上字第211號判決）；（三）應注意受檢驗人之身體、健康及名譽，若有損害受檢驗人身體健康之虞者，即不得檢驗[39]，即符合比例原則；（四）應使當事人或關係人有陳述意見之機會；（五）採樣檢驗方法之最後手段性，只有以其他證據方法，仍無法查明時，始得採取侵害基本權最強烈的採樣檢驗方法[40]。

進行檢驗的對象，並不限於當事人，其他足以確認血緣之人，如祖父母、兄弟姊妹，也可以成爲採樣檢驗的對象[41]。至於家事事件法第68條雖然規定限於子女爲未成年人之親子事件，才可以採樣檢驗。然而，由於確認親子關係，對於成年子女，也同時具有家族認同、事

---

39 Richard Zöller, Zivilprozessordnung, Kommenter, 30Aufl. 2014, S. 2758.

40 姜世明，《家事事件法》，元照出版，2019，頁387。

41 姜世明，《家事事件法》，元照出版，2019，頁386。

業經營及財產管理的多元功能，故子女爲成年人，也應肯定可以選擇此項調查證據之方法，而得類推適用之[42]。

進行檢驗如果需要爲身體血液等採樣時，是否應取得被採樣人之同意，我國家事事件法並沒有明文規定。英國1996年家庭法第21條規定，16歲以下之兒童，可以由照顧兒童之人代爲同意。英國司法判例採取福祉原則，以是否有利於增進兒童福祉，爲決定可否允許採樣的判斷標準[43]。至於成年人如父母親不同意或不配合時，英國司法實務上，仍然可以經由法院裁判程序審理之，只不過，拒絕同意或提供檢體，並不至於構成藐視法庭罪[44]。德國民法第1598a條第2項已經規定取得同意之實體法上請求權，若當事人不同意，可以由法院裁定之，具有間接的強制力；德國家事及非訟事件法第178條進一步採取直接強制的效力規定，可以由法院裁定直接強制採樣。至於有民事訴訟法第307條得拒絕證言之事由時，可否拒絕採樣檢驗，雖然可能有學者採取肯定見解，認爲既然沒有作證義務，特別是因爲可能是自己犯罪的證據，從被告沒有自證己罪的原則，認爲也可以拒絕採樣檢驗。不過，德國家事及非訟事件法第178條第2項雖然規定準用民事訴訟法第386條至第390條釋明得拒絕證言之程序，卻沒有準用第383條以及第384條拒絕作證之事由。據此，若參考德國法之規定，且由於我國民事訴訟法第307條所列之事由包含親屬等關係，受刑事追訴或應守秘密等事項，若允許成爲拒絕採樣的理由，恐將無法有效採樣檢驗[45]。

身體取樣之准否，一方面涉及對於個人血緣資料之獲知權保障，另一方面涉及兒童現存家庭成員家庭生活權保障，後者與維持兒童現存穩定之家庭生活密切相關。這兩種基本權利衝突時，有學者主張應優先保障兒童對於個人血緣資料的獲知權，也有學者主張應優先

---

42 姜世明，《家事事件法》，元照出版，2019，頁387。

43 Sonia Harris-Short & Joanna Miles, Family Law, Oxford University Press, 2011, 2nd ed., p. 609.

44 Sonia Harris-Short & Joanna Miles, Family Law, Oxford University Press, 2011, 2nd ed., p. 610.

45 Richard Zöller, Zivilprozessordnung, Kommenter, 30Aufl. 2014, S. 2759.

保障兒童穩定的家庭生活權[46]。從兒童權利公約第3條所揭示之兒童最佳利益原則，應採取後者見解。法院於是否允許身體採樣時，應以兒童現存良好的家庭生活是否受到侵害爲優先考慮要素。

當事人一直不願意依照法院裁定採樣檢驗時，有認爲可以依民事訴訟法第367條勘驗調查證據之方法，準用第345條不提出文書之效果，認定該事實之主張爲眞。不過，由於採樣檢驗更接近鑑定，而不是勘驗，應準用證明妨害之法理[47]，由法院作爲全辯論意旨之一部分，綜合調查所得之其他證據，合併判斷之（最高法院106年台上字第296號判決、102年台上字第2571號判決）。例如當事人已經證明並沒有與生母同住一屋，縱然該當事人拒絕採樣檢驗，法院仍然應綜合調查是否同住一屋的證據而判斷之。又如生母已經同意攜同子女回國接受採樣檢驗，卻於開庭前，擅自將子女帶往國外，法院可能認爲原告主張子女之事實爲眞正（最高法院102年台上字第111號判決）。

第五節　親子訴訟判決之效力

親子訴訟判決，無論判決結果如何，均對訴訟當事人以及其他第三人發生既判力（家事§69Ⅰ準用§57），而且既判力客觀效力擴及得合併審理之其他親子訴訟。因此，就同一子女與父親之親子關係，提起否認子女之訴、判決之既判力擴及於確認親子關係存在或不存在之訴。

又家事事件法第69條第1項準用同法第57條，親子關係訴訟亦有既判力擴張之效力。因此例如原告提起否認子女之訴敗訴之後，被告不得再提起家事事件法第67條所定之確認親子關係不存在之訴。不過，親子身分關係既判力之擴張，有更多的問題需要思考。首先親子訴訟事件可分爲親子血親關係以及收養關係，收養關係之家事身分訴訟事件僅存撤銷收養之訴、撤銷終止收養之訴及確認收養關係存在之

[46] Sonia Harris-Short & Joanna Miles, Family Law, Oxford University Press, 2011, 2nd ed., pp. 609-610.

[47] 姜世明，《家事事件法》，元照出版，2019，頁388。

訴，收養關係與親子血緣關係之訴，基礎事實不同，應解爲不得合併審理、請求，自不得適用家事事件法第57條，將既判力相互擴張及於彼此兩類訴訟。

另外，親子血緣關係之訴包含否認子女之訴、強制認領之訴、確認母再婚後所生子女生父之訴、確認親子關係存在之訴，個別訴訟類型之事實均不相同，日本有學者認爲日本人事訴訟法第25條之規定，在立法論上仍有諸多可資質疑之處[48]。不過家事事件法既然已經明文規定，且子女身分關係的穩定性應有更高之要求，以符合子女之利益，自不宜一再提訴，擾亂穩定之親子身分關係。

又既判力擴張之範圍，如果是因爲法院未闡明以至於沒有主張，或者因不可歸責於當事人事由而沒有主張，例外地不受既判力客觀範圍擴張所及，此亦準用婚姻訴訟事件（家事§69Ⅰ準用§57但）。

---

48 松本博之著，郭美松譯，《日本人事訴訟法》，廈門大學出版社，2012，頁212。

第四章　婚姻財產訴訟事件

第一節　訴訟事件類型

所謂婚姻財產訴訟事件，是指因婚約、婚姻關係或司法院釋字第七四八號解釋施行法第2條所規定之同性婚姻關係所生損害賠償、財產分配等財產訴訟事件。婚姻財產訴訟事件，本案雖是損害賠償、財產請求，卻伴隨著婚姻、婚約等身分關係的效力而定。實務上常見的訴訟類型，是離婚後夫妻財產分割、離婚之損害賠償等事件。

夫妻財產補償事件，是指依照民法第1038條之規定，就共同財產之債務以特有財產清償或特有財產之債務以共同財產清償，所生之配偶間補償請求權事件。夫妻財產分配事件，是指夫妻財產制結束時，依照民法第1058條、第1030條之1之規定分配財產之請求權而言。夫妻財產之取回事件，是指依民法第1058條之規定，各自取回其結婚或變更夫妻財產制之財產而言。夫妻財產返還事件，是指依民法1030條之3第2項所規定剩餘財產分配權利人與義務人，不足清償其應得之分配額，就其不足額對受領第三人於其所受利益範圍內請求返還之請求事件而言。其他夫妻財產婚姻關係所生之事件，還包含民法第1023條第2項所規定以自己財產清償他方債務之情形。以上夫妻之說明，還包含依司法院釋字第七四八號解釋施行法第10條第2項、第15條及第19條準用前開民法規定之事件。

配偶之一方因有判決離婚之事由所造成之損害，應依民法第1056條第1項負賠償責任，被稱之爲離婚損害，例如長期不給付生活費用而有惡意遺棄之行爲。配偶之一方因其行爲對他方構成侵權行爲，而應依民法第184條負侵權行爲損害賠償責任，而該行爲與判決離婚事由有關者，被稱之爲「離因損害」，例如與配偶以外之人爲性行爲[1]。此兩類事件，均屬婚姻財產訴訟事件（家事審理細則§70②、③）。

---

1 林秀雄，《親屬法講義》，元照出版，2022，頁205。

第二節　審理程序

婚姻財產訴訟事件，性質上仍屬於財產訴訟事件，審理程序應準用民事訴訟法之規定（家事§51），依民事財產訴訟事件程序原則審理之。不過，有學者認爲家事財產訴訟事件，係採取協同主義，當事人也有協力提出證據之義務與權利[2]。

夫妻剩餘財產分配事件，屬於當事人處分事項，依照家事事件法第10條之規定，應適用辯論主義，證據資料應由當事人提出。至於婚姻關係是否存在的前提事實，縱然屬於法院應依職權探知之事項，如婚姻不存在的事實，但由於本案之訴訟標的爲夫妻剩餘財產分配，因此仍應適用辯論主義。然此有不同見解，主張仍然應適用職權探知原則[3]。

請求分配夫妻剩餘財產及遺產分割訴訟，既經合併提起，由於遺產分割訴訟其訴訟標的對於共同訴訟之各人均須合一確定，因此審理程序應適用民事訴訟法第56條所定必要共同訴訟之程序原則（最高法院108年台上字第798號判決）。

夫妻剩餘財產分配因爲分配顯失公平，法院可以裁量調整或免除分配額（民§1030-1Ⅱ）。裁量的因素則鑑於：「民法第1030條之1規定旨在衡平夫妻婚姻關係存續中，因一方對於家務、教養子女及婚姻共同生活並無貢獻，或有不務正業、浪費成習，及對於聯合財產之增加並無貢獻之相類情形，致獲得非分之利益時，由法院本於裁量權之行使，予以調整或免除其分配額。」因此法院應「……視請求權人是否具有上開情形而定。至法院酌減請求權人之分配額或不予分配，雖有裁量之自由，仍應斟酌請求權人對於『家務』、『教養子女』、『婚姻共同生活』之正面貢獻程度，及其因『不務正業』、『浪費成習』或相類情形，不利於增加聯合財產之負面影響程度而定。」（最高法院108年台上字第431號判決、100年台上字第2031號判決）至於婚姻關係破綻發生原因之可歸責事由，並非前開規定之調整或免除分

2 許士宦，《家事事件法論》，新學林，2019，頁80。

3 姜世明，《家事事件法》，元照出版，2019，頁241。

配額之事由（最高法院106年台上字第2784號判決）。

夫妻於婚姻關係存續中相互之贈與，是否應重新加入剩餘財產之計算，列入分配，司法實務認爲：「民法第406條規定之贈與，得否因夫妻間共同生活協力或夫妻剩餘財產分配，而創設另一實質上係有代價取得之贈與，實不無疑問。再夫妻間贈與，非必因感念他方對共同生活之貢獻而爲之，或爲剩餘財產之前付。況贈與之財產未必於婚姻存續中取得，亦有可能係無償取得而來，將之列入剩餘財產分配未必公平。且贈與於一般社會通念即無償贈送，夫或妻既將財產贈與他方，於婚姻關係消滅時，再要回重新計算，與誠信原則有違，是解釋上夫或妻自他方受贈之財產，自應屬於民法第1030條之1第1項第1款之無償取得財產。」（台灣高等法院99年家上字第184號判決）學者間雖然有不同見解，但贊同此見解爲有力學說[4]。

婚姻財產訴訟事件（如夫妻財產分配）合併前提之身分關係（離婚），交付調解程序，經調解後，雙方同意離婚。婚姻財產訴訟事件無法達成協議，自應由家事法庭繼續審理之。離因損害賠償事件，既屬婚姻財產訴訟事件，也應爲同一處理方式[5]。

---

[4] 林秀雄，〈夫妻間贈與與婚後債務—高本院99家上184判決評析〉，《台灣法學雜誌》，第378期，2019/10，頁103-106。

[5] 李太正，《家事事件法之理論與實務》，元照出版，2020，頁211。

第五章　繼承訴訟事件

第一節　事件類型

　　家事事件法第70條規定「因繼承回復、遺產分割、特留分、遺贈、確認遺囑眞僞或繼承人間因繼承關係所生請求事件」屬於繼承訴訟事件。

　　繼承回復，係指民法第1146條所定繼承回復事件，該事件係因主張繼承權被其他繼承人侵害，要求回復繼承權之事件。由於民法採取概括繼承，所有遺產包含動產、不動產，均由繼承人於被繼承人死亡時繼承。爲使繼承人於繼承權受侵害時，只須證明其係眞正繼承人即得請求回復其繼承權而不必逐一證明其對繼承財產之眞實權利，以及繼承權之回復應有一定之時效限制，乃設繼承回復請求權之制度。司法院大法官會議釋字第437號闡述繼承回復請求權之要件，並說明繼承回復請求權行使之樣態。第一種樣態是繼承人於繼承原因事實發生後，被他人否認其繼承資格並排除其對繼承財產之占有、管理或處分；第二種樣態是繼承開始時或開始後僭稱爲眞正繼承人否認其他共同繼承人之繼承權，並排除其占有、管理或處分等情形[1]。繼承回復請求權與個別物上返還請求權係屬眞正繼承人分別獨立而併存之權利，兩者雖有不同，卻都具有權利回復之功能，在權利行使上則存在著簡明與繁複的差異。

　　特留分是指民法第1225條所定特留分事件，依照該條規定，應得特留分之人，如因被繼承人所爲之遺贈，致其應得之數不足者，得按其不足之數由遺贈財產扣減之。受遺贈人有數人時，應按其所得遺贈價額比例扣減。遺贈事件則是指立遺囑人以遺囑對他人無償贈與財產上之利益，因爲以遺囑爲之，必須俟遺囑人死亡時才發生效力[2]，民法第1200條以下就遺贈有所規定。遺囑眞僞事件，乃是繼承人起訴

[1] 陳惠馨，《民法繼承篇—理論與實務》，元照出版，2017，頁107-108。

[2] 陳棋炎、黃宗樂、郭振恭，《民法繼承新論》，三民書局，2022，頁351。

法院確認立遺囑人所立之遺囑是否有效等事件。此外，民法第1149條所定就死者生前繼續扶養之人，依其所受扶養之程度及其他關係，酌給遺產之遺產酌給請求權事件。或者依司法院釋字第七四八號解釋施行法第23條所定同性婚姻準用民法繼承編所生之繼承訴訟事件等均屬繼承事件。

遺產分割事件，係因繼承人繼承財產之後，依照民法第1164條規定，得隨時請求分割遺產，而向法院起訴請求遺產分割之事件，此為司法實務上最為常見之家事財產訴訟事件。

繼承人之一因積欠債務，無力清償，債權人乃代位行使遺產分割請求權，是否為家事事件或民事事件，台灣高等法院暨所屬法院110年法律座談會民事類提案第24號曾提出討論，贊成是家事事件，應由家事法庭審理。其主要理由是民法第242條規定債權人得以自己之名義行使債務人之權利，所代位者提起訴訟之訴訟標的，仍為債務人對該請求對象即被告之實體法上權利，至上開代位規定，僅為債權人就原屬債務人之權利，取得訴訟上當事人適格之明文，即屬法定訴訟擔當之規定，尚非訴訟標的。代位分割遺產訴訟事件，所涉者為同屬繼承人間之爭訟，被告並得抗辯被代位之繼承人繼承權不存在或已喪失（民§1145），抑或繼承人間有扣還、歸扣情事（民§1172、§1173），實務上亦所在多有，具有家事訴訟事件之性質。另外一種見解主張認為是民事事件之理由，係因為此類事件非親屬編、繼承編或其特別法所規定之事件，其他例如親屬間之借款等糾紛，或依民法第242條代位行使債務人之權利，或依強制執行法第14條或第15條所提起之異議之訴，性質上主要為普通財產紛爭等事件，多無以家事程序法理審理此類事件之必要，亦無選任程序監理人、命家事調查官為調查之必要，更無法院職權調查或依裁量而為裁定之空間，應認非屬家事事件。審查意見與多數意見均認為屬於家事事件。本書亦已於第一編第二章第二節說明。

第二節　管轄

繼承訴訟事件由下列法院管轄：一、繼承開始時被繼承人住所地之法院；被繼承人於國內無住所者，其在國內居所地之法院；二、主要遺產所在地之法院（家事§70）。由於繼承訴訟屬於家事財產訴訟事件，因此並非專屬管轄。最高法院106年度台抗字第640號裁定闡述：「家事事件法第70條規定，因特留分所生請求之繼承訴訟事件，得由（一）繼承開始時被繼承人住所地之法院；被繼承人於國內無住所者，其在國內居所地之法院；或（二）主要遺產所在地之法院管轄，此乃基於證據調查便利及有助訴訟程序進行之考量，所設特別審判籍之規定，並未排除家事事件法第5條準用非訟事件法第7條所規定之普通審判籍，故該事件關係人住所地、事務所或營業所所在地、財產所在地、履行地或行為地之法院，就該事件亦有管轄權。」

至於主要遺產所在地之認定，最高法院103年度台抗字第771號民事裁定也指出：「又家事事件法第70條第2款所稱之主要遺產所在地，係以各所在地之遺產為分子，全部遺產為分母，該所在地遺產價值占全體遺產之比例最高者，始為主要遺產所在地，尚非以遺產筆數為是否主要遺產所在地區別標準。」

第三節　遺產分割事件

起訴請求遺產分割，必須是由繼承人因繼承取得權利之遺產。因繼承取得之權利，原則上為繼承開始時，也就是被繼承人死亡時留下的遺產為限（民§1148），死者在生前已經移轉為他人所有之財產或權利，除依法律規定應計入遺產視為已經取得之遺產（民§1148 I），或應歸扣者（民§1173）等情形之外，並非遺產，不得計入遺產分割訴訟請求之標的。又遺產分割係以整個遺產為一體為分割，並非以遺產中個別之財產分割為對象（最高法院109年台上字第1957號判決）。因此，請求分割遺產，必須先列明所有遺產的範圍。此除由繼承人陳報之遺產清冊外，亦可由稅捐機關之財產總歸戶清單及財產所得清單查知遺產之範圍。

遺產為登記之不動產，必須先辦理繼承登記，方得請求遺產分割，最高法院109年度台上字第916號判決指出：「遺產中不動產之繼承登記為遺產裁判分割之前提要件。」最高法院107年度台上字第

1676號民事判決更闡述：「分割共有物既對於物之權利有所變動，屬處分行爲之一種，凡因繼承於登記前已取得不動產物權者，其取得雖受法律之保護，不以其未經繼承登記而否認其權利，但繼承人如欲分割其因繼承而取得公同共有之遺產，因屬於處分行爲，自非先經繼承登記，不得爲之。」

繼承人固得隨時請求分割遺產，然而若經遺囑禁止遺產之分割者，於遺囑所定期限內，最長不超過10年不得分割遺產（民§1165II）。繼承人協議不分割遺產，在協議有效期間之內，亦不得請求分割遺產。繼承人不分割遺產之協議，法律沒有期限之限制，有學者主張不分割的期間最長爲10年[3]。然而亦有學者認爲民間常有分割遺產時，存留田產一部分，作爲祭祀祖先之祀產（祭祀公業、祭田、祀產）而由子孫共同共有，永久禁止分割，既不會違反公序良俗，自無不許之理[4]。若以遺產作爲促進經濟生活之財產資源，前者固有可採之處，然若將財產權納入人類社會生活之因素，後者應有可資參考之處。

遺產分割之請求，民法第1164條規定採取遺產分割自由制度，繼承人在尚未依照現行民法第1156條至第1162條之法定限定繼承制度下，進行實質遺產清理程序，即得請求遺產分割，有識之學者指出此有絕對牴觸，必須重新調整去除矛盾之必要[5]。其說確有見地，且家事事件法既於第127條以下定有繼承之家事非訟事件，由法院在一定監督下，要求繼承人完成民法第1156條至第1162條之實質遺產清理程序。若落實該繼承之家事非訟，並與遺產分割之家事訴訟做有機有序的結合，似能緩解遺產分割訴訟中，因財產狀況之不明，導致訴訟法院耗費大量資源查知遺產狀況，繼承人情緒高度對立之狀況。

訴請遺產分割之訴訟，其裁判費之繳納，依民事訴訟法第77條之11，應以原告因分割所受利益之價額核定之。最高法院107年度台抗字第917號民事裁定指出：「按民法第1164條分割遺產之訴，係以

3 陳棋炎、黃宗樂、郭振恭，《民法繼承新論》，三民書局，2022，頁149；林秀雄，《繼承法講義》，元照出版，2022，頁110。

4 戴炎輝、戴東雄、戴瑀如，《繼承法》，元照出版，2021，頁110。

5 戴炎輝、戴東雄、戴瑀如，《繼承法》，元照出版，2021，頁179。

遺產爲一體，整個的爲分割，而非以遺產中個個財產之分割爲對象。而分割共有物涉訟，以原告因分割所受利益之價額爲準，請求分割共有物事件上訴時，其訴訟標的價額及上訴利益額，均應以原告起訴時因分割所受利益之客觀價額爲準，不因被告或原告提起上訴而有所歧異。次按原告主張之數項標的雖不相同，惟自經濟上觀之，其訴訟目的一致，不超出終局標的範圍，依民事訴訟法第77條之1、第77條之2規定，訴訟標的價額應以其中價額最高者定之。」並認爲：「……訴請分割遺產，其應繼分爲4分之1，因分割所得受之利益，自應以系爭遺產總價額4分之1計算。……」至若提起之訴訟爲繼承權存在或不存在訴訟之訴訟費用，應以起訴時之交易價額爲準；無交易價額者，以原告就訴訟標的所有之利益爲準（家事§51準用民訴§77-1Ⅱ）。起訴請求就某人遺產，確認被告繼承權不存在之訴，其裁判費之計算，應就所有遺產之價額，以被告爲繼承人時原告所得繼承之遺產價額，與不列被告爲繼承人時原告所得繼承之遺產價額，以其差額爲裁判費訴訟標的價額（參考最高法院103年台抗字第510號裁定）。

遺產分割事件，鑑於民法第1187條規定，遺囑人於不違反關於特留分規定之範圍內，得以遺囑自由處分遺產。且民法第1165條第1項也規定，被繼承人之遺囑，定有分割遺產之方法或託他人代定者，從其所定。因此，分割遺產首先必須查知檢視遺囑是否存在、遺囑內容所定財產分配的方案，以及遺產分割之方法、是否指定遺囑執行人等。爲遺囑執行準備之遺囑提示，有立法例規定必須向法院爲之[6]。我國民法於2014年修正後，改爲應由發現或保管遺囑之人，向遺囑執行人提示，無遺囑執行人時，應通知其他繼承人、債權人、受遺贈人或利害關係人（民§1212）。封緘遺囑之開視，必須在親屬會議當場或法院公證爲之，且必須製作筆錄（民§1213）。親屬會議若無法召開時，應可依民法第1132條之規定，聲請法院處理之。遺囑之開視，具有確認遺囑眞僞、執行遺囑記載事項之重要功能，家事事件法第127條也規定此類家事非訟事件，以落實開視之程序[7]，應有助於遺產分割事件之處理。

---

6 陳棋炎、黃宗樂、郭振恭，《民法繼承新論》，三民書局，2022，頁317。
7 戴炎輝、戴東雄、戴瑀如，《繼承法》，元照出版，2021，頁267-268。

遺產分割事件屬於繼承財產訴訟，依照家事事件法第23條規定，採取調解前置程序。對於遺產經濟價值高，需要由有會計財務背景之調解委員協助整理進行遺產清理，法院似亦可結合資源，以遺產之費用委由會計財務背景之專業人士，協助調解程序之順利進行。對於情緒對立性高，訴求父母對遺產分配之公平處理，需要由有社工、心理諮商背景之調解委員，透過賦權、發覺衝突原因，協助自主尋找調解方案。法院認為有必要，就特定事實，如死者生前受照顧之狀況，亦可指定家事調查官調查事實，提出調查報告。協助繼承人瞭解確認遺產分割方案所依賴之生活事實，以利自主完成分割方法。

遺產分割事件之審理，因性質上為家事財產訴訟事件，適用處分權原則以及辯論主義等訴訟法理。但是就遺產分割方法，法院所定之方法並不受當事人聲明之拘束。法院裁量所定遺產分割方法，所依賴的基礎事實，例如建物是否由繼承人使用、被繼承人生前受照顧、動產占有管理、公司股權實際管理、貴重及藝術物品須受照顧保護、未亡人或生存配偶所需受照顧之狀況等，應可由法院闡明之，並由繼承人為眞實完全之陳述，或為調查證據之聲請，或由法院指定家事調查官調查之，或囑託主管機關調查之。

遺產分割之方法雖由法院裁量決定，不受當事人聲明之拘束，但法院所定遺產分割之方法，若與當事人聲明不同，提起第二審上訴，應以上訴狀表明對於第一審判決不服之程度，若有不利於當事人者，當事人自得提起上訴。至於不服利益之有無，原則上以判決主文與原告訴之聲明為比較。倘法院判決主文除為如原告訴之聲明之諭知外，另有原告訴之聲明所無之內容，其實質結果對原告有不利情事者，應認受實質不利之原告有不服利益或上訴利益存在（最高法院107年台抗字第281號裁定）。

我國民法繼承制度採取當然、法定繼承制度，被繼承人死亡時，遺產即歸繼承人所有（民§1148），而且繼承人以及繼承之順位，均由法律明文規定，由直系血親卑親屬、父母、兄弟姊妹以及祖父母依順位，與被繼承人之配偶依照應繼分繼承之（民§1138）。司法實務上，繼承權的存在與否往往伴隨著婚生子女身分認定、配偶身分認定之爭議。家事事件法第72條規定，於遺產分割訴訟中關於繼承權有爭執者，法院應曉諭當事人得以同一訴訟為請求的追加或提起反請求。繼承權是否存在的訴訟，如果繼承人是子女時，往往涉及親子關係是否存在的判斷。而親子關係的存否，目前在我國民法體系下，仍然限於婚生子女才有繼承權，非婚生子女或不是繼承人之子女者並沒有繼承權。又爲了維持親子關係的穩定，民法就婚生子女的推定、否定等訴訟設有一定除斥期間。除斥期間經過後，不得再就婚生子女或非婚生子女身分爭執，也就同時確定了繼承權的存否。然而司法實務上屢見以不是被繼承人之血緣上子女否認繼承權，或者以確實是被繼承人之血緣上子女主張繼承權之訴訟。最高法院95年台上字第1815號判決肯定可以提起親子關係存在的訴訟，以解決繼承權存否的爭議，闡述指出：「夫妻父母子女所建構之家庭倫理關係，爲社會人倫秩序之基礎，並爲扶養、監護、財產繼承法律關係之準據，婚生推定之親子關係，倘與眞實血緣關係相違背，不僅有礙子女之人格發展，且影響以親子關係爲基礎所生之扶養、監護、財產繼承之法律關係，就現階段之兩性關係及社會價值，衡量確定眞實血緣關係所可能涉入父母婚姻關係之隱私領域，暴露生母受胎事實之侵害，較之表見親子關係所造成血緣關係混淆及扶養、監護、財產繼承之侵害爲小，自應准許就此受有權利義務利害關係，而於法律地位處於不安之第三人提起確認親子關係不存在之訴，得依該確定判決，除去該不安之狀態。」並在法律解釋上推論認爲：「……民法第一千零六十三條（否認子女之訴）……惟此種推定僅屬法律上之一種擬制，非不得以反證推翻之，即使提起否認子女之訴之除斥期間已過，若有確切證據得證明子女非上開法條推定之父所生之子女（如血緣鑑定報告），仍應得提起確認子女關係不存在之訴。……」最高法院此項見解，顧及國情，而致力推論解釋法律，不過多數學者仍然認爲顚覆了民法實體法已經揭示的價值體系，而不應採取此類廣泛承認第三人提起親子關係存否訴訟的見解[8]。

在台灣生活習俗上，父母愛子心切，在購買建物、土地等資產時，以子女名義購買，實際上卻由父母出資[9]，以幫助子女建立家

---

8 姜世明，《家事事件法理與實踐之虛與實》，新學林，2016，頁138以下。

9 類似案例見台灣高等法院台南分院104年度重上第81號判決。

業，綿延子孫後代。此種法律交往活動，是一種贈與或者是一種借名契約，在審判實務有認定上之困擾。借名契約，顧名思義是借用他人名義爲法律行爲，性質上應類似於民法第582條以下之委任契約。但由於借名契約並不是台灣民法明定的契約類型，當事人間之權利義務內容混沌不明。然而最高法院106年度第3次民事庭會議決議認爲「不動產借名登記契約爲借名人與出名人間之債權契約，出名人依其與借名人間借名記契約之約定」，並區分借名契約之內部效力與外部效力，等於肯定借名契約之合法性。而借名契約之終止，最高法院103年度台上字第1466號判決認爲：「借名登記契約準用委任之規定，故借名登記契約成立後，當事人任何一方得隨時終止……。」學者也認爲台灣民法第549條既然規定得隨時終止委任契約，終止之事由不再具有重要性[10]。台灣司法實務上，也有終止父子間借名契約之案例，多半是父親死亡後，其餘繼承人主張登記在兒子名下之財產，屬於父親所有，應列入遺產之案例。例如台灣高等法院104年度家上字第235號判決、103年度家上更（一）字第6號判決。

原住民保留地，土地權利之繼承及遺產之分割，也具有其特殊性。依照原住民保留地開發管理辦法第17條第1項規定：「原住民符合下列資格條件之一者，得申請無償取得原住民保留地所有權：一、原住民於本辦法施行前使用迄今之原住民保留地。二、原住民於原住民保留地內有原有自住房屋，其面積以建築物及其附屬設施實際使用者爲準。三、原住民依法於原住民保留地設定耕作權、地上權或農育權。」再由同條第2項規定：「前項申請案由鄉（鎮、市、區）公所提經原住民保留地土地權利審查委員會擬具審查意見，並公告三十日，期滿無人異議，報請直轄市、縣（市）主管機關核定後，向土地所在地登記機關辦理所有權移轉登記。」若符合資格取得原住民土地所有權之老年父母，在生前辦理原住民土地所有權登記時，允諾由特定之繼承人，可能是同居的兒子，或者依部落慣例應繼承之長女，以實際使用原住民保留地爲理由，登記爲該子女所有，也有可能產生是否應列入遺產之爭執。

---

10 邱聰智，《新訂民法債法各論（中）》，元照出版，2008，頁255。

誠如學者研究指出，台灣司法實務中，從1990年之後，子女無論是男性、女性爭取繼承權利之案例，快速增加，且增加之速度及比例，甚至超過婚姻事件。此並非台灣之特例，德國在2013年涉及繼承案件的財產總額占聯邦政府一年總預算相差無多[11]。結合財務管理及繼承法之家族財富傳承領域，也受到重視。而在家族財富傳承過程中，除了遺產分割之外，有機有序融合同具非訟事件性質之公證遺囑、意定監護契約、家事非訟事件中之遺囑開示程序、限定繼承之實質遺產清理程序、遺產分割之調解程序等，納入學者所指出的被繼承人生前照顧或信託制度[12]，以有效規劃台灣社會邁入超高齡社會後所需要之老人權利保護，可謂任重而道遠。

---

11 陳惠馨，《民法繼承篇－理論與實務》，元照出版，2017，頁56-57。
12 陳惠馨，《民法繼承篇－理論與實務》，元照出版，2017，頁68-69。

第四編

家事非訟事件

本編目次

第一章　通則

第一節　家事非訟事件之類型

家事非訟事件之類型，以是否由法院職權啓動，可以區分爲職權事件以及聲請事件；以事件所涉及的權益保障是否包含第三人，可以區分爲私權事件以及公益事件。

壹、職權事件與聲請事件

一、區分之方法

家事非訟事件之啓動可以由法院依職權啓動者，即爲職權事件。必須由法律所規定或與該家事非訟事件有利害關係之人啓動程序者，即爲聲請事件[1]。前者例如監護宣告之監護人辭任後，可以由法院職權改定監護人（民§1106Ⅰ）、監護宣告後意定監護人不適任時職權改定之（民§1113-6Ⅳ）。後者例如請求給付贍養費事件（民§1057），由離婚之配偶聲請之。家事非訟事件究竟是職權事件或是聲請事件，應依照法律所規定是否得由法院職權啓動而定，特別是實體法之規定。

我國法律所定之職權事件，爲數不多。而德國於2008年制定之家事事件及非訟程序法，將家事事件分爲三類，即眞正訟爭事件、職權事件及聲請事件。除了如離婚等眞正訟爭事件之外，該法第23條規定聲請事件（Antragsverfahren）、第24條規定職權事件（Amtsverfahren）。依照該法之規定，家事事件是職權事件或聲請事件，視實體法之規定而定，實體法規定僅得由當事人聲請者，爲聲請事件；僅由法院職權啓動者，即爲職權事件。如果是既可以由當事

---

1 我國學者有以事件所涉公益之內容以及強度，區分職權事件與私權事件，與本書所使用之分類名稱不同。請參見許士宦，《家事事件法論》，新學林，2019，頁21。

人聲請啓動，也可以由法院職權啓動，即爲選擇性啓動之非訟事件（Alternative Verfahrenseinleitung）[2]。如果不是被列爲聲請事件，即屬於職權事件[3]。德國與我國對於職權事件之立法態度並不相同。

英格蘭1996年家庭法（Family Law Act）以及1989年兒童法（Children Act）中所規定各種有關兒童養育、監護、安置的案件，原則上都由法律規定了聲請權人，如權責機關、父母等，因此都是聲請事件。只有監護事件（Wardship）可以由法院依職權啓動該事件[4]。

無論是聲請事件或是職權事件，爲了使受事件裁定影響之利害關係人可以參與審理程序，確保聽審請求權，法院於審理時，應依照家事事件法第77條規定，應通知受裁定影響之人，到庭陳述意見。職權事件雖然是法院職權啓動，仍應通知第三人參與程序。例如通知改定之監護人到庭陳述擔任監護人之意願，甚或通知受監護宣告人之親屬到庭就改定監護人人選陳述意見。至於聲請事件，自更應依照家事事件法第77條通知第三人參與程序。

二、職權事件

民法第1055條第1項所定離婚後親子責任歸屬，既然該法已經規定於離婚時，可以由法院依職權啓動，即屬於職權事件。縱然離婚之父母沒有聲請酌定親子責任，法院仍得依職權啓動該親子非訟程序。民法第1090條規定停止親權事件，雖然最高法院曾經認爲：「得依民法第一千零九十條規定提起宣告停止親權之人，須以濫用親權之父或母之最近尊親屬或親屬會議爲限。」（最高法院78年台上字第1118號判決）然此係解釋家事事件法施行前民事訴訟法第592條宣告停止親權之訴，並以訴訟事件看待之的見解。家事事件法施行後，已經將宣告停止親權改爲非訟事件（家事§3Ⅴ⑩、家事審理細則§101③），

---

2 Richard Zöller, Zivilprozessordnung, Kommenter, 30Aufl. 2014, S. 2468.

3 Martin Haußleiter, FamFG, 2011, S. 90.

4 Nigel Lowe & Gillian Douglas, Broomly's Family Law, Oxford University Press, 2015, 11th ed., p. 749.

法律既然已經規定法院得依職權啓動宣告停止親權，此類事件，即屬職權事件。

少年法庭法官審理少年事件時，發現少年有兒少福權法第49條、第56條所列各種情形之一者，例如審理少年施用毒品案件時，查知父母親利用少年從事販毒之行爲，可否職權啓動親子責任非訟事件？

甲說（肯定說）：上述情形，應屬於民法第1090條所規定應停止親權之範圍，法院可以依照民法第1090條之規定職權啓動親子責任非訟事件。採此見解，使少年法庭與家事法庭能統合處理一家庭紛爭，充分發揮一家庭一法官之優點，更發揮少家法庭保護少年之機能。

乙說（否定說）：依照兒少福權法第71條第1項規定，僅「兒童及少年或其最近尊親屬、直轄市、縣（市）主管機關、兒童及少年福利機構或其他利害關係人，得請求法院宣告停止其親權或監護權之全部或一部」，並不包含法院，因此少年法庭自不得職權啓動親子責任事件。

本書贊同甲說。至於司法實務上，少年法庭法官職權啓動後，該事件應由家事庭或少年庭法官審理，屬於事務分配事項。因此，此類事件即屬於職權事件。

三、聲請事件

父母離婚後，就未成年子女扶養問題，與民法第1055條第1項所定親子責任之範圍有別[5]，因此應非職權事件，而爲聲請事件，法院不得依職權啓動該事件。此參考德國家事及非訟事件法第112條第1款將該法第231條所定家庭成員間之扶養事件，定爲家事訟爭事件，且我國家事事件法第107條第1項也分別規定兩種事件類型，同條第2項規定準用第99條，聲明給付金額之拘束性等規定，應認爲離婚後未成年子女扶養費事件，性質上爲聲請事件。

---

5 林秀雄，《親屬法講義》，元照出版，2022，頁200-201。

兒少福權法第54條第1項規定：「司法人員……於執行業務時知悉……兒童及少年家庭遭遇經濟、教養、婚姻、醫療或其他不利處境，致兒童及少年有未獲適當照顧之虞，應通報直轄市、縣（市）主管機關。」第54條之1規定：「兒童之父母、監護人或其他實際照顧兒童之人，有違反毒品危害防制條例者，於受通緝、羈押、……法院應查訪兒童之生活與照顧狀況。……法院就前項情形進行查訪，知悉兒童有第五十三條第一項各款情形及第五十四條之情事者，應依各該條規定通報直轄市、縣（市）主管機關。」雖然規定法院必須職權探知，不過探知後，只是通報縣市政府，並沒有啓動非訟程序，因此不是職權事件。

貳、公益事件與私權事件

一、區分之方法

家事非訟事件依照當事人處分權之有無，區分爲丁類事件以及戊類事件，丁類事件具有公益性，當事人並無處分權，性質上屬於公益事件。公益事件由於參與程序之當事人並沒有處分權，具有高度的公益性，事件所影響的人，並不限於聲請人、相對人，可能包含不確定、不特定之第三人，因此不允許當事人任意決定事件處理之內容，也不允許當事人任意終結程序。

二、公益事件

家事事件法第3條第4項所定之丁類事件，如宣告死亡事件、撤銷死亡宣告事件、失蹤人財產管理事件、監護或輔助宣告事件、認可收養或終止收養、許可終止收養事件、親屬會議事件、兒童少年或身心障礙者保護安置事件、停止緊急安置或強制住院事件等均屬於公益事件。

三、私權事件

家事事件法第3條第5項所定戊類事件多屬私益事件，由於當事人對程序標的有處分權，因此事件必須由當事人聲請方得開啓，法院審理之範圍以當事人聲明之程序標的爲準，而且當事人有權利以和解、撤回等方式終結程序。換言之，此類事件應適用程序法上之處分權原則。例如給付贍養費事件，非經當事人聲請，法院不得自行裁定命相對人給付贍養費。成年人宣告終止收養事件亦屬於私權事件。其他如給付家庭生活費、宣告改用分別財產制、監護人報酬等事件均屬於聲請事件。由於當事人處分權之強弱，又可以區分爲純粹私權事件與不純粹私權事件。

至於家事事件法第104條第1項第1款所定親子責任事件以及第3款所定停止親權事件，學者有認爲由於具有強烈之公益性質，當事人對於程序標的並無處分權、支配權，對於程序之進行無主導權、決定權，因此屬於公益事件，而非私權事件[6]。然而就離婚後親子責任而言，民法第1055條第1項既然規定離婚後，原則上由夫妻協議決定子女照護。同條第2項規定，協議不利於子女時，法院得改定之。由此規定可見，親子責任事件，原則上應尊重夫妻以及子女之決定，僅夫妻未爲決定或其決定不利於子女時，法院方得介入，因此當事人（夫妻以及子女）對程序標的仍有部分決定權。

（一）不純粹私權事件

不純粹私權事件，係指當事人對程序標的僅有部分之處分權，並無完全之處分權，雖然法律規定得由當事人在特定情形下，就程序標的事項爲合意處理，但法院並不完全受當事人合意之拘束，仍得依職權裁定之。例如家事事件法第104條第1項第4款所定選任特別代理人事件（民法§1086Ⅱ、§1098Ⅱ）、民法第1106條第1項所定爲未成年人選定監護人事件。

---

6 許士宧，《家事審判與債務執行》，新學林，2013，頁65。

（二）純粹私權事件

家事事件法第3條第5項所定戊類事件多屬此類純粹聲請事件，由於當事人對程序標的有處分權，因此法院審理之範圍以當事人聲請意旨記載之內容爲準，而且當事人有權利以和解、撤回等方式終結程序。換言之，此類事件應適用程序法上之處分權原則。例如給付扶養費事件，非經當事人聲請，法院不得自行裁定命相對人給付扶養費。其他如給付家庭生活費、宣告改用分別財產制、監護人報酬等事件、定同居住所等事件，均屬於純粹私權事件。

第二節　非訟程序之開啓

壹、聲請事件

家事非訟程序中之聲請事件，因爲當事人之聲請而開啓。當事人之聲請書狀，應載明聲請人之姓名資料、有相對人或利害關係人者，其姓名資料等，還必須記載聲請之意旨以及原因事實、證據等事項（家事§75Ⅲ）。聲請書中還可以記載定管轄法院、適用其程序所必要之事項（如是否合意適用非訟程序）、其他繫屬於法院之相關事件（家事§75Ⅳ）。家事非訟事件有應爲聲請意旨所載之履行義務人時，即應記載相對人。

當事人於書狀記載聲請之意旨及原因事實，旨在特定法院審理之對象，此即爲程序標的。聲請事件是實體法所賦予當事人啓動程序之事件，其程序標的應由當事人於書狀中特定，審理範圍也限於該程序標的，不得逸脫程序標的之外[7]，例如依照民法第1057條請求離婚後贍養費事件。

聲請書也可以由當事人請求法院以筆錄記載內容，並於筆錄內簽名爲之（家事§75Ⅱ）。例如在定夫妻同居住所之家事非訟事件審理中，當事人當庭追加請求給付家庭生活費用。

聲請書也可以依照司法院所定之辦法，以電信傳眞或其他科技設

---

7 Martin Haußleiter, FamFG, 2011, S. 86.

備將書狀傳送於法院，效力與提出書狀同（家事§75VII）。

貳、職權事件

家事非訟事件若是由法院依職權啓動者，直接由法院依照事件內容審理裁定之。例如離婚後未成年子女親子責任事件，法院於當事人訴請離婚之家事訴訟事件中，依卷內之戶籍謄本，以當事人離婚起訴狀爲依據，直接以審理單批示或審理筆錄宣示啓動親子責任事件。

第三節　家事非訟事件之審理

壹、家事非訟事件之程序結構—兼採職權主義與處分權主義

所謂職權主義，係指家事非訟程序之開啓、審理之對象以及程序之終結，均由法院職權決定。於職權主義的程序結構下，法院可以在有足夠理由時，因爲自己職權查知、機關通報而開啓程序，決定審理之對象，並做出裁決。當事人的聲請行爲及聲請意旨的記載，都只有促請法院啓動程序、進行審理並裁決的作用，並無拘束法院的效力[8]。

所謂處分權主義，係指舉凡程序之開啓、審判之對象以及程序之終結，均由當事人決定之。基於現代司法權之被動性，法院程序之開啓，唯有在當事人主觀地認爲權利受到侵害，進而以訴訟行爲要求法院爲權利存在之宣告時，方得爲之。依此推演，審判的對象亦即要求法院判決確認之權利範圍，也應由當事人決定。因此當事人於起訴時，無論是聲請意旨、程序標的的表明以及相對人之特定，都必須符合明確性原則，並具有拘束法院之效力。

職權主義與處分權主義之認識，作爲解釋判斷當事人程序行爲

8　姜世明，《家事事件法》，元照出版，2019，頁190-191。

在程序上之效力、法院與當事人間程序任務之分配，具有指標性的作用[9]。我國家事非訟事件之程序結構，依事件之性質，兼採處分權主義及職權主義。有學者認爲家事事件法係採取協同主義[10]。

貳、家事非訟事件之審理原則

一、家事非訟程序之開啓

家事非訟程序因當事人之聲請方得開啓者，即爲採取處分權主義之家事非訟事件，例如夫妻離婚後請求贍養費事件。此類事件，既然必須由當事人聲請才可以開啓，法院即不得自行開啓程序，而且當事人聲請意旨，對於法院也有相當的拘束力，例如贍養費之請求。

家事非訟程序可以由法院職權開啓者，即爲採取職權主義之家事非訟事件，例如改任監護宣告之監護人事件，原聲請人聲請意旨表明希望選任長子爲監護人，法院經調查相當證據，並給予當事人陳述意見後，即可以依職權選定次子爲監護人，不受聲請意旨之拘束。

我國家事事件法，依照家事非訟事件之性質，就程序之開啓，區分爲聲請事件與職權事件。前者必須由當事人聲請方得開啓，如家事事件法第3條第5項所定戊類事件，原則上爲聲請事件；職權事件則可由法院職權開啓事件，家事事件法第3條第4項所定丁類事件，原則上爲職權事件。

二、聲請意旨之拘束性

家事非訟事件由當事人聲請者，必須依照家事事件法第75條第3項第5款載明聲請意旨，以資確認法院審理之對象以及範圍。

家事非訟事件聲請意旨對於法院之拘束性，應視當事人有無處分權而定。如果是公益事件，當事人就事件處分之方法、內容並無處分權，當事人縱然記載聲請意旨，該聲請意旨對於法院並無拘束力。例

9 邱聯恭，《口述民事訴訟法講義（三）》，2015，頁1。
10 許士宧，《家事事件法論》，新學林，2019，頁80。

如兒童少年保護安置事件，應安置之機關，縱然聲請意旨記載由位於苗栗縣之機關爲安置，法院仍可以依職權裁定由兒童住所地的花蓮縣某安置機關爲安置。

至於私權事件，當事人在某程度範圍有處分權，就該處分權範圍內之聲請意旨，自有拘束法院的效力。例如請求給付扶養費，父母僅請求子女甲給付扶養費，法院自不得命子女乙給付。至於當事人處分權之範圍，應視法律之規定以及解釋適用之結果而定。而且法律並不限於實體法，家事事件法也包含在內。例如當事人請求給付扶養費，聲請意旨雖然記載一次給付，但法院就該請求給付之方法，依照家事事件法第100條第1項之規定，可以職權定之，因此就該給付方法，當事人並無處分權，法院自不受聲請意旨之拘束。學者有以區別聲請意旨之範圍以及內容方法，而處理聲請意旨拘束性問題者[11]。其結論與本書略同，但論理有所不同。也有若干家事非訟事件，當事人具有完全的處分權，例如監護損害賠償事件（家事§121），當事人的聲請意旨自有拘束法院的效力。

三、事證蒐集—職權探知原則

家事非訟事件，無論是公益事件或私權事件，於事證之蒐集均採取職權探知（家事§78Ⅰ），並規定當事人協同提出事證（家事§78Ⅱ）的義務[12]，與德國家事及非訟事件法第26條、第27條之規定相仿。此乃因爲家事非訟事件之裁判可能影響第三人，且其裁判之形成，需要法院行使裁量，則就法院行使裁量所需要之事證，自應由法院職權探知。我國家事事件法並未明文限定職權探知事證之範圍，與德國家事及非訟事件法就若干事件如子女血緣事件（§177），僅限於有利於認定父親身分存續之事實，方得職權探知之規定，有所不同。

職權探知原則有三項內容，第一是審理程序所需要的基礎事實以

---

11 姜世明，《家事事件法》，元照出版，2019，頁191-193。

12 邱聯恭，《口述民事訴訟法講義（三）》，2015，頁48；沈冠伶，《家事程序之新變革》，元照出版，2015，頁40-41。

及證據，不待當事人主張或提出，法院都可以作爲裁判之基礎，例如是否有精神障礙之監護宣告事由；第二是作爲裁判基礎的事實，當事人不能自認，縱使自認，法院也不受拘束，例如扶養子女時之經濟狀況；第三是證明基礎事實之證據，程序參與人雖然沒有提出，法院仍有調查證據之義務，此即職權調查證據原則。例如法院依職權探知薪資所得。原則之第一項內容，德國家事及非訟事件法第29條第1項也有明文。原則之第二項內容，可以進而導出程序參與人不能限制法院職權調查事證範圍之衍生原則。不過，程序參與人對於某事實已經不再爭執，法院可以依照該不爭執之狀況，作爲裁判的資料。同理，程序參與人所爲不正當的陳述，法院也可以直接排除該陳述，法院並沒有職權蒐集事證以證明陳述爲不正當之義務[13]。原則之第三項內容，進而衍生出程序參與人證據調查之聲請，沒有拘束法院的效力。

爲了確保程序參與人之聽審請求權，法院於職權蒐集事證前，仍應就職權調查證據之事項以及理由，讓程序參與人有陳述意見之機會（家事§10Ⅲ）[14]。

家事非訟事件雖然採取職權探知原則，但程序參與人仍負有協力義務（家事§78Ⅱ）。程序參與人之協力義務，一方面賦予程序參與人影響法院審理調查證據之方向，一方面也規範法院審酌的義務。

具有訟爭性之家事非訟事件，例如監護人損害賠償事件（家事§121），雖然當事人有較爲完整的處分權，但是既然經過非訟化，即應認爲事件具有合目的性由法院適當裁量之必要性，因此事證之探知，仍應適用家事事件法第78條第1項所定之職權探知原則。

適用職權探知原則之家事非訟事件，即不再適用適時提出原則，法院或當事人於必要時，均得蒐集事證、提出證據、主張事實，於抗告審亦同。

---

13 Richard Zöller, Zivilprozessordnung, Kommenter, 30Aufl. 2014, S. 2473.

14 許士宦，《家事事件法論》，新學林，2019，頁250。

四、職權進行原則

家事非訟事件審理期日、程序之停止、審理程序之合併分割等，均由法院決定之，此即職權進行原則。

五、言詞或書面審理原則

家事非訟事件並未限定採取言詞審理原則，當事人也可以書面陳述意見，換言之，家事非訟事件之審理，可以由法院依據個案，依義務性之裁量，決定由當事人當庭陳述意見，或者僅依照書面資料而為裁判。

參、證據之調查

一、應調查證據之範圍

家事非訟事件應調查證據之範圍，應以證明做成裁判所依據之事實為範圍，並不是所有的生活事實都必須調查證據判斷其存否。唯有法律規範所定構成要件要素之各種事實，以及做成裁判所必須查知且根據生活經驗可以推得結論的各種間接事實、生活事實等，才是調查證據之範圍[15]。程序參與人漫無目的地提出各項證據調查之聲請，若待證事實不在上述範圍內，即無調查該項證據之必要。

至於職務上所知的事實、眾所周知的事實，準用非訟事件法第31條再準用民事訴訟法第278條，法院毋庸再為職權蒐集事證。

二、自由證明與嚴格證明

法院做出裁判必須有證據以及證據所證明的事實，事實與證據必須依照法律所規定的證據方法如人證、書證，以及調查證據程序如提

[15] Richard Zöller, Zivilprozessordnung, Kommenter, 30Aufl. 2014, S. 2473.

示、辯論等，方可成爲裁判的資料者，即爲嚴格證明；自由證明乃指調查證據之方法以及調查之程序，法律並沒有明文限制者而言，既無人證、書證等證據方法的限制，也沒有規定必須提示或命辯論之調查證據程序。因此，以自由證明程序調查證據、認定事實者，法院可以以電話詢問當事人或證人，或自行調閱文書，以調查所得的內容作爲裁判之證據[16]。

德國家事及非訟事件法第29條第1項規定，非訟事件之審理採取自由證明程序，法院以認爲適當的方式調查蒐集必要的證據，不以當事人提出之證據爲限。我國家事事件法第78條第1項以及非訟事件法第32條第1項，均規定法院依職權調查事實及必要之證據。然而，所謂「調查」是指依照法律所定之方法調查證據，或者連調查證據之方法也由法院依職權決定之，容有疑義。經參酌德國法以及非訟事件法理，應認爲調查證據的方法，原則上應由法院依職權決定。但法律已經特別規定或事件之審理應適用訴訟法理者，自應適用嚴格證明程序調查證據。

德國家事及非訟事件法第30條規定家事事件的證據調查程序，區別自由證明及嚴格證明之調查證據程序。由於同法第113條已經將婚姻訴訟等家事訟爭事件排除適用第30條之外，所以婚姻訴訟等爭訟事件均應適用民事訴訟法所規定之嚴格證明程序。其次，第30條第2項又規定如果法律已經特別要求適用嚴格證明程序，也不能採用自由證明程序。例如第177條第2項親子訴訟事件、第280條第1項之監護事件、第297條第6項監護事件當中准許絕育措施的裁定事件、第321條第1項之保護安置事件等。除了上述兩種情形之外，在德國法上，無論是職權事件、聲請事件，均應由法院依合義務性裁量（pflichtgemäßige Ermessen），決定適用嚴格證明或自由證明之調查證據程序。

德國學者就非訟事件證據調查，有認爲應採取自由證明者，也有認爲應由法院依合義務性之裁量決定採取自由證明程序或嚴格證明程序，也有提出具體判斷基準者。有認爲原則上應採取嚴格證明程序，

---

16 姜世明，《非訟事件法新論》，新學林，2013，頁142。

也有學者主張原則上應採取自由證明程序。而所謂具體的判斷基準，有學者認爲以裁定之事項於當事人具有重要性且有爭議性時，或經由自由證明程序取得之證據或當事人協力，仍無法獲得確實的判斷時應採取嚴格證明。也有學者提出想法，認爲只要是眞正訟爭事件即應採取嚴格證明程序，如果是純粹行政事件，即應採取自由證明程序。也有認爲非訟裁定有既判力者，應採取嚴格證明程序。德國通說則認爲法院裁量時，必須考慮幾項重要的因素，包含事實之重要性、透過自由證明無法取得足夠心證時、眞正訟爭事件於當事人有程序保障之必要者、存在矛盾之主張或資訊時、有確保當事人程序參與之必要性者、合法聽審權之保障、對於基本權如身體自由造成嚴重侵害者[17]。

我國學者認爲，基於非訟程序之彈性、效率、展望性、裁量性及合目的性等事件特性，特別是職權事件，可以從寬認採自由證明程序。而非訟程序的程序要件，也可以採取自由證明程序。但是對實體要件當中，因爲第二審或第三審發回，而使得爭點呈現，即應採取嚴格證明程序。其他例如眞正訟爭案件或者經非訟化審理的訴訟事件，或者裁定有既判力、爭點效足以拘束第三人效力的家事非訟事件，均應儘量採取嚴格證明程序[18]。也有學者認爲，應以家事非訟事件類型需求爲適當的裁量決定，有迅速處理需求者之事件應採自由證明程序，眞正訟爭事件，因事實之認定對裁判具有重要決定性，應採嚴格證明程序[19]。

嚴格證明程序應係來自於對審型審判結構下，爲了落實直接審理原則，確保當事人公開審理原則下聽審請求權之保障，乃以預設之證據方法及證據調查程序，作爲當事人辯論的材料以及法院裁判的基礎，避免訴訟促進之突襲。採取非對審型審理結構之家事非訟程序，並無採取預設證據方法及調查證據法則之必要性。因爲作爲法院裁判資料之證據，性質上係具展望性的家事非訟事件，期望法院做出合目的性裁量判斷之基礎，縱然應強化保障當事人之聽審請求權，當無採

17 姜世明，《非訟事件法新論》，新學林，2013，頁146-149。
18 姜世明，《非訟事件法新論》，新學林，2013，頁153-154。
19 沈冠伶，《程序保障與當事人》，元照出版，2012，頁39；沈冠伶，《家事程序之新變革》，元照出版，2015，頁243。

取嚴格證明程序之審判結構需求。但是就應適用訴訟程序法理的家事非訟程序，仍應採取對審型審判結構，自應採取嚴格證明程序。

三、證據之調查

（一）法院職權調查

法院是否應職權調查證據，應由法院依合目的性之裁量，依個案決定之。法院之裁量若違反合目的性，就裁判所根據的事實，未經職權探知事實、調查證據，而逕爲裁判，即有未合法調查證據之處。

依職權調查證據，有調查不足以及調查逾越之違誤可能，法院就裁判所根據的事實，可以調查證據，卻未經職權探知事實、調查證據，而逕爲裁判，屬於一種調查不足。就與裁判依據之事實無關的事實爲調查，屬於調查逾越。兩種情形都構成調查程序之違誤，而成爲抗告審法院得審查之事項[20]。

反之，法院已經就裁判所依據的事實，調查證據，縱然就超出應職權探知事實範圍之證據未予調查，無論程序參與人是否聲請，法院調查證據程序即無違誤之處。

（二）當事人之聲請

當事人、關係人以及其他程序參與人之聲請，雖然沒有拘束力，但若該證據所證明的生活事實，屬於法院裁判所依據之事實，法院自應調查。例如某一事實，已經被證明，當事人、關係人以及其他程序參與人因而聲請調查反證，法院即應調查。法院依職權探知的事證已經足以證明某項事實，當事人、關係人以及其他程序參與人因而聲請調查反證，法院也不應以事證已經明確，而完全拒絕聲請[21]。

（三）當事人之協力義務

家事非訟事件之事證雖然採取職權探知原則，但是當事人仍負有

---

[20] 姜世明，《非訟事件法新論》，新學林，2013，頁31。

[21] Richard Zöller, Zivilprozessordnung, Kommenter, 30Aufl. 2014, S. 2474.

協助法院澄清案件事實的義務（家事§78II），此項義務無論是公益事件或私權事件均相同。德國家事及非訟事件法第27條也有協力義務之規定。

當事人應協力義務之事證範圍，與法院應職權探知之範圍相同，以有助於澄清案件事實爲範圍，並以當事人所瞭解的事項爲限，義務之內容包含陳述眞實且完整的事實、陳述與其他當事人所述不同卻眞實之事實、提出自己所知證明案件事實的證據方法。至於就不利於己的事證，因爲當事人並無舉證責任，縱然家事事件法第78條第2項沒有特別排除，當事人仍無協力之義務[22]。

協力義務之內涵，還包含眞實陳述之義務[23]，此由家事事件法第51條準用非訟事件法第32條第4項可以得到更明確的依據。家事事件法制定後，修正非訟事件法增訂第32條第5項，進一步明文化非訟關係人之眞實、完全及具體陳述義務。

程序參與人雖有協力義務，不過由於事證仍應由法院職權探知，因此法院於要求程序參與人協力時，應加以闡明，並得指定特定事項要求陳述（家事§78II）。例如就選任失智老人監護人事件，法院依職權探知老人之子女姓名後，就子女的居家環境、經濟能力、照顧能力等事項，可以闡明指定事項要求程序參與人如子女等人，協力提出事實以及證據方法如工作薪資證明等。

程序參與人經法院闡明應協力之事項，卻仍然未盡義務時，應即足以認爲法院已盡其職權探知之義務，不得再以法院未盡調查義務而爲抗告之理由[24]。又我國家事事件法與德國不同，我國並沒有對協力義務之違反規定法律效果。而德國家事及非訟事件法第35條則有規定，程序參與人於法院已經爲裁定命協力義務，卻仍未盡協力義務時，法院可以裁罰。

---

22 Richard Zöller, Zivilprozessordnung, Kommenter, 30Aufl. 2014, S. 2475.
23 姜世明，《非訟事件法新論》，新學林，2013，頁33。
24 Richard Zöller, Zivilprozessordnung, Kommenter, 30Aufl. 2014, S. 2475.

四、證據調查之方法

家事非訟事件之審理採取職權探知原則，因此法院可以囑託警察機關、稅捐機關等單位調取財產狀況等資料（家事§17）。此外也可以命家事調查官就特定事項調查事實（家事§18），甚至也可以徵詢主管機關或社會福利機構之意見，進行調查並提出報告（家事§106Ⅰ、§176準用、§180準用）。

法院依職權探知的證據資料，例如由社福機構或家事調查官製作之訪視報告、調查報告等，爲了保障當事人之程序權、聽審請求權，並落實値得當事人信賴的眞實，法院調查所得之證據以及事實，仍應使當事人有陳述意見之機會（家事§106Ⅱ）。

非訟關係人之陳述也可以是一種證據方法，由法院以職權訊問之（準用非訟§34）。法院認爲非訟關係人之陳述不完足者，得命其敘明或補充之，並得命就特定事項詳爲陳述（家事§78Ⅱ）。法院爲調查事實，訊問非訟關係人，得命關係人或法定代理人本人到場（準用非訟§32Ⅱ）。非訟關係人之到場通知書，應記載不到場及拒絕陳述或具結之效果（準用非訟§31再準用民訴§367-1Ⅴ）。非訟關係人經合法通知而不到場者，法院得裁定處3萬元以下罰緩，但不得拘提之（準用非訟§31再準用民訴§367、§303）。非訟關係人無正當理由拒絕陳述或具結者，法院得審酌情形，判斷應證事實之眞僞（準用非訟§31再準用民訴§367-1Ⅲ）。換言之，非訟關係人經通知無正當理由不到場，其書面或其他言詞陳述的可信度，由法院審酌情形判斷之。至於是否以嚴格證明程序，命非訟關係人具結，應由法院依照前述應行自由證明或嚴格證明程序之說明決定之（參考台灣高等法院105年非抗字第102號裁定）。訊問非訟關係人，應製作筆錄附卷（準用非訟§35）。此項作爲證據方法之非訟關係人陳述，與作爲程序保障之非訟關係人意見陳述，並不相同。後者乃是對於法院之訴訟指揮、程序進行（家事§83Ⅳ）、證據調查（家事§106Ⅱ），爲保障非訟關係人之聽審請求權，所爲之意見陳述權。

其他供述證據，如證人、鑑定人、個案社工、參與程序人之陳述，應行自由證明或嚴格證明程序，仍依照前述說明決定之。行嚴格證明程序之證人訊問程序，證人經合法傳喚無正當理由不到場，經再次傳喚，仍不到場，法院得拘提之（準用非訟§31再準用民訴§303II）。

書證、物證、機關報告、鑑定報告、社工報告、程序監理人報告、家事調查官之報告、收出養報告等證據之調查方法，也應分別依照前述說明，適用自由證明或嚴格證明程序調查之。法院審酌書證、物證以及各種報告，認爲有必要時得通知出具報告人、文件持有人、文件製作人到庭說明，若非應行嚴格證明程序者，法院毋庸命其具結，惟應製作訊問筆錄附卷（準用非訟§35）。僅有應行嚴格證明程序者，如法律有特別規定（家事§167）或眞正訟爭事件之審理，法院方得命報告人、文件持有人、文件製作人以證人訊問之方式調查之，而得命具結。

五、舉證責任

家事非訟事件由於採取職權探知原則，由法院職權蒐集事證，因此並無主觀舉證責任，或稱證據提出責任（Beweisführungslast），但仍然有客觀舉證責任（Festellungslast）[25]。此由家事事件法準用非訟事件法第31條，再準用民事訴訟法第277條可得推知。

肆、合併審理

家事非訟請求，得與基礎事實相牽連之其他家事非訟請求合併審理（家事§79）。所謂基礎事實相牽連，可以與家事訴訟事件合併審理之要件相同之理解。因此，例如親子責任非訟事件，因爲與未成年子女扶養費事件基礎事實相牽連，自得合併審理。

於家事非訟事件審理中得合併審理者，僅限於家事非訟事件，不得合併審理家事訴訟事件（家事審理細則§85）。此項規定既符合家事事件法第41條合併審理之文字意旨，也解決了訴訟事件與非訟救濟程序歧異之困境，應屬合宜之處理方法[26]。依此規定，聲請人依家事

[25] Richard Zöller, Zivilprozessordnung, Kommenter, 30Aufl. 2014, S. 2473.

[26] 姜世明，《家事事件法論》，元照出版，2019，頁281。

事件法第98條聲請命為履行同居，於該家事非訟事件中，相對人不得合併提起離婚之訴。惟若相對人以書狀請求離婚，縱然與合併審理之要件不合，所提起之離婚仍屬合法提起之訴訟，法院仍應另分一案，依訴訟事件審理之，不應逕行駁回。由於離婚訴訟事件與親子非訟事件具有基礎事實相牽連之關係，親子非訟事件應合併於離婚訴訟事件一併審理。

至於強制合併審理之案件，自應依法律之規定合併審理之，不再區分審理程序而有不同處理。例如婚姻非訟事件中，就婚姻法律關係之存否有爭執（家事§103Ⅰ）。

伍、程序之承受

家事非訟事件程序往往與公益有關，也經常會涉及到利害關係第三人之權益，因此程序結構原本就不適合採用訴訟之對審型結構，形式當事人之存在，往往僅是促請並協助法院就家事非訟事件審理、裁定。因此當事人死亡、喪失資格或其他事由不能續行程序者，其他聲請權人固然可以在事由發生後10日內，聲明承受程序，法院也可以依職權通知承受。且縱使無人聲明承受程序，法院仍得依職權續行程序（家事§80）。例如監護宣告之聲請人，於聲請後亡故，則其他有權聲請監護宣告之聲請權人如其他子女，即可以聲明承受程序，續行監護宣告之審理程序。

第四節　暫時處分

壹、意義與功能

暫時處分係家事法院為更妥適處理家事事件，避免關係人受到無法回復之身心傷害，而由法院依聲請或依職權核發具有中間裁定性質之命令。例如有關親子責任事件審理中，法院得依聲請先行核發命父母一方先行給付扶養費、醫療費或學費之暫時處分。

家事非訟事件之暫時處分，與民事訴訟保全程序不同。民事訴訟法第522條以下所規定之保全程序，係以保全財產上給付判決內容之終局執行為目的，保全程序具有暫時性、附隨性。家事非訟之暫時處分並非以保全本案請求之執行為目的，而是針對家事非訟程序審理中，為了妥適處理一連串不斷變動之身分生活關係所為具有中間性之裁定。因此暫時處分未必全然是臨時性的，而且暫時處分之內容也未必與本案請求密切關聯，例如本案請求是定扶養給付之方法，聲請人聲請命相對人每月給付1萬元，但法院認為相對人已經願意在家照顧聲請人，於是核發暫時處分，命聲請人先接受在家扶養。

貳、核發之要件及事由

一、限於已經受理之家事非訟事件

核發暫時處分必須是法院已經受理的家事非訟事件（家事§85Ⅰ）。因此家事訴訟事件並不得聲請核發暫時處分。夫妻間請求給付家庭生活費用事件，可以核發暫時處分；夫妻剩餘財產分配事件，屬於家事財產訴訟事件，不得核發暫時處分，僅得依照民事訴訟法之規定聲請保全程序。

家事非訟事件必須是法院已經受理，若法院尚未受理，不得聲請核發暫時處分，法院也不可以職權核發。不過由於當事人往往不明瞭，而確實有核發暫時處分之必要，例如兒童即將被帶出國，因此當事人於家事非訟事件聲請前，向法院聲請暫時處分者，法院應以書面或其他適當方式向聲請人發問或曉諭是否併為本案聲請，並告知未為本案聲請之法律上效果（家事審理細則§91Ⅲ）。

得聲請核發暫時處分之事件，僅須為家事非訟事件即可。司法實務上，並且擴張解釋認為依照強制執行法第4條之1宣告許可執行外國親子責任判決訴訟中，該訴訟當然包含交付子女部分，且承認之對象為外國判決，比非訟事件更慎重，可以聲請核發交付子女之暫時處分（最高法院105年台簡抗字第7號裁定）。

二、有必要時

依家事事件法第85條第1項之規定，法院只要於有必要時，即得依聲請或依職權核發暫時處分。因此暫時處分之核發事由，只要法院認爲有必要即可核發。

家事非訟事件暫時處分類型及方法辦法第3條規定：「關係人聲請暫時處分之本案聲請，顯無法律上之理由者，法院不得核發暫時處分。」第4條並且規定：「暫時處分，非有立即核發，不足以確保本案聲請之急迫情形者，不得核發。」

三、當事人聲請或法院職權

暫時處分之聲請，應依據當事人之聲請，不過職權事件，法院認爲有必要時也可以職權核發暫時處分（家事§85Ⅰ但書）。

參、管轄法院

暫時處分係本案之中間裁定，自應由已經受理本案之法院管轄暫時處分之聲請案件。本案已經抗告，卷宗已經移送抗告法院，自應由抗告法院管轄（家事§86）。至於再抗告至最高法院時，由受理本案家事非訟事件之第一審法院管轄暫時處分案件（最高法院102年度第7次民事庭會議）。

家事非訟事件繫屬後，有急迫情形，本案繫屬法院無法即時裁定時，可以由財產、標的或由當事人所在地法院裁定之（家事§86）。例如未成年子女已經被帶到桃園機場，準備離開國境，當事人可以就近在桃園地方法院聲請核發禁止出境的暫時處分。

肆、內容

暫時處分，得命令或禁止關係人爲一定行爲、定暫時狀態或爲其他適當之處置（家事§85Ⅲ）。法院受理家事非訟事件，於必要時命爲適當之暫時處分，其方法由法院酌量定之，不受當事人聲明之拘束。但以具體、明確、可執行並以可達本案聲請之目的者爲限，不得悖離本案聲請或逾越必要之範圍（家事審理細則§92）。

給付家庭生活費用、扶養費或贍養費等婚姻非訟事件，法院可以核發：「一、依聲請核發禁止相對人處分特定財產之暫時。法院認爲適當時，並得命聲請人提供擔保。二、聲請人已陷生活困難或有陷於生活困難之虞者，法院得命相對人爲一定之給付、分期給付或給付定期金。並得定應給付之期間。三、夫妻之一方有接受醫療、心理諮商或輔導之急迫需要者，於他方資力所能負擔之範圍內，命他方支付費用。四、命交付維持生活必需物品。五、其他法院認爲適當之暫時性舉措。」等暫時處分（家事非訟事件暫時處分類型及方法辦法§6）。

親子非訟事件，法院也可以核發下列內容之暫時處分：「一、命給付未成年子女生活、教育、醫療或諮商輔導所需之各項必要費用。二、命關係人交付未成年子女生活、教育或職業上所必需物品及證件。三、命關係人協助完成未成年子女就醫或就學所必需之行爲。四、禁止關係人或特定人攜帶未成年子女離開特定處所或出境。五、命給付爲未成年人選任程序監理人之報酬。六、禁止處分未成年子女之財產。七、命父母與未成年子女相處或會面交往之方式及期間。八、其他法院認爲適當之暫時性舉措。」（家事非訟事件暫時處分類型及方法辦法§7Ⅰ）。

暫時處分之內容，司法院雖然依照家事事件法第85條第5項，訂有「家事非訟事件暫時處分類型及方法辦法」，舉出各種類型之家事非訟事件所得核發暫時處分之內容，但辦法所列之處分內容僅屬例示，此由辦法中均設有「其他法院認爲適當之暫時性舉措」可得而知，法院核發暫時處分，仍然可以依照個案狀況決定之。

伍、裁定

法院核發暫時處分前，可以先命家事調查官爲調查、徵詢主管機關或社會福利機構之意見。也可以幫未成年人或受監護宣告人選任程序監理人。核發之前，也應該讓未成年人、受監護或輔助宣告之人、被安置人表達意願或陳述意見（家事審理細則§93）。

暫時處分也是一種裁定，但是因爲有急迫性，因此，以送達或告知時即發生效力（家事§87Ⅰ）。所謂送達，即指依照民事訴訟法規定之方式送達，所謂告知，即由法院當庭或當面告知而言，例如關係人依照第104條第1項第1款聲請定會面交往方式時，法院核發命未成年子女於星期日先與聲請人於特定處所會面之暫時處分，經當庭告知相對人，該暫時處分即發生效力。甚或當事人聲請核發暫時處分，法院帶同執行人員直接到受裁定人住處，當面告知裁定內容，該裁定亦因告知而發生效力。如果告知當事人有困難時，得以公告方式使暫時處分發生效力（家事§87Ⅰ但書）。

命當事人爲一定給付之暫時處分，得爲強制執行法第4條第1項第6款之執行名義（家事§87Ⅱ）。暫時處分之裁定就依法應登記事項爲之者，法院應依職權通知該管機關（家事§87Ⅳ），例如就親子責任之內容爲暫時處分，即應依照戶籍法第13條通知戶政機關登記。

法院核發暫時處分，應注意不得與其他暫時處分、民事保護令內容相反、互不相容或相互矛盾。如果發現有相互矛盾之情形，應依聲請或依職權撤銷或變更暫時處分（家事非訟事件暫時處分類型及方法辦法§21）。

陸、撤銷與變更

暫時處分之裁定，若尚未確定，由於仍屬於家事非訟裁定，可以依照家事事件法第83條之規定撤銷變更之，如果已經確定，而有裁定不當或已經沒有必要時，本案法院仍得依聲請或依職權撤銷或變更之（家事§88Ⅰ）。

所謂裁定不當，係指法院核發暫時處分時，因爲裁定所依據之事實或證據有誤，或者當時之裁量不適當，例如暫時處分核發時，依照聲請人所提出之薪資證明，相對人每月收入爲15萬元，核發每月應給付3萬元之扶養費用，嗣後發現相對人之薪資其實每月只有5萬元。所謂暫時處分已經沒有必要，係指暫時處分的內容因爲嗣後情事變更，沒有繼續存在之必要，例如受扶養權利人已經死亡。

暫時處分之撤銷係使原本存在的暫時處分歸於消滅，例如暫時處分命扶養義務人應先將父母親迎往家中扶養，但父母親已經因爲患有重病，必須住進醫院接受安寧治療。暫時處分之變更係將暫時處分之內容調整，例如暫時處分原裁定由母親照護未成年子女，子女也與母親同住，也就讀住處附近之學校，事後因母親發生事故，無法繼續照護子女，本案法院即得立即變更原暫時處分裁定，改命暫時由父親照護，並一併核發決定子女住處以及就讀學校之暫時命令。

暫時處分之撤銷變更必須由本案法院裁定，因為急迫情形由財產、標的或當事人所在地法院核發之暫時處分，仍應由本案法院裁定撤銷變更。此乃因為暫時處分係本案之中間裁定，卷宗資料均在本案法院，自應由本案法院撤銷變更。

暫時處分既得由本案法院自行撤銷變更之，可知暫時處分之裁定並沒有羈束力。

暫時處分可以由本院職權撤銷變更，也可以由當事人聲請撤銷變更。當事人得處分之事項，法院核發暫時處分後，可否由法院依職權撤銷或變更暫時處分，由於家事事件法第88條之變更撤銷係暫時處分確定後而有不當或沒有必要之情形，應認為仍得由法院職權撤銷變更之。

法院為暫時處分之撤銷變更時，應使關係人有陳述意見之機會。但法院認為不適當者，不在此限（家事§88II）。

柒、失效

一、暫時處分之失效事由

暫時處分核發之後，因為與本案裁定內容有所不同，暫時處分即應為本案裁定所取代，暫時處分即應失其效力。其情形有三種（家事§89），分別是：（一）本案請求經裁判駁回確定；（二）本案程序經撤回請求或因其他事由視為終結；（三）暫時處分之內容與本案請求經裁判准許確定、調解或和解成立之內容相異部分。

另外，暫時處分已經撤銷變更，包含暫時處分確定前依照家事事件法第83條撤銷變更，或者在暫時處分確定後依照同法第88條之規定變更撤銷。暫時處分既然已經被撤銷變更，即應失其效力（家事§89④）。

暫時處分有上述失效情形，不待法院裁定，暫時處分當然失效，也不能再成為執行名義，當事人也不能再要求繼續維持暫時處分的內容。惟暫時處分是否有失效的事由，當事人往往因為沒有卷宗資料或欠缺能力判斷，學者建議仿效德國制度，由法院依照當事人之聲請，以具有宣示意義之裁定宣示之[27]。惟亦有學者認爲法律沒有規定，法院無從裁定之[28]。本書認爲由法院以不拘形式之文件說明之，應可以避免不必要的爭執。

二、暫時處分失效後之回復原狀

暫時處分失效後，其內容若成爲本案裁定，固然可以依照本案裁定繼續維持暫時處分的內容，如果有其他失效情形而不能繼續維持暫時處分內容者，爲了迅速回復因爲暫時處分而改變的狀態，法院得依聲請或依職權，在失效範圍內，命返還受領的給付或其他適當的處置（家事§90Ⅰ前）。例如暫時處分命當事人先給付20萬元之扶養費，嗣後本案裁定僅命給付5萬元，當事人可以聲請裁定退還多付的扶養費。

暫時處分之內容爲依法應辦理登記者，失效後回復原狀也可以由法院依職權通知變更登記（家事§87Ⅳ後），例如暫時處分裁定由一人暫時擔任受監護宣告之監護人，也經過戶籍登記，嗣後本案裁定由另外一人擔任監護人，法院可以依職權通知戶政機關依照戶籍法第23條撤銷原監護人登記。

暫時處分內容係命給付家庭生活費用或者扶養費用，尙未逾越必要範圍時，因爲已經花用殆盡，若令受領人必須返還，顯有不宜，法院可以不命返還（家事§90Ⅰ但）。至於必要範圍之認定，除了依據給付人以及受領人的經濟生活狀況之外，也可以依據行政院主計總處每年發布的「台灣家庭每月平均消費支出」、「平均每人月消費支出」及各縣市政府發布的「家庭收支調查」爲判斷之基礎。

捌、抗告

家事事件法第93條設置暫時處分之抗告制度，與德國2009年家

---

27 許政賢，《民事法學與法學教育》，元照出版，2014，頁330。

28 陳玉完，〈家事事件法暫時處分制度管窺〉，2012最高法院學術研討會。

事及非訟事件法採取原則上不得抗告之制度不同[29]。

抗告法院於裁定前，應使當事人有陳述意見之機會。抗告法院得斟酌家事調查官調查事實之報告，決定是否繼續維持、變更或撤銷原暫時處分。

第五節　第三人參與程序

家事非訟事件，由於往往需要法院裁量介入，而且受裁定影響的人並不限於聲請人或是相對人，爲了使法院裁量的行使更具有正當性，並更加充分地保障受裁定影響之當事人程序參與權，乃有必要設計程序參與人之制度。依照程序參與人與家事非訟事件關係程度之不同，可以分爲應參與程序人與任意參與程序人。

壹、應參與程序人

應參與程序人係指法院於家事非訟程序中，必須依職權通知參與程序之人（家事§77Ⅰ），有下列三類。

一、法律規定之應參與程序人

此類程序參與人由於與家事非訟事件關係密切，雖非聲請人或相對人，仍必須讓這類人參與程序，因此家事事件法特別規定家事非訟程序進行中，必須職權通知參與程序。例如未成年人於親子非訟事件之參與權（家事§108）、未成年人於父母合意親子責任歸屬事件之參與權（家事§110）、養子女於收養事件（家事§119），以及監護宣告事件中之受監護宣告人（家事§168）。

又兒少福權法第57條第2項規定，主管機關向法院聲請延長緊急安置時，依照該條第1項之意旨，法院應通知兒童或少年之父母、原監護人。且依家事事件法第184條第1項準用第108條之規定，審理此

29 沈冠伶，《民事程序法之新變革》，新學林，2009，頁119。

類事件，亦應通知少年或兒童參與程序。

二、親子關係相關事件所涉之子女、養子女、父母、養父母

親子關係相關事件，包含親子責任事件（家事§104以下）以及收養事件等。也包含兒少福權法第18條第1項所定「父母對於兒童及少年出養之意見不一致，或一方所在不明時，父母之一方仍可向法院聲請認可」之收養事件。法院受理此類事件，必須依職權通知子女、養子女、父母以及養父母等人參與程序。

上述因父母對於收養意見不一致之收養事件中，一方父母雖然可單方聲請認可收養，但仍然必須通知另一方父母參與程序。不過如果他方父母通知顯有困難時，法院自得不通知參與程序[30]。另外例如聲請定扶養子女之方法（家事§104），子女即屬應受通知之程序參與人。

三、因程序之結果而權利受侵害之人

凡因家事非訟程序審理結果，權利可能受有影響之人，法院均應通知參與程序。程序結果可能是裁判、和解、調解或合意等。而法院應依本款通知參與程序之人，限於權利受侵害之人，僅經濟上之利益或情感上之因素受影響，並非權利受侵害，不屬於本款所稱應通知參與程序之人。主管機關依兒少福權法第71條宣告停止父母之親權，父母及未成年子女均屬權利受侵害之人。至於夫妻一方依照民法第1010條之規定，聲請法院宣告改用分別財產制，夫妻之債權人僅屬經濟上利益受影響，並無權利受到侵害，法院毋庸依照本款通知參與程序。另外，收養認可事件（家事§114），出養子女之祖父母雖然於收養認可事件有感情上之利害關係，但並非權利受侵害，非屬應受通知參

[30] 沈冠伶，〈家事非訟事件之關係人〉，《月旦法學教室》，第124期，2013/2，頁43。

與程序之人。

參酌德國家事及非訟事件法第7條限於法律規定或權利直接受侵害之人方得為參與程序之人，為免家事非訟程序之進行，因為程序參與人過於廣泛，導致程序進行受到干擾，仍應限於權利直接受到侵害之人，方屬此所謂權利受侵害之人[31]，如果是權利間接受到侵害即不屬之。

於變更子女姓氏事件，依照民法第1059條第5項之規定，父母之一方於離婚時，得聲請變更子女姓氏，若以他方為相對人[32]，則子女即屬家事事件法第77條第1項第2款之應參與程序人。若列子女為相對人，則父母之他方即為權利直接受損害之人，應通知參與程序。至於祖父母基於宗族血脈之理由，雖然有情感上之利害關係，但在現行法律體系下，尚未承認具有宗族姓氏之權利，因此不能認為屬於應通知其參與程序之人[33]。

依民法第14條第1項、家事事件法第164條第1項第1款為監護宣告時，配偶為聲請人，以受監護宣告人為相對人[34]，其他民法第14條第1項所定之親屬、檢察官等聲請權人是否為應參與程序人？由於親屬、檢察官僅係法律賦予其有程序上之聲請權，並無實體上之權利存在，自非屬於「應參與程序人」[35]。

夫妻一方請求他方給付家庭生活費用，子女是否為權利受侵害之人？法院是否應通知參與程序？蓋所謂家庭生活費用，包含共同生活之食衣住行等各項費用。由於民法第1003條之1規定夫妻必須負擔家庭生活費用，因此夫妻均得請求他方依其經濟能力負擔家庭生活費用。又夫妻同財共居，且育有未成年子女時，家庭生活費用是否包含

---

31 德國法之比較，參見沈冠伶，〈家事非訟事件之關係人〉，《月旦法學教室》，第124期，2013/2，頁50。

32 目前實務上列他方配偶為相對人。惟因變更子女姓氏，係影響子女，似宜以子女為相對人為當。

33 沈冠伶，〈家事非訟事件之關係人〉，《月旦法學教室》，第124期，2013/2，頁48。

34 目前實務上列受監護宣告人為相對人。

35 同見解，沈冠伶，〈家事非訟事件之關係人〉，《月旦法學教室》，第124期，2013/2，頁48。

子女之教育費、醫療費及食衣住行等費用，實務上採取肯定之見解。最高法院96年台上字第328號判決認爲：「夫妻之一方請求他方給付家庭生活費用固含子女教養費用在內，……」台灣高等法院99年家上更（一）字第7號判決也認爲：「……保護教養費用乃家庭生活費用之一部。若夫妻雙方已就未成年子女之扶養費用，於協議書中爲約定，可認係包含於家庭生活費用之中，屬於民法第1003條之1第1項規定之契約另有約定之例外情形。」均將子女的扶養費用納入夫妻家庭生活費用負擔中，學者也認爲子女衣物的購買修補屬於家庭生活費用[36]。未成年子女之實際費用固然可以計入家庭生活費用的一部分，由夫妻彼此相互請求，卻不應影響子女扶養請求權。既然家庭生活費用並不影響子女的扶養費請求權，未成年子女僅具有經濟上之利害關係，並非應參與程序之人。

貳、任意參與程序人

一、因程序之結果而法律上利害受影響之人

家事事件法第77條第2項規定，因程序結果而法律上利害受影響之人，均得參與程序。既規定爲法律上利害受影響，即與權利受侵害不同，凡是因爲家事非訟程序審理之結果，法律上利害受影響者，均得通知其參與程序，以強化家事非訟事件處理之妥當性。本款之參與程序，由法院裁量定之，關係人不得以未受通知爲理由，主張裁定程序違法。

上例所舉之人，雖非應參與程序人，但仍屬於任意參與程序之人，法院得通知參與程序。

二、檢察官或主管機關

法院若認爲有必要時，得於家事非訟事件通知主管機關參與程序

---

[36] 林秀雄，《親屬法講義》，元照出版，2022，頁118。

（家事§77II）。諸如兒少福權法所定保護安置事件、兒童及少年性剝削條例所定之保護安置事件等，均可通知主管機關參與程序。

參、程序參與之處理

應程序參與之人，自應由法院職權通知參與。任意參與程序人，亦得聲請參與程序，惟法院認不合於參與之要件時，應以裁定駁回之（家事§77III）。

第六節　程序之終結

壹、裁定

一、意義

家事非訟事件因為法院為終局裁定而終結，終局裁定有程序上之終局裁定，如欠缺程序要件；也有實體上之終局裁定，如允許扶養費請求之裁定。做成裁定者，可能是法官，也可能是司法實務官。

終局裁定不同於中間裁定，因為終局裁定有終結家事非訟事件之效力，中間裁定是指揮程序、調查證據、決定期日、核發暫時處分，不具終結事件之效力。

裁定，應作成裁定書。也可以於聲請書或筆錄記載裁定內容，由法官簽名，以代原本（家事審理細則§87、非訟§37I），以節省司法勞費，並促進程序之進行，避免當事人因為等候裁定書，而延宕家事非訟事務之處理如遺產管理與執行。駁回聲請或是有爭議的事件，則應附具理由，以保障聽審請求權。

裁定應送達於受裁定之人，並應送達於已知之利害關係人（家事§81I）。得參與程序之關係人，可以聲請法院付與裁定書（家事§81II）。由法官於聲請書或筆錄簽名之裁定，應可將在聲請書或筆錄，蓋用法院印信後送達之。

二、裁定之生效

家事非訟裁定可以宣示、公告、送達或以其他適當方法告知，例如將監護宣告之裁定送達受宣告人，又如選定監護人之裁定，於開庭時直接告知受選定人（家事§82Ⅰ）。

家事非訟事件裁定發生效力之時間點，於宣示、公告、送達或以其他適當方法告知於受裁定人時發生效力（家事§82Ⅰ）。此乃因家事非訟事件多數是在既有法律關係下，安排權利義務的具體內容，有由法院簡速裁定之必要。因此如選任監護人之裁定，於告知監護人時即發生效力，監護人於受告知或送達時即就任成爲監護人。但家事非訟事件亦有產生變動、確認實體法律關係或者允許發生實體法效果之法律行爲者，特別重視法律關係安定性（法安定追求型）的家事非訟裁定[37]，參酌德國家事及非訟事件法第40條之規定，則特別規定於確定時發生效力，如認可收養之裁定（家事§117Ⅰ）、死亡宣告之裁定（家事§159Ⅰ、Ⅱ）、撤銷監護宣告之裁定（家事§172Ⅰ）。至於監護人依民法第1101條代理購置或處分不動產等行爲，應經法院許可，既變動法律關係，又涉及第三人，也應於裁定確定後方生效力。公證人辦理該等法律行爲之公證，也應以取得裁定確定之證明，方可爲之（司法院100、101、102年公證實務研討會研究專輯第13則參照）。

家事非訟裁定生效之時間點，是指發生效力的時間點，與抗告之起算時間未必相同。

家事非訟裁定之告知方式，可以由書記官於辦公處所告知之，並製作告知證書，經關係人簽名確認後附卷。也可以依照受裁定人或受告知人陳明之電信傳眞或其他科技設備之方式告知之（家事審理細則§88）。以公告或其他適當方法告知者，法院書記官應製作載有證書附卷，證書中應記載：（一）受裁定人；（二）公告或告知之方式；（三）公告之起迄年月日或告知之年月日時（家事審理細則§89）。

---

37 沈冠伶，《家事程序之新變革》，元照出版，2015，頁183-188。

三、裁定之效力

（一）羈束力

所謂裁定之羈束力，係指爲裁定之法院，於裁定生效後，可否自行撤銷或變更裁定之效力而言。

德國2009年家事及非訟事件法於第48條以下，統一規定了原本分歧的抗告程序，改爲以一個月爲抗告期間（FamFG §63, 71），而且基於法安定性之要求，嚴格限制裁定變更的可能性。家事訟爭事件之裁定，效力仍適用民事訴訟程序，具有形式確定力。其他家事非訟事件裁定，除非法律有特別規定允許於一定條件下撤銷變更者外，於抗告期間屆滿後，即具有效力，且除非具有裁定後情事變更之事實，不得再撤銷變更[38]。我國家事事件法延續非訟事件法之原則，家事非訟裁定無論是聲請事件、職權事件或是公益事件、私權事件，原則上均無羈束力（家事§83Ⅰ），爲裁定之法院認爲裁定不當者，可以自行撤銷變更之[39]。但是私權事件屬於當事人得處分事項之家事非訟裁定，經法院裁定駁回聲請者，除非經當事人聲請撤銷或變更，否則法院不得自行撤銷原駁回之裁定（家事§83Ⅱ），例外地具有羈束力，以尊重當事人之程序聲請權。此外，經抗告且卷宗已經送交抗告法院者，由抗告法院裁定即可，原裁定法院不宜在沒有卷宗資料之情形下，自行裁定撤銷變更（家事§83Ⅰ②）。

家庭暴力民事通常保護令爲家事非訟事件，性質上屬於經聲請方可啓動之聲請事件，且屬於當事人不得處分之公益事件，核發保護令之裁定亦無羈束力。通常保護令核發後，處遇計畫內容有不當時，除了經由當事人聲請撤銷變更（家庭暴力防治法§15Ⅱ）之外，法院亦可因行政機關函知後，自行撤銷變更之。

家事非訟事件裁定，除了依裁定不當而自行撤銷變更之外，如果於裁定確定後，有情事變更之情形，爲裁定之法院也可以撤銷變更

---

38 沈冠伶，《家事程序之新變革》，元照出版，2015，頁196-198；Richard Zöller, Zivilprozessordnung, Kommenter, 30Aufl. 2014, S. 2540.

39 沈冠伶，《家事程序之新變革》，元照出版，2015，頁191。

之（家事§83Ⅲ）。例如會面交往之裁定確定後，執行經過一段時日後，父母親之一方因病或事故無法繼續執行原裁定內容，法院因行政機關之告知或職權獲知時，均可裁定撤銷變更之。家事事件法第83條第3項雖然規定法院得撤銷變更之，似乎不待當事人之聲請，均得由法院依職權啓動程序，以情事變更爲理由撤銷原裁定。然而由於因情事變更啓動撤銷原裁定程序，性質上爲原裁定事件之延續，不因情事變更而變異該裁定事件之性質。因此，聲請事件如扶養費請求，如有情事變更而須撤銷變更原裁定者，仍應由當事人聲請方得啓動[40]。

法院爲撤銷或變更裁定前，應使關係人有陳述意見之機會（家事§83Ⅳ），以保障當事人之聽審請求權，以及兒童之陳述意見權，確保裁定之妥適性。

原裁定因情事變更經撤銷或變更，乃是因爲原裁定生效之後，新發生足以變動原裁定之事實，並非原裁定有自始不當之處。因此，因情事變更而撤銷變更原裁定之效力，除法律別有規定外，不溯及既往（家事§83Ⅴ）。

（二）確定力

裁判有形式上確定力及實質上確定力（既判力），裁判於當事人或關係人得聲明不服期間屆滿而無合法聲明不服時，裁判已無法再以聲明不服程序變更，即發生形式上之確定力。形式上確定力係針對當事人而言，與羈束力係針對爲裁判之法院不同。家事事件法並沒有如德國家事及非訟事件法第45條明文規定裁定之形式上確定力，且鑑於因裁定而權利受侵害之人皆可提起抗告（家事§92Ⅰ），不限於受裁定人，因此家事非訟裁定僅對不得聲明抗告之人發生形式上的確定力。惟有學者認爲家事非訟事件裁定，仍然具有形式上的確定力[41]。

家事非訟裁定是否有既判力，一如非訟裁定有所爭執。有認爲非訟裁定僅爲形式調查，因此沒有既判力；有認爲裁定標的如果是實體權利或法律關係之存否爲內容者，應承認既判力；有認爲應以審理程

40 許士宦，《家事事件法》，新學林，2020，頁659。
41 許士宦，《家事事件法》，新學林，2020，頁661。

序之程序保障充足與否，決定是否有既判力。德國學說有採權利說，以審理標的爲權利之存否，決定是否有既判力，也有採利益衡量說，依個案個別進行利益衡量，決定是否發生既判力[42]。

家事非訟事件裁定之既判力，應視裁定之對象是否爲過去事項或是將來可裁量事項，並考慮預設之程序保障周全與否而定。多數家事非訟事件，既然是對於未來展望性事實進行裁判，法院爲裁定之後，所發生之新事實，並不受原裁定效力之拘束，當事人可以另行啓動新程序變更原裁定，自無從承認既判力。請求家庭生活費用、扶養費、贍養費等事件，如果屬於未來生活展望性的裁判事項，應無既判力。至於請求代墊扶養費之返還，有認爲經法院依義務性裁量，而適用訴訟法理進行審理程序者，應使其發生既判力[43]。

家事非訟裁定，應具有既判力者，有下列各項：

1. 法律特別規定有既判力者，例如暫時處分失效後，命返還或回復原狀之裁定（家事§90III），自具有既判力。強制合併於家事非訟事件審理之家事訴訟事件，例如就請求之原因法律關係合併裁判者，由於屬於家事訴訟事件性質，事件屬於過往事實之裁判，既經法院慎重審理，並經當事人充分攻擊防禦，自應就該事件之裁定，承認具有既判力。惟有學者採取否定見解[44]。

2. 本質上屬於家事訴訟事件，爲尊重當事人之程序選擇權，改行非訟程序，如監護人之損害賠償，或者如家事事件法第33條、第36條所定之合意裁定、適當裁定，由於屬於對於過往事實對錯的判斷，既經當事人耗費心力，訴請法院審理判斷，自應使其發生既判力[45]，禁止再行起訴，重行爭執。

3. 審理之標的涉及實體權利義務關係而有法安定性之需求事件者，例如各類酌定報酬事件，包含特別代理人（家事§112）、監護

---

[42] 沈冠伶，《家事程序之新變革》，元照出版，2015，頁198-203；姜世明，《非訟事件法新論》，新學林，2018，頁169-179。

[43] 許士宦，《家事事件法論》，新學林，2019，頁231-234；沈冠伶，《家事程序之新變革》，元照出版，2015，頁213。

[44] 姜世明，《家事事件法》，元照出版，2019，頁261。

[45] 許士宦，《家事事件法論》，新學林，2019，頁231-238。

人（家事§120Ⅰ⑤）等報酬，以及監護所生損害賠償事件（家事§121）。

（三）執行力

命爲一定作爲、不作爲或給付一定金額之本案家事非訟裁定，得爲執行名義（家事§186），該裁定即具有執行力[46]。

貳、和解

家事非訟事件中，當事人無處分權之公益事件，當事人自無從成立和解[47]。

家事非訟事件中，當事人有處分權之私權事件，依照家事事件法制定後，修正之非訟事件法第35條之3，規定就得處分之事項得爲和解。至於其他法律有明文規定可以和解者，當事人自得成立和解以終結程序。例如婚姻非訟事件，當事人可以就夫妻住所、家庭生活費用、贍養費等事件成立和解（家事§101Ⅰ）。此外，親子非訟事件中屬於當事人可以協議範圍內之事項，也可以成立合意（家事§110Ⅰ）。

和解的主體除了當事人之外，還可以包含得參與程序之第三人。

家事非訟事件和解之效力，應與本案確定裁定有同一效力，具有執行力，得爲執行名義（家事§97準用非訟§35-1）。

參、撤回

一、職權事件

職權事件適用職權主義，程序之開啓以及終結均由法院決定之，程序既經開啓，自應由法院做出裁定，無論是促進法院啓動程序

---

[46] 許士宦，《家事事件法論》，新學林，2019，頁235。

[47] 姜世明，《家事事件法》，元照出版，2019，頁193-194。

之聲請人或參與程序之第三人，並無撤回程序的權利。縱使撤回也無法終結該案，於此情形，仍應由法院爲裁定。

二、聲請事件

聲請事件適用處分權主義之程序法理，當事人有撤回聲請之權限。此雖於家事事件法中沒有規定，仍然應該採肯定見解[48]。至於撤回之範圍，若程序標的可分，也可以由當事人決定僅撤回部分[49]。

得撤回聲請之人應僅限於該案之聲請人，其他聲請權人，並無權撤回他人之聲請[50]。

撤回之方式，因爲家事事件法沒有特別規定，應允許以言詞或書面爲之[51]。

撤回之時期，凡於裁定對外發生效力之前，當事人均得撤回之。雖有相對人，因爲家事事件法並無特別規定，家事非訟程序也沒也本案言詞辯論程序，因此應認爲毋庸得相對人之同意。但若是用訴訟法理之眞正訟爭事件，應類推適用民事訴訟法第262條第1項但書，應取得相對人同意[52]。

肆、當事人死亡

家事非訟事件之聲請人或相對人死亡，沒有可以承受訴訟之人，法院認爲沒有續行審理程序之必要時（家事§80），案件應視爲終結。例如親子事件之子女於審理中死亡、保護安置事件之受安置人於審理中死亡，該案應由法院內部簽報事由經公告後視爲終結。家事事件編號計數分案報結實施要點第37點也規定，由法院公告報結之。此外，監護宣告事件，受監護宣告人於程序審理中死亡，法院應以裁

48 姜世明，《家事事件法》，元照出版，2019，頁192。
49 姜世明，《非訟事件法新論》，新學林，2013，頁158。
50 姜世明，《家事事件法》，元照出版，2019，頁192。
51 姜世明，《家事事件法》，元照出版，2019，頁192。
52 姜世明，《非訟事件法新論》，新學林，2018，三版，頁156。

定終結本案（家事§171）。對於是否有必要續行審理程序，應考慮受該裁定影響之人，是否有續受裁定結果之利益而定。例如未成年子女特別代理人之報酬酌定事件、管理人之報酬事件。

收養認可事件，收養之一方於法院認可收養之裁定前死亡者，最高法院認爲除非被收養人係兒童或少年，法院認收養於兒童及少年有利益，得依兒少福權法第19條第2項後段規定爲認可收養之裁定，或有特別情事足認被收養人有應受保護之必要而續行程序外，自應以該事件之聲請有不備其他要件之情形，且不能補正，依家事事件法第97條準用非訟事件法第30條之1規定，以裁定駁回之（最高法院106年台簡聲字第42號裁定）。

第七節　救濟程序

壹、抗告

對於家事非訟裁定不服，應向地方法院合議庭抗告（家事§94Ⅰ）。再不服，可以主張裁定適用法規顯有錯誤爲理由，向最高法院再抗告（家事§94Ⅱ）。抗告與再抗告期間都是裁定送達後10日（家事§93Ⅰ）。

貳、強制合併審理事件之救濟程序

依照家事事件法第103條、第107條就非訟請求合併審理該請求所依據的法律關係，例如離婚後贍養費之非訟請求，合併離婚的訴訟事件；子女扶養費方法之非訟請求，合併認領之訴等，由於合併了家事訴訟事件，法院改依家事訴訟程序（家事§103Ⅱ），以判決裁判後，對該判決不服，應循上訴程序，向第二審之高等法院爲之。

當事人就強制合併審理之家事事件，雖然僅就非訟請求所依據之法律關係如婚姻無效部分，提起上訴。就該非訟請求之判決，仍視爲全部上訴（家事§44Ⅳ）。

於家事非訟請求抗告者，合併起訴該請求所依據的法律關係，如法院以判決終結案件，當事人僅就非訟請求部分聲明不服，自僅得循再抗告程序，向最高法院再抗告。如對家事訴訟請求之判決不服時，由於合併改行家事訴訟程序，應屬第一審訴訟程序，上訴程序應向第二審之高等法院爲之。

參、抗告之合法要件

一、抗告權人

由於家事非訟事件之關係人或稱當事人，並不限於形式上出現於程序中之聲請人或相對人，因此家事非訟裁定之抗告權人，也不限於聲請人或相對人。凡是因裁定而權利受侵害之關係人，均得爲抗告（家事§92Ⅰ）。至若因裁定而公益受影響時，該事件相關主管機關或檢察官亦得爲抗告（家事§92Ⅱ）。但若屬於得處分之事項之家事非訟事件裁定，於聲請被駁回時，僅聲請人得爲抗告（家事§92Ⅲ）。所謂因裁定而權利受侵害之人，即指家事非訟事件之關係人而言，此可參照非訟事件法第10條以及前述家事非訟事件關係人之說明。

二、抗告利益

非訟事件抗告利益之判斷有形式不服說、實質不服說以及新實質不服說等學說上不同見解[53]。

由於家事非訟事件有公益事件、職權事件，因此抗告利益有無的判斷，不能僅以比較法院裁定之主文與啓動非訟程序之聲請意旨有無不同而判斷之。以職權事件而言，程序既然是由法院職權啓動，已經無從比較裁定主文與聲請意旨；以聲請事件而言，若屬於公益事件，抗告利益有無之判斷也無法從聲請人本身之利益判斷之，例如監護宣告事件，雖然已經爲監護宣告，但是聲請人事後發現應僅受輔助宣告，仍得就監護宣告抗告之。若屬於當事人得處分之私權事件，則

---

[53] 姜世明，《非訟事件法新論》，新學林，2013，頁183。

無論聲請意旨有無拘束法院之效力，自應從法院有無實質駁回聲請人聲請意旨記載之內容而定。例如扶養費之請求，聲請人聲請每月1萬5,000元，法院僅裁准每月1萬元，其數額之差距，無論法院裁定主文有無駁回，均應認定聲請人有抗告利益。

三、抗告期間

對於家事非訟事件裁定提起抗告，除法律別有規定外，抗告權人應於裁定送達後10日之不變期間內爲之。但送達前之抗告，亦有效力（家事§93Ⅰ）。抗告期間之起算，抗告權人均未受送達者，前項期間，自聲請人或其他利害關係人受送達後起算（家事§93Ⅱ）。第1項或第2項受裁定送達之人如有數人，除法律別有規定外，抗告期間之起算以最初受送達者爲準（家事§93Ⅲ）。

第二章　婚姻非訟事件

第一節　事件類型

婚姻非訟事件類型繁多，各具不同性質。婚姻之效力可分爲身分上效力及財產上效力，茲參考德國家事及非訟事件法分類爲第六章婚姻住宅事件、家庭財產事件以及第十章夫妻財產事件，將我國婚姻非訟事件分爲婚姻身分事件、婚姻經濟生活事件以及夫妻財產制事件。又依司法院釋字第七四八號解釋施行法第11條、第12條、第14條、第15條、第19條等規定，永久結合同性關係所生聲請履行同居義務等事件，也是家事非訟事件（家事審理細則§95Ⅰ①～⑤）。

壹、婚姻身分事件

因民法所規定婚姻所生身分效力之非訟事件，有因配偶雙方沒有協議婚姻住所或協議不成時，聲請法院指定住所事件（民§1002Ⅰ後），以及聲請法院命一方配偶履行同居義務事件（民§1001）。

配偶間可否聲請法院裁定准予別居，釋字第147號解釋理由以及最高法院70年台上字第1904號判決均不承認，多數學者也採取否定見解[1]。惟亦有學者認爲既可提起離婚訴訟，應得爲別居之請求[2]。相較於其他以法律承認分居制度的國家如英國離婚法，或是以分居作爲婚姻破裂之離婚事由如德國民法第1566條，我國實體法並未承認分居制度。然而，家庭暴力防治法第14條第1項第3款規定法院得核發遷出住所之命令，產生實際分居之效果。外國法制承認分居制度，若干是基於宗教上不得離婚的信仰，或是老年人退休金、撫恤金等請領社會福利的實際需求[3]，或者因爲在城市生活居住成本過高，僅能暫時安排

---

1 陳棋炎、黃宗樂、郭振恭，《民法親屬新論》，三民書局，2022，頁118；林秀雄，《親屬法講義》，元照出版，2022，頁111。

2 戴炎輝、戴東雄、戴瑀如，《親屬法》，元照出版，2021。

3 Nigel Lowe & Gillian Douglas, Broomly's Family Law, Oxford University Press,

住在同一屋簷下，確有必要分居不同房間，並安排共同生活等事項，而有由法院針對個別生活情況，裁量決定之情形。

貳、婚姻經濟生活事件

配偶雙方共營家庭生活，因此產生之家庭生活費用，除法律或契約另有約定外，由配偶雙方各依其經濟能力、家事勞動或其他情事分擔之（民§1003-1）。家庭生活費用之範圍，有認爲與日常家務代理之範圍相同[4]，有認爲比日常家務代理之範圍廣泛[5]，有指出包含一切家居需求、居家修繕租賃、衣食住行醫療費用等均屬家庭生活費用[6]。因他方不願意負擔家庭生活費用，或雙方無法協議家庭生活費用負擔，固得聲請法院以家事非訟事件裁定之。雙方已有協議，卻仍不履行，聲請法院裁定命爲給付，雖有見解可能認爲屬於依據契約而爲之請求，具有訟爭性，性質上爲訴訟事件。然有學者認爲基於非訟化簡速裁判之優點，我國家事事件法已經將此類事件一併非訟化，而爲家事非訟事件[7]。本書認爲家庭生活費用負擔必須根據配偶雙方的經濟能力、家務勞動能力等事項隨時調整，屬於未來展望性的事件，無法根據過去事實判斷之，而應由法院裁量決定之，贊同後者見解，屬於家事非訟事件。至若配偶一方有正當理由而與他方配偶分居時，分居之生活費仍屬家庭生活費之一部，仍應依前開規定，定配偶間之分擔（最高法院111年台上字第567號判決）。家事事件審理細則第95條第1項第8款已經明定爲家事非訟事件。

夫妻互負扶養之義務，其負扶養義務之順序與直系血親卑親屬同，其受扶養權利之順序與直系血親尊親屬同（民§1116-1），而爲生活保持義務。配偶間爲扶養費之請求，屬於家事非訟事件，得聲請法院裁定決定並命給付之。夫妻間之扶養義務，既與直系血親卑親屬

U.K., 2015, 11th ed., p. 242.

4 戴炎輝、戴東雄、戴瑀如，《親屬法》，元照出版，2021，頁154。

5 陳棋炎、黃宗樂、郭振恭，《民法親屬新論》，三民書局，2022，頁123。

6 林秀雄，《親屬法講義》，元照出版，2022，頁118。

7 許士宦，《家事事件法》，新學林，2020，頁69-74。

同，不以無謀生能力爲必要，仍應受不能維持生活之限制。所謂「不能維持生活」，係指無財產足以維持生活。而第三人有無受被害人扶養之權利，當以被害人即扶養義務人存活盡其扶養義務時，以第三人自己現有之財產是否不能維持生活，以爲判斷（最高法院107年台上字第2183號判決、107年台上字第1805號判決）。因此，法定扶養義務與家庭生活費用尙有不同（最高法院111年台上字第567號判決）。

夫妻無過失之一方，因判決離婚而陷於生活困難者，他方縱無過失，亦應給與相當之贍養費（民§1057）。因婚姻無效、撤銷，而陷於生活困難者，亦得請求贍養費（民§999-1）。因婚姻無效、撤銷或離婚之給與贍養費事件，該贍養費爲塡補婚姻上生活保持請求權之喪失而設，其非賠償請求權性質，乃基於權利人生活上之需要，爲求道義上公平，使於婚姻關係消滅後，事後發生效力之一種給付，其性質上僅係扶養失婚者於合理年限內，至其覓得工作機會及取得經濟獨立爲止之生活保持狀態（最高法院96年台上字第1573號判決）。配偶一方請求贍養費，亦屬家事非訟事件。配偶離婚時，協議由一方給付贍養費，他方不爲給付，因此請求法院命依照協議內容給付之。該事件是訴訟事件或非訟事件，學說以及司法實務亦如同前述家庭生活費用協議事件，有不同意見。由於贍養費亦屬於未來展望性的事件，離婚協議中贍養費給付的協議，亦屬未來生活安全，仍有依照雙方當時的經濟狀況裁量決定之必要，因此仍屬於家事非訟事件。家事事件審理細則第95條第1項第8款已經明定爲家事非訟事件。

贍養費是因離婚後所生之請求權，不同於家庭生活費用負擔及扶養請求。而家庭生活費用與扶養請求，均屬婚姻關係存續中所生之請求權，然而兩者仍有不同。我國民法於第1116條之1規定夫妻扶養義務，另外再於2002年間新增第1003條之1，規範夫妻間家庭生活費用之負擔。立法既然分開規定，解釋上自應認爲兩者內容不同。學者指出，家庭生活費用由夫妻共同分擔，係市民法思想的產物，基於男女平權之理念，一方面使妻在結婚之後，仍然擁有法律上獨立主體地位，可以自行使用收益財產；另一方面也要求妻必須負擔家庭生活費用之義務。而扶養法則屬於社會法思想之產物，立法意旨在於協助陷於生活困難之人，可以在特定親屬之扶助下，維繫基本生活。因此家庭生活費用與扶養費，無論在性質上或機能上均有不同，概念上必須區別。在實際操作上，夫妻結婚後，應共同負擔家庭生活費用，此為民法第1003條之1所明定，亦為市民法基本理念所肯認。但如果一方陷於生活困難，無力負擔家庭生活費用時，即應轉由具有社會法性質之扶養法發揮功效，由有能力者負起扶養他人之責任[8]。

又給付家庭生活費用事件、扶養費事件、請求贍養費事件、司法院釋字第七四八號解釋施行法第19條規定，於同性永久結合關係準用之。

參、夫妻財產制事件

配偶間夫妻財產制採取法定財產制，夫妻或配偶就其婚後財產，互負報告之義務（民§1022）。請求他方為財產之報告，為家事非訟事件（家事審理細則§95Ⅰ④）。

夫妻之一方有民法第1010條第1項各款或第2項所列應給付家庭生活費用而不給付時、夫或妻之財產不足清償其債務時、夫妻之總財產不足清償總債務或夫妻難於維持共同生活，不同居已達六個月以上等事由時，法院因他方之請求，得宣告改用分別財產制。此聲請事件，亦屬家事非訟事件。

至於夫妻以書面約定夫妻財產制（民§1007），並向法院所設夫妻財產登記處（民§1008）登記事件，性質上亦屬家事非訟事件。不過，我國另外定有法人及夫妻財產制契約登記規則，規定其登記程序。

至於自由處分金之協議（民§1018-1），依立法過程可知，從原條文之請求定期給付相當數額之金錢，改為現行法之協議，可知立法條文並未賦予請求權。因此，夫妻協議不成時，不得向法院請求酌定[9]。

---

8 林秀雄，《家族法論集（一）—夫妻財產制之研究》，1986/5，初版，頁213以下。

9 陳棋炎、黃宗樂、郭振恭，《民法親屬新論》，三民書局，2022，頁137-138；林秀雄，《親屬法講義》，元照出版，2022，頁144。

第二節　婚姻非訟事件之管轄

婚姻非訟事件由夫妻之住所地法院、夫妻經常共同居所地法院、訴之原因事實發生之夫或妻居所地法院管轄。當事人並得以書面合意定管轄法院。夫或妻死亡者，由夫或妻死亡時住所地之法院管轄。不能定法院管轄者，由被告住、居所地之法院管轄。被告之住、居所不明者，由中央政府所在地之法院管轄（家事§98準用§52）。請參照婚姻訴訟事件管轄章節之說明。

第三節　婚姻非訟事件之審理

壹、啓動

婚姻非訟事件爲聲請事件，因當事人之聲請而啓動。聲請狀應記載家事事件法第75條第3項所規定，如當事人姓名、住所、聲請意旨及原因事實等事項。請求履行夫妻同居事件，聲請人應於聲請狀載明應爲同居之處所；依釋字七四八號施行法第11條請求履行同居者，亦同（家事審理細則§96Ⅰ）。請求家庭生活費用、扶養費或贍養費，宜載明請求之金額、期間及給付方法、關係人之收入所得、財產現況及其他個人經濟能力之相關資料，並添具所用書證影本。請求金額等事項，並不是聲請要件，未記載時，法院應闡明之[10]。

屬於當事人得處分事項之婚姻非訟事件，如請求家庭生活費用、贍養費、扶養費等事件，既爲私權事件，法院審理之範圍，仍受當事人所表明請求法院審理事項即程序標的之拘束。當事人聲請法院審理之事項，仍應分別記載係基於請求家庭生活費用、贍養費或扶養費之程序標的。此由家事事件法第99條第2項規定當事人就前項「數項」費用之請求，即可得知。據此，聲請人請求給付家庭生活費、扶養費或贍養費時，就數項費用之請求，仍宜表明各項費用之金額（家

10 許士宦，《家事事件法》，新學林，2020，頁521。

事審理細則§97），以免法院審理裁判範圍不明[11]。當事人之聲明有不明瞭或不完足者，法院應曉諭其敘明或補充之（家事§99II）。至於當事人是基於協議而請求，或者因沒有協議而請求法院酌定，有學者指出應依訴訟標的相對論理論，使當事人得以選擇，若認屬於單一程序標的，即爲法律上攻擊方法之合併，構成不眞正合併[12]。

請求家庭生活費用、贍養費、扶養費等事件，審理之範圍固受程序標的之拘束，但給付之內容與方法，仍得由法院裁量決定之。聲請狀上聲請意旨之記載方式，不再要求符合聲明明確性原則，而允許僅表明最低金額，並聲明由法院依職權裁量決定金額（家事§99II）。家庭生活費用之請求及扶養費之請求，也可以先爲合併之聲請，而爲總額請求，於法院闡明後，分別定其請求之金額、期間及給付方法。

貳、審理原則

婚姻非訟事件，屬於私權事件，於事證之蒐集自應適用家事非訟程序法理，採取職權探知（家事§78 I）、自由證明，並由當事人負起協同提出事證（家事§78II）之義務。當事人請求家庭生活費用、扶養費、贍養費，雖有處分權，然而就給付費用之方法及金額，屬於有展望性的裁決，必須由法院根據家庭成員間彼此經濟能力狀況、權控地位等諸多因素爲公平之裁量，就該裁量之事實，仍應由法院職權調查、蒐集事證。然有學者認爲夫妻間扶養事件，若是基於扶養協議或不當得利而請求，其屬於眞正訟爭事件，應適用辯論主義[13]，法院應依當事人所提出之聲明及事證而爲裁判。

請求履行同居既應記載應爲同居之處所，若夫妻就住所未爲協議或協議不成者，法院得曉諭合併聲請或反聲請指定住所；於釋字七四八號施行法第12條之情形，亦同（家事審理細則§96II），以利紛爭一次解決。

婚姻非訟事件，當事人就請求所依據之法律關係有爭執者，法院

---

11 高鳳仙，《家事事件法》，五南圖書，2019，頁180。
12 許士宦，《家事事件法》，新學林，2020，頁515。
13 許士宦，《家事事件法》，新學林，2020，頁521。

應曉諭其得合併請求裁判（家事§103Ⅰ）。如配偶一方請求他方給付扶養費，他方抗辯雙方婚姻關係並不存在，由於扶養費請求必須基於婚姻關係存在爲前提，審理扶養請求是否有理由，必然審查婚姻關係是否存在。於此情形，法院應曉諭當事人就婚姻關係是否存在起訴並合併審理之，此爲強制合併審理。於婚姻非訟程序之抗告程序中，多數學者認爲基於審級利益保護原則，不應允許合併審理婚姻訴訟事件[14]。

婚姻非訟事件合併法律關係之婚姻訴訟事件，除合意適用家事非訟程序外，法院應裁定改用家事訴訟程序，並由原法官繼續審理（家事§103Ⅱ）。合併審理之婚姻訴訟事件以及婚姻非訟事件，仍各具訴訟事件及非訟事件之性質，應各依其事件之性質，適用程序法理審理之（家事§41Ⅵ）。當事人對於改用家事訴訟程序合併審理婚姻訴訟事件之裁定，不得聲明不服（家事§103Ⅲ）。

第四節　終結

壹、裁定

法院經審理後，認爲履行同居、指定住所之請求爲有理由，自應裁定命履行同居、指定住所。

家庭生活費用、扶養費、贍養費之請求，雖屬私權事件，法院審理之範圍應受當事人聲請意旨之拘束，具有未來生活規劃的展望性，給付之方法具有長期性，各自負擔之金額有經濟能力變動的不可預測性，賦予法院相當程度的裁量權，因此家事事件法第100條第1項特別規定，就其負擔或分擔，法院得審酌一切情況，定其給付之方法，不受聲請人聲明之拘束。法院於裁定時，必須根據調查事證之結果，分別就應給付或負擔之金額、給付之方法如總額給付、分期給付或給付定期金裁定之。給付之額數，應斟酌權利人之身分、年齡、自營生計之能力與生活程度及義務人之財力如何而定（最高法院96年台上字第

---

14 姜世明，《家事事件法論》，元照出版，2019，頁303；許士宦，《家事事件法》，新學林，2020，頁349-350揭示同一法理。

1573號判決）。總額給付及分期給付，均由法院酌定應給付之總額，若無法一次給付，則可命爲分期給付。至於定期金給付，是直接酌定每期應給付之金額，可以是婚姻關係存續下之終身定期金，或是贍養費之終身定期金，也可以定一定期間之定期金。定期金與分期給付均屬酌定之給付方法，不同之處在於分期給付定有總額，定期金是按期定額給付。惟亦有學者指出定期金及分期給付有性質上的不同，分期給付是義務已經發生，給付總額已經確定，因一定情形不適合一次爲給付而允許爲分期給付之情形；定期金給付則是給付義務隨時間之經過而順次發生[15]。

法院裁定雖不受當事人聲請意旨之拘束，學者有認爲最高額度仍有拘束性，法院不得多於聲請意旨而爲裁定[16]。然亦有學者認爲由於屬於法院裁量判斷，當事人可以聲請法院裁判最適當之金額[17]，因此不受最高額度之限制。由於聲請事件之聲請意旨僅在特定法院審理的對象，並不應限制法院審酌一切情況定給付方法之裁量（家事§100Ⅰ），因此應以後者之見解爲當。然於審理中給予當事人充分的程序保障，避免突襲性裁判，毋寧更具有重要性。法院認爲依調查之事證，確有裁量酌定較高金額之必要，自可開示事證，曉諭闡明當事人爲聲請意旨之擴張。

爲了確保分期給付履行，法院得酌定遲誤一期履行時，其後之期間視爲亦已到期之範圍或條件（家事§100Ⅲ）。諸如於裁定主文記載如一期不履行，其後六期視爲已經到期，此即爲期限利益喪失條款。法院命給付定期金者，除了可以如同分期給付，酌定逾期不履行時，喪失期限利益之範圍或條件之外，還可以由法院斟酌雙方經濟狀況，酌定加給之金額，作爲強制金，確保定期金之給付，但其金額不得逾定期金每期金額之二分之一（家事§100Ⅳ）。定期金給付，如果沒有定給付之期限，以至於無法確知總額，自不應定期限利益喪失，而應給付全額之條款[18]。

---

15 李太正，《家事事件法之理論與實務》，五南圖書，2020，頁379。
16 姜世明，《家事事件法》，元照出版，2019，頁136。
17 許士官，《家事事件法論》，新學林，2020，頁519。
18 李太正，《家事事件法之理論與實務》，五南圖書，2020，頁380。

由於分期給付係法院先定給付之總額，再命爲分期給付，法院若考量債權人之程序利益，避免債權人未來執行上所可能產生之程序障礙，即可於命總額給付，並命供擔保後，得爲分期給付。聲請意旨或主文可記載爲：「相對人○○○應給付聲請人○○○新台幣○○元。並於爲聲請人供擔保後，得自民國○○年○○月○○日起，改爲於每月○○日給付新台幣○○元，至清償完畢止。」至於供擔保屬於擔保提存，債務人應持裁定書，依提存法第9條等規定，向法院提存所辦理提存。

配偶之一方依照雙方之協議，請求履行扶養義務、給付贍養費，法院可否根據調查事證之結果，就給付之金額酌定不同於協議內容之數額，最高法院102年度台抗字第453號子女扶養義務協議採取否定見解，認爲：「給付子女扶養費時，其『給付扶養費之方法』，固得依家事事件法第一百零七條第二項，準用同法第一百條第一項、第二項之規定，審酌一切情況，命爲一次給付、分期給付或給付定期金，不受聲請人聲明之拘束。惟家事事件法第一百條第一項規定，僅就『給付扶養費之方法』究採總額給付（一次給付或分期給付）或定期金給付，設有限制或排除當事人處分權主義之規範而已，若夫妻離婚，對於包括給付未成年子女扶養費金額及方法等未成年子女權利義務之行使或負擔事項，已經達成協議，因負給付扶養費之一方不履行協議，他方依協議請求給付時，本身即具有高度訟爭性，自應尊重當事人處分權。於此情形，法院除就給付之方法得命爲一次給付或分期給付或有情事變更情形（民法第二百二十七條之二規定）外，應不許任意依上開規定，變更夫妻間協議給付未成年子女扶養費之金額。」聲請意旨所記載之金額，經過審理之後，認爲不應全部允許時，法院仍應於主文中載明駁回其餘聲請之意旨，以資明確（台灣高等法院108年法律座談會第28號提案討論意見）。

扶養費等費用之給付，除了金額之外，也可以考慮裁定附載給付之方法，以匯款方式轉入扶養權利人指定之帳戶內，以避免面對面交付款項時，所可能產生言詞上的衝突或羞辱。也有建議扶養費給付方式，均由雙方信賴的機構或是第三人，同時協助代爲轉交扶養費之做法。

貳、和解

婚姻非訟事件屬於私權事件，當事人對於聲請法院裁判之事項有處分權，雙方可以就婚姻非訟事件或夫妻間其他得處分之事項成立和解。作成和解筆錄時，即發生與本案確定裁判同一之效力（家事§101Ⅰ）。如配偶雙方成立共同居住於某處之和解、配偶一方應按月於每月5日前給付1萬元之家庭生活費用之和解等。和解成立，即有與確定裁判相同之形成力、執行力。

婚姻非訟事件之和解，既然具有與確定裁判同一之效力，自有必要於成立和解時，確認發生效力之客觀範圍，以保障程序權。因此家事事件法第101條第2項乃規定聲請人與相對人就程序標的以外得處分之事項成立前項和解者，非經爲請求之變更、追加或反請求，不得爲之。由家事事件法第101條第1項及第2項合併觀察，可知第1項所謂「夫妻間其他得處分之事項」，應限於得爲家事非訟事件之請求或反請求之事項。如自由處分金，僅得由配偶爲協議，不得爲非訟事件之請求，依此解釋，即不得納入婚姻非訟事件和解中。然而家庭生活費用之負擔，往往與家務勞動之分配、自由處分金合併處理，能更有效增益婚姻生活。家庭生活費用負擔事件之和解，於婚姻生活之維繫需要較爲明確之規範時，應有合併家務勞動分配和解之必要。司法實務上，也肯定配偶雙方家務勞動協議得請求公證，例如約定「妻除需煮兩人的晚餐（每週一、五各煮一次，每次二菜一湯）外，其餘家務均須由夫負擔，夫應負擔包含但不限於洗碗、打掃家裡（每月至少八次）、倒垃圾（只要政府有收垃圾就要倒）等所有維持家裡整潔需要之家務皆由夫負責，房屋修繕及費用亦由夫負擔」。婚前協議之公證，研討結論肯定之，審查意見也認爲：「對於婚後家務分工協議請求公證，固然僅有立證效力，然法既無明定不許，自無干涉之必要。」（103年公證實務研討會法律問題提案第13號）若配偶也就自由處分金合併約定，納入和解內容中，約定「夫應每月一日前給付妻2萬元之自由處分金，若當月未給滿2萬元之自由處分金，次月仍應補足之」，同一實務見解也認爲可以請求公證，甚至可以約定逕受強制執行。既然家務勞動之分配以及自由處分金，均屬當事人得處分之事項，允許於家庭生活費用事件審理中成立和解，似無不可。且由於自由處分金和解筆錄，內容屬於金錢給付，且具有與確定裁判同一之效力，該和解筆錄即可爲強制執行法第4條第1項第3款所列之執行名義。家務勞動分配屬於一定行爲之給付內容，與親子非訟事件中會面交往之裁判相同。再參考德國家事及非訟事件法第156條關於親子探望等和解筆錄，經法院核定後，得爲執行名義[19]，並可依該法第89條對於不遵從裁定者，科處罰款之規定，應認爲家務勞動分配和解筆錄，亦可爲我國強制執行法第4條第1項第3款執行名義，並可依強制執行法第127條、第128條爲強制執行行爲。

婚姻非訟事件審理中，合併審理當事人不得處分之婚姻訴訟事件如確認婚姻關係不存在或婚姻無效之訴訟，就婚姻訴訟事件不得成立和解，然得合意法院斟酌其內容而爲適當之裁判（家事§101Ⅲ）。此項裁判，性質上與家事事件法第33條之合意裁定類似，應得準用合意裁定之審理程序、裁判以及救濟程序等。

婚姻非訟事件之和解有無效或得撤銷之原因者，聲請人或相對人得請求依原程序繼續審理，並準用民事訴訟法第380條第3項之規定繳納已經退還之裁判費。因婚姻非訟事件和解受法律上不利影響之第三人，得請求依原程序撤銷或變更和解對其不利部分，並準用民事訴訟法第五編之一第三人撤銷訴訟程序之規定（家事§101Ⅳ、Ⅴ）。

參、因情事變更而爲裁判

家事非訟事件於裁定後，有情事變更之情形，家事事件法第83條第3項已經規定，可以由法院撤銷變更之。撤銷變更之裁定，並非原裁定有何自始不當之處，因此撤銷變更裁定之效力不溯及既往（家事§83Ⅴ）。婚姻非訟事件之裁定，亦可適用家事事件法第83條第3項，因情事變更而撤銷變更之。然而就家庭生活費用、扶養費、贍養費請求等事項，由於爲聲請事件，家事事件法第102條乃特別規定，僅於當事人聲請時，方可因情事變更而撤銷變更原裁定，法院不得依職權啓動此撤銷變更裁定之程序[20]。又爲了避免費用已經實現給付之

[19] Martin Haußleiter, FamFG, Verlage C.H. Beck, München, 2011, S. 515 ff.
[20] 許士宦，《家事事件法》，新學林，2020，頁660。

後，因有情事撤銷變更之裁定，產生費用是否應返還之爭議，因此僅限於就內容尚未實現之部分，得以情事變更爲理由，聲請撤銷變更原裁定，更嚴格地遵循不溯及既往原則。

由於婚姻非訟事件之家庭生活費用、扶養費、贍養費請求等事件均可成立和解，然因和解後，發生情事變更而需要變更原和解內容，亦可聲請法院裁定撤銷變更之。

裁定後情事有所變更，是否應撤銷變更原裁定，法院仍有裁量權[21]。裁量撤銷變更原裁定之目的，應係維持婚姻生活所需要之經濟環境，包含配偶一方生活所需、平衡合理的生活需求與經濟負擔能力等[22]，以家庭成員共同承擔度過因情事變更而不得不調整的生活水準爲原則。情事變更之事由，包含配偶一方失業而不得不降低負擔的比例甚至暫時免除，如應負擔家庭生活費用之配偶，已經達退休年齡，無法再就業，也沒有其他資產足以繼續負擔家庭生活費用或贍養費等，或者業務經營失敗宣告破產或者進入債務清理程序，抑或如於原裁定時，配偶一方沒有經濟能力、沒有工作，事後已經有了新的工作，收入明顯增加。配偶一方因繼承而取得財產，已經明顯足以支應生活所需，可以作爲降低贍養費金額之理由。配偶之一方再婚，仍應視個案之情況調整贍養費，平衡保護已離異配偶之生活所需與再婚後新家庭成員新生活所需之經濟環境，若經濟能力強大到足以支應兩個家庭生活所需，自無調整之必要，然若再婚後，有了新的婚姻生活、家庭成員，而有調整降低原贍養費之必要時，亦應考慮新婚姻生活、家庭生活能有開展的經濟基礎。受贍養之一方，因爲已經與他人同居生活，而有調整贍養費必要時，亦應視同居生活之人是否願意或有能力負擔贍養費而定。至於因爲應負擔費用義務之人，自我導致情事變更，例如率性辭職以逃避負擔費用之責任，並不得作爲撤銷變更原裁定之理由[23]。

---

21 Valerie Thean JC & Fool Siew Fong ed., Law and Practice of a Family Law in Singapore, Thomson Reuters Corporation Ltd., Singapore, 2016, para. 7.4.17.

22 Valerie Thean JC & Fool Siew Fong ed., Law and Practice of a Family Law in Singapore, Thomson Reuters Corporation Ltd., Singapore, 2016, para. 7.4.14.

23 Valerie Thean JC & Fool Siew Fong ed., Law and Practice of a Family Law in Singapore, Thomson Reuters Corporation Ltd., Singapore, 2016, pp. 173-178.

第三章　親子非訟事件

第一節　事件類型

壹、親子責任歸屬事件

一、因離婚所生親子責任歸屬事件

（一）由父母承擔親子責任事件

夫妻離婚時，對於未成年子女權利義務之行使或負擔，可先由雙方協議由一方或雙方共同任之。未為協議或協議不成者，法院得依夫妻之一方、主管機關、社會福利機構或其他利害關係人之請求或依職權酌定之（民§1055 I ）。此為因離婚所生親子責任（parental responsibility）歸屬事件。

夫妻雙方對未成年子女之親子責任歸屬，於離婚時已經有協議，但該協議不利於子女者，法院得依主管機關、社會福利機構或其他利害關係人之請求或依職權為子女之利益改定之（民§1055II）。

夫妻離婚後，對於未成年子女之親子責任已經法院裁定或已經有所協議，然因為行使、負擔權利義務之一方未盡保護教養之義務或對未成年子女有不利之情事時，他方、未成年子女、主管機關、社會福利機構或其他利害關係人得為子女之利益，請求法院改定之（民§1055III）。此為親子責任改定事件。

所謂對於未成年子女權利義務之行使或負擔，有廣狹兩種不同之意義。狹義說認為僅限於保護及教養之身心監護；廣義說認為包含身心監護、財產監護及子女代理權。學者多從廣義見解，司法實務亦從之[1]。由於對於未成年子女身心照顧及扶養費請求事件，於程序法理上稍有不同，家事事件法第104條第1項第1款分列兩者，均列為家事非訟事件。

1　戴炎輝、戴東雄、戴瑀如，《親屬法》，元照出版，2021，頁286。

（二）非婚生子女認領後承擔親子責任事件

非婚生子女經認領後，與父親之間有婚生子女之關係，父親也必須承擔親子責任。然而因爲父母並未結婚同居，因此有必要決定親子責任歸屬之方式。民法第1069條之1規定準用第1055條、第1055條之1及第1055條之2規定，由雙方協議，若無法協議，即由法院裁定決定之。由法院裁定、改定或變更親子責任歸屬，均屬於家事非訟事件。

二、因分居所生親子責任歸屬事件

父母不能繼續共同生活已經達六個月以上時，事實上已經不能共同承擔親子責任，因此必須由雙方協議決定承擔親子責任之方式，如果不能協議時，則必須由法院裁定之。民法第1089條之1規定於此情形準用民法第1055條至第1055條之2等規定，由法院裁定、改定或變更承擔親子責任之方式。最高法院100年度台抗字第530號民事裁定之案件中，即爲此例。該案是夫妻雙方因工作調職關係，辦理假結婚，卻有另結新歡之情形，夫妻一方提起確認婚姻關係存在之訴，且因未同居達六個月以上，聲請法院裁定承擔親子責任之方式。

三、宣告停止親權事件

父母之一方濫用其對於子女之權利時，法院得依他方、未成年子女、主管機關、社會福利機構或其他利害關係人之請求或依職權，爲子女之利益，宣告停止其權利之全部或一部（民§1090）。此即爲宣告停止親權之家事非訟事件，此類事件以父母是否有濫用親權爲要件，可能有高度的訟爭性，然因宣告停止親權，旨在安排未成年子女因父母不適任，需要爲環境之改變，家事事件法因而列爲家事非訟事件，促使法院爲適當裁量及未來展望性之裁判。

關於宣告停止親權之事由，兒少福權法第71條第1項更明確規定應停止親權之事由：「父母或監護人對兒童及少年疏於保護、照顧情節嚴重，或有第四十九條、第五十六條第一項各款行爲，或未禁止兒童及少年施用毒品、非法施用管制藥品者，兒童及少年或其最近尊親屬、直轄市、縣（市）主管機關、兒童及少年福利機構或其他利害關係人，得請求法院宣告停止其親權或監護權之全部或一部。」又父母、養父母或監護人對未滿18歲之子女、養子女或受監護人犯兒童及少年性剝削防制條例第32條至第38條等使兒童或少年爲有對價之性交或猥褻行爲等罪，或該法第39條第1項、第3項之無正當理由持有兒童或少年之性影像罪者，被害人、檢察官、被害人最近尊親屬、直轄市、縣（市）主管機關、兒童及少年福利機構或其他利害關係人，得向法院聲請停止其行使、負擔父母對於被害人之權利義務，另行選定監護人（性剝削§28Ⅰ）。

停止親權之原因消失後，未成年子女、受宣告停止親權之父母或得聲請宣告停止親權之人，自得聲請撤銷停止親權之宣告[2]。回復由父母照顧，以符兒童權利公約第9條不與父母分離之兒童權利意旨。家事事件法第3條第5項第10款，也特別明列撤銷宣告親權事件爲家事非訟事件。

四、選任特別代理人事件

父母之行爲與未成年子女之利益相反，依法不得代理時，法院得依父母、未成年子女、主管機關、社會福利機構或其他利害關係人之聲請或依職權，爲子女選任特別代理人（民§1086Ⅱ），此爲選任特別代理人事件。例如未成年子女之父親過世，留有遺產，爲了與母親協議遺產分割，必須爲未成年子女選任特別代理人[3]。

此項選任特別代理人事件爲實體法上所爲法律行爲之特別代理人，與民事訴訟法第51條所定，代理爲程序行爲之特別代理人性質不同。經法院依民法第1086條之規定選定特別代理人後，該特別代理人即取得未成年人法定代理人之權限，自得爲程序行爲，如起訴或於程序中爲答辯，毋庸再依民事訴訟法第51條選任程序上之特別代理

2 陳棋炎、黃宗樂、郭振恭，《民法親屬新論》，三民書局，2022，頁368；林秀雄，《親屬法講義》，元照出版，2022，頁333。

3 林秀雄，《親屬法講義》，元照出版，2022，頁322。

人[4]。

由於民法第1086條之規定，法院得依職權選任特別代理人，因此於審理遺產分割等事件，未成年子女於父母之利益相反時，法院亦得依職權啓動選任特別代理人之程序。此項特別代理人即爲實體法上的特別代理人，而非民事訴訟法第51條之特別代理人。法院於選任時，亦應區別之。

貳、子女身心照顧事件

一、變更姓氏事件

子女之姓氏，因父母離婚者、父母之一方或雙方死亡者、父母之一方或雙方生死不明滿三年者、父母之一方顯有未盡保護或教養義務之情事者，可以由父母之一方或子女聲請法院，爲子女之利益宣告變更子女之姓氏爲母姓或父姓（民§1059Ⅴ）。

非婚生子女經生父認領，而有上述情形之一者，亦得聲請法院宣告變更姓氏爲母姓或父姓（民§1059-1Ⅱ）。養子女稱姓之宣告變更亦同（民§1078Ⅲ）。

二、子女重大事項決定事件

父母對於未成年子女重大事項權利之行使意思不一致時，得請求法院依子女之最佳利益酌定之（民§1089Ⅱ）。所謂重大事項，如子女就學、就業、出國留學、結婚之同意、營業之許可等[5]。此雖屬不確定概念，法院難以界定範圍，更不宜以非屬重大事項，逕行駁回聲請。而另可透過調解前置程序，引入適當資源，使父母子女得有機會自發性尋求合理的決定方案。

---

4 林秀雄，《親屬法講義》，元照出版，2022，頁322。
5 林秀雄，《親屬法講義》，元照出版，2022，頁331。

參、子女扶養請求事件

未成年子女扶養請求，亦屬於民法第1055條親子責任之範圍。父母離婚、分居達六個月以上或生父認領後，應由父母協議之，協議不成或有損子女最佳利益，可由法院裁定或改定之。家事事件法第104條第1項第1款，明定此類事件爲家事非訟事件。

夫妻離婚時，協議負擔子女扶養費，他方起訴請求依照離婚協議給付子女扶養費，此亦爲我國司法實務上常見之案例，學者間對此類事件究竟是家事訴訟事件或是非訟事件，也頗有爭論[6]。司法實務見解認爲屬於家事非訟事件。最高法院104年度台簡抗字第200號裁定：「父母之一方依雙方協議……之法律關係，請求他方返還代墊子女扶養費事件，本質上雖具訟爭性，但目的與請求家事法院酌定未成年子女扶養費之實體上經濟利益相同，均應經由程序法上非訟化審理以迅速裁判，而屬家事非訟事件。」最高法院105年度台簡抗字第197號裁定也肯定原審法院適用非訟程序審理。學者之間也有不同見解，有認爲既屬扶養費事件，雖具有訟爭性，但基於迅速化審理之必要性，因而加以非訟化，性質上爲家事非訟事件[7]，但因爲具有訟爭性，仍應行辯論程序，並就此部分發生既判力[8]；也有認爲如果是父母親一方請求代墊扶養費，因爲屬於過往生活費用之確認，因此屬於家事訴訟事件[9]。由於扶養費之給付是否有代墊、是否構成不當得利，確有疑問，惟此類事件，無論是基於不當得利或無因管理請求權，由於是針對過往事實的判斷，而不是子女未來扶養費之請求，無法排除具有訴訟事件之性質。至於過往扶養費之多寡，應視子女的生活以及父母親之能力決定，則屬事實認定之問題，而非法院裁量。

未成年子女扶養請求之請求權主體，由於受扶養權利人爲未成年

---

6 沈冠伶，《民事程序法之新變革》，新學林，2009，頁261-300；唐敏寶，《家事事件實務爭議問題研析》，司法院，2013，頁60以下。

7 唐敏寶，《家事事件實務爭議問題研析》，司法院，2013，頁53以下。

8 許士宦，《家事事件法》，新學林，2020，頁85-88。

9 姜世明，《家事事件法》，元照出版，2019，頁134、144以下；林玠峰，〈家事事件中未成年子女扶養權利之實現及程序法理之適用（上）〉，《台灣法學雜誌》，第262期，2014/12，頁47。

子女本身，因此請求權主體似乎應爲未成年子女。然而民法第1055條卻又規定由父母協議定之，處分權歸於父母，請求權主體似乎又爲父母。司法實務上，由於未成年子女缺乏向法院提出請求給付扶養費的實際能力，且一向附帶於離婚訴訟程序或合併於離婚家事訴訟事件，父母於離婚訴訟事件中，一併請求未成年子女之扶養費用。但也已經有法院意識到請求權主體應爲未成年子女，因而裁定向未成年給付扶養費，或是由父母親代領等。台灣高等法院暨所屬法院111年法律座談會民事類提案第7號，由台灣高雄少年及家事法院提出之法律問題，討論父母離婚時、協議父親單獨負擔未成年子女之扶養費用，經過一年之後，未成年子女以自己名義請求母親給付扶養費用，並經法院裁定確定。由此項法律問題內容，可知司法實務上，確實逐漸肯定未成年子女爲扶養費請求權主體。

以未成年子女本人爲扶養請求權主體，並非各國一致採取之法例。在英美普通法傳統上，父親僅對婚生子女負有提供食物、衣物、住宿以及其他日常生活必要品之義務，而且此項義務無法強制履行。只能由母親連同維繫自己日常生活費用，一併請求父親給付未成年子女的生活必要費用[10]。在20世紀末，英國開始經由制定法進行改革，將未成年子女生活所需要的財務支持，從夫妻配偶間的財產制度中脫離，其時爲了符合聯合國兒童權利公約第27條第3項賦予兒童從父母接受扶養之兒童權利，又爲了避免家庭成員在法院程序中成爲相互對立的當事人，因此制定1991年兒童扶養法（Child Support Act），該法首先規定父母親都有扶養子女的義務，第13條規定國家必須設置兒童扶養機構（Child Support Officer），由兒童扶養代理人（Child Support Agency, CSA）出面爲兒童爭取受扶養的權利。然而實施的結果並不理想，兒童扶養代理人往往努力要求已經或準備負扶養義務之父母親給付得更多，然對於完全不願意負擔扶養義務的父母親少有成效。因此，改革持續進行中[11]。

受普通法傳統之影響，美國傳統法律之父親對於子女並沒有扶

10 Nigel Lowe & Gillian Douglas, Broomly's Family Law, Oxford University Press, U.K., 2015, 11th ed., p. 775.

11 Frances Burton, Family Law, London, 2012, pp. 433-440.

養之義務，而只是存在著道德上的義務。然而時至今日，許多州透過制定法的方式，賦予父母親扶養子女的義務。且基於美國聯邦憲法之性別平等原則，父母親負有同等扶養子女的義務。也有若干州透過傳統普通法之「必需性理論」（doctrine of necessaries），要求父親必須提供妻子及子女家庭生活必要的費用。而如果父母子女生活在完整的家庭中，基於家庭自治之原則，子女扶養義務由家庭成員自行決定之。如果父母已經分居、離婚，則由有管轄權之法院裁定未成年子女之扶養費用，但通常不會足額滿足[12]。

在多種族且信奉伊斯蘭教等多種宗教的印尼，各自遵行不同的法律。穆斯林必須遵循伊斯蘭教法，不同於其他世俗法律。印尼離婚的法律也區分爲穆斯林間的離婚以及於非穆斯林間的離婚，且女性主動請求離婚的人數高於男性兩倍，且多數能成功。在財產分配上，夫妻共同取得的財產，離婚時各取得一半。子女之親子責任歸屬，印尼法院採取共同承擔的方法，未成年子女已滿12歲，可以由子女自行決定由誰照顧，低於12歲則依照遜尼派教義，由母親承擔親子責任，但也可以爲未成年子女最佳利益，改由父親承擔親子責任。法院於決定財產分配時，也必須兼顧分配的財產是否足以維持妻子及子女的生活[13]。

肆、交付子女事件

夫妻於離婚之後，協議或經法院裁判，夫妻之一方照顧未成年子女，然而他方卻遲遲不願意將未成年子女交付給擔任主要照顧者之一方，只是聲請交付子女之必要，此亦可爲單獨的家事非訟事件。然司法實務認爲：「按法院依民法第1055條之規定，爲酌定、改定或變更時，得命交付子女、未行使或負擔權利義務之一方與未成年子女會面交往之方式與期間……離婚判決，既已明定未成年子丙之權利義務行

12 Lynn Dennis Wardle, William C. Duncan, & Lawrence C. Nolan, Family and Succession Law in the USA, Wolters Kluwer, 2022, pp. 211-213.

13 Simon Butt & Tim Lindsey著，陳春生、程明修等譯，《印尼法導論》，臺灣環境資源與能源法學會，2022，頁554-558。

使負擔由甲任之，乙竟於會面交往後拒絕將丙送回甲住處，顯已侵害甲對丙權利義務之行使負擔，且該主文中已諭知乙於會面結束後，應將丙送回甲住處，即包含『交付子女』……」即屬交付子女事件。其他如父母一方未經承擔親子責任一方之同意，擅自將子女帶離原住居地，亦有交付子女之必要；跨國拐帶程序，請求法院協助，亦應屬於此類事件。

第二節　親子非訟事件之管轄

家事事件法第104條第1項規定，親子非訟事件，專屬子女住所或居所地法院管轄；無住所或居所者，得由法院認為適當之所在地法院管轄。子女住所之認定，依照民法第1060條之規定，應由父母親指定。父母親離婚時，應由承擔親子責任之一方指定。此外，依照兒少福權法第60條第1項規定，兒童因為受到虐待而被安置期間，安置之機構或寄養家庭在保護安置兒童及少年之範圍內，行使、負擔父母對於未成年子女之權利義務。因此兒童的住所，也由該機構或寄養家庭指定之。至於所謂法院認為適當之子女所在地，係指子女無住所或居所，如未成年人為棄嬰或類此情形，致其無住居所。

未成年子女有數人，其住所或居所不在一法院管轄區域內者，各該住所或居所地之法院具有管轄權（家事§104II）。

第三節　審理程序

壹、啓動

一、聲請或職權啓動

親子責任事件，因為民法第1055條第1項已經規定法院可以職權啓動，因此屬於職權事件。宣告停止親權、選任實體法上特別代理人事件，法律均已規定法院得職權為之，因此均屬於可職權啓動事件。至於變更子女姓氏、未成年子女重大事項決定，民法均規定依當事人之聲請爲之，自屬聲請事件，應由當事人聲請方得啓動。至於未成年子女扶養費事件，有可能認爲也屬於職權啓動之職權事件，不過上述家事非訟事件類型章節之說明，性質上似應更屬於由權利主體啓動的聲請事件。

二、程序參與人之適格

親子非訟事件，若屬於聲請事件，例如變更子女姓氏，法律已經明文規定聲請權人，自應以法律所定之聲請權人爲適格之聲請人。

親子非訟事件，往往涉及父母子女等家庭成員，特別需要依照家事事件法第77條之規定，通知事件所涉及子女、父母或其他因事件之處理結果權利受侵害之人，或法律上有利害關係之人，或相關主管機關。

三、聲請意旨之拘束性

親子責任事件屬於公益事件，當事人聲請意旨並無拘束性，法院可以依照民法第1055條之規定，裁量決定承擔親子責任之人[14]，並酌定會面交往之方式、期間以及其他一切照顧子女的方法。當事人縱使沒有聲請，法院仍可以依職權酌定其內容。

子女扶養費之請求，無論是方法或是程度，法院均不受聲請意旨之拘束（家事§107II準用§100Ⅰ）。學者有認爲最高額度仍有拘束性，法院不得多於聲請意旨而爲裁定[15]。然亦有學者認爲由於屬於法院裁量判斷，當事人可以聲請法院裁判最適當之金額[16]，因此不受最高額度之限制。鑑於聲請事件之聲請意旨僅在特定法院審理的對象，並不應限制法院審酌一切情況定給付方法之裁量（家事§100Ⅰ），因此應以後者之見解爲當。

---

14 許士宦，《家事事件法論》，新學林，2019，頁42。

15 姜世明，《家事事件法》，元照出版，2019，頁136。

16 許士宦，《家事事件法論》，新學林，2019，頁44。

依父母雙方協議，向法院請求依照協議內容履行對未成年子女之扶養義務法院審理時，可否不受離婚協議中扶養數額之拘束而得裁量決定，有不同意見。有認爲法院應受當事人協議之拘束[17]，有認爲應適用家事事件法第107條第2項之規定，法院可以裁量決定。由於子女扶養費之請求，權利人爲未成年子女，父母離婚協議扶養子女的約定，僅爲法院裁量的參考，子女不受協議的拘束，法院應得依職權蒐集協議之存否、背景等事實，以裁定扶養之內容及方法。

貳、審理

一、事證蒐集

法院爲了酌定親子責任之歸屬，應依職權探知如會面交往方案的事證。然而當事人仍有協力之義務，特別是請求扶養費事件，法院應闡明裁定所需依賴之事實及證據，由當事人協力提出陳述或主張，聲請調查證據。

探知事證的範圍，不應被侷限於民法第1055條之1的法條文字中，而應從探索家庭衝突形成之原因、家庭動力、兒童最佳福祉原則等，找尋職權探知事項的方向及方法。在高衝突離異的家庭，審理過程當中「要爸媽停止互相指責的速度，遠不及小孩體諒爸媽的速度」；配偶外遇，帶給另外一方配偶生命被否認的憂鬱引因等。因此家庭衝突的原因等上述事項之事證，均可成爲法院職權探知事證之範圍。

親子非訟事件，性質上既屬於非訟事件，事證蒐集即應適用自由證明程序，而非嚴格證明。不過，家事事件法第106條第2項、第3項就主管機關或社福機構所爲訪視報告，爲了保障當事人的聽審請求權，特別規定「法院斟酌前項調查報告爲裁判前，應使關係人有陳述意見之機會。但其內容涉及隱私或有不適當之情形者，不在此限」「法院認爲必要時，得通知主管機關或社會福利機構相關人員於期日

17 姜世明，《家事事件法》，元照出版，2019，頁150。

到場陳述意見」。訪視報告之內容，對於法院之裁定具有重要性，既然規定應使當事人有陳述意見之機會，自應使當事人在不妨礙隱私或排除其他不適當之情形下，得閱覽訪視報告之內容。

法院於裁定前，得裁量審酌是否進行訪視或調查，但法院之裁量仍必須根據已經調查之事證，是否已經足以做出妥適裁定而定。最高法院101年度台抗字第857號民事裁定就夫妻於離婚訴訟中，一方聲請法院核發假處分，禁止他方將子女帶離中華民國國境，即認爲：「……地院未於爲裁判前，徵詢主管機關或社會福利機構之意見或囑託其進行訪視，提出調查報告或建議，以作爲衡量未成年子女最佳利益之參考，逕准許相對人假處分之聲請，裁定再抗告人於兩造離婚訴訟終結前或另就方○○權利義務之行使負擔達成協議前，非經相對人之同意，不得自行或委託他人將方○○帶離中華民國國境。……」以原法院裁定有誤，將二審裁定廢棄發回更爲審理。

二、調解

親子非訟事件，除了選任特別代理人事件外，於法院審理之前，應先經過調解程序（家事§23Ⅰ）。特別是親子責任事件，必須變動原來已經習慣的生活模式以及父母子女間，甚至與祖父母之間互動關係，自有必要重新安排父母與子女之間的日常生活關係。藉由調解程序，使家庭成員在調解程序中，自主發掘問題，自行找尋解決問題的方案，確屬日後得以有效執行的重要方法。高雄少年家事法院採取推動多元科際整合調解模式，由審理案件之庭長或法官，邀集司法事務官、調解委員、程序監理人、家事調查官、社工等人，召開科際整合焦點會議，討論親子會面的各種問題，綜合分析調解可行方向策略，於達到有效程度後，由調解委員協助父母共同擬定會面交往及教養計畫方案，並隨時調整。若有必要時，由法官透過暫時處分程序，確保程序得以順遂進行，並建構陪同會面交往之服務，與高雄市政府社會局合作成立親子諮詢站，提供離婚父母共親職教養諮詢、探視計畫擬定的諮詢等，並安排親子教育及各種團體課程[18]，其模式自有可供參考之處。

三、未成年子女陳述意見及意願表達權

兒童權利公約第12條規定兒童有陳述意見的權利以及意願應受尊重的權利，家事事件法第108條進而規定未成年人有在法庭內外以適當方法陳述意見表達意願的權利，且可以獲得少年心理專業人士的協助。陳述意見之權利以及表達意願之權利，內涵並不相同，保障的強度以及方式也有所不同，此可參見兒童權利章節之說明。

親子非訟事件之本案裁定以及暫時處分審理中，即應使未成年子女有陳述意見之機會，以確保兒童權利公約第12條所保障之陳述意見權及意願表達權。審理程序，如果沒有確保未成年子女得陳述意見權，而「僅以訊問有礙難之情而未令其有表達意願或陳述意見之機會，自有消極不適用家事事件法第108條第1項及不當適用家事事件審理細則第107條第2項之顯然錯誤」（最高法院110年台簡抗字第31號裁定）。憲法法庭於2022年5月27日的111年憲判字第8號改定親權事件暫時處分案案件，也從憲法保障未成年子女程序主體權，認為：「定對於未成年子女權利義務之行使負擔之家事非訟程序，只須未成年子女有表達意見之能力，客觀上亦有向法院表達意見之可能，法院即應使其有表達之機會，俾其意見有受法院審酌之機會。又意見陳述權係基於未成年子女之程序主體權而來，非未成年子女有表達意見之義務，如未成年子女拒絕表達，仍應尊重未成年子女之決定。再者，使未成年子女陳述意見，非僅簡單聽取其意見，於未成年子女有形成自己之意見時，必須認真考慮其意見，並說明對其意見是如何考慮，以免聽取其意見流於形式。」憲法法庭判決之後，最高法院陸續出現要求更確實保障未成年子女陳述意見權之判決。有認為原審裁判審理中，未成年子女已經向程序監理人陳述，可以認定有表達意見

[18] 鍾宗霖等，〈守護兒少、促進父母友善合作實現親職〉，《司法周刊》，第2112期，司法文選別冊，2022/7，頁23-27。

之能力，法院卻沒有於審理期間讓未成年子女陳述意見，原審裁判有違誤，因而發回更審（最高法院111年台簡抗字第258號、第259號裁定）。有判決認爲：「……（子女）於原法院裁判時已年近8歲，非無區辨該會面交往方式之變更及表達意見之能力，原法院未斟酌上情，復未以適當方式，曉諭裁判結果之影響，使其有表達意願或陳述意見之機會，遽行酌定附表所示之會面交往方式，自有消極不適用家事事件法第108條第1項及不當適用家事事件審理細則第107條第2項之顯然錯誤。」（最高法院111年台抗字第1100號裁定）也有指出：「……（未成年人）……於高雄少家法院委由社會福利機構、家事調查官進行訪視、調查時，年僅3歲7個月，固經家事調查官認其尚無識別能力，不宜直接引用其意願而作出評估；惟於原法院裁定時，已有5歲7個月，似非無表達意願或陳述意見之能力，再抗告人亦以家事調查報告對於丙○○之意見調查不多，聲請選任程序監理人。乃原法院未以適當方式，對丙○○曉諭裁判結果之影響，並使其有表達意願或陳述意見之機會，亦未爲其選任程序監理人，即逕爲裁定，自有未適用上開法條規定之違誤。」

也有若干判決從未成年子女之陳述能力，認定未成年子女陳述意見權已獲得保障。例如有判決認爲未成年子女年僅3歲、4歲，不具有陳述意見之能力（最高法院111年台簡抗字第294號、111年台抗字第1050號裁定）。也有判決進一步指出：「……查本件兩造所生未成年子女甲○○年僅5歲，難以全部理解監護之意義，並在與程序監理人會談過程，明確以害羞爲由拒絕出庭……。」（最高法院112年台上字第565號裁定）有判決認爲家事調查官、程序監理人之訪視紀錄已說明該未成年子女因訪視時未滿0歲、0歲，依其身心發展及智識程度，尙缺乏理解監護意義及陳述能力（最高法院111年台簡抗字第300號裁定）。

憲法法庭所謂未成年子女有能力表達意見，並非僅只語言及意思能力，而應以其陳述對應的事實或人際網絡之關係，以及以言詞或行動陳述而定。若以滿七歲之未成年子女爲例，由未成年子女陳述與父母一方互動、共餐、同宿的事實，應在其能力範圍之內。但就親子責任由父母哪一方承擔，因爲未成年子女無法瞭解社會生活、經濟生活實況及父母因應能力，自屬已經超出其能力範圍之外。

至於是否應由法官直接聽取未成年子女之意見陳述，憲法法庭111年憲判字第8號判決本於直接審理原則，認爲：「法院『使』未成年子女陳述意見，係於審理法院主導下，於法庭內、外向審理法院爲之，使其所陳述之意見得受審理法院直接聽取，其目的除在保障未成年子女程序主體權外，並有落實直接審理主義，使審理法院能曉諭裁判結果之影響，直接聽取未成年子女之陳述，以解明事件全般狀況，而得爲未成年子女最佳利益之暫時處分之功能，此一功能並非調取未成年子女於程序外之陳述內容所得取代。又程序監理人係爲受監理人之利益爲一切程序行爲之人，乃獨立於受監理人以外之程序參與者，其雖可爲未成年子女之利益陳述意見，但不得因法院已選任程序監理人，或程序監理人已爲陳述，即可取代未成年子女之陳述。換言之，於未成年子女有陳述意見之能力時，應使未成年子女有陳述意見之機會，此時雖不排除程序監理人亦陳述意見，但非謂法院得以程序監理人之意見陳述，取代未成年子女之意見陳述，此乃基於未成年子女程序主體權之當然結論。」憲法法庭111年憲裁字第293號裁定闡述指出：「經查，確定終局裁定於裁定書中記載，本件未成年子女現分別年僅5歲、1歲，法院認其等過於年幼無法理解裁判結果對其等之影響，爰未使其等至法院表達意見。核聲請意旨所陳，屬聲請人對於法院認事用法當否之爭執，尚難謂已具體指摘確定終局裁定究有何牴觸憲法之處。」

是否由法官直接聽取未成年子女的言詞陳述，以取得與未成年子女接觸之印象，各國立法例因爲所採取的審理制度不同而有不同的想法。德國家事及非訟事件法第159條原本規定以14歲之年齡爲界線，14歲以上者法院應對未成年子女本人聽審，但如果是財產事件或是事件類型沒有必要者，可以不對未成年子女聽審。未滿14歲之未成年人，原則上不必直接聽審，但依照未成年子女之興趣、關係或意願，可認爲該事件對未成年子女具有重要性，仍得直接聽審。德國聯邦最高法院認爲三歲以上子女，即應對子女有直接聽審之必要[19]。德國於

---

[19] 劉明生，〈親子非訟事件程序之研究—以未成年子女最佳利益之保護爲中心〉，《月旦法學雜誌》，第327期，2022/8，頁58-59。

2021年修正家事及非訟事件法第159條，不再以年齡爲是否直接聽取未成年子女意見陳述之劃分標準，反而增加了法院應取得法官對未成年子女親自印象之義務，因此縱然是三歲以下的兒童，法官也可以透過親自接觸，觀察未成年子女行動等方式，取得親自印象。不過如果直接聽審將對未成年子女造成心理或生理上嚴重負擔，可以例外不進行直接聽審[20]。

在英國有不同的設計制度，在改革倡議之後，英國於2001年設立「兒童及家事法庭諮詢及服務中心」（Children and Family Court Advisory and Support Service, CAFCASS），是一個非政府部門的公法團體，原本由教育部資助，從2014年之後改由法務部資助，以便於使司法社會工作與法院程序有更緊密的聯繫。該中心主要的職務在於保護及促進兒童福利、提供法院進行程序之建議、提供兒童出席程序所必要的協助、提供兒童及其家人資訊建議及支持等。該中心的職員可以在程序中代表兒童，其職務與兒童之法定代理人不同，因此被稱爲兒童及家事法庭諮詢及服務中心內設律師（in-house lawyers），協助已經由該中心團隊協助之兒童[21]。在英國，兒童直接成爲訴訟當事人的情形並不多，是否應在法院審理程序中，直接聽取兒童之意見，在英國也是被廣泛討論的問題，在司法實務上，也呈現由拒絕兒童出席對審型法庭訴訟程序，到鼓勵法庭直接聽取，在1989年兒童法制定後，又擺盪到不鼓勵直接聽取[22]。經過幾年的論辯之後，英國家事司法會議（Family Justice Council）於2008年提出一份報告，支持法官直接聽取兒童陳述意見。報告中強調鼓勵法官直接聽取兒童陳述意見，目的在於使兒童更多地參與對生活產生重要影響的程序，感受其程序並聯繫其中，同時也讓兒童有機會使法官瞭解其想法及感受，也能雙向地瞭解法官工作的性質。報告也強調聽取兒童陳述意見，並不

---

20 劉明生，〈親子非訟事件程序之研究—以未成年子女最佳利益之保護爲中心〉，《月旦法學雜誌》，第327期，2022/8，頁59-60。

21 Nigel Lowe & Gillian Douglas, Broomly's Family Law, Oxford University Press, U.K., 2015, 11th ed., p. 453.

22 Nigel Lowe & Gillian Douglas, Broomly's Family Law, Oxford University Press, U.K., 2015, 11th ed., p. 465.

是調查證據程序中的一環，只是讓兒童對即將發生的事情能有所瞭解，以進一步確保法官能理解兒童。而法官決定是否直接聽取兒童陳述意見時，也可以要求律師或兒童及家事法庭諮詢及服務中心的律師提供意見。如果法官最後決定不聽取兒童陳述意見，應該給兒童書面簡明的理由[23]。

我國有學者認為由於家事事件法第108條第1項已經特別規定，法院應使未成年子女有表達意願或陳述意見之機會，而且立法理由中也特別記載法院應親自聽取未成年子女之意見，因而認為為了保障子女之聽審請求權，因此法院應親自聽取未成年子女之意見[24]。甚至縱使有訪視報告或建議，仍然應使未成年子女有陳述意見之機會[25]。

法官是否應直接聽取兒童陳述意見，從上述各國立法例以及家事事件法第108條之規定，可以得知無法從釋義學的方式，得到分析式的明確答案和規則，毋寧有賴從兒童權利之網路模式以及家事團隊互動情形，由法官依所應達成保障兒童權利之意旨，包含陳述意見權、意願表達權、不與父母分離之人際網絡權、陳述事項之內容等裁量決定之，該裁量並受抗告審之審查。

四、親職教育

生兒育女，除了學習自本身父母親的身教言教之外，往往缺乏適當的學習管道。家事事件審理細則第15條乃規定親職教育，由法院連結相關資源，增進生為父母之能力，或者適應未來生活的可能變動。親職教育可以通知父母或其他照顧子女之關係人如祖父母，一起接受親職教育輔導或諮商。且參加者表明願自行支付費用時，法院也可以提供付費資源之參考資料，供其選用參與，也應可考慮使子女參與。

---

23 Nigel Lowe & Gillian Douglas, Broomly's Family Law, Oxford University Press, U.K., 2015, 11th ed., p. 466.

24 沈冠伶，〈親子事件程序之子女意見陳述權及程序監理人角色〉，《司法周刊》，第2112期，司法文選別冊，2022/7，頁4。

25 沈冠伶，〈親子事件程序之子女意見陳述權及程序監理人角色〉，《司法周刊》，第2112期，司法文選別冊，2022/7，頁3。

實施親職教育的對象，有可能是父母已經協議離婚，卻無法就親子責任之合作達成協議者，也可能是分居中的父母、違反兒少福權法而受停止親權的父母。

親職教育的主要目的，在於教育分居或離婚父母發展出合作的共親職關係，以聚焦照顧子女的最佳利益。親職教育的時數每一次在二到四小時，應該進行一到三次。內容可能包含離婚法律的議題、離婚或分居情緒發展歷程的理解，子女發展階段、保護子女避免陷入父母之間的衝突、建立父母彼此溝通以及衝突解決的方法、提出父母分工協調以及子女相處的方式等。

依照家庭教育法第2條之規定，家庭教育係指具有增進家人關係與家庭功能之各種教育活動及服務。家庭教育法施行細則第2條第1款規定，親職教育是指增進父母職責之教育活動。因此可以說親職教育屬於家庭教育的一部分，其內容應包含人際關係、自我瞭解、人類發展與性、婚姻與為人父母的準備、養育孩子、年輕人對成人角色的社會化、決策決定性人力與物資管理、個人與家庭以及社區健康家庭與社區互動，以及注重文化型態改變的結果等。在兒童方面，其內容應包含認識父母的職責、子女的職責、親職的報償和困境、滿足不同年齡兒童的需要、不同親職類型和行為、兒童安全、家庭暴力、虐待和忽視的問題、不同的照顧方式，協助父母執行親職資源（家庭、鄰居、社區），未和子女同住的父母。在青少年方面，則要瞭解婚姻和父母角色、滿足不同發展階段兒童的需求，因材施教、親職的報償和困境、育兒實務、親子溝通、家庭衝突與衝突化解、教兒童生活技能（自理能力安全）、家庭暴力、虐待和忽視的問題，各種親職類型（單親、繼親、養親），協助父母執行親職資源（家庭、鄰居、社區），未和子女同住的父母、影響是否要成為父母及何時成為父母的因素。在父母親方面，包含準備生育和負擔親職的要求和報償、育兒實務輔導和親職策略、父母針對子女養育實務進行溝通的重要性、親子溝通、家庭衝突與衝突化解、提供孩子安全的環境、教兒童生活技能（自理能力安全）、家庭暴力、虐待和忽視的問題。各種親職類型（單親、繼親、養親），協助父母執行親職資源（家庭、鄰居、社區），影響是否要成為父母及何時成為父母的因素、影響親職類型的因素等[26]。

子女以及父母參與親職教育、輔導或諮商之情形，得作為法院處理相關家事事件之參考（家事審理細則§15II）。

親職教育的實施方式，各地不同，有由法院自行提供者、有由法院委請各地方政府設在法院之家事服務中心提供者、有由地方政府舉辦者，也有由民間團體受委託舉辦者。目前主要的困境在於非自願案主的抗拒，亦即親子責任事件之父母親，因為被法院要求接受親職教育，而非自願地前往接受課程，父母親之意願不高、接受度不夠。有學者因而建議除了法院書面介紹之外，亦可經由家事服務中心事工進行多方電話邀請、說明，說服父母親接受初階課程作為協助當事人連結相關資源的起點，在進入次級進階課程，包含爸爸、媽媽團體、兒童心理減壓團體，再到三級家事商談、個別諮商等，形成三級處遇整合圖[27]。

五、親職計畫

為了承擔照顧子女之責任，父母可以在法官或調解委員的協助下，自主提出保障兒童最佳利益的親職計畫（parenting plan）。親職計畫著重於家庭自主（family autonomy）原則，經過協商討論，由家庭成員，特別是父母親，自主提出共同照顧兒童的計畫，建立起合作父母的照顧架構。親職計畫應以最小限度變更原有依附關係、原有人際網絡為原則。其內容可以包含與父親或母親居住的日數、共同慶祝的節日、父母親都應該出席的家庭活動日、假期的安排、應由父母親共同決定的事項、由與子女共同生活之一方單獨決定的事項、教育、健康、醫療、父母親意見相左時的解決程序，如交由特定機構或個人決定之。

親職計畫可以經由法院協助父母親在親子非訟事件審理之前，

26 葉婉眞，〈親職教育的起源與流變〉，http://mail.nhu.edu.tw/~society/e-j/47/47-33.htm（2019/6/23瀏覽）。

27 林秋芬，〈法院辦理家事親職教育之現狀與建議（下）〉，《司法周刊》，第2147期，2023/3/10，頁3。

先行在調解程序中，由家事調查官協助，甚或指定子女的程序監理人後，經由父母或照顧子女之人，一起討論後提出。

六、合併審理

家事非訟事件往往與婚姻訴訟事件密切相牽連，如因爲父母提起離婚之婚姻訴訟事件，必須處理未成年子女的親子責任歸屬。爲了落實妥適、迅速、統合處理，家事事件法第105條第1項乃規定，與婚姻或親子訴訟事件基礎事實相牽連之親子非訟事件，強制合併審理。並依照家事事件法第41條所規定之合併審理原則，將家事非訟事件合併於家事訴訟事件中審理。因此，無論訴訟繫屬之先後，親子非訟事件均應移送於婚姻訴訟事件或親子訴訟事件繫屬之法院合併審理。

親子非訟事件繫屬之法院，將案件移送至訴訟事件繫屬法院，應以裁定爲之。移送管轄之裁定，不得聲明不服。受移送之法院應即管轄該案，不得更爲移送（家事§105Ⅱ）。若案件繫屬於同一法院，因爲採取歸股分案原則，親子非訟事件與基礎事實相牽連之婚姻訴訟事件，分由同一法官審理。若分由不同法官審理，亦應本此原則，透過法官事務分配，移由同一法官審理。由於是同一法院之法官事務分配，非法院管轄權問題，毋庸裁定移送。

合併審理之婚姻訴訟事件及親子非訟事件，仍應適用家事事件法第41條合併審理之程序法理審理之。合併審理之事件，原則上應合併裁判，並由法院依判決爲之（家事§42Ⅱ）。然若依事件性質，認有分別審理、分別裁判之必要，或者兩造合意分別審理、分別裁判，經法院認爲適當，得分別審理、分別裁判（家事§42Ⅰ②、③）。如離婚之訴訟事件，夫妻雙方已經達成一致，願意先行調解離婚，或者雖有爭執，但已經無其他事證有待調查，而親子非訟事件之審理裁判，尚需進行訪視，然未成年子女表達意願，經雙方同意或法院認爲有分別審理裁判之必要，亦得分別審理裁判。

參、程序之終結

一、親子責任事件之裁定

（一）親子責任之歸屬

兒童在未成年前，父母親離婚之後，必須由父母之一方承擔親子責任，在父母親無法達成協議時，必須由法院裁定親子責任之內容。此類親子非訟事件，往往因爲父母面對離婚所生情緒、財務上問題，而成爲高衝突的事件。高衝突離異父母，多數互動是充滿敵意、互相猜忌，放大了子女照顧的議題，造成子女適應上的困難。如何使高衝突的離異父母轉爲合作型的父母，是審理親子責任事件中可以努力的方向。

由何人擔任親子責任，是此類事件首先必須面對的問題。親子責任歸屬的方式有父母親一方單獨承擔之方式，也有雙方共同承擔之方式。美國法的發展，從父權原則，到幼兒從母原則，再到兒童最佳利益原則。而所謂兒童最佳利益原則，其內涵可以包括主要照顧者優先（primary caretaker）、親近比例優先（approximation rule）、共同監護優先（joint custody）、親職計畫優先（parenting plan）等。所謂主要照顧者優先的判斷，可能包含諸多事項之判斷，例如準備並規劃餐點、盥洗、整理、穿衣、購買、清洗衣物、醫療照顧、安排課後社交活動、與同儕之社交活動、安排替代照顧、送子女上床、教導子女一般禮儀、如廁訓練、輔導閱讀寫作算術等能力。親近比例優先原則則強調子女依附性的一致性，並以離婚前父母履行照顧子女的時間比例，分配父母親的照顧職責。而判斷依附關係，則可以包含身體上、感情上、照顧品質、相處時間、持續性或一致性照顧、對子女感情付出等事項。

父母共同承擔親子責任與所謂共親職並不完全相同，後者係強調父母親在離婚後，仍然必須以合作的態度一起承擔照顧子女的責任，與前者具有法律上之權利行使義務承擔並不完全相同。法院裁定由父母親共同承擔親子責任，應檢視的條件包含父母親是否都是適格的父母親、父母親仍能維持一定程度的合作關係、父母親擁有某些共同的價值觀。如果是居住處所的地理距離接近、父母都能和諧相處、雙方財務都寬裕時，更加適合共同承擔。而如果一方有家庭暴力、家庭有高度衝突、親職內容有明顯不當等情形，就不適合共同承擔。因此，法院酌定未成年子女權利義務之行使或負擔時，應依子女最佳利益酌定之。如酌定由父母共同行使親權，須父母能善意協力合作；若其間尚存有敵意，難以相互信任，甚且持續衝突，則共同監護事實上將窒礙難行，反不利於未成年子女身心發展（最高法院104年台抗字第503號裁定）。

夫妻離婚後，兩人均不適合承擔親子責任，法院於調查事證，審酌未成年子女之最佳利益及各種事項後，可以裁量選定非父母之其他適當的人爲子女之監護人，並指定監護之方法、命其父母負擔扶養費用及其方式（民§1055-2）。例如最高法院98年度台抗字第495號之案件中，由於夫妻間離婚訴訟業已判決確定，夫妻雙方對於長女由何人承擔親子責任並未達成協議，因爲夫妻曾對家庭成員施以暴力，家庭環境整理混亂，不適合擔任監護人，而夫妻另外一方爲逾期停留外僑，曾因賭博積欠債務，遭人催討，更曾於夜○風情飲食店上班，亦不適合擔任監護人。再第三人係夫妻一方之姊姊，育有一兒一女，有意願亦有能力照顧雙方之長女，目前與其共同生活，照顧動機單純，有穩定的工作收入，其教養觀念正向、適當，並積極維持未成年子女與相對人親子關係，經審酌訪視報告後，認定父母均不適合擔任子女之監護人時，法院即依民法第1055條之2，由夫妻一方之姊姊承擔親子責任。

法院酌定由父母以外之第三人承擔親子責任，具有一定的裁量權。至於可裁量酌定之人選，民法第1055條之2沒有特別規定，學者有建議民法第1091條及第1094條規定之親屬順序，依序決定承擔親子責任之人選[28]。因此，法院之裁量仍有一定人選範圍以及順序上的限制。至於父母不適合承擔親子責任之情形已經消失，依兒童權利公約第9條所揭示不與父母分離原則，似可認爲繼續由父母以外之第三人承擔親子責任而排除父母，已經損及兒童權利，而屬於民法第1055條

28 戴炎輝、戴東雄、戴瑀如，《親屬法》，元照出版，2021，頁303。

第3項所規定，得改定由父母承擔親子責任之情形。

（二）親子責任事項之安排

親子責任歸屬，可以往共親職、合作父母方向安排，但是在有嚴重家庭暴力或未成年子女與父母一方有高衝突關係時，自應避免。家庭暴力防治法第43條因此規定：「……對已發生家庭暴力者，推定由加害人行使或負擔權利義務不利於該子女。」有學者建議採取共親職或稱共親權時，還必須配套決定主要照顧者，並將重大事項如戶籍遷移、境外就學、重大醫療等事項保留共同決定之外，其他事項如學校社團、銀行開戶、就讀學校等事項由主要照顧者決定之[29]，以避免因採取共親職，衍生更多衝突點。

法院酌定親子責任內涵時，可以考量積極內涵，包含是否積極提出扶養子女的方案、與子女會面交往的方案，也應考量消極內涵，包含有無家暴行爲、隱匿子女、拐帶子女、虛僞陳述主要照顧者、灌輸不當觀念、惡意詆毀攻擊他方、試圖影響子女意願、妨害社工訪視或家事調查官進行調查等。

父母對於未成年子女重大事項權利之行使意思不一致，而聲請法院酌定時（民§1089II），法院於裁判前應聽取未成年子女、主管機關或社會福利機構之意見。其中是否聽取主管機關或社會福利機構之意見，應視重大事項之內容，由法院以合義務性裁量決定之。法院之酌定，學者多數認爲並非直接由法院決定方案，而是酌定該事項父親或母親一方做出最後決定[30]。

（三）會面交往

依照兒童權利公約第2條以及我國民法第1055條之1所揭示兒童最佳利益原則，應以最小變動兒童原有人際網絡，並由父母共親職爲原則。亦即雖然必須在法律上由父母一方承擔親子責任，對於子女之

---

29 鄧學仁，〈會面交往之爭議問題與修法課題〉，《司法周刊》，第2112期，司法文選別冊，2022/7，頁16-17。

30 陳棋炎、黃宗樂、郭振恭，《民法親屬新論》，三民書局，2022，頁361-362；林秀雄，《親屬法講義》，元照出版，2022，頁332。

財產身心照顧，做出最終決定，但是仍然應該由父母一同合作承擔照顧子女之責任，包含探視、扶養、教養、休閒娛樂、教育、發展等。

未成年子女與父母親之會面交往，屬於連續性的活動，允宜由調解委員或法官協助父母親決定每週、每月、寒暑假、重大節慶、生日等會面交往方式，如何交接未成年子女、溝通聯繫方式，也都可做盡量詳盡的安排。

未成年人之父母離婚後，可以會面交往，是否包含祖父母在內之其他家庭成員。雖然有可以引據民法1055條沒有明文規定爲理由而採取否定見解，也確實有國家如英國，法院一直拒絕將會面交往擴展到祖父母、繼父母或其他家屬等家庭成員[31]。然從兒童人際網絡權之保障而言，應採肯定見解。歐洲理事會於2003年通過兒童會面交往公約（Convention on Contact concerning Children），並於2005年9月1日生效，開放歐盟國家以及非歐盟國家參與締約，惟截至2022年2月16日止，只有九個國家簽署。該條約與海牙親子責任公約內容的架構大致相同，導致簽約國家不多。但該公約針對兒童聯繫有比較廣泛的定義，其中第2條(a)款特別規定「會面交往」（contact）係指：1.兒童可以與第4條或第5條所列而未能共同生活之人同處或會見；2.兒童可以與上述之人以任何形式進行溝通；3.向上述之人提供有關該兒童的訊息或向該兒童提供有關該人的訊息。公約第4條是規定子女與父母的聯繫、第5條規定與兒童有家庭紐帶關係之人的會面交往。所謂家庭紐帶（family tie），公約第2條(d)款也有定義性之規定，是指基於法律或事實上的家庭關係，而與兒童之祖父母或兄弟姐妹之間的密切關係而言[32]。德國民法第1685條第1項也鑑於會面交往對未成年子女人格發展與知識的增長，通常有積極的助益，因此規定只要對未成年子女有利，應允許與祖父母、長期共同生活或照顧未成年子女之第三人爲會面交往。瑞士民法第274條之a，也規定在有助於子女利

---

[31] Sonia Harris-Short & Joanna Miles, Family Law, Text, Cases and Material, Oxford University Press, U.K., 2011, p. 784.

[32] 賴淳良，〈外國親子責任非訟裁判之承認〉，《全國律師》，第26卷第7期，2022/7，頁7。

益之情形下，允許未成年子女與第三人會面交往[33]。新加坡家事司法（Family Justice Act）第126條，也肯定未成年子女可以與離婚後父母一方之其他家屬會面交往[34]。1989年聯合國兒童權利公約施行之後，會面交往權利被認爲屬於兒童的權利，各國也都努力修改自己的國內法以配合締約的兒童權利公約。荷蘭民法規定除了父母親之外，其他與子女已經發展出如歐洲人權公約第8條所保障家庭生活權之關係的人，也可以擁有與兒童會面交往或接近兒童的權利，包含祖父母、生父、自幼撫育的父母等[35]。我國學者也肯定在子女有利範圍內，應得允許與其他親屬爲會面交往[36]。甚至其他與未成年子女有密切人際網絡、負起實際照顧責任之叔伯阿姨，也應可認爲屬於兒童人際網絡權之一環，而可列入會面交往安排中。只是在安排會面交往之次數、密度上，應依照兒童人際網絡強弱之不同而有不同之安排。

二、宣告停止親權

法院爲停止親權之宣告，應選定或改定監護人，得指定直轄市、縣（市）主管機關、兒童及少年福利機構之負責人或其他適當之人爲兒童及少年之監護人，並得指定監護方法、命其父母、原監護人或其他扶養義務人交付子女、支付選定或改定監護人相當之扶養費用及報酬、命爲其他必要處分或訂定必要事項（兒少福權法§71II、性剝削§28II）。據此，法院裁定宣告停止親權，使原承擔親子責任之父母無法繼續照顧未成年子女，自應同時宣告應承擔親子責任之監護人。且法院亦得依事證調查之結果，裁量指定監護之方法，並命給付扶養費用及承擔親子責任監護人之報酬。

33 戴炎輝、戴東雄、戴瑀如，《親屬法》，元照出版，2021，頁297。

34 Valerie Thean JC & Fool SiewFong ed., Lawand Practice of a Family Law in Singapore, Thomson Reuters Corporation Ltd., Singapore, 2016, p. 279.

35 Barbara Stark, International Family Law, Ashgate Publishing Company, U.S.A., 2005, p. 171.

36 戴炎輝、戴東雄、戴瑀如，《親屬法》，元照出版，2021，頁297。

三、扶養費之酌定

未成年子女請求給付扶養費，依照家事事件法第107條第2項準用婚姻非訟事件有關家庭生活費用、扶養費請求之規定。因此，扶養費給付方法、擔保、定期金、強制金、期限喪失利益條款、情事變更裁定等，均準用婚姻非訟事件，亦可參酌婚姻非訟事件章節之說明。

至於金額決定的方式，有以綜合所得稅申報之扶養親屬寬減額爲依據，再由父母分擔之。也有以行政院主計總處公布各縣市家庭收支調查報告中的數據爲準，有以消費支出爲依據，也有以經常性支出爲依據，作爲未成年子女請求扶養費計算之依據[37]。目前司法實務已經少見以扶養親屬寬減額作爲酌定依據。若以家庭生活收支調查報告中當年度各縣市每人平均月消費支出爲計算扶養費之依據，應考慮家戶人口數，以平均月消費支出乘以家戶人口數，再依扶養義務人之所得，按比例決定扶養費之金額，而非單純以平均月消費支出作爲子女扶養費之金額。

扶養費給付之方法，也可以考慮裁定限定以匯款方式轉入扶養權利人指定之帳戶內，以避免面對面交付款項時，所可能產生言詞上的衝突或羞辱。也有建議扶養費給付方式與會面交往，均由雙方信賴的機構或是第三人，同時協助代爲轉交扶養費並協助會面交往執行之做法[38]。

未成年子女扶養費之總額，若經父母雙方協議，法院可否酌定比父母協議較低的扶養金額，最高法院102年度台抗字第453號民事裁定採取否定見解，認爲：「……惟家事事件法第一百條第一項規定，僅就『給付扶養費之方法』究採總額給付（一次給付或分期給付）或定期金給付，設有限制或排除當事人處分權主義之規範而已，若夫妻離婚，對於包括給付未成年子女扶養費金額及方法等未成年子女權利義務之行使或負擔事項，已經達成協議，因負給付扶養費之一方不履行

---

37 楊熾光，〈家事調解之實質發展與專業整合〉，《司法研究年報》，第31輯，司法院印行，2014/12，頁498-501。

38 鄧學仁，〈會面交往之爭議問題與修法課題〉，《司法周刊》，第2112期，司法文選別冊，2022/7，頁18-19。

協議，他方依協議請求給付時，本身即具有高度訟爭性，自應尊重當事人處分權。於此情形，法院除就給付之方法得命爲一次給付或分期給付或有情事變更情形（民法第二百二十七條之二規定）外，應不許任意依上開規定，變更夫妻間協議給付未成年子女扶養費之金額。又觀諸民法第一千零五十五條、一○二年五月八日修正刪除前非訟事件法第一百二十七條及家事事件法第一百零七條規定之立法意旨，法院爲酌定、改定或變更父母對於未成年子女權利義務之行使或負擔時，均應以未成年子女之利益爲依歸，如無特別情事，法院更不得任意變更較父母協議給付金額爲低而有背於未成年子女之固有扶養權利之有利事項。」此判決最後認爲法院不得悖於未成年子女固有扶養權利有利事項之變更，是基於未成年子女最佳利益原則，其見解應可肯定。

父母一方於離婚後再婚，仍應視個案之情況調整子女扶養費，以平衡保護已離異配偶之生活所需與再婚後新家庭成員新生活所需之經濟環境爲原則。若有足夠的經濟能力，可以支應新家庭與離異家庭子女之扶養費，自無調整之必要。然若再婚後，有了新的子女，而有調整降低原扶養費之必要時，亦應調整之。承擔主要照顧者之父母一方，因爲已經與他人同居生活，而有調整向他方請求扶養費金額時，亦應視同居生活之人是否願意或有能力負擔扶養費而定。不能僅僅因爲父母一方已經與他人同居，即免除他方給付子女扶養費之義務。至於因爲應負擔扶養費用義務之父母一方，自我導致情事變更，例如率性辭職以逃避負擔費用之責任，並不得作爲撤銷變更原裁定之理由[39]。

四、姓氏之變更

依照民法第1059條第5項之規定，有父母離婚或死亡時，或顯未盡照顧扶養義務情形時，法院依父母一方或子女之請求，爲子女之利益，宣告變更子女之姓氏。因爲姓氏屬姓名權而爲人格權之一種，具有社會人格之可辨識性，除與身分安定及交易安全有關外，尚有家族

[39] Valerie Thean JC & Fool Siew Fong ed., Law and Practice of a Family Law in Singapore, Thomson Reuters Corporation Ltd., Singapore, 2016, pp. 173-178.

制度之表徵，因此賦予父母選擇權（最高法院109年台簡抗字第253號裁定）。法院於審酌時可考量：「因情勢變更的關係，變更子女姓氏有利於未成年子女時，爲子女之利益，父母之一方或子女自得請求法院宣告變更子女之姓氏爲父姓或母姓。倘未成年子女之生母既已改嫁他人，未成年子女如仍從父姓，將造成其全家姓氏不同，衡情對其就學及與現處家族之認同感、歸屬感之建立產生困擾，爲維護未成年子女之人格發展，以及行使親權人之家庭能和諧美滿之目的，故變更從母姓將更符合未成年子女生活現況，對其亦較爲有利。」（新竹地院99年度家聲字第259號裁定參考）。

五、和解

親子非訟事件，若父母就該事件得協議之事項達成合意，而其合意符合子女最佳利益時，法院應將合意內容記載於和解筆錄。此項和解筆錄之效力及程序保障，準用婚姻非訟事件中和解之規定，包含家事事件法第101條、第102條及第108條之規定（家事§110）。

父母得達成合意之事項，限於法律允許父母協議之情形，父母無實體法上得爲協議之權利，自無達成合意、成立和解之可能。變更姓氏依照民法第1059條第4項之規定，以一次爲限，超過一次者，於無其他特別情形下，自不得任意變更，亦不得由父母協議變更。例如非婚生子女出生後，從母姓，嗣後經生父認領後，父母協議由父親承擔親子責任，改從父姓，事後向法院聲請變更由母親承擔親子責任，即不得再合意變更從母姓（台灣高等法院暨所屬法院104年法律座談會民事類提案第43號）。

期待之義務，因此賦予父母之一方權利（最高法院109年台簡抗字第253號裁定）。此時法院審酌時可參考：[illegible]有利於未成年子女之利益，[illegible]子女之利益，父母之一方或子女得請求法院宣告變更子女之姓氏[illegible]，倘未成年子女[illegible]父母之一方[illegible]，不致[illegible]子女[illegible]所生之影響[illegible]。[illegible]99年[illegible]第2509號裁定參照）

五、和解

親子非訟事件，當事人就得處分之事項達成合意，而其合意符合子女最佳利益時，法院應將合意內容記載於和解筆錄[illegible]（家事事件法第101條、第102條及第108條之規定（家事S 110）。

[illegible]

[illegible]（[illegible]第101條[illegible]）

第四章　收養事件

第一節　事件類型

收養事件包含認可收養子女、認可合意終止收養、許可死後終止收養，以及裁判宣告終止收養（家事§114）。此外，依照兒少福權法第20條、第71條第1項後段以及兒童及少年性剝削防制條例第28條第1項後段所規定之宣告終止收養事件、司法院釋字第七四八號解釋施行法第20條所規定同性婚姻配偶收養他方子女亦屬之（家事審理細則§108）。

認可收養子女，是指由法院實質審查認可收養人與被收養人成立擬制血親之收養關係而言。認可收養子女事件，依其指導原理及審查要件之不同，可區分爲未成年人之收養事件以及成年人之收養事件。前者依循當代收養法指導原理，強調未成年人利益之保障，法院審查未成年人可否被收養，應依養子女最佳利益爲之（民§1079-1）。後者則著重於審查是否有免除法定扶養義務損及本生父母利益或違反收養目的之事實（民§1079-2）。

認可合意終止收養，是指養父母與未成年養子女雙方合意終止收養關係，並向法院聲請認可而使收養關係終止之事件（民§1080Ⅰ、Ⅱ）。至於養子女爲成年人者，與養父母終止收養關係，毋庸聲請法院認可。

許可死後終止收養，是指因養父母死亡，爲保障未成年養子女之利益，由未成年養子女聲請法院許可死後終止收養關係之事件（民§1080-1）。

裁判宣告終止收養，是指養父母、養子女之一方，有民法第1081條、兒少福權法第71條第1項所定虐待、遺棄他方等事由時，聲請法院以裁判宣告終止收養關係之事件。此事件於舊民事訴訟法第583條原規定爲人事訴訟事件，家事事件法於第114條第2項列爲非訟事件，雖然因爲家事事件法第10條第2項規定終止收養事件準用民事訴訟法，而因體系內法條規定前後不同而形成漏洞，但已經最高法院110年度台簡抗大字第33號裁定，認定成年人終止收養事件亦屬家事非訟事件，已填補該漏洞。據此，裁判終止收養事件，無論養子女爲未成年人或成年人，均屬於家事非訟事件。在比較法上，德國民法第1759條至第1765條所規定之廢止（Aufheben）[1]收養關係（Annahmeverhaeltniss）之事件均屬收養事件（Adoptionsachen）[2]，依照德國家事及非訟事件法第111條第4款、第186條第3款之規定，此類事件爲家事事件，卻非該法第113條各款所列之家事訟爭事件，性質上被歸類爲家事非訟事件。裁判宣告終止收養事件是否爲家事訴訟事件或家事非訟事件，雖可由事件之本質釐清之，然而家事事件法之制定，具有適度突破訴訟法理與非訟法理疆界，謀求融合兩者而有程序法理典範移轉[3]，毋寧應更著重於適用程序法理之探討，尤以裁判資料之提出調查、裁判效力等事項爲考量之重心，而非僅止於事件本身性質之討論。

司法院釋字第七四八號解釋施行法第20條所定同性婚姻配偶之一方收養他方之親生子女之收養認可等事件，應準用民法關於收養之規定，亦屬於收養非訟事件。

第二節　管轄

收養事件之管轄法院，依成立收養關係或終止收養關係事件之不同，分別有複數管轄因素及單一管轄因素。認可收養子女事件，爲複數管轄因素，專屬收養人或被收養人住所地之法院管轄；收養人在中華民國無住所者，由被收養人住所地之法院管轄（家事§114Ⅰ）。其他終止收養關係事件，包含認可合意終止收養事件、許可死後終止收養事件及宣告終止收養事件，採單一管轄因素，專屬養子女住所地之法院管轄（家事§114Ⅱ）。

---

1 戴炎輝、戴東雄、戴瑀如，《親屬法》，元照出版，2021，頁432-433。

2 Martin Haußleiter, FamFG, Verlage C.H. Beck, München, 2011, S. 617.

3 許政賢，〈人事訴訟的典範移轉—以家事事件合併審理制度爲例〉，《民事法學與法學教育》，元照出版，2014，頁288-289。

第三節　聲請人及程序參與人

壹、認可收養事件

收養之目的在於收養人與被收養人之間成立法律上之父母子女關係，收養關係存在於收養人與被收養人之間，因此聲請收養認可，無論被收養人是否爲未成年人，均應以收養人及被收養人爲聲請人（家事§115Ⅰ）。如果夫妻共同收養，除得單獨收養者外，應以夫妻共同爲聲請人，而若被收養人爲未成年人，自應由其法定代理人代爲聲請（家事審理細則§112）。

子女出養後，與本生父母之親子關係隨即中斷，影響本生父母甚大，因此民法第1076條之1第1項前段規定子女出養時，應得其父母之同意。此所稱之子女出養，並不限於未成年子女，縱使是成年子女出養，亦應得其父母之同意。此項同意性質上係父母本身之固有權利，並非補充子女意思能力之不足，縱使因爲離婚或親權被剝奪，而無法承擔照護子女之義務，此項固有權利仍不受影響，子女出養時，仍應得到未承擔照護義務一方父母親之同意。既然父母親具有同意權，則收養認可之裁定即足以影響其同意權之行使，被收養人之父母自屬收養認可裁定事件之關係人，應通知參與程序，但通知顯有困難，仍得進行認可程序（家事§77Ⅰ②）。父母對於未滿18歲兒童及少年出養之意見不一致，或一方所在不明時，父母之一方仍可向法院聲請認可。法院認爲收養符合兒童及少年之最佳利益時，應予認可（兒少福權法§18Ⅰ、家事審理細則§115）。

法院認可收養時，亦得通知主管機關參與程序（家事§77Ⅱ）[4]，德國家事及非訟事件法第188條第2項也規定兒童局得爲聲請參與程序之關係人。

貳、認可合意及許可死後終止收養事件

認可合意終止收養事件，應以收養人及被收養人爲聲請人。養子

4　許士宦，《家事事件法》，新學林，2020，頁566。

女未滿七歲者，應由收養終止後為其法定代理人之人代為聲請（家事審理細則§118）。子女已滿七歲，已有程序能力，可自行聲請，然因必須取得收養終止後為其法定代理人及其本生父母或監護人之同意（民§1080Ⅵ），自應通知該法定代理人參與程序（家事§77Ⅰ②、家事審理細則§122Ⅰ），但通知顯有困難者，不在此限（家事審理細則§122Ⅱ）。若仍有不足亦得為未成年養子女選任程序監理人（家事審理細則§109）[5]。養父母離婚者，養父母之一方得單獨與養子女合意終止收養關係，而未與養子女合意終止收養關係之另一方，則仍維持原有之收養關係（最高法院85年台上字第136號判決）。因此僅需列合意終止收養關係之一方為相對人，然法院仍應通知已離婚之養父母他方參與程序（家事§77Ⅰ②）。

許可死後終止收養事件，係因養父母死亡，為保障兒少發展權、健康權，而有必要終止收養關係。由於養父母已經死亡，聲請許可死後終止收養自僅得以養子女為聲請人。養子女未滿七歲者，無程序能力，應由收養終止後為其法定代理人之人為聲請人（民§1080-1Ⅱ）。至於養子女已滿七歲，有程序能力，應通知參與程序之人，均如上述認可合意終止收養事件之說明。

終止收養後，養子女回復與本生父母之關係，自應通知本生父母參與程序（家事§77Ⅰ②）。法院認可或許可終止收養時，亦得通知主管機關參與程序（家事§77Ⅱ）。

參、裁判宣告終止收養事件

裁判宣告終止收養事件，必須有形成權方得聲請法院宣告之。因此，法律均明文規定得聲請裁判宣告終止收養之形成權人。民法第1080條第1項所定宣告終止收養事件，應以該項所列情事之他方、主管機關或利害關係人為聲請人。兒少福權法第20條所定宣告終止收養事件，應以養子女、利害關係人或主管機關為聲請人。兒少福權法第71條第1項後段所定宣告終止收養事件，應以養子女或其最近尊親屬、直轄市、縣（市）主管機關、兒童及少年福利機構或其他利害關

[5] 沈冠伶，《家事程序之新變革》，元照出版，2015，頁232。

係人爲聲請人。性剝削防制條例第28條第1項後段所定宣告終止收養事件，應以被害人、檢察官、被害人最近尊親屬、直轄市、縣（市）主管機關、兒童及少年福利機構或其他利害關係人爲聲請人。養子女爲未滿七歲之未成年人，而養父母爲其法定代理人者，前四項宣告終止收養事件，應由本生父母代爲聲請並爲程序行爲（家事審理細則§120Ⅴ）。

養子女爲聲請人時，以養父母爲相對人。主管機關、兒少福利機構或利害關係人爲聲請人時，應以養子女及養父母爲相對人。由於司法實務認爲養父母離婚者，養父母之一方得單獨與養子女合意終止收養關係，而未與養子女合意終止收養關係之另一方，則仍維持原有之收養關係（最高法院85年台上字第136號判決）[6]。因此，僅需列有終止收養關係之一方爲相對人，然法院仍應通知已離婚之養父母他方參與程序（家事§77Ⅰ②）。惟亦有學者認爲收養關係會因爲養父母離婚而一分爲二[7]，自應將養父母一併列爲相對人。

裁判宣告終止收養事件爲家事非訟事件，已毋庸適用民事訴訟法第56條所定必要共同訴訟之當事人適格要件。由於裁判宣告終止收養事件，必須以有實體法上之形成權人爲聲請人，因此無聲請權之人提出聲請，應以聲請不合法，裁定駁回[8]（家事§97準用非訟§30-1）。至於相對人，亦屬聲請書狀應記載之事項（家事§75Ⅲ②），若屬應通知參與程序之人，法院自應通知之（家事§77Ⅰ②）。法院認可收養時，亦得通知主管機關參與程序（家事§77Ⅱ）。裁判宣告終止收養後，養子女回復與本生父母之關係，自應通知本生父母參與程序（家事§77Ⅰ②）。法院裁判終止收養時，亦得通知主管機關參與程序（家事§77Ⅱ）。

---

6 陳棋炎、黃宗樂、郭振恭，《民法繼承新論》，三民書局，2022，頁329。

7 戴炎輝、戴東雄、戴瑀如，《親屬法》，元照出版，2021，頁445。

8 姜世明，《非訟事件法新論》，新學林，2018，頁85；Martin Haußleiter, FamFG, Verlage C.H. Beck, München, 2011, S. 32.

第四節　審理程序

壹、程序之啓動

收養聲請事件，因聲請人之聲請而啓動。認可收養之聲請應以書狀或記載於筆錄。聲請書或筆錄應載明收養人及被收養人、被收養人之父母、收養人及被收養人之配偶，並應附具收養契約書、收養人及被收養人之國民身分證、戶籍謄本、護照或其他身分證明文件。且宜附具下列文件：一、被收養人爲未成年人時，收養人之職業、健康及有關資力之證明文件；二、夫妻之一方被收養時，他方之同意書。但有民法第1076條但書情形者，不在此限；三、經公證之被收養人父母之同意書。但有民法第1076條之1第1項但書、第2項但書或第1076條之2第3項情形者，不在此限；四、收養人或被收養人爲外國人時，收養符合其本國法之證明文件；五、經收出養媒合服務者爲訪視調查，其收出養評估報告。文件在境外作成者，應經當地中華民國駐外機構驗證或證明；如係外文，並應附具中文譯本（家事§115）。

貳、事證之蒐集

法院審理各類收養事件，包含認可收養、許可合意終止收養、認可死後終止收養、未成年養子女裁判宣告終止收養，均依非訟程序法理，蒐集各項事證。至於裁判宣告終止收養關係事件，雖爲家事非訟事件，但若係由養父母、成年養子女之一方，以他方爲當事人向法院提出聲請者，實具訴訟性質，法院自應本於同法第121條、第176條立法理由所稱「事件雖經非訟化，然因不改其訴訟之性質，法院應依個別事件之特性，交錯適用訴訟法理而爲審理」、「事件雖經非訟化，然因不改其訴訟事件之本質，法院除適用相應之非訟法理外，應依個別事件之特性，交錯適用訴訟法理而爲審理」之原則，處理該類事件，則該法第45條、第46條、第47條、第69條第3項就終止收養關係事件所爲之規定，法院自得引爲審理之依據（最高法院110年台簡抗大字第33號裁定）。因此就民法第1081條所列各款終止收養關係事由之事證，應適用訴訟法理，採辯論主義、處分權主義，法院審理範圍受當事人聲明之拘束，事證蒐集應以當事人提出者爲限，事證之調查應採嚴格證明程序[9]。至若屬民法第1081條第2項未成年養子女，由於包含未成年養子女最佳利益之考量，事證之蒐集應適用非訟法理，由法院職權調查之[10]。

裁判宣告終止收養事件，得終止收養之法定事由，可大別爲三類，第一類是民法第1081條第1項各款所規定對他方有虐待、重大侮辱、遺棄他方、故意犯罪受徒刑宣告以及其他難以維持收養關係之重大事由；第二類是兒少福權法第20條所列損害兒童健康權以及第71條所列未盡照顧義務之終止事由。兒少福權法第20條列出若有該法第49條所列損及兒少發展權、健康權、受教育權，如利用兒童及少年從事有害健康等危害性活動或欺騙之行爲、利用兒童及少年行乞、剝奪或妨礙兒童及少年接受國民教育之機會等行爲；或有該法第43條第1項所列損害兒少健康權，如吸菸、飲酒、嚼檳榔、施用毒品、非法施用管制藥品等自我傷害行爲，未加以禁止而情節重大，或是第47條第2項所列損害兒童健康權如未禁止兒童及少年出入酒家等足以危害其身心健康之場所而情節重大者。至於第71條則是規定未盡對養子女之照顧義務，情節嚴重，或有第49條、第56條第1項各款行爲，或未禁止兒童及少年施用毒品、非法施用管制藥品者；第三類是性剝削防制條例第28條第1項後段所規定對於養子女犯有該法第32條至第38條等誘使兒童或少年爲有對價之性交或猥褻行爲之性剝削等各種犯罪之情形者。法院審理此類案件，應依法定要件，並依前述程序法理，蒐集事證。

參、審前報告、評估報告及收養觀察

收養雖然由雙方簽訂收養契約，合意終止收養也以雙方有合意爲前提，然而未成年子女之收養與終止收養不再被視爲契約行爲，而是

---

9 沈冠伶，《家事程序之新變革》，元照出版，2015，頁243。惟主張終止事由之評價根據事實應採嚴格證明，若非特定事實，而爲抽象概括性爭執，則無嚴格證明之必要。

10 沈冠伶，《家事程序之新變革》，元照出版，2015，頁235-237。

國家裁判行爲[11]，必須聲請法院認可。法院於認可收養及合意終止收養，其審查之內容，不僅僅只是確認合意之眞實性，還必須審查未成年養子女最佳利益（民§1080III）。

法院審理收養事件，認爲有必要就收養人是否適合收養、出養以及終止收養是否符合未成年子女之最佳利益、裁判宣告終止收養是否符合未成年子女最佳利益，甚或裁判宣告終止收養之形成原因，得指定特定事項命家事調查官爲調查，並提出調查報告，使當事人就調查報告陳述意見（家事§18）。

法院認可未滿18歲之兒童及少年之收養前，得採行下列措施，供決定認可之參考：一、命直轄市、縣（市）主管機關、兒童及少年福利機構、其他適當之團體或專業人員進行訪視，提出訪視報告及建議；二、命收養人與兒童及少年先行共同生活一段期間；三、命收養人接受親職準備教育課程、精神鑑定、藥、酒癮檢測或其他維護兒童及少年最佳利益之必要事項；四、命直轄市、縣（市）主管機關調查被遺棄兒童及少年身分資料（兒少福權法§16II、家事審理細則§114）。

父母或監護人依兒少福權法第16條第1項本文所定因故無法對其兒童及少年盡扶養義務而擬予出養時，應附具收出養媒合服務者之評估報告（兒少福權法§16Ｉ、家事審理細則§113）。收出養媒合服務者於接受委託後，應先爲出養必要性之訪視調查，並做成評估報告；評估有出養必要者，應即進行收養人之評估，並提供適當之輔導及協助等收出養服務相關措施；經評估不宜出養者，應即提供或轉介相關福利服務（兒少福權法§16II）。收出養媒合服務者，依照兒少福權法第15條規定，必須經主管機關許可之財團法人、公私立兒童及少年安置、教養機構爲限。收出養評估報告，依照兒童及少年收出養媒合服務者許可及管理辦法第23條第1項之規定，收出養媒合服務者受託辦理收出養媒合服務時，應與收養人、出養人分別簽訂書面契約。依此規定聲請出養，卻未與收出養媒合服務業者簽約以提出評估報告，自應認爲無法確認符合未成年人之利益，應駁回該收養之認可。

---

11 戴炎輝、戴東雄、戴瑀如，《親屬法》，元照出版，2021，頁433。

法院認可未成年人被收養前，得准收養人與未成年人共同生活一定期間（家事§116、兒少福權法§17Ⅱ②），此即爲收養觀察期。法院命先行共同生活者，宜於裁定中載明其起訖日期（家事審理細則§114Ⅱ）。法院准許收養人與被收養人共同生活之證明文件，若有裁定，自屬證明文件，且法院之裁定得以記載於聲請書或筆錄上之方式爲之（家事§97準用非訟§37）。又實務運作上，被收養人如有依兒少福權法第15條第2項規定或於近親、繼親收養案件，已與收養人共同生活者，法院亦可能未再特別准許其等先行共同生活（司法院秘書長106年9月18日秘台廳少家二字第1060021852號參考）。

肆、聽審及陳述意見

收養事件審理過程中，未成年養子女爲聲請人或相對人，應可以到庭陳述意見，法院也應依未成年養子女之年齡、識別能力等身心狀況，於法庭內外，以適當的方法使其有表達意願、陳述意見之機會（家事§117、§119準用§108）。德國家事及非訟事件法第192條第1項則規定法院應由收養人及被收養人到庭陳述意見，同條第3項又規定當事人爲未成年者，若直接到法庭陳述意見有不利其發展、健康與教育之虞者，或者因年紀幼小而無法經由聽審確認其意願者，得不使其到庭陳述意見[12]。此部分可參考親子非訟事件章節之說明，於抗告審中，亦應保障未成年人陳述意見之權利（最高法院111年台簡抗字第304號裁定）。

未成年人於審理時，法院得依聲請或依職權選任程序監理人。未成年人於表達意願或陳述意見時，必要時法院應通知社工陪同（家事§11）。父母或監護人因故無法對其兒童及少年盡扶養義務，而依照兒少福權法第16條第1項出養，聲請法院認可時，指派之社工，雖有認爲可以由媒合服務者之社工陪同即可，然爲確保兒少陳述意見權，以另行指派兒童保護社工陪同爲宜。

---

[12] 沈冠伶，《家事程序之新變革》，元照出版，2015，頁239。

第五節 終止收養與安置事件之合併審理

兒童及少年因為有兒少福權法第56條第1項所列各項情事，而依照該法規定進行安置時，屬於家事事件法第184條第1項之安置事件，亦為家事非訟事件。兒少被安置之後，因為有兒少福權法第71條之情形，而應聲請裁判宣告終止收養關係者，與安置事件均屬家事非訟事件，若有合併審理的必要，自得合併審理（家事§79）。

未成年人經裁判宣告終止收養關係後，在安置期間，依照兒少福權法第60條第1項之規定，雖然由安置之主管機關、安置機構或寄養家庭在安置範圍內行使負擔父母對未成年子女之權利義務。然由於僅在安置範圍內方得行使父母對未成年子女之權利，自不包含代為出養等身分行為[13]。

第六節 養父母子女死亡之程序終結

聲請認可收養後，被收養人為未滿18歲之兒童或少年，於法院裁定前死亡者，程序終結。收養人於法院認可裁定前死亡者，除有其他不符收養要件或應駁回認可之情形外，法院應命直轄市、縣（市）主管機關、兒童及少年福利機構、其他適當之團體或專業人員為評估，並提出報告及建議。法院認收養有利於未滿18歲之兒童及少年時，仍得為認可收養之裁定（兒少福權法§19II、家事審理細則§117）。

第七節 裁定之效力

壹、認可收養裁定之效力

認可收養為家事非訟裁定，應具有家事非訟裁定之效力。然而由於認可收養之裁定形成養子女與養父母間之收養關係，有高度終局安

13 高鳳仙，《家事事件法》，五南圖書，2019，頁208。

定性的需求，而與其他家事非訟裁定具有展望性，必須隨時依客觀狀況之變動調整，有所不同。家事事件法第117條第1項因此規定，認可收養之裁定於確定時發生效力，與其他家事非訟裁定於宣示、公告、送達時發生效力（家事§82Ⅰ），並得撤銷變更（家事§83）有很大的不同。因此收養認可之裁定，應有形式上的確定力以及對法院的羈束力[14]。參考德國家事及非訟事件法第197條第3項規定認可收養之裁定不得變更撤銷或聲請再審，學者也因此指出認可收養裁定具有形式上的確定力[15]。

認可收養之裁定是否發生既判力或實質上的確定力，法無明文。然而認可收養裁定對於養父母、養子女，乃至各自之家屬，均形成重大身分關係之變動，並不允許在沒有法律特別規定情況下，由法院或當事人任意變動，具有法律關係高度穩定性的要求。且如前所述，家事事件法第117條第1項已經明白揭示認可收養裁定於「確定時」發生效力，肯定認可收養裁定具有形式上之確定力及羈束力。再參考德國家事及非訟事件法第196條第3項規定任何訴訟裁定不得撤銷變更，同法第198條第1項也規定認可收養裁定發生既判力，德國學者也認爲認可收養裁定具有既判力[16]。由此應肯定認可收養裁定，亦應具有既判力。

認可收養裁定發生效力之時點，依照民法第1077條第2項規定參照，法院認可收養裁定須自確定時方發生效力，而本於該認可裁定效力，養子女與養父母間溯及於收養契約成立時發生收養關係，除夫妻之一方收養他方子女外，與本生父母及其親屬間權利義務停止。認可收養之裁定正本，應記載該裁定於確定時發生效力之意旨（家事§117Ⅱ）。

---

14 沈冠伶，《家事程序之新變革》，元照出版，2015，頁247-248。沈教授認爲對家事事件法第83條之限縮解釋，僅限於發生既判力之收養裁定，而具有既判力之收養裁定是指裁判宣告終止收養之裁定。

15 Martin Haußleiter, FamFG, Verlage C.H. Beck, München, 2011, S. 646; Johannes Holzer, FamFG, 2011, S. 742.

16 Martin Haußleiter, FamFG, Verlage C.H. Beck, München, 2011, S. 649; Johannes Holzer, FamFG, 2011, S. 742.

法院認可或駁回兒童及少年收養之聲請時，應以書面通知直轄市、縣（市）主管機關，直轄市、縣（市）主管機關應爲必要之訪視或其他處置，並做成紀錄（兒少福權法§18II）。法院通知之時點，爲裁定生效後（家事審理細則§116）。

認可收養裁定形成收養之重大身分法律關係，裁定具有確定力，事件程序之審理及裁定，應注意保障當事人之公正程序請求權。

貳、許可合意終止收養、認可死後終止收養裁定之效力

許可合意終止收養及認可死後終止收養之裁定，均屬家事非訟裁定，應該具有家事非訟裁定之效力。然而終止收養之裁定，使收養所生之一切效果，向將來消滅，並自收養關係終止時起，回復本姓、回復其與本生父母及其親屬間之權利義務關係（民§1083），均具有變動法律關係之形成力，有高度終局安定性的需求，此與認可收養裁定性質相同。家事事件法第117條第1項、第3項因此規定，效力均準用認可收養之裁定。據此，許可合意終止收養以及認可死後終止收養之裁定，亦均具有羈束力、形式確定力、既判力。德國家事及非訟事件法第198條第2項也規定廢止收養關係之裁定，具有既判力，不得撤銷變更或再審。其餘均同認可收養之裁定。

參、裁判宣告終止收養

裁判宣告終止收養關係，屬於家事非訟事件，其裁定效力如同認可收養裁定。至於是否具有既判力，因係以當事人終止收養形成權之存否爲程序標的，家事事件法第117條規定裁定之確定，第119條準用第106條賦予當事人聽審請求權之充分保障，收養關係之存否具有高度法安定性的要求，自應認定終止收養之裁定具有既判力，我國學者肯定之[17]。

---

[17] 沈冠伶，《家事程序之新變革》，元照出版，2015，頁249-250。

第五章　未成年子女監護事件

第一節　事件類型

壹、監護人選任相關事件

一、民法所定監護人選任、另選及改定

未成年人無父母，或父母均不能行使、負擔對於其未成年子女之權利、義務時，應置監護人（民§1091）。所謂無父母，係指父母均已死亡，或收死亡宣告，或是不知父母爲何人之孤兒等。所謂父母均不能行使、負擔親子責任，包含如父母均失蹤之事實上不能，或父母均受監護宣告、停止親權宣告之法律上不能。有上述情形，爲了保護未成年人之健康發展權，必須爲未成年人設置監護人，以盡身心照顧及財產照顧之責任。

未成年人監護人之產生方式，首先是遺囑指定監護人，由最後行使、負擔對於未成年子女之權利、義務之父或母，以遺囑指定監護人（民§1093Ⅰ）。遺囑指定之監護人，應於知悉其爲監護人後15日內，將姓名、住所報告法院（民§1093Ⅱ前）。於前項期限內，監護人未向法院報告者，視爲拒絕就職（民§1093Ⅲ）。遺囑指定之監護人，陳報姓名、住所時，法院應准予備查。若有視爲拒絕就職之情形，即應依法定順序產生監護人。

若無遺囑指定監護人，即依照同居祖父母、兄姊、未同居祖父母的順序，產生監護人（民§1094Ⅰ）。監護人也應於知悉後15日內，將姓名、住所陳報法院，均如上述遺囑指定監護人之情形相同。

若仍無法產生監護人，未成年子女本人或其四親等內之親屬、檢察官、主管機關或其他利害關係人，可以爲未成年子女之最佳利益，聲請法院選任監護人（民§1094Ⅲ）。此類事件依家事事件法第120條第1項第1款以及家事事件審理細則第123條第6款，即爲未成年人監護之家事非訟事件。法院於選任監護人時，應同時指定會同開具財產

清冊之人（民§1094Ⅳ）。

未成年人之監護人有兩種情形，必須終止監護職務，一種情形是有法定事由時，由法院另行選定監護人；另外一種情形是不適任時，由法院改定監護人。有法定事由而應由法院另行選定監護人之情事，如監護人有正當理由經法院許可辭任，或監護人受監護、輔助宣告、破產宣告之情形（民§1106Ⅰ）。不適任之情形則是指有事實足認監護人不符受監護人之最佳利益，或顯有不適任之情形，由法院改定監護人（民§1106-1Ⅰ）。因此，另行選任監護人以及改定監護人，均屬未成年人監護之家事非訟事件。

民法所規定之未成年人選任監護人事件，尙有監護人有正當理由，聲請法院許可辭任監護人事件（民§1095）。另外還有因爲監護人與受監護人利益相反，須由法院依聲請或依職權選任特別代理人（民§1098Ⅱ）之事件。

法院選定之監護人，如果有滿70歲、因身心障礙或疾病不能執行監護、住所或居所與法院或受監護人所在地隔離，不便執行監護，或其他重大事由，得聲請法院許可其辭任（家事§122Ⅰ）。法院許可辭任時，應另行選任監護人，此亦均爲家事事件法所定之家事非訟事件。

二、兒少福權法等行政法所定監護人選定及改定

爲了落實兒童權利公約所保障兒童健康發展權，兒少福權法第71條更廣泛規定可以停止監護權、另行選定監護人或改定監護人之事由。該條所列得另行選定監護人或改定監護人之事由爲：「監護人對兒童及少年疏於保護、照顧情節嚴重，或有第四十九條、第五十六條第一項各款行爲，或未禁止兒童及少年施用毒品、非法施用管制藥品者」，若有上述情形時，兒童及少年或其最近尊親屬、直轄市、縣（市）主管機關、兒童及少年福利機構或其他利害關係人，得請求法院宣告停止其監護權之全部或一部，另行聲請選定或改定監護人。

兒少福權法第72條又規定，有事實足以認定兒童及少年之財產權益有遭受侵害之虞者，法院得因直轄市、縣（市）主管機關之請

求，指定或改定社政主管機關或其他適當之人任監護人，此亦屬改定監護人事件。

又監護人對未滿18歲之子女、養子女或受監護人犯兒童及少年性剝削防制條例第32條至第38條等使兒童少年為有對價之性交或猥褻行為等罪，或該法第39條第1項、第3項之無正當理由持有兒童或少年之性影像罪者，被害人、檢察官、被害人最近尊親屬、直轄市、縣（市）主管機關、兒童及少年福利機構或其他利害關係人，得向法院聲請停止其行使、負擔父母對於被害人之權利義務，另行選定監護人（性剝削§28Ⅰ）。

上述另行選定或改定監護人事件，均屬未成年監護之家事非訟事件（家事審理細則§123④）。兒少福權法等行政法規，賦予福利主管機關，於未成年人有受到虐待或不當對待時，擁有介入未成年監護事務之權限，強化未成年人監護之國家干預色彩。歐洲國家在19世紀下半葉，開始注意到兒童遭受不當對待的社會問題，使國家干預應介入家庭自治領域的倡議，不再僅僅只是國家干預許可與否的問題，已經成為一種道德或法律上的誡命[1]。此所面臨的問題，在於如何於不損害家庭作為相對於國家權力之理想理念下，可以有效監督國家公共干預家庭的品質。有認為啓動國家或公共干預家庭，必須家庭成員主動要求國家或公共干預時方得為之，以維護家庭自治，保護家庭隱私。有從法國哲學家福柯之理論出發，觀察家庭功能的變化，從家庭政府（government of family）轉變成由家庭形成之政府（government through family），使家庭具有將社會規範導入私領域的功能，藉此規範化的過程，使家庭成員們，因著教育或法律，而習得社會規範[2]。因此當家庭無法發揮傳遞社會規範的功能時，即必須引入國家的干預，早期可能是慈善團體，現在則可能經由專業團隊協助。

依我國兒少福權法第71條、第72條之規定，將父母、監護人並列，允許社會福利主管機關採取停止親權、監護權、另行選定改定監

---

1 Allison Diduck & Felicity Kaganas, Family Law, Gender and the State, Text, Cases and Materials, Hart Publishing, U.K., 2012, p. 615.

2 Allison Diduck & Felicity Kaganas, Family Law, Gender and the State, Text, Cases and Materials, Hart Publishing, U.K., 2012, p. 619.

護人、明定監護方法等法律工具，並不僅限於孤兒，也包含父母失能之狀況，使國家干預家庭領域的色彩更爲濃厚。國家社會福利機關啓動介入，以及在家庭功能復原情形下如何退出，即屬於動態審查中，法院可發揮的角色。兒少的監護制度，除了民法的規定之外，還有具有社會福利法性質的兒少福權法的規定，除了造成法律的重合規定之外，也有傳統兒少身分法是否轉向社會法的基本法律思考問題[3]。

貳、監護監督事件

未成年人之監護，除了有執行監護之機關外，必須有監督監護人執行監督職務之機構，外國有設監護監督人、監護官署或由法院監督之立法例[4]，我國民法採取由監護人執行職務，法院監督之制度[5]。

未成年人之監護人就任之後，應於兩個月內，會同指定之人開具未成年人之財產清冊，並陳報法院（民§1099-1），陳報之期間監護人得聲請法院延長之（民§1099Ⅱ）。

監護人代理受監護人購置或處分不動產，或者代理受監護人，就供其居住之建築物或其基地出租、供他人使用或終止租賃時，必須經過法院許可（民§1101Ⅱ）。此類事件既然須經過法院許可，自屬於未成年監護之家事非訟事件（家事§120Ⅰ⑦）。

監護人管理受監護人之財產時，應以善良管理人之注意義務執行之（民§1100），法院爲監督、協助監護人執行財產管理之事務，必要時，得命監護人提出監護事務之報告、財產清冊或結算書，檢查監護事務或受監護人之財產狀況（民§1103Ⅱ）。據此，命監護人報告監護職務執行狀況，亦爲家事非訟事件（家事§120Ⅰ②）。

民法第1101條第3項就監護人執行職務有所限制，規定：「不得以受監護人之財產爲投資。但購買公債、國庫券、中央銀行儲蓄券、金融債券、可轉讓定期存單、金融機構承兌匯票或保證商業本票，不

3 羽田さゆり准，陳明楷譯，〈與孤兒之財產管理有關的各種問題〉，2021年災後子女權益研討會。

4 戴炎輝、戴東雄、戴瑀如，《親屬法》，元照出版，2021，頁492。

5 陳棋炎、黃宗樂、郭振恭，《民法親屬新論》，三民書局，2022，頁387。

在此限。」兒少福權法第72條第1項進而規定：「有事實足以認定兒童及少年之財產權益有遭受侵害之虞者，直轄市、縣（市）主管機關得請求法院就兒童及少年財產之管理、使用、收益或處分，……或指定監護之方法，並得指定或改定受託人管理財產之全部或一部，或命監護人代理兒童及少年設立信託管理之。」因此縣（市）主管機關聲請法院定監護方法，亦屬未成年人監護之家事非訟事件（家事§120Ⅰ③、④）。

又監護人有數人，對於受監護人重大事項權利之行使意思不一致時，由當事人聲請法院依受監護人之最佳利益，酌定由其中一監護人行使之（民§1097Ⅱ）。由法院聽取監護人、受監護人、主管機關或社會福利機關意見後，認爲其中一位監護人之方案較爲可行，即可就該事項，指定由其中一位監護人行使之，此亦爲家事非訟事件。

參、監護關係財產事件

監護人得請求報酬，其數額由法院按其勞力及受監護人之資力酌定之（民§1104）。報酬之多寡，取決於監護人執行職務之狀況，並非對受監護人未來生活爲展望性的安排，然因報酬之多寡、給付之時期與未成年人受監護照顧之狀況有密切關係，應由法院根據受監護狀況裁量決定之，家事事件法乃列爲家事非訟事件（家事§120Ⅰ⑤）。

監護人執行監護職務，造成未成年受監護人之損害，所生請求損害賠償事件，性質上雖有訟爭性，但爲迅速保護因監護所生損害賠償的權利人之必要及便利法官行使職權裁量，以斟酌雙方的公平等等，家事事件法仍列爲家事非訟事件（家事§120Ⅰ⑨）。且於第121條規定基於當事人程序選擇權，而得改用家事訴訟程序，似應認爲未成年人無論以起訴或聲請方式，請求監護人損害賠償，均應屬家事非訟事件。

監護人執行監護職務所產生的必要費用，包含養育費用、寄養費用等，均由受監護人之財產負擔（民§1103Ⅰ後）。如果有監護人先行代爲墊付，並依照無因管理等之請求權，請求由受監護人之財產負擔，此類事件雖尚無明文規定屬於家事非訟事件，然參酌上述監護人報酬等法理，應認爲此類事件屬於家事事件法第120條第1項第10款所列之家事非訟事件。

第二節　管轄

未成年人監護事件之管轄，專屬未成年人住所地或居所地法院管轄；無住所或居所者，得由法院認爲適當之所在地法院管轄。未成年受監護人有數人，其住所或居所不在一法院管轄區域內者，各該住所或居所地之法院具有管轄權（家事§120），均與親子非訟事件管轄同。

第三節　審理程序

壹、啓動

民法所定選任未成年人監護人、因監護人不適任改任監護人事件，均屬聲請事件，必須由適格之聲請人啓動程序。適格之聲請人爲未成年子女本人或其四親等內之親屬、檢察官、主管機關或其他利害關係人（民§1094III）。在法院選任裁定生效前[6]，未成年人之監護，由當地社會福利主管機關擔任之（民§1094Ⅴ、§1106-1Ⅱ）。

未成年人監護人因有法定事由，須由法院改選監護人時，依照民法第1106條第1項之規定，法院得依職權另行選定監護人。此類事件，即屬於職權事件。如監護人有正當理由辭任監護人職務，法院於審查許可辭任事件時，可職權啓動另行選任監護人之事件。換言之，即無待聲請人聲請法院另行選任監護人，法院即可於裁定中另行選任適當之人爲監護人。

監護人與受監護之未成年人有利害相反之情形，法院得因監護

6 民法第1094條第5項雖然規定爲選任監護人裁定確定前，然而依照家事事件法第82條之規定，裁定於宣示、公告即生效力。爲避免選任監護人之裁定生效後，監護權之行使與當地社會主管機關重疊，民法第1094條第5項之規定應係裁定生效。

人、受監護人、主管機關、社會福利機構或其他利害關係人之聲請或依職權，爲受監護人選任特別代理人（民§1098Ⅱ）。此亦爲聲請事件，並爲可由法院職權啓動之職權事件。

法院依民法第1103條第2項之規定，命監護人報告監護職務執行狀況之事件，既然規定法院於必要時即得爲之，自屬可由法院啓動程序之職權事件。

至於因監護所稱財產給付事件，包含監護人報酬、損害賠償以及費用償還等事件，均屬當事人聲請啓動之聲請事件。

貳、審理原則

選任、另行選定、改定、另行選任未成年人監護人之事件，以及監護監督事件，均屬國家干預未成年人監護之事件，具有公益性質，而爲公益事件。家事事件法因爲家事非訟事件，自應適用第78條第1項所定職權探知原則，由法院職權探知裁判所依據之事證。

法院審理選定監護人以及定監護方法等事件，爲審酌子女之最佳利益，得徵詢主管機關或社會福利機構之意見，請其進行訪視或調查，並提出報告及建議。而法院斟酌調查報告時，應使關係人有陳述意見之機會。法院認爲必要時，得通知主管機關或社會福利機構相關人員於期日到場陳述意見（家事§122準用§106、§123準用§106）。此外，又於選任監護人以及定監護方法等事件，與未成年人生活關係密切，自應使未成年人有陳述意見之機會（家事§122準用§106、§123準用§106），以保障兒童權利公約第12條所定兒童陳述意見權及意願表達權，此可參照親子非訟事件章節之說明。

法院審理選定監護人以及定監護方法等事件，事涉被選任人之意願，自應於裁定前徵詢被選任人之意見（家事§123準用§111Ⅱ）。

監護財產給付事件之給付報酬事件、監護費用給付事件，於法院裁量所根據之事證，應由法院職權探知。然而監護人報酬相應之支出單據等事證、支出監護費用之憑證以及必要性等事證，自應由當事人協力提出之。

監護人損害賠償事件，雖屬家事非訟事件，然而卻屬於私權事件，因此仍應適用處分權原則，由當事人決定法院審理之範圍、審理之標的，並決定是否和解撤回等終結程序之作爲。至於事證之蒐集，因爲屬於家事非訟事件，並賦予法院裁量之權限，自應適用職權探知原則。而就損害賠償所依據之事實，仍應由當事人盡協力之義務，提出造成損害以及損害範圍之事證，以供調查。至於證據調查程序，是否應採嚴格證明，且行言詞辯論程序等訴訟程序法理，固然可基於程序法理之公益性，而採取肯定見解[7]。然而若立基於當事人程序選擇權，爲了節省避免不必要的勞費付出，利於追求程序利益，維繫監護人與受監護人之間的信賴關係，應允許當事人有權選擇改用間接審理或書面審理之理論[8]，似可認爲若當事人未聲請改行訴訟程序前，應具有同意家事事件法將此類事件予以非訟化處理之預設理念，不再要求行嚴格證明、言詞辯論等訴訟程序法理。至若當事人本於程序選擇權法理，主張應該行訴訟程序者，自得依據家事事件法第121條第1項、第2項規定，由雙方合意或是單方聲請法院改行家事訴訟程序。以此而言，家事事件法第121條第2項所謂案情繁雜，自應納入當事人程序利益之考量，而非僅實體利益。若經改爲家事訴訟程序，自應適用家事財產訴訟程序審理並裁判之。

第四節　終結

壹、選任、選定及改定監護人

法院選定或改定監護人時，應依受監護人之最佳利益，審酌一切情狀，尤應注意下列事項：一、受監護人之年齡、性別、意願、健康情形及人格發展需要；二、監護人之年齡、職業、品行、意願、態度、健康情形、經濟能力、生活狀況及有無犯罪前科紀錄；三、監護人與受監護人間或受監護人與其他共同生活之人間之情感及利害關係；四、法人爲監護人時，其事業之種類與內容，法人及其代表人與受監護人之利害關係（民§1094-1）。

---

7 相關討論，見許士宧，《家事事件法》，新學林，2020，頁50-54。
8 邱聯恭，《程序選擇權論》，2000，頁34。

至於選任監護人時可否依照個別法律行爲之類型，分別選定不同任務的監護人。例如兒少需要有家的照顧，因此選任由親屬擔任家庭照顧監護人；又因爲兒少有財產，而需要由專門人員擔任代理人或財產管理人，因此也衍生社會福利給付以及報酬支付相應的配合。由於民法第1097條第2項明定監護人有數人，足見法院選任、選定或改定監護人時，均得選任數人爲監護人[9]。

無父母的兒少監護，除了民法監護制度之外，兒少福權法另外設有寄養、安置制度，且由寄養家庭或安置機構負責人擔任法定代理人。法院於選任、選定或改定監護人時，亦可一併考慮銜接之問題。

由於選任、另行選任、選定、改定監護人事件，當事人對程序標的均無處分權，自無法成立和解。

選任、另行選任、選定、改定監護人事件之裁定，於宣示、公告、送達或以其他適當方法告知於受裁定人時發生效力（家事§82 I前）。因此若法院認爲未成年人急需監護人執行監護職務，以保存其財產，或照顧其身心狀況，於調查事證審理終結後，自可向受選任人宣示裁定，使裁定立即生效。至於後續戶籍登記等事項，僅屬行政事項，並不影響監護人執行生效之裁定執行監護職務。

貳、監護方法

依民法第1099條之規定，監護人應會同指定之人開具未成年受監護人之財產清冊，陳報法院。法院於接受陳報後，認爲已經完整，得回函准予備查。由於財產清冊是否完整，攸關監護人執行職務及其監督之有效性，德國民法對於財產清冊至爲重視，監護人於編製財產清冊，有需要時尙得請求公務員、公證人或專業人員協助，若清冊有欠詳備時，法院可以指定行政機關、公務員或公證人編製之[10]。我國法院受理財產清冊陳報事件，認爲財產清冊有欠完備，似亦可參照德國之立法例，依家事事件法第78條職權探知之程序法理，要求監護人備齊財產清冊，若有必要，亦得依家事事件法第17條之規定囑託機關

---

9 陳棋炎、黃宗樂、郭振恭，《民法親屬新論》，三民書局，2022，頁387。

10 戴炎輝、戴東雄、戴瑀如，《親屬法》，元照出版，2021，頁515-516。

調查之。

法院依民法第1103條第2項之規定，得命監護人報告監護職務執行狀況。此所謂必要時，以及法院應命報告事項之範圍，可以參酌德國民法第1837條之規定，法院可以向監護人提供必要之諮詢，協助監護職務之執行，要求監護人報告受監護人個人狀況、財產管理情形包括帳目報告書等[11]。又雖然民法第1103條是針對受監護人之財產管理而爲規定，然而監護人執行職務之範圍，也包含對未成年人之身心照顧。若監護人未盡到對於未成年人身心照顧之義務，而有兒少福權法第71條、第72條之情形，主管機關亦得聲請法院定監護方法，甚至改定監護人。自應允許法院，除就財產管理要求提出報告外，亦得要求就身心照顧狀況提出報告，以免突襲性地進入改定監護人程序。

未成年子女無父母或是父母無法照顧子女時，必須啓動監護程序。兒少無父母之原因，可能是父母雙亡，特別是在新冠疫情以及地震如台灣921地震等重大災害發生後，兒少成爲孤兒，必須由祖父母或伯叔姑姨負起照顧責任。由於若干類型的孤兒，因爲繼承或是政府福利給付、災後捐款等因素，而擁有爲數不少的財產。兒少財產的管理與監督成爲監護制度中，必須注重的環節，其衍生的問題包含信託制度之採行與否、法院參與零用金支用程序之可行性、專業財產管理之選任、財產管理人的報酬、照顧兒少者報酬的酌定等諸多問題。此均可由法院於定監護方法之裁定中，一併裁定之。

法院於酌定兒少監護方法時，可否裁定財產管理的目標僅在維持兒少的生活範圍內可以支用，不得用於購買股票等投機性的事業（民§1101）；甚或裁定不准監護人借用兒少名義，進行投資或房產購買等借名行爲；更或裁定不准以兒少爲被保險人的人壽保險契約，或其他締結的保險契約。由於兒少財產管理應以維持兒少穩健成長至成年爲首要目標，使兒少財產陷入高風險的行爲，均應認爲違反管理兒少財產的目標，而應禁止之。法院應得於裁量之範圍內，依照前瞻性的判斷，於裁定中預先劃定兒少財產管理的界線。

---

11 戴炎輝、戴東雄、戴瑀如，《親屬法》，元照出版，2021，頁520。

參、財產給付

監護人報酬、損害賠償以及監護費用等事件，法院應依調查事證之結果，而爲裁判。監護人損害賠償責任事件，若經改依家事訴訟事件審理，即以判決爲之。

上開事件，當事人對程序標的有處分權，參酌家事事件法第101條之規定，應許當事人成立和解。但未成年人自應注意其程序能力，並由程序監理人、實體法上特別代理人，於保障未成年人之利益下，代爲和解。若是訴訟上之特別代理人，依照民事訴訟法第70條之1第1項但書規定，並無爲和解之權限。

監護人損害賠償責任事件，本質上爲訴訟事件，縱然以家事非訟程序審理終結，並由法院以裁定爲裁判，仍應認爲基於當事人程序選擇權，於其程序利益獲保障情形下，學者認爲該裁判仍應使其發生不可再行爭執之既判力[12]。至若以訴訟程序爲判決，即依民事訴訟法第400條、第401條具有既判力。

---

12 許士宦，《家事事件法》，新學林，2020，頁53。

第六章　親屬間扶養事件

第一節　事件類型

壹、請求扶養等事件

家事事件法第125條規定，扶養請求事件、請求減輕或免除扶養義務事件、因情事變更請求變更扶養之程度及方法事件、其他扶養事件，均屬親屬間扶養事件。

扶養請求事件，由於家事事件法第100條婚姻非訟事件已經納入夫妻間扶養義務事件，因此此類事件不在家事事件法第125條所定之親屬間扶養事件之範圍內（家事審理細則§128）。而子女對於父母的扶養請求，雖然也是依據民法第1114條，而不是民法第1089條[1]。不過由於家事事件法第107條已經將子女扶養請求列入親子非訟事件，不屬於本章所列之親屬間扶養事件。因此目前實務上，親屬間扶養事件以父母請求子女扶養事件占較多數。

關於因情事變更請求變更扶養之程度與方法事件，則指民法第1121條所規定之事件。此類事件，就變更扶養程度及方法，應屬家事事件法第83條第3項之實體法上明文規定，可以由當事人聲請法院變更之。

依照民法第1120條之規定，扶養之方法，由當事人協議定之，不能協議時，由親屬會議定之，但扶養費之給付，當事人不能協議時，由法院定之。則扶養之方法，必須先由親屬會議定之，親屬會議不能召集或召集有困難時，必須由召集權人聲請法院裁判之。但關於扶養費之給付，可以直接在當事人無法協議時聲請法院定之。有學者認爲，由於扶養請求事件均必須經過調解，本即由當事人協議定之，當事人不能協議時，逕可依家事非訟程序請求法院裁判之[2]。據此，請求扶養事件中，無論是定扶養方法或扶養費之金額，均屬家事非訟事

---

[1] 林秀雄，《親屬法講義》，元照出版，2022，頁374。

[2] 陳棋炎、黃宗樂、郭振恭，《民法親屬新論》，三民書局，2022，頁451。

件。惟亦有學者認為扶養方法，由當事人協議定之，再由親屬會議決定之，並非法院的職權，與扶養金給付不同[3]。

扶養義務人有多人，卻由其中一人負擔扶養，司法實務上也有以不當得利向其他扶養義務人請求代墊扶養費之實例（台灣高等法院108年法律座談會第8號研討結論）。此類事件，類似親子之代墊扶養費，亦應認為屬於家事非訟事件。

貳、減免扶養義務事件

請求減輕或免除扶養義務事件，係指2000年增修民法第1118條之1所規定事件，依照該規定，受扶養權利者有該條所列可以減輕扶養義務，且由負扶養義務者負擔扶養義務顯失公平，負扶養義務者得請求法院減輕其扶養義務。該條所列可以減輕扶養義務之事由包含：「一、對負扶養義務者、其配偶或直系血親故意為虐待、重大侮辱或其他身體、精神上之不法侵害行為。二、對負扶養義務者無正當理由未盡扶養義務。」而若受扶養權利者有各款減輕扶養義務之事由，且情節重大者，法院得免除其扶養義務。

扶養義務人可否依據民法第1118條之1，向法院聲請免除或減輕扶養義務，多數學者認為減免扶養義務屬於扶養義務人之形成權[4]，可直接訴請法院裁定減免之。司法實務上，台灣高等法院暨所屬法院100年法律座談會民事類提案第10號，討論意見有採取甲說之請求權說，主張得直接向法院聲請減免，也有採取乙說之抗辯權說，主張必須扶養權利人聲請扶養之請求時，扶養義務人方得抗辯主張減免。乙說抗辯權說認為：「父母對子女之扶養請求權與未成年子女對父母之扶養請求權各自獨立（最高法院92年度第5次民事庭會議決議參照），父母請求子女扶養，非以其曾扶養子女為前提。然在以個人主義、自己責任為原則之近代民法中，徵諸社會實例，受扶養權利者對

3 林秀雄，〈扶養方法與扶養費給付之方法—評最高法院101年度臺簡抗字第50號民事裁定〉，《月旦裁判時報》，第23期，2013/10，頁5-11。

4 陳棋炎、黃宗樂、郭振恭，《民法親屬新論》，三民書局，2022，頁450；林秀雄，《親屬法講義》，元照出版，2022，頁381。

於負扶養義務者本人、配偶或直系血親曾故意爲虐待、重大侮辱……此際仍由渠等負完全扶養義務，有違事理之衡平，……按民法第1118條之1之增訂係參酌德國民法第1611條第1項規定及法國民法第207條規定，即有於一定情形下，限制或免除扶養義務之規定。綜上規定交互以參，民法第1118條及新增第1118條之1乃係扶養義務者主張減輕或免除其對扶養權利者所應負扶養義務之抗辯事由，並非請求權基礎，……德國民法第1611條亦非直接減免扶養義務，而是有規範層次的不同，原則規定扶養義務人給付合理公平之扶養費，在顯失公平時再完全免除扶養義務。」初步研討結果仍採取甲說。而最高法院102年度台簡抗字第103號民事裁定認爲：「受扶養權利者對於負扶養義務者、其配偶或直系血親故意爲虐待、重大侮辱或其他身體、精神上之不法侵害行爲；或無正當理由未盡扶養義務。只要有以上行爲，負扶養義務者可請求法院減輕其扶養義務。」最高行政法院106年度判字第376號行政判決明白指出：「按負扶養義務者依民法第1118條之1第2項規定，請求法院免除其扶養義務之權利，係形成權，……」由此可知，扶養義務人可依民法第1118條之1，聲請法院減免扶養義務，此亦爲家事非訟事件。

第二節　管轄

親屬間扶養事件，專屬受扶養權利人住所地或居所地法院管轄（家事§125）。因此無論是父母請求子女履行扶養義務，或是子女聲請減免扶養義務，均應由扶養權利人即父母之住居所地法院管轄。

第三節　審理

壹、程序之啓動

親屬間扶養請求事件，均屬於聲請事件，應由聲請權人或形成權人，依照家事事件法第75條之規定，備具書狀或以言詞記明筆錄，向法院聲請之。至於扶養權利人請求履行扶養義務，扶養義務人於事件審理中主張有減免事由，固然可以反請求聲請法院減免之。然既然民法第1118條之1允許法院以顯失公平情形下，減免扶養義務，應認為縱然沒有提出反請求，既經抗辯，法院仍得適用民法第1118條之1規定，減免扶養義務。

貳、審理之程序

一、審理之原則

扶養義務者請求，性質上為私權事件，審理之範圍、程序標的仍應適用當事人處分權原則，由當事人決定之。至於事證之蒐集，適用家事事件法第78條之規定，由法院依職權探知，但當事人仍有協力提出事證之義務。諸如經濟能力、互動關係、減免扶養義務之事由所依憑之事實及證據等。

二、酌定扶養內容之審理

年老之父母親請求子女履行扶養義務之事件中，應可從保障老人家庭生活受尊重權以及維持適當生活權的觀點，審理扶養事件所定之扶養方法與扶養程度等。依照民法第1120條之規定，扶養之方法，由當事人協議定之，不能協議時，由親屬會議定之，但扶養費之給付當事人不能協議時，由法院定之。所謂扶養方法，如受扶養權利人年事較高，以在家共同生活較為適當，若扶養權利人不願意離鄉背井與子女同住，亦可由扶養義務人給付生活費用供其使用。因此扶養方法與扶養費之給付，緊密相連[5]。最高法院100年度台上字第2150號民事判決指出：「對於一定親屬間之扶養方法，究採扶養義務人迎養扶養權利人，或由扶養義務人給與一定金錢或生活資料予扶養權利人，或依其他之扶養方法為之？應由當事人協議定之，以切合實際上之需要，並維持親屬間之和諧；若當事人就是否以扶養費之給付為

5 林秀雄，《親屬法講義》，元照出版，2022，頁384-385。

扶養之方法不能協議者，則仍應回歸依該條本文規定，由親屬會議定之，或依同法第一千一百三十二條、第一千一百三十七條規定暨本院四十五年台上字第三四六號判例意旨爲之……。」扶養方法若以老年父母與子女同住一處，有些國家開始嘗試對老年父母與子女共居（accommodation arrangement）做出法律上的相應安排，共居的形式從所謂的祖母樓層，到老年父母有獨立的套間，或者在住處有獨立的建築物，或者僅僅是在建築物裡面擁有一間獨立的房間等。共居的安排，也可能包含由年老的父母提供津貼、退休金等事項，甚至安排所謂的「照顧資產」（assets for care）等。共居的安排，非常細瑣，涉及許多面向的法律，除了扶養義務之外，也可能包含契約、信託、物權等領域[6]。

既然扶養的方法可以是在家供養，也就是一種共居的安排。在年老父母與子女之間，若能有第三人作爲中間溝通的橋梁，應有助於共居時關於財務的安排、居住房間的配置、日常生活飲食的提供、家務的分擔等。法院認爲有保護身心障礙者或老年人利益之必要，雖有程序能力，法院仍得依聲請或依職權依家事事件法第15條第1項第3款的規定，選任程序監理人。或者由法院先指定特定事項，命家事調查官提出報告，作爲法院裁判或者是調解方案的可能內容。

對於年老／失能父母的照顧扶養，並不應僅限於經濟上的扶養義務，更應包含照顧義務。依照民法第1114條順位所定之家庭成員，如何履行照顧義務，也應由法院裁定之，而成爲家事事件。由於年老／失能父母的照顧，時而需要專業醫療、日常照護的協助，因此必須公私協力。又因爲老人的照顧已經呈現由福利到權利的轉向，公私協力的內涵，也轉變成以權利的形式登場。老人權利可以分爲請求國家機關提供照顧服務的公法上請求權，以及基於身分或契約等私法上法律關係所生的請求權。前者有老人福利法第12條第1項所規定生活津貼

---

6 Eileen Webb & Teresa Somes, What Role for the Law in Regulating older Persons Property and the Financial Arrangement with Adult Children? The Case of Family Accommodation Arrangement in Australia, in Ralph Ruebner, Teresa Do, & Amy Taylor eds., International and Comparative Law on the Rights of Older Person, Vandepla Publishing, U.S.A., 2015, pp. 333-334.

請求權、依照國民年金法第29條規定請求老年國民年金。後者如民法第1114條第1款、第1116條以下各條文所規定請求扶養的權利、老人福利法第38條老人與長期照顧之老人福利機構所訂長期照顧契約所生受長期照顧之請求權。其中基於身分上請求家庭成員照顧的權利，也就成爲家事法院所必須處理的家事事件。

公私協力的分工，容因各國文化、歷史腳步不同，而呈現不同的風貌，也因此各有爭論。有些國家、論者認爲年老／失能父母的照顧，應由專業人士扮演主要角色；有些認爲由家庭成員扮演主要角色。兩種不同主張所形成的制度，在機構照顧或是居家照顧，是金錢補助或是親情支持，是國家監督或是家庭自治，各自有不同的運作風貌[7]，必須由各國衡量社會實況、國家社會福利支出等狀況動態調整。然而無論如何，家庭成員的照顧，特別是家庭成員還有能力探視、關懷、照顧老年／失能父母時，並不應讓家庭成員貿然完全退場，因爲對於老年／失能父母而言，親人所帶來的撫觸以及生活聯繫，永遠都無法被專業服務取代[8]。

老年／失能父母要求家庭成員，特別是子女的探視關懷，雖然目前我國民法只有第1084條第1項具有高度道德內涵的法律規定，相較於民法第1055條第5項父母與子女之會面交往權，顯得缺乏具體明確的內容指稱。然而未成年子女對於父母，已經形成會面交往請求權以及扶養費給付請求權，則老年／失能父母對於成年子女，形成類似會面交往的探視請求權以及扶養給付請求權，即屬具有倫理以及法律上的正當性，而形成應受司法保障之請求權。至於探視請求權之內容，自可比照未成年子女之會面交往，由當事人協議或由法院依照個人之能力、老年父母之狀況裁量決定，亦應納入審理應調查之事證範圍。

---

7 Grega Streben, Legal Aspects of Long-Term Care in Slovenia, in Ulrich Becker & Hans-Joachim Reinhard eds., Long-Term Care in Europe, A Judicial Approach, Springer International Publishing, 2018, pp. 454-455; 蔡鐿安，〈論家庭變遷下老人之家庭照顧支持系統〉，《網路社會學通訊期刊》，第55期，2006/5/15。

8 Grega Streben, Legal Aspects of Long-Term Care in Slovenia, in Ulrich Becker & Hans-Joachim Reinhard eds., Long-Term Care in Europe, A Judicial Approach, Springer International Publishing, 2018, p. 457.

老年人請求子女扶養，依照民法第1117條第2項規定，只要老年人無法維持生活，縱然仍有謀生能力，仍可請求子女扶養。所謂無法維持生活，固然包含沒有經濟能力，然而並不限於此，只要老年人沒有足夠的能力維持相當的個人尊嚴生活時，縱然有相當資產，仍屬於無法維持生活。如獨居老人，雖然有銀行存款，但是沒有能力自己前往銀行領取，即有權利要求子女代為前往銀行領款，以維持生活。此由經社文人權委員會第6號一般意見書詮釋公約第10條規定保障家庭權、第11條保障包含老人之適足生活權，強調締約國應致力於採取一切努力，使老年人可以在自家居住生活，並維持與社會之融合。就其權利內涵，第6號一般意見書更指出，除了在自家生活居住之外，更應著重於居家對於老年人的意義。所謂居家的意義，毋寧是與家人曾經一起生活成長而來的記憶與互動，這也是老年人最適足的家庭權以及適足生活權的內涵。

既然經社文公約保障老年人與家人互動的家庭權與適足生活權，則老年人請求子女扶養內容與方法，也就應該包含上述權利內涵。老年人請求與子女互動，以維持生活，也就成為具有客觀規範性質的權利，而不再停留於道德規範性質。此由親子責任原本就包含對於子女的身心照護、成年人監護人之職務包含注意身心及生活狀況（民法§1112），扶養義務並無特別排除之理，更可確認。

扶養程度與方法的酌定，也應該注意避免造成性別歧視（CEDEW §1），以特定性別更適合特定扶養方法，例如照顧日常起居，而要求該性別之扶養義務人承擔起扶養義務。

三、減免扶養義務之審理

近幾年來，父母請求子女履行扶養義務以及子女聲請減免扶養義務之事件，案件數已經高居家事事件首位，且居高不下，此類事件數量逐年遞增，甚至已經占法律扶助基金會扶助家事事件40%以上。案件審理過程中，必須調查扶養權利人是否有故意虐待、重大侮辱等事實，對父母及成年子女均屬難堪的回憶[9]。癥結點毋寧是將具有公法性質之社會福利給付請求權，與私法上扶養權利不當連結所致。忽略了老人或身心障礙權利之保障，應採公私協力、互爲犄角，而非互爲前提，各自推諉。

在法制上，此乃因年老父母依照社會救助法第10條規定，以低收入向戶籍所在地直轄市、縣（市）主管機關申請生活扶助時，因社會救助法第4條第1項定義低收入是以家庭總收入爲基準，規定：「本法所稱低收入戶，指經申請戶籍所在地直轄市、縣（市）主管機關審核認定，符合家庭總收入平均分配全家人口，每人每月在最低生活費以下，且家庭財產未超過中央、直轄市主管機關公告之當年度一定金額者。」而「應計算人口範圍，除申請人外，包括下列人員：一、配偶。二、一親等之直系血親。三、同一戶籍或共同生活之其他直系血親。四、前三款以外，認列綜合所得稅扶養親屬免稅額之納稅義務人。」因此年老父母雖然個人收入已達中低收入，而可申請生活扶助之要件，但因子女負扶養義務，子女所得被計入家庭財產，導致年老父母因而喪失或無法取得中低收入戶資格，不得再申請生活扶助。社會救助主管機關乃要求年老父母取得法院確認子女免除扶養義務之裁定，以重新計算家庭財產，協助年老父母申請生活扶助[10]。

此外，老人福利法第41條規定保護安置受虐之老人，其保護安置費用可以向直系血親卑親屬請求返還，返還保護安置費用之函文，可以成爲行政強制執行之執行名義。同一條文第4項規定老人之子女等直系血親卑親屬得減免負擔之情形，包含：「一、老人、其配偶或直系血親卑親屬因生活陷於困境無力負擔。二、老人之配偶或直系血親卑親屬有前款以外之特殊事由未能負擔。」爲了證明作爲子女之血親卑親屬有因減免扶養義務之特殊事由，而毋庸負擔保護安置費用，子女乃提起減免扶養義務之家事非訟事件[11]。或者依身心障礙者權益

---

[9] 李莉苓，〈減輕或免除扶養義務相關實務問題研析〉，《司法周刊》，第2112期，司法文選別冊，2022/7，頁36-37。

[10] 鄧學仁，〈老人之扶養問題與對策〉，《月旦法學雜誌》，第286期，2019/2，頁74-75。

[11] 鄧學仁，〈老人之扶養問題與對策〉，《月旦法學雜誌》，第286期，2019/2，頁75。

保障法第77條之規定，必須返還政府機構照顧老人及身心障礙者時所花費之保護安置費用，政府機構允許當子女取得法院減免扶養費之裁定後，得減免應返還之照護安置費用。

高等行政法院及地方法院行政訴訟庭105年度法律座談會提案二即曾經討論因保護安置費用之返還而產生之減免扶養義務事件之處理。提案討論之法律問題：主管機關依老人福利法（下稱同法）第41條第1項、第3項規定對老人採取短期保護安置後，以函文（下稱系爭函文）通知原告即負有扶養義務之子女在期限內償還因短期保護安置所支出費用時，原告以業依民法第1118條之1規定請求法院裁判予以減輕應負扶養義務為每月新臺幣（下同）3,000元確定為由，就系爭函文循序提起訴願及行政訴訟，訴請撤銷系爭函文。問題（一）：此是否屬民事事件而應依行政訴訟法第12條之2規定裁定移送民事法院審理？問題（二）：若問題（一）採乙說，且認原告有同法第41條第1項之情事，原告訴請撤銷系爭函文中令其償還逾民事裁定所示每月3,000元之費用部分，有無理由等。

研討結果就管轄權問題，多數法官認為應屬行政訴訟，固無問題。就子女以法院已經裁定減免扶養義務，主張應免除主管機關保護安置老年父母費用之問題，會議有較多的討論。有認為不得主張免除，主要理由是老人福利法第41條第3項規定屬獨立之公法債權，並非民事之扶養請求權，僅此償還請求權須以受請求人有扶養義務存在作為前提，若扶養義務僅係經法院裁判減輕，其仍負有償還國家代支出費用之義務，只是嗣後就所償還費用如何對受安置老人主張扣抵之民事問題；有認為在法院裁定減免扶養義務範圍內，則主張減免應負擔之保護安置費用，主要理由是認為國家對老人採取保護安置措施之行為，實質上兼有為子女履行扶養義務及履行國家自身救助義務之內涵，國家支出費用逾上開範圍時，超出為扶養義務人履行之無因管理事務範圍，純屬國家履行自身救助義務之問題，當亦無從請求原告償還，由社會救助責任之補充性原則觀點，此償還請求權僅在避免個人及家庭責任不盡履行責任，原告與老人間之履行責任既經民事法院裁判予以形成而減輕，民法第1118條之1增訂時，立法理由說明係酌採近代民法之個人、自己責任原則，在符合法定事由下賦予法院有權可彈性減輕子女對父母扶養責任，足見我國親屬法規定已改採減輕子女對父母所應負家庭責任之政策，國家介入救助後反而課予原告較高之家庭成員責任，明顯違反立法機關增訂在後之民法該規定意旨。

學者就上述問題，有認爲仍應允許主管機關得以向直系血親之子女請求保護安置費用，避免子女藉由法院減免扶養義務之裁定，既可享有繼承年邁父母財產權之利益，又可使國家負擔保護安置年老父母之利益，也應該修法使受安置老人應以其財產支付保護安置費用[12]。

四、通知參與程序或囑託機關調查

年老父母請求社會福利機關生活扶助，或受到保護安置，多半是陷入生活困境之老人，可能是社會福利之退休金制度不足以保障老人之適足生活權利所致[13]。然而國家應致力於保障的老人權利，並不僅僅是適足生活的權利，還包含家庭生活受尊重的權利。社會福利主管機關，基於保障老人適足生活權，而依照老人福利法、社會救助法之規定保護安置，給予生活扶助，並無法探知老人家庭生活的實況。而子女應盡扶養義務之程度，也因爲無法知道社會福利主管機關所能提供的協助，而陷入不確定的狀態。

參酌德國家事及非訟事件法第236條規定，在扶養事件審理中，家事法院首先可以依該法第235條之規定，命當事人提供有關收入、個人狀況及財產狀況的資料文件，並可以再要求雇主、社會福利機構、其他支付養老金、爲老年人或喪失勞動者提供救濟、支付補償金或經濟損失的個人或機構、保險公司、財政機構提供收入金額及相關證明文件以便確定應支付之扶養數額。我國法院審理此類事件或調解中，應可採取以下作爲：

（一）認爲有調查財產狀況之必要，依照家事事件法第17條第1項之規定，發文國稅局、金融機構、社會福利機關爲必要之調查，即查明當事人或關係人之財產狀況。且該條第2項之規定，受託者有調

---

12 鄧學仁，〈老人之扶養問題與對策〉，《月旦法學雜誌》，第286期，2019/2，頁77-78。

13 Claudia Martin, Diego Rodriguez-Pinzón, & Bethany Brown, Human Rights of Older People, Springer, U.S.A., 2015, Kindle loc. 1047.

查之義務，法院亦得定相當期間要求提出調查之結果。

（二）依家事事件法第77條第2項之規定，法院亦得通知因扶養事件審理結果受影響之主管機關參與程序。社會福利主管機關於此程序可以得知子女所主張減免扶養義務之事證，並陳述意見。

（三）依照家事事件法第18條、家事事件審理細則第35條、第37條就扶養方法以及扶養金額，得減免扶養義務之事項，指定該特定事項，命家事調查官並提出報告。

有扶養義務人、不受扶養權利人爲多數人時，法院亦應通知其他義務人、扶養權利人參與程序（家事§77 I ③）。

扶養義務存在所依據之前提法律關係，因爲有所爭執，屬於強制合併審理事件，準用婚姻非訟事件強制合併審理前提法律關係之程序法理（家事§126準用§103）。

第四節　終結

壹、裁定

扶養費請求之裁定，依照家事事件法第126條準用婚姻非訟事件有關家庭生活費用、扶養費請求之規定。因此，扶養費給付方法、擔保、定期金、強制金、期限喪失利益條款、情事變更裁定等，均準用婚姻非訟事件，亦可參酌婚姻非訟事件章節之說明。

扶養義務人有數人，其中一人免除或減輕扶養義務之事由，該減輕或免除之額度，是否應轉嫁由其他扶養義務人負擔之，台灣高等法院暨所屬法院103年法律座談會民事類提案第11號研討，分別提出轉嫁說以及非轉嫁說。甲說：免除義務轉嫁說，認爲民法第1118條之1的重點乃著重於由扶養義務者負擔扶養義務是否符合事理之平，並未完全剝奪扶養權利者請求扶養之固有權利。次按扶養義務依扶養義務者與扶養權利者間之關係，可分爲「生活保持義務」或「生活扶助義務」，前者之扶養爲父母子女或夫妻身分關係之本質上不可缺之要素，因此，縱使有部分之扶養義務者依民法第1118條之1第2項之規定，得以免除扶養義務，其他扶養義務者並未因此免除生活保持之義務，自仍應使扶養權利人之生活程度與自己相同。至於其他親屬間，負有扶養義務者亦同，亦即其所應負之扶養程度雖有不同，但亦未因其他原扶養義務者得減輕或免除扶養義務，而得免除其應負之生活扶助義務；乙說：免除義務不轉嫁說，認爲民法第1115條第1項第1款、第3項與第1118條之1之規定，兩條規定之主體既均爲「負扶養義務者」，故依法條之體系解釋及文義解釋觀之，於認定扶養權利者得請求之扶養費數額時，自應先依民法第1115條之規定，依各扶養義務者之經濟能力，認定各應分擔之義務爲何。其次始進入判斷是否合於民法第1118條之1之規定，次按減免扶養義務條文之立法目的本即帶有懲罰扶養權利者之色彩，依體系解釋、文義解釋，以及自立法目的及公平性而言，應先計算出各個扶養義務者原先應負擔之扶養比例，若其中部分扶養義務者有減輕或免除扶養義務之情形時，再個別予以減輕或免除，並不會因而影響其他扶養義務者原應負擔之扶養比例，始爲適當。法院初步研討結果採取乙說。於台灣高等法院審查意見時增列丙說，認爲既經法院認定甲得免除扶養義務，乙得減輕扶養義務，則A之扶養應由丙、丁及得減輕扶養義務之乙負擔。各人應負擔額由法院斟酌A之扶養需要、扶養義務人之扶養能力及乙應減輕扶養程度酌定。研討結論多數採乙說之不轉嫁說。德國民法第1611條也採取不轉嫁說[14]。

扶養請求之裁定，發生形成力，並同時具有給付之內容，因此也具有執行力，得爲強制執行第4條第1項所列之執行名義。裁定發生效力之時間點，依照家事事件法第82條第1項規定，於告知受裁定人時即發生效力，也從裁定發生效力時起，往後形成新的扶養方法及內容，不具溯及既往之效力。最高行政法院106年度判字第376號判決，審理國家機關請求子女返還老年父母保護安置費用時，也認爲子女之扶養義務「自法院予以免除確定時起始發生扶養義務者對受扶養權利者免除負扶養義務之法律效果。故在此之前，扶養義務者因負扶養義務而具體產生之債務關係，無論是公法上或私法上之債務關係，並不因事後法院予以免除負扶養義務而變成自始或事後不存在。是負扶養

14 鄧學仁，〈老人之扶養問題與對策〉，《月旦法學雜誌》，第286期，2019/2，頁79。

義務者固經民事裁定免除扶養義務，然民事裁判僅向後發生效力，並無溯及既往之效力，從而負扶養義務者就主管機關於民事裁定前對受扶養人所爲之保護安置費用，仍應負擔償還。」學者也認爲並無溯及效力[15]。

法院於減免扶養義務之裁定中，是否有權限減免扶養義務人從扶養權利人有民法第1118條之1第1項所列各款情形時起，溯及地免除扶養義務。台灣高等法院暨所屬法院111年法律座談會民事類提案第6號研討結論認爲，本項法院之裁定兼具形成及確認性質，可溯及「自扶養義務人開始負扶養義務時起」免除其扶養義務。法院可依當事人之聲明，於裁定主文宣示自何時起免除扶養義務，當事人聲明如未表明，應予闡明，令其補充之。又當事人僅得就尚未履行部分聲請免除，已履行部分債務消滅，並無聲請免除之餘地。

貳、和解

扶養請求事件，屬於當事人得處分之事項，自可由當事人成立和解，家事事件法第126條也準用第101條，可由當事人和解。且依照民法第1120條之規定，扶養方法、扶費費之給付，可以由當事人協議定之，更可以佐證扶養事件確實得爲和解。至於減免扶養義務之事件，雖具有形成事件之性質，必須由法院以裁判形成新的法律關係，然而既然民法第1120條允許當事人協議定之，並未排除減免扶養義務之事由，實際操作上，也難以劃分減免扶養事由與考慮雙方關係而爲之扶養方法之安排。且同樣屬於形成之訴，請求裁判離婚，依照民法第1052條之1亦得經法院調解或和解成立，此乃基於實體法上既賦予當事人得爲協議之權利，程序法上基於當事人平衡程序利益之程序選擇權，亦應允許當事人得爲減免扶養義務之和解。惟有學者基於扶養請求之公益性質，認爲不得爲調解或和解[16]。此或係基於年老父母與其

---

15 鄧學仁，〈老人之扶養問題與對策〉，《月旦法學雜誌》，第286期，2019/2，頁81。

16 鄧學仁，〈老人之扶養問題與對策〉，《月旦法學雜誌》，第286期，2019/2，頁76-77。

子女之間，爲了避免福利主管機關要求子女返還保護安置費用，或協助年老父母可以請領生活扶助，而爲免除扶養義務之調解或和解。然而無論是社會救助法或老人福利法，均沒有規定免除扶養義務後，即得請領生活扶助，或者得免除返還保護安置費用。社會福利機關因此以雖然有免除扶養義務之調解或和解，仍不得請領生活扶助，或免除保護安置費用，仍屬本於爲行政處分之權限，調查行政處分所依據之基礎事實而爲之決定。然爲了落實保障老人之適足生活權，法院以調解、和解時，無妨通知社會福利機關參與程序。

第七章　繼承事件

第一節　遺產清冊事件

壹、事件類型

被繼承人死亡或宣告死亡，即應進行遺產繼承。爲確認遺產之債務以及財產範圍，民法規定必須由繼承人於知悉其得繼承之時起三個月內開具遺產清冊陳報法院（民§1156Ⅰ）。此爲家事事件法第127條第1項第1款所規定之遺產清冊陳報事件。

債權人爲了實現債權，亦得向法院聲請命繼承人於三個月內提出遺產清冊（民§1156-1Ⅰ）。法院於知悉債權人以訴訟程序或非訟程序向繼承人請求清償繼承債務時，得依職權命繼承人於三個月內提出遺產清冊（民§1156-1Ⅱ）。此即爲家事事件法第127條第1項第2款所規定「債權人聲請命繼承人提出遺產清冊事件」。

貳、管轄法院

遺產清冊陳報事件專屬繼承開始時被繼承人住所地法院管轄（家事§127Ⅰ）。由被繼承人住所地管轄遺產陳報事件，可以由特定法院統一處理所有繼承事件，符合法院管轄權限之便利意旨。

參、審理程序

一、陳報遺產清冊

繼承人陳報遺產清冊，有三種情形：第一種情形是因爲繼承開始，由繼承人自行向管轄法院陳報；第二種情形是經債權人聲請法院命陳報遺產清冊；第三種情形是法院職權命陳報遺產清冊（家事審理細則§131Ⅰ）。

陳報遺產清冊應以陳報書爲之，陳報書之內容，應記載：

「一、陳報人。二、被繼承人之姓名及最後住所。三、被繼承人死亡之年月日時及地點。四、知悉繼承之時間。五、有其他繼承人者，其姓名、性別、出生年月日及住、居所。」陳報書並應附具遺產清冊，遺產清冊應記載被繼承人之財產狀況及繼承人已知之債權人、債務人（家事§128）。

債權人聲請命繼承人提出遺產清冊時，應以聲請書記載下列各款事項：「一、聲請人。二、被繼承人之姓名及最後住所。三、繼承人之姓名及住、居所。四、聲請命繼承人提出遺產清冊之意旨。」（家事§129Ⅰ）陳報遺產應於繼承開始起三個月，法院因繼承人之聲請，認為必要時，得延展之（民§1156Ⅱ）。債權人聲請陳報，也準用此項期間（民§1156-1Ⅲ）。

繼承人有數人時，其中一人已依第1項開具遺產清冊陳報法院者，其他繼承人視為已陳報（民§1156Ⅲ）。

二、公示催告

為了確認遺產債務，繼承人於陳報遺產清冊後，應由法院公示催告程序，公告催促遺產債權人陳報債權（民§1157）。

法院公示催告被繼承人之債權人報明債權時，應記載下列各款事項：（一）為陳報之繼承人；（二）報明權利之期間及在期間內應為報明之催告；（三）因不報明權利而生之失權效果；（四）法院（家事§130Ⅰ）。公示催告應通知其他繼承人（家事§130Ⅱ）。公示催告應公告之，並應揭示於法院公告處、資訊網路及其他適當處所；法院認為必要時，並得命登載於公報或新聞紙，或用其他方法公告之（家事§130Ⅲ、Ⅳ）。

催告債權人報明債權之期間，民法第1157條第2項規定不得在三個月以下。家事事件法明文規定應定自前項揭示之日起，有六個月以上（家事§130Ⅴ）。

三、陳報遺產償還債務狀況

催告債權人報明債權之一定期限屆滿後，繼承人對於在該一定期限內報明之債權及繼承人所已知之債權，均應按其數額及優先權利，依照比例以遺產分別償還（民§1159）。並即處理交付遺贈（民§1160）等清理繼承債務之程序。

繼承人償還遺產債務之狀況應向法院陳報，並提出有關文件。期間爲債權人報明債權期間屆滿後六個月內。若有無法於期限完成，而有必要時，法院因繼承人之聲請，得延展之（家事§131）。

肆、裁定

遺產陳報事件，由法院依照事件進行程度，分別爲裁定或准予備查後報結。債權人聲請命繼承人提出遺產清冊，由法院調查聲請要件而以裁定爲之。繼承人陳報遺產清冊，或是債權人報明債權，依照家事事件編號計數分案報結實施要點第29點規定，繼承事件於繼承人陳報遺產清冊、法院命繼承人提出遺產清冊之陳報，已依限自行陳報，或應債權人請求或法院命令陳報者或法院所定期間屆滿時，案件即行報結。

法院認爲債權人聲請命繼承人提出遺產清冊爲有理由，應以裁定或命令命繼承人陳報遺產清冊。繼承人即應於三個月內提出遺產清冊，也應以陳報書爲之（家事§129Ⅱ）。

受理訴訟或非訟事件之法院依職權命繼承人提出遺產清冊時，受理遺產清冊之法院得付與證明書（家事審理細則§131Ⅱ）。

陳報遺產清冊所生之費用，包含債權人聲請命陳報遺產清冊、繼承人陳報遺產之程序費用，均由遺產負擔（家事§127Ⅳ），法院於裁定或命令主文載明其旨。

第二節　拋棄繼承事件

壹、事件類型

繼承人得拋棄繼承，拋棄繼承應由繼承人於知悉其得繼承之時起三個月內，以書面向法院表示拋棄繼承（民§1174II）。因此家事事件法第127條第1項第3款將拋棄繼承事件列爲家事非訟事件，由法院受理繼承人拋棄繼承之意思表示。

貳、管轄法院

拋棄繼承專屬繼承開始時被繼承人住所地法院管轄（家事§127 I）。繼承開始應係指被繼承人死亡時之住所地。由於目前多有戶籍登記，應可以除戶戶籍登記謄本記載之住所，作爲認定被繼承人死亡時住所地的重要依據。

參、審理程序

繼承人拋棄繼承時，應以書面表明：一、拋棄繼承人；二、被繼承人之姓名及最後住所；三、被繼承人死亡之年月日時及地點；四、知悉繼承之時間；五、有其他繼承人者，其姓名、性別、出生年月日及住、居所（家事§132 I）。以上事項之記載，實務上可以檢附被繼承人死亡之除戶戶籍謄本或死亡證明書、所有繼承人之戶籍謄本、繼承系統表（載明繼承人之年籍資料、身分證字號以及存亡資料）等文件。拋棄繼承書狀，應由拋棄人本人簽名。

繼承人有數人，均拋棄繼承者，其費用之徵收，應按聲明之件數，而非按聲明之人數計算應徵收之。共同具狀向法院聲明拋棄繼承，即應以一件計算，依家事事件法第97條、家事事件審理細則第41條第2項準用非訟事件法第14條第1項之規定，徵收費用1,000元（台灣高等法院暨所屬法院107年法律座談會民事類提案第35號審查意見）。

拋棄繼承乃繼承人脫離繼承關係之意思表示，繼承人僅須於法定期間內以書面向法院爲拋棄繼承之意思表示，即溯及於繼承開始時發生效力。法院就繼承人拋棄繼承之聲明，亦僅爲形式上審查是否符合非訟程序上要件，無需爲實體上之審認，法律規定須以書面向法院爲之，係基於公示之考量及避免舉證困難，使法院有案可查、杜絕倒塡日期，或僞造拋棄證明文件等情況，非謂拋棄繼承之意思表示需經法院許可後始生效力。實務上向來對合於程序要件之拋棄繼承聲明，亦僅做「備查」之通知，且法院就繼承人拋棄繼承之聲明，准予備查，亦僅有確認之性質，並無實體認定之效力，繼承人拋棄繼承是否合法，於相關事件仍須實體審查。法院就繼承人拋棄繼承之聲明，既僅爲形式上審查，並未於實體上逐一認定各繼承人拋棄繼承之效力（台灣高等法院暨所屬法院107年法律座談會民事類提案第35號審查意見參照）。此所謂形式審查，應包含是否具有繼承人資格、繼承是否開始、是否出於眞意、知悉繼承之日等要件。爲了審查上述事項，法院仍得調查證據，只是此項審查以及調查證據後之事實認定、准予備查之裁定，並不發生確認繼承權是否存在等實體事項之效力。

肆、裁定

拋棄繼承爲合法者，法院應予備查，通知拋棄繼承人及已知之其他繼承人，並公告之（家事§132II）。繼承人取得備查函，得前往地政機關辦理登記，然若無法備妥法院備查函，依照內政部民國111年2月7日台內地字第1110260691號函指出：「爲達簡政便民並提升地政業務服務品質，申請繼承登記如有繼承人拋棄繼承而未檢附法院准予備查函者，得提出司法院網站『家事事件公告專區』查詢結果作爲法院准予備查之證明文件。」至若「……公告內容因涉個人資料保護已部分遮掩，受理登記機關得逕至該公告專區輔以被繼承人或拋棄繼承人之身分證字號（國民身分證統一編號）加強查詢審認；就該公告內容倘仍有疑義者，另可向法院洽詢，以資簡化。」民法第1174條第3項前段規定拋棄繼承人應以書面通知因其拋棄而應爲繼承之人，但此項通知僅具有訓示性質，並非生效要件。目的在於使拋棄而應爲繼承之人，得以迅速決定是否拋棄繼承[1]，此由同條第3項但書更可確

---

[1] 林秀雄，《繼承法講義》，元照出版，2022，頁192。

認。因此，已經拋棄繼承，但尚未通知其他應爲繼承之人，法院不得駁回其拋棄繼承之意思表示[2]。有學者指出，家事事件法第132條第1項第5款已經明定必須以書面中表明有其他繼承人，因此拋棄繼承人仍有協力之義務，若經法院裁定命補正而不補正，或可認爲其程序不合法，裁定駁回其拋棄繼承[3]。聲明人於向法院爲拋棄繼承之意思表示後，若經法院審查，已經符合拋棄繼承之形式要件，自不容許撤回。

拋棄繼承爲不合法者，法院應以裁定駁回之（家事§132III）。

第三節 遺產管理事件

壹、事件類型

繼承開始起，因無人承認繼承或繼承人有無不明等原因，必須選任遺產管理人，在法院適當監督介入下，進行遺產管理清理程序，此爲遺產管理事件。遺產管理程序始於選任遺產管理人，隨後進行遺產清理程序，最後報請法院備查結案。

應進行家事事件法第127條第1項第4款所規定之遺產管理程序，民法繼承編規定了兩種情形。其一是繼承開始時，繼承人之有無不明者；其二是所有繼承人均拋棄繼承而無人繼承時（民§1176VI）。此外，確定無人可爲繼承時，雖非繼承人有無不明，但學說上認爲有搜索繼承人之必要，仍應適用此項規定，進行遺產管理程序[4]。

依現存文件顯示，繼承人有無不明，雖有人出面主張爲死者之配偶、收養之子女而爲繼承人，然繼承人資格有爭執而尚未確定，有學者認爲此並非繼承人有無不明，不得適用此項遺產管理程序[5]；亦有學者認爲此項遺產確有保存之必要，兩相權衡應類推適用此項遺產管

2 李太正，《家事事件法之理論與實務》，五南圖書，2020，頁394。

3 李太正，《家事事件法之理論與實務》，五南圖書，2020，頁396。

4 陳棋炎、黃宗樂、郭振恭，《民法繼承新論》，三民書局，2010，頁228；林秀雄，《繼承法講義》，元照出版，2022，頁202-203。

5 戴炎輝、戴東雄、戴瑀如，《繼承法》，元照出版，2021，頁222。

理程序[6]。因跨國婚姻、收養、親子或戰爭等因素，而有繼承人散居國外，確有因資格尚待確認，而有進行遺產管理程序之必要，應以後者之見解爲可採。

除了民法規定應進入遺產管理程序之情形外，台灣地區與大陸地區人民關係條例（下稱兩岸關係條例）就涉及大陸地區人民之繼承事件，亦應進行遺產管理程序。其中一類是死者在台灣地區留有遺產，繼承人全部爲大陸地區人民者；另外一類是現役軍人或退除役官兵死亡而無繼承人、繼承人之有無不明或繼承人因故不能管理遺產者，由主管機關管理其遺產。

遺產僅有一筆不動產，且只有一位繼承人，該筆不動產因法令限制而無法由繼承人繼承登記時，司法實務見解認爲，此情形如同被繼承人之全部遺產顯然無人可繼承，相類於民法第1176條第6項所定繼承人有無不明或全部繼承人均拋棄繼承之情形，自得類推適用該條規定準用關於無人承認繼承之規定，准許繼承人聲請選任遺產管理人，以保障繼承人之利益（台灣高等法院暨所屬法院107年法律座談會民事類提案第34號）。

遺產應由非大陸地區之他國籍繼承人（如印尼或柬埔寨國籍人），因受土地法第18條互惠原則之法律限制，致無法取得被繼承人之遺產時，現行實務仍認爲可類推適用遺產管理程序，管理被繼承人之遺產（台灣高等法院暨所屬法院107年法律座談會民事類提案第34號）。

繼承人因故不能管理遺產，亦無遺囑執行人者，由於法無明文應進行遺產管理程序，以至於遺產清理職務、責任及義務、清理遺產之法律效果付之闕如，司法實務因此採取不得聲請法院選任遺產管理人之意見（台灣高等法院暨所屬法院107年法律座談會民事類提案第34號）。

貳、管轄法院

無人承認繼承之遺產管理人事件以及保存遺產事件專屬繼承開始

---

6 林秀雄，《繼承法講義》，元照出版，2022，頁203-204。

時被繼承人住所地法院管轄（家事§127Ⅰ④、⑤）。雖然遺產散落各地，仍僅由被繼承人住所地法院管轄，以求遺產管理之統一處理。

依照兩岸關係條例之選任遺產管理事件，因兩岸關係條例沒有特別規定管轄，仍應依家事事件法第127條第1項第7款，由被繼承人死亡時之住所地法院管轄。住所地之認定，應可參考除戶戶籍登記謄本記載之住所。

聲請法院定遺產管理人報酬事件（家事§141準用§154），應認爲屬於家事事件法第127條第1項第4款之關於無人繼承事件，仍專屬繼承開始時被繼承人住所地法院管轄。

參、遺產管理人

一、遺產管理人之地位

遺產管理人係因法院或親屬會議之選任，而取得管理保存處置遺產之權限，應具有法定職務之性質。民法第1184條遺產管理人爲代理人之規定，係爲了保障交易安全，特別規定遺產管理人之行爲，直接對嗣後出現之繼承人發生效力，不容許繼承人事後否認[7]。又如遺產散落各國境內，若干國家法制上，選任之遺產管理人僅就境內遺產有管理保存處置權限[8]，並非因取得繼承人或財產取得人之代理人地位，而得以代理人之地位處置在各國遺產，此種遺產管理人地位更具有法定職務之性質，而非僅是繼承人或債權人之代理人而已。

二、選任遺產管理人

遺產管理程序應由遺產管理人爲之。遺產管理人之選任方式有由親屬會議選任、法院選任，以及法律規定當然就任等情形。親屬會議選任遺產管理人以自然人爲限（家事§134Ⅰ），法院選任遺產管理

7 戴炎輝、戴東雄、戴瑀如，《繼承法》，元照出版，2021，頁224。

8 Gareth Miller, International Aspects of Succession, Routledge, London & N.Y., 2018, p. 55.

人，除自然人外，亦可選任公務機關（家事§136III）。

遺產管理人可由親屬會議於繼承開始時起一個月內選任之（民§1177），但不得選任如未成年人、受監護或輔助宣告人、受破產宣告人或受褫奪公權人爲遺產管理人（家事§134II）。選任後即由親屬會議中之會員一人以上，依照家事事件法第133條記載陳報人、被繼承人之姓名、住所、選定遺產管理人之事由、遺產管理人之姓名性別住居所等資料，以陳報書檢附證明文件向法院陳報。所謂選定遺產管理人之事由，係指繼承人有無不明、無人繼承或是繼承人均拋棄繼承之情形。

被繼承人若無親屬會議，或親屬會議未於法定期限內選定遺產管理人者，利害關係人或檢察官，得聲請法院選任遺產管理人（民§1178II、家事§136II）。聲請書應記載聲請人、被繼承人之姓名、住所、聲請之事由、聲請人爲利害關係人之事由。所謂聲請事由，除了上述選定遺產管理人之事由外，還包含無親屬會議或親屬會議未於法定期間內選任遺產管理人之事由。所謂聲請人爲利害關係人，即指如聲請人爲債權人等情形。

遺產管理人可由法院選任死者親屬或財政部國有財產署擔任之，法院選任遺產管理人，應通知被選任人陳述意見（家事§141準用§146）。法院調查後，若認拋棄繼承之繼承人，受惠於死者生前之照顧，或者債權人有獲取清償之利益時，可裁量選任該繼承人或債權人爲遺產管理人。至於死者在台灣地區留有遺產，繼承人全部爲大陸地區人民者，即由繼承人、利害關係人或檢察官聲請法院指定財政部國有財產署爲遺產管理人，管理其遺產（兩岸關係條例§67-1Ｉ）。於後者情形，法院並無裁量選任之餘地。

遺產管理人，有法律規定直接就任者，毋庸經選任程序。依照退除役官兵死亡無人繼承遺產管理辦法第4條之規定，亡故退除役官兵遺產，除設籍於行政院國軍退除役官兵輔導委員會（以下簡稱輔導會）所屬安養機構者，由該安養機構爲遺產管理人外；餘由設籍地輔導會所屬之退除役官兵服務機構爲遺產管理，遺產管理人毋庸法院選任。

遺產管理人選任之後，遺產中有財產之取得、設定、喪失或變更，依法應登記者，應即辦理管理人之登記（家事§141準用

§147）。遺產爲應登記的不動產，即應依土地登記規則第35條第6款、第122條向地政機關申請爲遺產管理人登記。法院選任遺產管理人之裁定，除了記載遺產管理人之姓名住所之外，爲了方便遺產管理人清理遺產，亦可於裁定中記載遺產管理人擁有編製遺產、保存遺產等權限。遺產管理人於裁定前，於陳述意見時，亦不妨將已查知之遺產，特別是需要辦理機關登記、簿冊登記之不動產、有價證券、專利商標等權利，列入意見陳述內容中，請求法院於裁定中記載遺產管理人之權限。

三、遺產管理人之解任及另為選定

（一）解任

經選任之遺產管理人，因爲有家事事件法第134條第2項所定不得擔任遺產管理人之情事，或有不適任之情形，即得解任之。所謂不適任的情形，家事事件法第135條規定包含：「一、違背職務上之義務者。二、違背善良管理人之注意義務，致危害遺產或有危害之虞者。三、有其他重大事由者」。

有家事事件法第134條第2項不得爲遺產管理人之事由，卻經親屬會議選任爲遺產管理人，親屬會議於發現後，應可以由親屬會議自行解任[9]。法院於發現選任遺產管理人有不得擔任遺產管理人之情形者，依家事事件法第134條第2項之規定，自得解任之。至若爲法院選任者，亦可由法院依家事事件法第83條第1項撤銷選任之裁定。

遺產管理人有不適任之情形，法院得依利害關係人或檢察官之聲請，徵詢親屬會議會員、利害關係人或檢察官之意見後解任之（家事§135）。法律既然明定唯有法院有權限解任遺產管理人，自應認爲親屬會議沒有以不適任爲理由解任遺產管理人之職責[10]。又法條既然規定徵詢親屬會議會員，而非親屬會議，自不以徵詢所有參與選任遺

---

[9] 林秀雄，《繼承法講義》，元照出版，2022，頁206。

[10] 不同意見，見戴炎輝、戴東雄、戴瑀如，《繼承法》，元照出版，2021，頁225。

產管理人親屬會議之會員爲必要。

至於依照兩岸關係條例，選任國有財產署，或由退輔會所屬各機構擔任遺產管理人，既係本於法律明定之遺產管理人，自無解任之問題。

遺產管理人因不適任而解任，應注意解任之前，先行依照民法第1180條之規定要求說明報告遺產狀況，以便於移交。解任之裁定依照家事事件法第82條第1項之規定，於公告、宣示即發生效力，不以送達於受解任之遺產管理人爲生效之要件。遺產若爲依土地登記規則爲遺產管理人之登記，或者爲其他註記者，法院應得依職權或經聲請，將解任之事由通知地政機關或其他應註記之機關團體。

遺產管理人經選任之後，有繼承人表明繼承人之身分，學者有認爲應立即將遺產移交予繼承人[11]，有學者特別強調尚必須確認繼承人之資格[12]。繼承登記法令補充規定第61點規定，繼承人承認繼承時，遺產管理人之權限即行消滅，於申請繼承登記時，無須先聲請法院裁定撤銷遺產管理人。後者之規定採取遺產管理人當然解任。依照遺產作業要點第18點規定，有繼承人承認繼承，遺產管理人職務終結。因此，當繼承人確認繼承資格後，遺產管理人即當然解任，應將遺產管理之狀況移交繼承人。經法院選任之遺產管理人，因爲有繼承人承認繼承，執行職務已經完畢，應向法院陳報處理遺產狀況，並提出相關文件（家事§140），以利與繼承人移交遺產。遺產陳報狀況，若有所爭議，自得由法院審理調查裁定之。至於退除役官兵無人繼承財產，應由退除役官兵輔導委員會管理遺產，且依照兩岸關係條例第66條第1項之規定，必須由繼承人向法院聲明繼承，法院並應審查繼承資格之有無。因此此類事件不能因有人承認繼承，即移交遺產。退除役官兵死亡無人繼承遺產管理辦法第6條之1因而規定，遺產管理人對於繼承人身分有疑義時，應通知該繼承人補足證明文件或循司法程序確認繼承權。

---

[11] 戴炎輝、戴東雄、戴瑀如，《繼承法》，元照出版，2021，頁230。
[12] 林秀雄，《繼承法講義》，元照出版，2022，頁211。

（二）另為選定

遺產管理人經解任後，若屬由親屬會議選任之遺產管理人，應由解任之親屬會議重新選任。若是由法院解任者，不論是資格不符或是不適任，法院均應同時命親屬會議於一個月內另爲選定（家事§134、§135）。親屬會議若未能於一個月內選定，利害關係人或檢察官得聲請法院選任之（家事§136II）。

四、遺產管理人之辭任及另行選任

遺產管理人有正當理由可以辭任之，然必須經過法院裁定許可，方解除遺產管理人責任。法院爲許可辭任時，必需同時另行選任遺產管理人（家事§141準用§145III）。

肆、遺產保存

家事事件法第127條第1項第5款特別規定遺產保存事件之管轄法院，所謂遺產保存事件，是指繼承開始時繼承人有無不明者，在遺產管理人選定前，法院得因利害關係人或檢察官之聲請，爲保存遺產之必要處置（民§1178-1）。民法既然已經明定必須由利害關係人或檢察官聲請之，法院自不得職權啓動，因此此事件並非法院得自行啓動之職權事件。又此事件係指遺產管理人被選定前之保存遺產行爲，不同於民法第1179條第1項第2款遺產管理人爲了保存遺產所爲必要處置。

德國家事及非訟事件法第342條第1項第2款也規定遺產保存事件（die Sicherung des Nachlasses）之管轄法院。德國民法第1960條規定遺產保全事件，該條第1項首先規定在繼承開始前，遺產法院得於必要時爲保全遺產之行爲，繼承人不詳或不確定是否接受繼承者，亦同。同時該條第2項規定保全遺產行爲之可能內容，包含動產之封緘（die Anlegung von Siegeln）、現金及有價證券之保管寄託、貴重物品的存放、編製遺產清冊（Aufnahme eines Nachlassverzeichnisses），並可指派一名（遺產）襄佐人（einen

Pfleger (Nachlasspfleger) bestellen）。遺產法院可以裁量選擇應採取之遺產保全措施[13]，此可爲我國遺產保存事件之參考。動產封緘是指保存動產不再被使用，可封緘動產係除了同住者日常家用品、經營業務所需要，或動物、腐敗物品等不得封緘物品外之其他物品。

伍、遺產清理程序

一、遺產清理之順序

所謂遺產清理程序，是指遺產管理人依其職務，蒐集、整理遺產，清償遺產債務，分配剩餘遺產之程序而言。遺產管理人選任之後，應依序進行搜索繼承人、編製遺產清冊、保存遺產、清償債權及交付遺贈物、交付剩餘遺產等程序。財政部制頒之代管無人承認繼承遺產作業要點（下稱遺產作業要點）有詳細規定清理程序。惟該作業要點第5點就清理與管理做出不同之定義：「本要點所稱清理，謂遺產資料之蒐集及遺產之勘查、保存；所稱管理，謂遺產之收益、負擔、監守；所稱處分，謂遺產之變賣及債權債務清償交付。」本書從廣義之遺產清理程序，梳理其程序規定。

二、繼承人之搜索

遺產管理人選任之後，無人承認之繼承或繼承人有無不明，法院於接獲親屬會議選任之陳報，或者法院自行選任後，即應依民法第1178條之規定搜索繼承人。民法第1178條第1項既然規定法院應依職權啓動搜索繼承人程序，自屬於職權事件[14]。遺產管理人、債權人、利害關係人或檢察官亦可聲請促請法院啓動搜索繼承人程序。至於有繼承人繼承，但因其他緣故應類推適用遺產管理程序者，自無搜索繼

---

[13] Ursula Bumiller & Dirk Harders, FamFG Freiwillige Gerichtbarkeit, 10Aufl. 2011, S. 822.

[14] 戴炎輝、戴東雄、戴瑀如，《繼承法》，元照出版，2021，頁232；陳棋炎、黃宗樂、郭振恭，《民法繼承新論》，三民書局，2022，頁243。

承人之必要。

法院公示催告應記載陳報人；被繼承人之姓名、最後住所、死亡之年月日時及地點；承認繼承之期間及期間內應爲承認之催告；因不於期間內承認繼承而生之效果；法院（家事§137 I）。公示催告應公告之，並應揭示於法院公告處、資訊網路及其他適當處所；法院認爲必要時，並得命登載於公報或新聞紙，或用其他方法公告之（家事§137II準用§130III、IV）。繼承人未於公示催告所定期間內承認繼承，民法並未如德國民法第1965條第2項之規定，產生繼承權不予考慮之後果。有學者認爲繼承人於公示催告期限過後，方才向法院承認繼承，仍不發生喪失繼承權之效果[15]。

三、公示催告債權人及受遺贈人

遺產管理人就任後，應即時聲請法院裁定行公示催告程序，限定一年以上之期間，命被繼承人之債權人及受遺贈人，於該期間內報明債權及爲願受遺贈與否之聲明（民§1179 I③）。遺產管理人已知債權人及受遺贈人者，如經由土地登記謄本得知抵押權人，或遺囑之記載，亦應分別通知之。

公示催告期間具有封鎖債務清償之法律上效果，於公示催告期間屆滿，不得對被繼承人之任何債權人或受遺贈人，償還債務或交付遺贈物（民§1181）。封鎖之範圍，包含有優先權之債權如抵押權。此參考民法第1159條納入優先權，應可得知。且未如消費者債務清理條例第112條、破產法第108條規定別除權，亦可確認優先權之債權應納入遺產清理程序一併處理。然若如抵押權之行使，已經拍賣抵押物裁定，或有分配表完成等債權額已經確定之情形，若繼續封鎖債務清償，可能因爲利息及違約責任之加重，反而損及其他債權人或潛存繼承人之利益。有國家之遺產管理法例，要求遺產管理人必須出席債權確認之程序，對於已經由法院或死者確認之債權，可以先行分配[16]。

---

15 林秀雄，《繼承法講義》，元照出版，2022，頁216。

16 Dennis R. Hower, Janice L. Walter, & Emma R. Wright, Wills, Trusts and Estate Administration, CENGAGE Learing, Boston U.S.A., 2017, p. 334.

此於我國遺產管理法制，對於有優先權之債權，應可依保存遺產，以避免增加利息違約負擔，或由法院暫時處分或親屬會議決議之方式，更加妥當清理遺產程序之必要。

封鎖債務之清償，應不生禁止債權人經由訴訟或非訟程序確認債權之效力，債權盡早經由公正第三人確定，特別經由法院程序，確認債權，應有助於遺產清理程序之完成。債權人提起訴訟、聲請抵押物拍賣、本票裁定等，均應爲法律所不禁止。而遺產作業要點第16點第1項及第2項，分別規定陳報債權若未經法院判決確認，均不予受理，似採相同作業方式。然最高法院93年台上字第416號判決採取不同見解，認爲：「……依上述規定，被繼承人之任何債權人或受遺贈人固不得於公示催告期間，以遺產管理人爲被告提起給付之訴……惟上述規定並未禁止被繼承人之債權人或受遺贈人提起確認之訴，以確認其與被繼承人間之債權、債務關係或贈與關係是否存在。」遺產之債務清償程序既經法律規定而爲封鎖，但若有依強制執行法所爲債務之清償，仍應依強制執行程序所依據執行名義爲之。強制執行法第5條第4項、第11條第3項規定債務人死亡後之執行程序，辦理強制執行事件應行注意事項第3點第2項也規定：「強制執行開始後，債權人死亡而無繼承人承認繼承時，其遺產於清償債權並交付遺贈物後，如有賸餘，歸屬國庫，故仍應繼續執行。」公示催告既然發生封鎖債務清償之效力，且公示催告必須聲請法院裁定爲之。法院公示催告裁定生效時點，應以裁定宣示、公告、送達或以其他方式告知於受裁定人時發生效力（家事§82Ⅰ）。公示催告之封鎖效力，也應從法院公告裁定或宣示時等最早發生效力時點起算。

四、編制遺產清冊

遺產清理程序之第一步驟爲編製遺產清冊（民§1179Ⅰ①），並應製作財產目錄，由公證人公證（家事§141準用§148）。由於財產目錄爲私人製作，其性質爲私文書，可由公證人以認證爲之，亦符合法條所規定之公證（104年公證實務研討會法律問題提案第2號）。

就國內財產之編製而言，可以由國稅局之財產歸戶清單著手整理，亦可參考遺產作業要點第9點，函請各機關提供資料：（一）財政部財政資訊中心；（二）各級稅捐機關；（三）各縣市地政機關；（四）各級戶政機關；（五）金融機構；（六）車輛、船舶、航空器之登記機關。編製遺產清冊，也應立於保護潛在繼承人、遺產債權人利益之立場，將動產、不動產、有價證券、存款、保險等遺產，置於遺產管理人之保管中[17]。財政部所制定之遺產作業要點第8點也規定應由遺產管理人接管遺產。對於遺產管理人之權限，若有所爭議，應可由法院經暫時處分，或依民法第1180條由遺產管理人向親屬會議說明遺產狀況，並由親屬會議決議確認權限。若無法召開親屬會議，亦得依民法第1132條之規定聲請法院處理之。因此所謂編製遺產清冊，應從廣義解釋，包含蒐集接管所有遺產。遺產作業要點分別規定有各種接管遺產之方法，殊值參考，其中第10點第1項第1款就不動產部分，除規定應辦理遺產管理人登記外，第2款規定：「尚未辦理建物所有權第一次登記之建築改良物，應洽稅捐機關辦理納稅義務人加註遺產管理人。」第4款規定：「實地接管不動產，必要時得請轄區警察機關派員到場協助，並得支給差旅費。」第2項規定現金應存入當地代理國庫之專戶。第3項規定：「有價證券：委由適當機構保管，記名股票應爲遺產管理人登記……。」第4項規定：「黃金、珠寶等貴重物品：得委由適當機構保管。」第5項規定：「車輛、船舶、航空器：應辦理遺產管理人登記……。」遺產若有租金收入等收益者，亦應收取之。現金存入專戶或有價證券、記名股票之保管，若因金融機構對於遺產管理人權限有所疑慮，自得由選任之親屬會議或法院以通知書確認之。

五、保存遺產

如有保存遺產之必要時，得先爲必要之處置（民§1179Ⅰ②）。此項遺產之保存處置，由選任之遺產管理人爲之，處置之內容應可參考上述遺產管理人選任之前保存遺產之舉措。保存遺產之方式，依照

---

[17] Gareth Miller, International Aspects of Succession, Routledge, London & N.Y., 2018, p. 70; Dennis R. Hower, Janice L. Walter, & Emma R. Wright, Wills, Trusts and Estate Administration, CENGAGE Learing, Boston U.S.A., 2017, p. 364.

遺產作業要點也有相當詳細之規定，如第10條第1項第3款規定爲建築改良物投保火險；第3項規定有價證券除屆期之債券及股息應予兌領外，爲保存遺產必要者，得依法處理後，以現金保管；第5項規定車輛、船舶、航空器爲保存遺產必要者，得變現保管。但無法追查下落者，依相關規定洽登記機關處理；第6項規定日常用品：衣飾、被褥等，會同當地里鄰長查點，其完整者，捐贈慈善機關，無使用價值者銷燬之。第7項規定有精神價值之物：獎章、獎狀、人身證照、紀念品等身分類，列冊送同姓宗祠保管，其拒絕接受者銷燬之；第8項規定圖書、字畫及古物等：有價值者列冊送當地圖書館或學術研究機關保管，無價值者銷燬之。第11項規定其餘不易保管之物：會同當地里鄰長就地封存，並做適當處理。至於黃金、珠寶等貴重物品，遺產作業要點第11點規定其移送、封存及檢查程序爲：（一）洽請各同業公會代爲鑑定，作成鑑定證明，以確定其成色、重量及眞僞；（二）連同鑑定證明一併封入特製之盒內，並加封條由參與人員簽章；（三）完成封盒後即做成紀錄卡，由各參與人員簽章後專卷存查等。

退除役官兵死亡無人繼承遺產管理作業程序第2點第2項第1款規定：「遺產管理人於清點遺物時發現亡故退除役官兵存款帳戶，應於清點完畢後立即以發函、傳眞或其他方式通知止付，……」以保存遺產中之動產，亦可爲保存遺產行爲之參考。

保存遺產之行爲，若有可公證或認證之行爲，自可委由公證人公證或認證之。遺產管理人爲保存遺產之行爲，固然不需要得到親屬會議或法院之同意[18]。然而由於遺產管理人有不適任之情形時，法院或親屬會議得解任，因此有學者認爲解釋上親屬會議得適當干涉[19]。

六、遺產變賣

因清償債務等需求，而需要變賣不動產、貴重物品、字畫等遺產時，依民法第1179條第2項後段之規定，得經親屬會議同意變賣之。

---

18 陳棋炎、黃宗樂、郭振恭，《民法繼承新論》，三民書局，2022，頁239；林秀雄，《繼承法講義》，元照出版，2022，頁207。

19 戴炎輝、戴東雄、戴瑀如，《繼承法》，元照出版，2021，頁227。

若親屬會議無法召開，自得聲請法院裁定（民§1132）准予變賣。遺產變賣依照民法債編施行法第28條之規定，經由公證人、警察機關、商業團體或自治機關證明而以市價換價之[20]。遺產管理人認爲不適合以市價進行變價，除法律別有規定（兩岸關係條例§68）從其規定外，亦得經由法院以裁定方式代表親屬會議行使同意權，由法院裁定准予變賣（司法院82年1月20日(82)廳民三字第01396號函文參照）。法院裁定變賣遺產，應可依家事事件法第77條第1項第3款或第2項之規定，分別通知債權人、遺囑指定之受照顧人、與死者同住之親屬、受遺贈人等人參與程序，討論變賣遺產以清償債權之必要性、變賣之程序、變賣之價格等。

國有財產署擔任遺產管理人之案件，依照遺產作業要點第16點第3項後段規定：「如非變賣遺產不能清償交付者，應將處理方式聲請法院許可後變賣之。」明文規定必須聲請法院裁定變賣。至於變賣之方式，遺產作業要點第16點第4項規定：「變賣遺產，以公開標售或於公開市場爲之，並得委託適當機構辦理。但情況特殊者，得聲請法院同意以其他適當方式變賣。其標售底價或變賣價格，不動產、動產及權利依國有財產計價方式規定辦理估價，且不適用該計價方式第九點規定……其他物品依各該行業公會、業者或專業人士之估價辦理。遺產經公開標售未標脫者，得參照法院強制執行拍賣減價程序辦理，並得減價至標脫爲止。」

由國軍退除役官兵輔導委員會擔任退除役官兵遺產之遺產管理人，依照退除役官兵死亡無人繼承遺產管理辦法第8條之1第1項規定：「……有變賣遺產之必要者，應聲請法院許可後辦理。」不再採行自行變賣程序。

亡故者如果在遺囑中指示應將遺產經由特定機構變賣，即應由遺囑執行人變賣遺產，應無須經法院裁定[21]。

---

[20] 林秀雄，《繼承法講義》，元照出版，2022，頁210。

[21] Dennis R. Hower, Janice L. Walter, & Emma R. Wright, Wills, Trusts and Estate Administration, CENGAGE Learing, Boston U.S.A., 2017, p. 341.

七、清償債權交付遺贈物

遺產管理人編製遺產清冊，確認遺產範圍，經由公示催告程序取得遺產債權及受遺贈人之債權額，於公示催告期間屆滿後（民§1181），即可本於職務，清償債權或交付遺贈物（民§1179Ⅰ④）。

喪葬費用屬於繼承費用，應由遺產負擔之。埋葬遺體所需費用，亦應列入遺產管理[22]或喪葬費用。

依照民法第1150條之規定，遺產管理、分割及執行遺囑之費用，由遺產中支付之。遺產管理費用包含保存遺產、遺產清理等費用。因此保存遺產之一切費用，包括租用保管箱等保管費用、清潔維護費用、水電費用、裁判費用、遺產清算費用、公示催告費用、郵件費用、變賣不動產費用、保存數位資產費用、遺產管理人之報酬等，屬於遺產共益費用，爲其他潛存繼承人或債權人權利行使必要支出之費用[23]。最高法院109年台簡抗字第306號裁定、99年度台上字第408號判決，均肯定遺產管理人報酬，爲遺產管理之費用。

退除役官兵死亡無人繼承遺產管理作業程序第2點第11項列出應由遺產支付之遺產管理費用，包含「公示催告之聲請、代管期間應負擔之管理、稅賦、標售、違建屋拆除等相關必要費用支出」。法院實務上核定因管理被繼承人遺產所墊付之費用，如新北地院106年司繼字第2056號裁定，核定國有財產署爲遺產管理之處理費用合計爲12,449元（內含差旅費400元、影印費暨資料使用費274元、公示催告聲請費1,000元、公示催告刊報費540元、戶政規費15元、地政規費320元、郵資4,800元、房屋火災保險費788元、房屋稅4,312元），所提出之單據有聲請人所提出之代管被繼承人林○人遺產管理費用計算表、支出憑證單據暨收據影本等件。

至於其他債權清償的方式，即應分別依照公法上之優先債權、民法上之優先債權、稅捐債權、普通債權、遺贈等順序，依序清理應

---

22 林秀雄，《繼承法講義》，元照出版，2022，頁89。

23 戴炎輝、戴東雄、戴瑀如，《繼承法》，元照出版，2021，頁112-113；Dennis R. Hower, Janice L. Walter, & Emma R. Wright, Wills, Trusts and Estate Administration, CENGAGE Learing, Boston U.S.A., 2017, p. 340.

清償之債務。公法上最優先債權，依照如稅捐稽徵法第6條第2項之規定，土地增值稅、地價稅、房屋稅之徵收及法院、法務部行政執行署所屬行政執行分署執行拍賣或變賣貨物應課徵之營業稅，優先於一切債權及抵押權。民法上之優先債權，主要如抵押權等。再其次依照稅捐稽徵法第6條第1項之規定，稅捐債權優先於一切普通債權。遺贈物之交付，依民法第1179條第2項中段，明文規定必須先清償債權後，方得交付遺贈物。

八、遺產管理人報酬

遺產管理人得聲請法院酌定報酬（家事§141準用§153）。依照遺產作業要點第13點第4項規定：「管理報酬之請求基準，爲遺產現値百分之一點五……。」法院核定遺產管理人報酬，多參考遺產作業要點第13點第4項之規定，如台北地院102年繼字第752號裁定就律師擔任遺產管理人，認爲：「另查，依財政部訂頒之代管無人繼承遺產作業要點第14點第3款（現爲第13點第4款）之規定，以被繼承人遺產現値1%之核定報酬，被繼承人林○修之部分遺產業經本院拍定，其拍定價額爲23,700,000元，則其管理報酬依前揭作業要點規定核定爲237,000元尙屬爲合理。」不過也有捨棄該基準者，如彰化地院111年司繼字第681號裁定認爲律師擔任遺產管理人，遺產管理人「依代管無人繼承遺產作業要點第13點第4款以遺產現値【即債權人承受價額新臺幣（下同）13,200,000元】百分之1.5計算得酌定報酬爲198,000元，或以法律扶助酬金計付標準計算得酌定報酬爲125,000元」，法院認爲：「聲請人處理前揭事務之繁簡、時間並考量本件遺產法律關係尙屬單純等情，本院認本件核予遺產管理人之報酬以80,000元爲適當。」由於遺產清理程序十分繁複，各項文件費用單據瑣碎，而帳戶清冊及清償債權，錙銖必較。目前由國有財產署代管無人繼承遺產，業務頗不堪負荷，遺產管理人之報酬仍應力求在一定範圍內以遺產之積極財產部分酌定之，並考量以裁判費用徵收累進降低方式酌定之。

至於遺產現値之認定，應係遺產之積極財產總額而言。遺產若係不動產，其現値之認定，在法院實務上，有採取依聲請人所提之土地建物查詢資料，按2022年公告土地現值及房屋課稅現值計算（基隆地院111年司繼字第728號裁定）、有依據聲請人所提出之另案行政執行署強制執行程序鑑價通知（嘉義地院112年司繼字第6號裁定），亦有提出依財政部南區國稅局核定爲21,694,646元，課稅遺產淨値爲8,464,646元爲遺產總值，經法院核定報酬爲12萬元（臺南地院111年司繼字第2983號裁定）等。

九、交付遺產

遺產清理程序完結後，因無人繼承而仍有剩餘財產，遺產管理人即應將遺產移交國庫（民§1185）。移交國庫之方式，不同之財產有不同之移交方式，參照遺產作業要點第17點規定：「（一）結算現金收支帳，如有賸餘，解繳國庫。（二）不動產辦理囑託國有登記，由（國有財產署各）分署開帳列管。（三）動產、有價證券及權利，由分署接管。（四）黃金、珠寶等貴重物品，由分署自行或委託適當機構標賣變現後，解繳國庫。」因此，遺產管理人於清理程序，亦依不同方式處置遺產。

法院選任之遺產管理人移交遺產，執行職務完畢後，應向法院陳報處理遺產之狀況並提出有關文件（家事§140）。法院受理陳報後，除非有其他爭議裁決事項，應以備查通知即可，該備查通知並不具裁定之性質（最高法院75年台抗字第17號判決）。國有財產署代管無人繼承之財產，依照遺產作業要點第18點，也必須向法院陳報處理遺產之狀況並提出有關文件。

退除役官兵輔導委員會管理之無人繼承退除役官兵遺產，並非法院選任之遺產管理人，依照退除役官兵死亡無人繼承遺產管理辦法第7條第2項規定，除依兩岸關係條例第68條第4項規定捐助設置財團法人榮民榮眷基金會者外，如有賸餘，應直接移交國庫，並無向法院呈報之規定。

第四節 遺囑執行事件

壹、事件類型

遺囑之內容有不需要執行就可以實現的，例如應繼分的指定、遺產分割方法的指定、遺產分割的禁止、遺囑執行人之指定、遺囑的撤回、監護人的指定等，也包含必須執行才可以實現的，例如捐助、遺贈、信託等[24]。

遺囑執行有關之事件，除了指定遺囑執行人（民§1211、家事§127Ⅰ⑥）、怠於執行另行指定遺囑執行人（民§1218）之外，還包含辭任後另行指定遺囑執行人（家事§141準用§145Ⅱ、Ⅲ）、酌定遺囑執行人報酬（民§1211-1）。其他如遺產管理人應踐行之編製遺產清冊之陳報、財產變賣之裁定許可、清理終結之陳報，依家事事件法第141條準用失蹤人財產管理程序，並依遺產管理程序爲之[25]。

爲遺囑執行準備之遺囑提示，多數立法例規定必須向法院爲之[26]。民法原規定應向親屬會議爲之，於2014年修正後，改爲應由發現或保管遺囑之人，向遺囑執行人提示，無遺囑執行人時，應通知其他繼承人、債權人、受遺贈人或利害關係人（民§1212）。

封緘遺囑之開視，必須在親屬會議當場或法院公證爲之，且必須製作筆錄（民§1213）。親屬會議若無法召開時，應可依民法第1132條之規定，聲請法院處理之，特別是遺囑內容繁複廣泛，可能需要遺囑執行人執行時。至於未封緘遺囑之開視，並未規定必須經由親屬會議或公證人爲之，然而遺囑之開視，具有確認遺囑眞僞、執行遺囑記載事項之重要功能，外國立法例多有規定開視之程序[27]。所謂封緘之遺囑，學者指出自書遺囑、代筆遺囑封緘之後，雖然沒有在封縫處簽名，仍屬於有封緘之遺囑[28]，仍然應該踐行開視之程序。

---

24 林秀雄，《繼承法講義》，元照出版，2022，頁273。
25 戴炎輝、戴東雄、戴瑀如，《繼承法》，元照出版，2021，頁272。
26 陳棋炎、黃宗樂、郭振恭，《民法繼承新論》，三民書局，2022，頁317。
27 戴炎輝、戴東雄、戴瑀如，《繼承法》，元照出版，2021，頁267-268。
28 林秀雄，《繼承法講義》，元照出版，2022，頁277。

貳、管轄法院

指定或另行指定遺囑執行人、酌定遺囑執行人報酬，以及其他與遺囑執行有關之事件，專屬繼承開始時被繼承人住所地法院管轄（家事§127Ⅰ）。

參、審理程序

一、指定或另行指定遺囑執行人

遺囑人得以遺囑指定遺囑執行人，或委託他人指定之（民§1209）。遺囑未指定遺囑執行人，又未委託他人指定者，得由親屬會議選定之；不能由親屬會議選定時，得由利害關係人聲請法院指定之（民§1211）。受委託之他人，遲未指定遺囑執行人，應由親屬會議選定之，親屬會議不能選定，即聲請法院指定之[29]。遺囑執行人不願就任或因故辭任後，亦由法院另行指定遺囑執行人（家事§141準用§145Ⅱ、Ⅲ）。

以遺囑捐助設立財團法人者，如無遺囑執行人時，則直接由法院依主管機關、檢察官或利害關係人之聲請，指定遺囑執行人（民§60Ⅲ）。

得聲請指定遺囑執行人者，限於利害關係人，包含繼承人、遺產債權人、受遺贈人、受遺贈人之債權人等與遺囑有利害關係之人而言[30]。至於得被選定爲遺囑執行人者，未成年人、受監護宣告或輔助宣告之人不得被指定爲遺囑執行人（民§1210）。繼承人得否爲遺囑執行人，有認爲遺囑執行人視爲繼承人之代理人（民§1215Ⅱ），且繼承人不得妨礙遺囑執行人職務之執行（民§1216），因此繼承人不得爲遺囑執行人[31]。惟亦有學者整理文獻，指出通說認爲繼承人仍得爲遺囑執行人，至於遺囑執行人爲繼承人代理人等規定，只是針對由

29 戴炎輝、戴東雄、戴瑀如，《繼承法》，元照出版，2021，頁270。
30 陳棋炎、黃宗樂、郭振恭，《民法繼承新論》，三民書局，2022，頁330。
31 戴炎輝、戴東雄、戴瑀如，《繼承法》，元照出版，2021，頁269。

繼承人以外之人擔任遺囑執行人之情形，並非對繼承人擔任遺囑執行人做出限制[32]。以通說之見解爲可採。

法院指定遺囑執行人，應詢問利害關係人及受指定人之意見（家事§141準用§146）。該裁定於宣示、公告或送達時即發生效力（家事§82Ⅰ），遺囑執行人自斯時起開始執行職務。

二、酌定遺囑執行人報酬

遺囑執行人就其職務之執行，得請求相當之報酬，其數額除由立遺囑人指定外，可以由繼承人與遺囑執行人協議定之；不能協議時，由法院酌定之（民§1211-1）。

法院酌定遺囑執行人之報酬，也有依照前述遺產管理人之數額定之者，如台灣高等法院110年度家聲抗字第47號裁定參酌遺產作業要點第13條第4項前段規定，及財政部於2021年2月1日公布之「稽徵機關核算109年度執行業務者收入標準」所示，律師辦理遺囑執行人案件時，按標的物財產價值9%計算收入之標準，按系爭遺產價值1.5%計算所得請求之報酬1,209,563元（計算式：80,637,524元×1.5%＝1,209,563元，元以下四捨五入）。

[32] 陳棋炎、黃宗樂、郭振恭，《民法繼承新論》，三民書局，2022，頁331-332；林秀雄，《繼承法講義》，元照出版，2022，頁387。

第八章　失蹤人財產管理事件

第一節　事件類型

失蹤人失蹤後，於未受死亡宣告前，其財產必須有特定人依照可受檢視的程序管理，此即失蹤人財產管理事件。因爲屬於程序事項，民法第10條規定由家事事件法規範之。事件類型包含選任財產管理人（家事§143Ⅱ）、酌定財產管理方法（家事§144）、因財產管理人不適任而改任財產管理人（家事§145Ⅰ）、財產管理人聲請法院許可辭任財產管理人（家事§145Ⅱ）、財產管理人辭任後另行選任財產管理人等事件（家事§145Ⅲ）。

第二節　管轄

失蹤人財產管理事件，專屬失蹤人住所地法院管轄（家事§142Ⅰ）。失蹤人住所地不明，因而無法院可以管轄，由失蹤人居所地之法院管轄。失蹤人住、居所不明者，由中央政府所在地之法院管轄（家事§142Ⅱ準用§52Ⅳ）。失蹤人之住所應以失蹤時之住所爲準，失蹤後雖經遷移戶籍至戶政事務所爲戶籍登記，不影響其原有住所，仍以失蹤時住所之法院管轄。

第三節　審理及裁定

失蹤人失蹤後，其財產之管理，應依照家事事件法第143條第1項之規定，依序由配偶、父母、成年子女、與失蹤人同居之祖父母、家長之順序擔任財產管理人。如果無法依照該規定產生財產管理人時，可以由利害關係人或檢察官聲請選任遺產管理人（家事§143Ⅱ）。例如原住民保留地耕作權人失蹤，其家屬希望申請原住民保留地移轉所有權，即應先行依照上述規定產生財產管理人，或者聲請法院選任遺產管理人（司法院秘書長秘台廳少家二字第

1090010129號函）。

法院審理失蹤人財產管理人選任等事件，爲保障利害關係人之權益，及確認被選任人擔任該職務之意願，並使被選任人知悉其責任與義務，法院於選任、改任或另行選任財產管理人時，應詢問利害關係人及受選任人之意見。至於詢問之方式，得以言詞或書面爲之（家事§146）。依失蹤人全戶戶籍謄本所記載的可能繼承人及家屬，判斷是否爲利害關係人及財產管理人人選，應爲可行之方法。

財產管理人之選任、改任、另行選任，固然可以依照前述順序選定之，然而並不受限制，可依照失蹤人家屬對財產管理願意公開透明程度、財產管理所需要的會計專業、法律專業、理財專業程度，參酌失蹤人家屬的意見後選定之。財產管理人可以是一人，也可以是數人（家事§144），依照財產管理之性質分別選定不同之財產管理人，處理各種財產。如因地震、空難、重大交通事故等事故而失蹤之人，可能需要選任律師爲財產管理人處理損害賠償請求、財產訴訟等管理事情，也可能需要會計師處理因遺留子女及配偶、父母的扶養所生財產管理問題。

失蹤人財產管理人主要職務爲管理失蹤人之財產，管理財產之方法自應在家屬間透明，並受到適當之監督，以期取得信任。財產管理人有數人時，財產管理之方法可以由法院於選任裁定決定之，也可以由數管理人先協議定之；不爲協議或協議不成時，財產管理人或利害關係人得聲請法院酌定之（家事§144）。財產管理人僅有一人時，法院亦應可於裁定中，依照財產管理人提出計畫以及家屬的意見，酌定財產管理方法。

第四節　財產管理程序

壹、財產管理之執行

失蹤人財產之管理，若經法院酌定財產管理方法，應依照管理方法管理財產。財產之取得、設定、喪失或變更，依法應登記者，財產管理人應向該管登記機關爲管理人之登記（家事§147）。財產管理人管理財產，還應作成管理財產目錄，並應經公證人公證，其費用由失蹤人之財產負擔之（家事§148），以備查核監督，確保財產管理之合法與正當。

財產管理人管理財產，付出勞務得請求報酬，因此財產管理人應以善良管理人之注意義務，注意保存財產，並得爲有利於失蹤人之利用或改良行爲。但其利用或改良有變更財產性質之虞者，應聲請法院許可（家事§151）。

貳、財產管理之監督

失蹤人失蹤之後，法院爲死亡宣告之前，尙有相當時間必須由財產管理人管理財產。財產管理人既然應該依照善良管理人之注意義務管理財產，爲免爭議，在財產管理期間內，必須有適當的監督機制，使財產管理程序得以在家屬之間透明化。因此，法院得因利害關係人或檢察官之聲請，命財產管理人報告管理財產狀況或計算；財產管理人由法院選任者，並得依職權爲之（家事§149Ⅰ）。而利害關係人得釋明原因，向法院聲請閱覽前條之報告及有關計算之文件，或預納費用聲請付與繕本、影本或節本（家事§150）。法院爲了確保財產管理人以善良管理人之注意義務管理財產，不會有浪費等不利於失蹤人利益之行爲，得命財產管理人就財產之管理及返還，供相當之擔保，並得以裁定增減、變更或免除之（家事§152Ⅰ）。

參、財產管理人之報酬

財產管理人管理財產，付出相當的心力，承擔相當的風險，並且需要具備相當的專業知識，自應允許獲取報酬。法院得依財產管理人之聲請，按財產管理人與失蹤人之關係、管理事務之繁簡及其他情形，就失蹤人之財產，酌給相當報酬（家事§153）。

第九章　死亡宣告事件

第一節　事件類型

死亡宣告事件是指自然人失蹤達一定時間之後，生死不明，乃聲請法院宣告其死亡。撤銷宣告事件是指死亡宣告裁定確定後，發現受宣告死亡之人尚生存或確定死亡之時間不當而聲請法院撤銷或變更死亡宣告而言（家事§160）。

第二節　管轄

宣告死亡事件、聲請撤銷或變更宣告死亡裁定事件、其他宣告死亡事件，專屬失蹤人住所地法院管轄（家事§154）。失蹤人住所地不明，因而無法院可以管轄，由失蹤人居所地之法院管轄。失蹤人住、居所不明者，由中央政府所在地之法院管轄（家事§154II準用§52IV）。

第三節　審理程序

宣告死亡或撤銷、變更宣告死亡之裁定，由利害關係人或檢察官聲請之（家事§155）。所謂利害關係人，係指因該自然人之死亡，法律上所保障的權益或法律關係將受影響之人，例如配偶子女等人。

死亡宣告聲請，經法院裁定准許者，應即進行公示催告，以通報找尋失蹤人。毋庸由聲請人先為公示催告的聲請。公示催告應記載之事項，包含：一、失蹤人應於期間內陳報其生存，如不陳報，即應受死亡之宣告；二、凡知失蹤人之生死者，應於期間內將其所知陳報法院（家事§156I、II）。公示催告應公告之。公告應揭示於法院公告處、資訊網路及其他適當處所；法院認為必要時，並得命登載於公報或新聞紙，或用其他方法公告之（家事§156III準用§130III、IV）。

法院裁定公示催告之報明期間，應自揭示之日起，有六個月以上（家事§156Ⅲ準用§130Ⅴ）。但若是失蹤人滿百歲者，其陳報期間，法院得定二個月以上（家事§156Ⅲ但）。陳報時間目的是在一段適當時間內確認失蹤者之生存與否，並非失權期間，因此陳報期間屆滿後，法院尚未宣告死亡或宣告死亡之裁定確定前，才陳報失蹤人生存者，其陳報與在期間內陳報者，有同一效力（家事§157）。失蹤人既然還生存，死亡宣告即無理由，法院應爲駁回之裁定。

宣告死亡程序，除通知顯有困難者外，法院應通知失蹤人之配偶、子女及父母參與程序；失蹤人另有法定代理人者，並應通知之。宣告死亡之裁定，也應送達於上述關係人（家事§158）。此即屬於家事事件法第77條第1項第1款所定之應參與程序之人。

聲請撤銷或變更宣告死亡之聲請，是要求法院就已經確定的死亡宣告裁定撤銷或變更死亡時間等事項，因此聲請狀除表明聲請人等資料外，還必須記載應如何撤銷或變更之聲明、撤銷或變更之事由，並提出相關證據（家事§161Ⅰ、Ⅱ）。

撤銷或變更宣告死亡程序，也如死亡宣告事件，於審理時，應通知失蹤人之配偶、子女及父母參與程序；失蹤人另有法定代理人者，並應通知之。宣告死亡之裁定，也應送達於上述關係人（家事§161Ⅲ準用§158）。

第四節　裁判

法院爲死亡宣告之裁定時，應宣告確定死亡之時。宣告死亡之時，應爲民法第8條各項所定期間最後日終止之時（民§9）。至於失蹤人何時失蹤，由法院調查證據判斷之，例如飛機事故發生之時間點、離家不明之時間點。死亡宣告之時間，往往影響民事請求權的時效以及稅法課徵時效，頗具重要性。然而法院裁定內認定死亡的時間，僅具有事實推定的效力（民§9Ⅱ），當事人仍得提出反證推翻之（最高法院82年台上字第866號判決）。

死亡宣告剝奪自然人之權利能力，因此其裁定應於確定之時才生效（家事§159Ⅰ），與其他家事非訟事件生效時間（家事§82Ⅰ）

不同。而死亡宣告裁定之確定，係於其對聲請人、生存陳報人及前條第1項所定之人確定而言（家事§159II），並自斯時起發生效力。裁定生效後，法院應以相當之方法，將該裁定要旨公告之（家事§159III）。

撤銷或變更死亡宣告之裁定，應依照調查證據所得，分別爲駁回或撤銷變更之裁定。審理期間，受宣告死亡人於撤銷宣告死亡裁定之裁定確定前死亡者，法院應裁定本案程序終結（家事§162）。

撤銷或變更死亡宣告裁定之生效，如同死亡宣告裁定，於確定之時起發生效力（家事§163III準用§159II、III）。受死亡宣告之人，生存時之法律關係及財產權利等，於死亡宣告後，分別歸於消滅或因繼承、遺囑處分移轉爲他人所有。嗣後受死亡宣告人確認還生存而撤銷死亡宣告，爲了平衡保護已經變動法律關係之穩定性及受死亡宣告人之權益，以行爲人善意以爲受死亡宣告人已經死亡，因而受讓財產或權利，則其受讓之權利或法律關係不受影響（家事§163I）。若死亡宣告而取得財產，尚存有利益時，仍應歸還，惟限於現受利益之範圍內負歸還財產之責任（家事§163II）。至於所謂因宣告死亡取得財產者，係指以宣告死亡爲原因，而直接取得失蹤人所有財產之人而言，如其繼承人、受遺贈人及死因契約之受贈人等是（最高法院86年台上字第3207號判決）。

第十章　監護宣告事件

第一節　事件類型

壹、監護宣告及撤銷變更監護宣告事件

因精神障礙或其他心智缺陷，致不能為意思表示或受意思表示，或不能辨識其意思表示之效果者，法院得因本人、配偶、四親等內之親屬、最近一年有同居事實之其他親屬、檢察官、主管機關、社會福利機構、輔助人、意定監護受任人或其他利害關係人之聲請，為監護之宣告（民§14Ⅰ、家事§164Ⅰ①）。此即為監護宣告事件。

受監護之原因消滅時，法院應依前項聲請權人之聲請，撤銷其宣告（民§14Ⅱ），此為撤銷監護宣告事件。

受監護之原因消滅，而仍有輔助之必要者，法院得依民法第15條之1第1項規定，變更為輔助之宣告（民§14Ⅳ）。

依照民法第15條之規定，受監護宣告人為無行為能力人。自然人一旦受監護宣告，失去為法律行為之能力，也喪失自我決定權。然而依照身心障礙者權利公約第12條之規定，應承認身心障礙者在生活的各方面，享有與其他人平等的法律上能力；各國應採取適當措施，使身心障礙者在行使其法律上能力時，獲得必要協助；也應確保法律上能力之法規，尊重本人的權利、意願和喜好；應採取一切適當有效的措施，確保身心障礙者享有平等的財產所有權、繼承權，掌管自己的財物、有平等機會獲得銀行貸款、抵押或其他形式的金融信貸等。我國民法採取受監護宣告無行為能力之制度，有違反身心障礙者權利公約所揭示法律上能力平等原則之虞[1]。

---

1 戴瑀如，〈從聯合國身心障礙者權利公約論我國成年監護制度之改革〉，收於黃詩淳、陳自強主編，《高齡化社會法律之新挑戰—以財產管理為中心》，新學林，2019，頁68；黃詩淳，〈從身心障礙者權利公約之觀點評析臺灣之成年監護制度〉，收於黃詩淳、陳自強主編，《高齡化社會法律之新挑戰—以財產管理為中心》，新學林，2019，頁89。

在各國立法例中，已經有國家如德國，不再採取完全剝奪受監護宣告人行爲能力的制度，改採成年輔助制度，以同意權保留方式，使受輔助人在一定事務範圍內，由輔助人協助完成完整的法律行爲[2]。而日本的成年監護制度，分爲後見、保佐、補助三種類型，縱使是對本人干預程度最大的後見，也允許在日常用品購物的生活行爲上，擁有行爲能力，其餘法律行爲也是僅爲得撤銷，而不是當然無效。韓國成年監護制度也分爲成年後見、限定後見、特定後見三種類型，限制本人最嚴格的成年後見，仍允許本人爲日常用品購買之法律行爲，而且也允許家事法院針對個別需求指定不受撤銷之法律行爲範圍[3]。2010年10月在橫濱舉行的第一屆成年監護法世界會議，發表了「橫濱宣言」，在2016年第四屆成年監護保護世界會議有所修正，宣言強調所有成年人應推定其可以行使完整的法律上能力，應採取一切必要支援及保護措施，使成年人可以獨立行使法律上能力[4]。

我國法院於選擇監護宣告或是輔助宣告，亦可將身心障礙者公約所保障之人權，納入考量，愼重決定之。

貳、選任監護人等事件

法院爲監護之宣告時，應依職權就配偶、四親等內之親屬、最近一年有同居事實之其他親屬、主管機關、社會福利機構或其他適當之人選定一人或數人爲監護人，並同時指定會同開具財產清冊之人（民§1111Ⅰ）。此即監護宣告中選任監護人事件。

監護宣告之監護人有法定事由或是有不適任時，必須由法院另行選定監護人（民§1113準用）。此即家事事件法第164條第1項第3款所規定另行選定或改定監護人事件，亦屬家事非訟事件。如監護人死亡、經法院許可辭任或有其他不得爲監護人之情事者，法院得依

---

2 戴炎輝、戴東雄、戴瑀如，《親屬法》，元照出版，2021，頁485-486。

3 黃詩淳，〈從身心障礙者權利公約之觀點評析臺灣之成年監護制度〉，收於黃詩淳、陳自強主編，《高齡化社會法律之新挑戰—以財產管理爲中心》，新學林，2019，頁89-90。

4 陳家偉，〈高齡者意定監護制度之研究〉，東華大學法律學系碩士論文，2022，頁47-48。

受監護人、第137條聲請權人之聲請或依職權，另行選定適當之監護人（家事審理細則§140II）。有事實足認爲監護人不符受監護宣告人之最佳利益，或有顯不適任之情事者，法院得依前項聲請權人之聲請，改定監護人（家事審理細則§140III）。

監護人有正當理由辭任者，應向法院聲請之，並應敘明辭任之正當理由（家事審理細則§140Ⅰ）。

另外還有因爲監護人與受監護人利益相反，須由法院依聲請或職權選任特別代理人（民§1098II）之事件，家事事件法第164條第1項第8款規定爲受監護宣告之人選任特別代理人事件。

此類事件，因爲民法第1113條均準用未成年人監護之規定，自可參照本書未成年人監護事件章節之說明。

參、監護監督事件

適任之監護人是監護制度成敗的關鍵，而監護監督制度是否完善，也決定了監護人是否始終適任。我國監護機構分別是由監護人擔任之監護執行機關，以及由法院擔任之監護監督機關。

爲了使法院有監督監護人執行職務之權限，民法及家事事件法分別規定了監護監督事件，包含指定、撤銷或變更監護人執行職務範圍事件、監護人報告或陳報事件、酌定監護人行使權利事件、許可監護人行爲事件等（家事§164Ⅰ②④⑥⑨）。民法第1113條均準用未成年人監護之規定，自可參照本書未成年人監護事件章節之說明。

我國由法院擔任監護監督機構，卻缺乏有效協助法院監督監護之資源整合。德國法設有兩級的監護監督機關，第一級爲監護監督人，第二級爲監護法院。監護監督人之功能，在於隨時注意監護人執行監護職務之狀況，得要求提出報告。但如果財產之管理上尚稱簡易，或者已經有數位監護人共同執行職務時，可免設監護監督人[5]。

5 戴炎輝、戴東雄、戴瑀如，《親屬法》，元照出版，2021，頁492。

肆、意定監護事件

意定監護是由本人與受任人約定，於本人受監護宣告時，受任人允為擔任監護人之契約（民§1113-2Ⅰ）。意定監護契約之訂立或變更，應由公證人作成公證書始為成立（民§1113-3Ⅰ）。意定監護契約於本人受監護宣告時，發生效力（民§1113-3Ⅲ）。法院為監護之宣告時，受監護宣告之人已訂有意定監護契約者，應以意定監護契約所定之受任人為監護人，同時指定會同開具財產清冊之人。其意定監護契約已載明會同開具財產清冊之人者，法院應依契約所定者指定之（民§1113-4Ⅰ前）。

法院為監護之宣告後，本人有正當理由者，得敘明其理由，聲請法院裁定許可終止意定監護契約（民§1113-5Ⅲ）。許可終止意定監護契約，即屬於家事非訟事件（家事審理細則§140-2Ⅰ）。

法院為監護之宣告後，意定監護契約受任人有正當理由者，得敘明理由，聲請法院裁定許可辭任其職務（家事審理細則§140-2Ⅱ）。

法院為監護之宣告後，意定監護契約約定監護人數人分別執行職務時，執行同一職務之監護人全體有第1106條第1項所定死亡等法定事由，或第1106條之1所定不適任之，法院得另行選定或改定全體監護人（民§1113-6Ⅱ）。

法院為監護之宣告後，意定監護契約約定執行職務之監護人中之一人或數人有第1106條之1第1項之不適任情形者，法院得依民法第14條第1項所定聲請權人之聲請或依職權解任之（民§1113-6Ⅳ）。

伍、監護所生財產給付事件

法院選定之監護人（民§1113-1準用§1104），或者因意定監護契約約定之監護人（民§1113-7），均得請求報酬，數額由法院按其勞力及監護人之資力酌定之。意定監護契約已約定報酬或約定不給付報酬者，從其約定；未約定者，監護人得請求法院按其勞力及受監護人之資力酌定之。監護人報酬酌定事件，亦為家事非訟事件（家事§164Ⅰ⑦）。

監護人執行監護職務，造成監護人之損害，所生請求損害賠償事件，與未成年人監護事件相同，仍列爲家事非訟事件（家事§164Ⅰ⑩）。且於第176條第5項規定準用第121條未成年監護人損害賠償。

第二節　管轄

監護宣告相關事件，家事事件法第164條第1項規定，專屬應受監護宣告人住所地或居所地法院管轄，無住所或居所者，得由法院認爲適當之所在地法院管轄。

經依老人福利法第41條保護安置之老人，或是依精神衛生法緊急安置、強制住院之嚴重病人，甚或是已經久臥病床，無法行動之病患，難以認定設定住所之久住意思，法院自得以現在所在地爲管轄法院，以利後續程序之進行，節省當事人之勞費。

第三節　審理

壹、啓動

監護宣告事件爲聲請事件，必須由應受監護宣告人本人、配偶、四親等內之親屬、最近一年有同居事實之其他親屬、檢察官、社會福利主管機關、社會福利機構、輔助人、意定監護受任人或其他利害關係人聲請，方得啓動監護宣告程序（民§14Ⅰ、家事審理細則§137Ⅰ）。監護宣告於我國爲聲請事件，且必須具備特定資格者之人方得爲適格之聲請人。

監護人之選任，或者因特定事由，或不適任而必須另行選定或改定監護人時，若依另行選定或改定之民法條文規定，屬於當事人得聲請之事項，自屬得由當事人聲請而啓動之聲請事件。若是民法條文規定，法院得依職權選定或改定，即屬得由法院啓動之職權事件。

若干民法條文，特別規定適格之聲請人，如意定監護之監護人數人共同執行職務之情形，於因監護人全體有死亡等法定事由或不適任之情形，而須聲請選定或改定監護人，得僅由其中一人聲請，無須共同爲之（家事審理細則§140-3）。

聲請監護宣告之書狀，除記載家事事件法第75條所列之事項外，聲請人若知悉應受監護宣告人訂有意定監護契約者，應於聲請書狀載明（家事審理細則§137II），並附上診斷證明書（家事§166），以利程序之進行及精神鑑定機構之確認。

法院爲監護之宣告後，選任之監護人或意定監護契約約定執行職務之監護人中之一人或數人有第1106條之1第1項之不適任情形者，法院得依民法第14條第1項所定聲請權人之聲請或依職權解任之（民§1113-6IV）。由於法律規定得依職權解任，自屬職權事件。

至於因監護所稱財產給付事件，包含監護人報酬、損害賠償以及費用償還等事件，均屬由當事人聲請啓動之聲請事件。

貳、審理之程序

一、程序能力及程序監理人

身心障礙者權利公約第13條要求締約國確保身心障礙者在平等基礎上獲得有效司法保護之權利，而可能進入監護制度的老人，也應該享有接近司法並取得有效救濟的權利（access to justice and effective remedy），此項權利的內涵即包含有權利要求公正、獨立且具有專業能力之法庭聽審，並於合理期間內取得司法決定的權利[6]。爲保障應受監護宣告人及受監護宣告之人之程序主體權及聽審請求權，不論其是否具有意思能力，於聲請監護宣告事件及撤銷監護宣告等事件，應賦予程序能力，使其取得參與程序、聲請調查證據、陳述意見之權利。

接近司法並取得有效救濟權利之保障，除了不能以欠缺程序能力爲理由拒絕其接近司法之外，也包含提供必要的措施，使身心障礙者可以有效地接近司法並取得救濟。家事事件法第165條因此規定，如

---

6 Claudia Martin, Diego Rodriguez-Pinzón, & Bethany Brown, Human Rights of Older People, Springer, U.S.A., 2015, kindle loc. 961.

應受監護宣告之人或受監護宣告之人係無意思能力者，即無法辨識利害得失，為充分保障其實體及程序利益，並有助程序順利進行，法院應依職權為其選任程序監理人。

由於應受監護宣告人之狀況不同，有長期臥病在床，由家人悉心照顧，卻無任何資產者，或甚至需要社會福利救助之貧困家庭。家事事件法第165條但書因而規定，有事實足認無選任之必要者，可以不選任程序監理人。由於程序監理人旨在保障應受監護宣告人接近司法及獲有效救濟之權利，所謂「事實」之認定以及「必要」之裁量，也應以確保身心障礙者等應受監護宣告人，接近司法及獲有效救濟之權利，是否獲得充足保障為蒐集事證認定事實及裁量之基準。應受監護宣告人因為有相當資產，而必須以資產規劃照顧計畫之事實，應有由程序監理人參與之必要性。

依照家事事件法第16條第1項之規定，程序監理人必須由社會福利主管機關、社會福利機構、律師公會、社會工作師公會推薦之適當人員選任之。司法院於網站名冊專區，也有公布程序監理人參考名冊，當事人自得聲請從名冊中選任程序監理人，或者由法院職權選任之。依照程序監理人選任及酬金支給辦法第7條規定：「法院選任之程序監理人，於必要時，不以一人為限。」「法院選任程序監理人時，應依事件之性質，選任第三條規定之適當人員；於發現涉有兒童及少年福利與權益保障法所指兒童及少年保護情事、老人福利法所指老人保護情事、家庭暴力事件、精神或心智障礙或顯有不足等情事者，應選任具備或足認有處理兒童及少年保護、老人保護、家庭暴力或精神心智障礙等相關專業或知能者任之，以確保受監理人之利益及安全。」據此，自有必要持續建構老人保護、身心障礙程序監理人機制，包含人選及運作模式，以落實監護宣告事件程序監理人之功能。

監護宣告制度，除了為監護宣告之裁定外，還包含監護人執行職務、監護監督等事務。程序監理人為程序行為，其職務範圍也可以包含監護宣告事件、改定監護人事件、命監護人報告等諸多不同事件。依程序監理人選任及酬金支給辦法第13條第1項：「法院裁定程序監理人酬金，應斟酌職務內容、事件繁簡、勤勉程度、程序監理人執行律師、社會工作師或相關業務收費標準，每人每一審級於新臺幣五千元至三萬八千元額度內為之。」法院應可依事件之不同性質，分別選任法律專業、會計專業，或社會工作師專業，分別支給必要報酬，藉以組成合作團隊，在監護宣告程序中之不同階段、不同事件，有效保障身心障礙者成爲受監護宣告人之基本權利。

二、訪視

法院選定及指定監護人，得命主管機關或社會福利機構進行訪視，提出調查報告及建議。監護之聲請人或利害關係人亦得提出相關資料或證據，供法院斟酌（民§1111II）。因此社會福利主管機關或是社會福利機構，自得接受法院之指定，針對監護宣告事件提出調查報告及建議。實務運作上，也由各地方政府委託社會福利機構團體辦理訪視報告等事宜。

以地方社會福利主管機關之花蓮縣政府爲例，其曾經公告「法院交查成人監護（輔助）歸屬調查計畫」，並以行政契約模式簽辦計畫。計畫主旨在落實「老人福利法」及「身心障礙者權益保障法」，保障弱勢成年者監護之權益。計畫依據載明爲民法第1111條規定，明定受委託之團體職責，包含：（一）辦理依各級法院及甲方轉介之監護（輔助）宣告案件指定訪視調查之對象，指派社工人員進行訪視；（二）評估報告內容需包含：家系圖、受監護（輔助）宣告之人之生理、生活狀況、受照顧情形之訪視調查、家庭成員互動關係及擔任監護人（輔助人）、會同開具財產清冊之人能力、意願之評估，並提供具體之評估與建議等；（三）訪視案件時效規定：接獲法院來函交查訪視時，於文到30日（日曆天）內完成訪視，並提交報告函送法院等[7]。

三、詢問應受監護宣告人

家事事件法第167條第1項前段、第2項規定，法院應於鑑定人前，就應受監護宣告之人之精神或心智狀況，訊問應受監護宣告之

7 花蓮縣政府民國104年1月29日府社福字第1040016566號函文。

人。其立法在於落實身心障礙者權利公約第12條，所揭示之得享有與他人同等權利及自我決定權之意旨。由於實務運作上，多數監護宣告事件，多爲長期臥病在床無法言語、行動之病患[8]，以至於造成法院前往訊問之實效性等運作上之困擾。家事事件法第167條第1項但書改爲有事實足認無訊問之必要者，得不訊問應受監護宣告人。此所謂有事實足認無訊問之必要者，係指有具體明確事證，認應受監護宣告之人爲植物人或有客觀事實[9]，明顯不能爲意思表示、受意思表示或辨識意思表示效果之情形者（家事審理細則§138-1Ⅰ）。法院審酌不必直接訊問應受監護宣告人，應調查應受監護宣告之人實際精神及心智狀況，參考醫生診斷資料等，以維護應受監護宣告之人利益方式爲之（家事審理細則§138-1Ⅱ）。故診斷證明書、特定障別及嚴重程度之身心障礙證明、永久效期且爲特定疾病之重大傷病卡等，皆爲法院審酌該類事件之證明文件（司法院少年及家事廳109年1月10日廳少家二字第1090001168號函參考）。

司法實務上，曾經發生子女藏匿失智年老父母，其他子女無法探視或知悉年老父母狀況，因而聲請監護宣告。法院爲了訊問年老父母，並要求照顧父母之子女偕同前往醫院接受鑑定，卻均未出現，甚至拒絕家事調查官之調查或訪視，或告知年老父母現居地址之狀況（台灣高等法院暨所屬法院111年法律座談會民事類提案第23號）。討論之問題包含可否依家事事件法第13條準用民事訴訟法第303條規定，處新臺幣3萬元以下罰鍰？可否依家事非訟事件暫時處分類型及方法辦法第16條第1項第5款「其他法院認爲適當之暫時性舉措」命關係人甲應偕同應受監護宣告人即其母進行鑑定？暫時處分可否強制執行，科處怠金，甚而管收？研討之最後結論及審查意見，認爲可以依民事訴訟法第303條科處罰鍰，也可以核發暫時處分並得爲執行名義。此種高衝突個案，恐有待於監護宣告事件審理中，結合適當資源，瞭解衝突成因，家庭動力狀況，方能逐步化解。

---

8 李莉苓法官、李昆霖法官、詹朝傑法官等法官之發言紀錄，收於黃詩淳、陳自強主編，《高齡化社會法律之新挑戰—以財產管理爲中心》，新學林，2019，頁449、459、472。

9 陳榮宗、林慶苗，《民事訴訟法（下）》，三民書局，2021，頁610。

四、精神鑑定

法定監護之原因，係指「因精神障礙或其他心智缺陷，致不能為意思表示或受意思表示，或不能辨識其意思表示之效果」（民§14 I）。因為精神疾病而影響到行為能力者，有老人失智症、智能障礙、思覺失調症、雙向情緒障礙症（躁鬱症）、器質性精神病等。失智症，其英文「Dementia」一字來自拉丁語，「de-」意指「遠離」「+mens」意指「心智」，是腦部疾病的其中一類，主要是發生於65歲以上之老人，據統計，85歲有10%以上患有失智症。此乃因其大腦額葉及顳葉退化，腦部記憶區海馬逐漸受損，臨床病狀呈現為認知與記憶障礙，也會改變人的性格、情緒與行為。另外一類實務上常見而需要為監護宣告的原因，是受宣告人患有思覺失調症，全球盛行率達1%，思覺失調是病患的內心思考和外在知覺失去平衡，主要病徵包含錯誤的信念（妄想）以及覺知不存在的東西（幻覺），發作期可能有憂鬱、焦慮、物質使用疾患、睡眠障礙、社交退縮、缺乏動機以及無法正常生活等病症。病症是否已經達到應受監護宣告之程度，有賴專業之醫師為鑑定。家事事件法第167條第2項規定，鑑定應由精神科專科醫師或具精神科經驗之醫師參與並出具書面報告。同條第1項，並規定法院訊問鑑定人，始得為監護之宣告。

最高法院106年度台簡抗字第255號民事裁定也指出：「按法院應於鑑定人前訊問應受監護宣告之人。又監護之宣告，非就應受監護宣告之人之精神或心智狀況訊問鑑定人後，不得為之。鑑定應有精神科專科醫師或具精神科經驗之醫師參與，此觀家事事件法第167條第1、2項規定自明。監護宣告，足生限制自然人行為能力之效力，且事關公益，故課法院親自訊問之義務，藉由直接審理以觀察其精神狀態，是否達於可為宣告之程度，及以鑑定為法院准予監護宣告之前提。又協力鑑定雖為聲請人之義務，倘因不可歸責聲請人之事由，致無法踐行時，法院得依家事事件法第10條、第13條規定介入調查，除受監護宣告之人意識清楚，且親向法院表明拒絕鑑定，經法院認定無鑑定必要者外，不得以鑑定困難為由，駁回監護宣告之聲請，以防其他利害關係人抵制鑑定，兼顧受監護宣告之人權益及社會公益。」

五、通知參與程序

法院爲有關監護宣告事件之裁定前，應通知得被選任之監護人或意定監護受任人參與程序（家事審理細則§138 I）。法院爲改定或另行選定監護人、解任意定監護人、許可終止意定監護契約之裁定前，應另通知原監護人參與程序（家事審理細則§138 II）。但通知顯有困難者，均不在此限。

撤銷監護宣告事件，除受監護宣告之人外，應通知監護人參與程序（家事審理細則§142）。

依照身心障礙者權益保障法第48條第1項規定：「爲使身心障礙者不同之生涯福利需求得以銜接，直轄市、縣（市）主管機關相關部門，應積極溝通、協調，制定生涯轉銜計畫，以提供身心障礙者整體性及持續性服務。」第49條第1項規定：「身心障礙者支持服務，應依多元連續服務原則規劃辦理。」第50條規定支持服務之內容：「直轄市、縣（市）主管機關應依需求評估結果辦理下列服務，提供身心障礙者獲得所需之個人支持及照顧，促進其生活品質、社會參與及自立生活：一、居家照顧。二、生活重建。三、心理重建。四、社區居住。五、婚姻及生育輔導。六、日間及住宿式照顧。七、家庭托顧。八、課後照顧。九、自立生活支持服務。十、其他有關身心障礙者個人照顧之服務。」第71條第1項規定經濟安全：「直轄市、縣（市）主管機關對轄區內之身心障礙者，應依需求評估結果，提供下列經費補助，並不得有設籍時間之限制：一、生活補助費。二、日間照顧及住宿式照顧費用補助。三、醫療費用補助。四、居家照顧費用補助。五、輔具費用補助。六、房屋租金及購屋貸款利息補貼。七、購買停車位貸款利息補貼或承租停車位補助。八、其他必要之費用補助。」法院基於家庭社會福利資源整合、公私協力、多元連結、財務管理透明化之需要，亦可依家事事件法第77條第2項之規定，通知該事件相關主管機關參與程序，揭露上述資訊。

依照民法第1113條準用同法第1094條第3項，法院得指定監護方法[10]，法院通知參與程序之人，自得分別就監護方法陳述意見、提出

[10] 陳文通法官發言紀錄，收於黃詩淳、陳自強主編，《高齡化社會法律之新挑

方案，謀求整合資源，擬定有效的監護方法。

監護宣告制度除了受宣告人喪失行爲能力（民§15）之外，還必須從受監護人之老年人或身心障礙者等人之人格尊嚴，保障受監護宣告人基本人權之觀點出發，選任監護人執行受監護人之人身及財產管理（民§1112），包含醫療、安置、住所變動、社會福利請求、財產處分與照顧費用等事項，形成一套實體法及程序法共同建構的成年照護制度[11]。在藉助醫療專業時，除行爲能力方面之精神內科外，也應藉助其他如失智者照顧門診等。德國自1990年起修正成年輔助制度，制定成年輔助法，2009年於家事及非訟事件法第三編第一章第271條以下，規定完整的成年輔助程序制度。家事事件法第164條以下之監護宣告制度，也應搭配民法第1110條以下之成年監護制度之規定，從保障老人權利及身心障礙者權利之觀點，詮釋適用成年監護制度，以更加適應高齡化社會之需求。

六、監護職務講習

法院得提供執行成年監護職務相關講習、輔導或諮商相關訊息予得被選任之監護人或意定監護受任人參考選用；得被選任者及意定監護受任人得提出參與相關講習、輔導或諮商之情形，供法院處理相關家事事件參考（家事審理細則§138III）。

七、監護監督

法院審理監護監督事件，應可依照監護人監護事務之繁簡、管理財產之狀況、親屬參與之程度，採取不同的路徑監督監護職務。包含參考德國立法例，選任數位監護人，由其中一人負擔監督之責；也可以經由通知因程序之結果受影響之人參與程序，必要時由程序監理人

戰—以財產管理爲中心》，新學林，2019，頁489。

11 施慧玲，〈家事事件法下的生命經驗—我在當下的自在與不自在〉，《司法周刊》，第2112期，司法文選別冊，2022/7，頁33-34。

代表受監護人參與擬定監督之方法。

監護人財產之管理，既然必須列有財產清冊，爲特定行爲尚需經過法院許可，法院並得命提出監護事務之報告及結算書。此應可由監護人提出財產管理之計畫，包含財產管理之方法以及其所欲達成照顧受監護人之目的，以便於法院或法院指定之監護人，監督監護人對於財產之管理。

我國法對於監護人人身事項之監護缺乏相應規定，包含醫療行爲或身分行爲的做成[12]，應可列入監護之方法、計畫中，並藉由監護方法之明文化、文件化，使監護監督機構能更有效地協助監護人完成監護職務。

第四節　終結

壹、監護宣告等裁定

監護宣告爲公益事件，法院固應依職權調查事實，蒐集事證。若蒐集事證之結果，無法認定應受監護宣告人，有受監護宣告之法定原因，自應駁回監護宣告之聲請。依照民法第14條第3項規定，法院對於監護宣告之聲請，認未達同條第1項之程度者，得依同法第15條之1第1項規定，爲輔助宣告。因此，法院對於監護宣告之聲請，認爲未達應受監護宣告之程度，而有輔助宣告之原因者，即得不受聲請意旨之拘束，以裁定爲輔助之宣告（家事§174Ⅰ）。

監護宣告之裁定，應同時選定監護人及指定會同開具財產清冊之人，並附理由。法院爲選定及指定前，應徵詢被選定人及被指定人之意見。裁定並應送達於聲請人、受監護宣告之人、法院選定之監護人及法院指定會同開具財產清冊之人；受監護宣告之人另有程序監理人或法定代理人者，並應送達之（家事§168）。

又監護宣告之裁定，於裁定送達或當庭告知法院選定之監護人時

---

12 戴瑀如，〈從聯合國身心障礙者權利公約論我國成年監護制度之改革〉，收於黃詩淳、陳自強主編，《高齡化社會法律之新挑戰—以財產管理爲中心》，新學林，2019，頁71。

發生效力。裁定生效後，法院應以相當之方法，將該裁定要旨公告之（家事§169）。監護宣告之裁定亦不因抗告而停止效力（家事審理細則§141）。

監護宣告既屬家事非訟裁定，自得依家事事件法第92條之規定提起抗告。然監護宣告之裁定發生效力後，對於該裁定尚得提起抗告，爲使其效力之時間上界線明確，並維護交易安全，須明定於該裁定經抗告法院廢棄確定前，關於監護人及受監護宣告之人所爲行爲不失其效力，因此家事事件法第170條規定「監護宣告裁定經廢棄確定前，監護人所爲之行爲，不失其效力」「監護宣告裁定經廢棄確定前，受監護宣告之人所爲之行爲，不得本於宣告監護之裁定而主張無效」。

法院應於監護宣告、撤銷監護宣告、變更監護宣告及廢棄監護宣告之裁定生效後，依職權通知戶政機關登記；選定監護人、許可監護人辭任、另行選定監護人、改定監護人、許可終止意定監護契約時依職權選定監護人及解任意定監護人，亦同（家事審理細則§143）。

貳、選任監護人等裁定

法院爲監護之宣告時，有事實足認意定監護受任人不利於本人或有顯不適任之情事者，得依職權就民法第1111條第1項所列之人選定爲監護人，不受意定監護契約之限制（家事審理細則§140-1Ⅰ）。所謂不適任之情事，包括下列事項：一、因客觀事實足認其身心狀況不能執行監護職務；二、受任人有意圖詐欺本人財產之重大嫌疑；三、受任人長期不在國內，無法勝任監護職務之執行；四、其他重大事由（家事審理細則§140-1Ⅱ）。

法院許可意定監護契約所定之受任人辭任時，如無執行同一職務之其他監護人者，應依職權就民法第1111條第1項所列之人選定爲監護人；有執行其他職務之監護人且無不適任之情形者，應優先選定之（家事審理細則§140-2Ⅲ）。

參、撤銷監護宣告等裁定

民法第14條第2項規定監護宣告之原因消滅後時，法院應依聲請撤銷其宣告。撤銷監護宣告之程序，原則上準用監護宣告之相關規定（家事§172II）。至於撤銷監護宣告裁定之生效，鑑於家事非訟裁定，依家事事件法第82條第1項之規定，原則上雖於宣示、公告、送達或以其他適當之方法告知於受裁定人時即發生效力，惟為保護受監護宣告人之權益，及維護法之安定性，關於撤銷監護宣告之裁定，宜於該裁定對聲請人、受監護宣告之人及監護人確定時，始發生效力（家事§172 I）。

另法院對於撤銷監護宣告之聲請，認受監護宣告之人受監護原因消滅，而仍有輔助之必要者，得依聲請或依職權以裁定變更為輔助之宣告（家事§173 I）。

肆、應受監護宣告人死亡

受監護宣告之人於監護宣告程序進行中死亡者，法院應裁定本案程序終結（家事§171）。

第十一章　輔助宣告事件

所謂輔助宣告，係指因精神障礙或其他心智缺陷，致其爲意思表示或受意思表示，或辨識其意思表示效果之能力，顯有不足者，法院得因本人、配偶、四親等內之親屬、最近一年有同居事實之其他親屬、檢察官、主管機關或社會福利機構之聲請，爲輔助之宣告（民§15-1Ⅰ）。

受輔助宣告人並未喪失行爲能力，擁有高度的自我決定權，與監護宣告制度不只是受宣告人意思能力程度上的差異，更有對人性尊嚴制度上的根本差異。若從身心障礙者權利公約第12條規定之平等受保護原則，該條第2項規定應保障身心障礙者權利之自我決定權、行使權利的法律上能力（legal capacity）[1]；第3項再規定缺乏自主決定能力時，應給予必要之支援及協助；第4項規定協助本人決定時，應遵守必要性、最小限度及比例原則[2]。我國於2014年制定身心障礙者權利公約施行法，將公約保障之權利，納爲我國憲法所保障之基本人權，自應成爲解釋適用家事事件法之正式法源；第5項更具體規定：「於符合本條規定之情況下，締約國應採取所有適當及有效措施，確保身心障礙者平等享有擁有或繼承財產之權利，掌管自己財務，有平等機會獲得銀行貸款、抵押貸款及其他形式之金融信用貸款，並應確保身心障礙者之財產不被任意剝奪。」等規定觀之，成年輔助宣告制度，更符合邁入高齡化社會對於老年人權利的保障，也更符合身心障礙者權利公約保障的意旨。

輔助宣告由於具有與監護宣告相同的程序規定，均由法院以家事非訟裁定宣告之，且由法院爲適當之監督，因此在輔助宣告事件中，輔助宣告之事件類型、管轄、審理程序、終結等，除了監護人於輔助宣告事件爲輔助人，且輔助人之職務不同於監護人等若干規定之外，

1　「legal capacity」原中譯文爲權利能力，於此改譯之。

2　黃詩淳，〈從身心障礙者權利公約之觀點評析臺灣之成年監護制度〉，收於黃詩淳、陳自強主編，《高齡化社會法律之挑戰—以財產管理爲中心》，新學林，2019，頁84-86。

其餘程序均多半準用未成年人監護以及成年監護之規定，如受輔助宣告人陳述意見權利之保障，準用家事事件法親子非訟事件程序；輔助宣告聲請，法院認有必要且已達受監護宣告之程度，得爲監護宣告，準用監護宣告程序之規定等。

輔助宣告由於並未剝奪受宣告人之行爲能力，依照民法第15條之2第1項之規定，受輔助宣告人擔任獨資、合夥營業負責人，或者爲消費借貸、訴訟行爲、和解，或爲不動產等重要財產之處分、遺產分割、拋棄繼承等行爲，必須得到輔助人之同意。此類應經輔助人同意之行爲，若無損害受輔助宣告之人利益之虞，而輔助人仍不爲同意時，受輔助宣告之人得逕行聲請法院許可後爲之。

由於輔助宣告產生使受宣告人爲特定法律行爲受限制之效果，對於受宣告人之程序保障及陳述意見權，應受到確實的保障，最高法院105年度台簡抗字第23號民事指出：「輔助宣告，足生限制自然人行爲能力之效力，且事關公益，故課法院親自訊問之義務，藉由直接審理以觀察其精神狀態，是否達於可爲宣告之程度，及以鑑定爲法院准予輔助宣告之前提。又協力鑑定雖爲聲請人之義務，倘因不可歸責聲請人之事由，致無法踐行時，法院得依家事事件法第十條、第十三條規定介入調查，除受輔助宣告之人意識清楚，且親向法院表明拒絕鑑定，經法院認定無鑑定必要者外，不得以鑑定困難爲由，駁回輔助宣告之聲請，以防其他利害關係人抵制鑑定，兼顧受輔助宣告之人權益及社會公益。」

輔助宣告制度對於輔助人執行職務的範圍，有較爲簡明的規定，並且使法院可以透過被動許可的方式，參與受輔助人自主決定權之界線劃定，與德國輔助制度有所不同[3]。就輔助人財產管理以及法院許可之考量因素，更應注意與身心輔助配合[4]。由於受輔助人通常並非長期患病，仍有一段時間，從事一定的交易活動，更可能留有資產，需要在他人協助、一定程度監督下，度過一段時期的生活甚至到終老。包含健康檢查、醫療措施、居住處所、同居共宿安排、扶養制

3 戴炎輝、戴東雄、戴瑀如，《親屬法》，元照出版，2021，頁527-530。
4 戴炎輝、戴東雄、戴瑀如，《親屬法》，元照出版，2021，頁528。

度之搭配等，均需要實踐上的發展。

輔助宣告制度在高齡化社會中，是否可以與「成功老化」（successful aging）做有機結合，如以個人主觀出發的老化理論，以選擇、最佳化和補償模式，認爲每個人都可以有不同的選擇，可以有個人的老化目標，不必完全由國家機關或他人代爲決定。而在台灣，人民老化的目標除了安適感及生活品質之外，在自我的取向上也與西方個人主義，個人自我取向不同，更有關係取向自我、家族取向自我、他人取向自我之重要部分，也就是尋求幫助他人，或後對大環境有所建樹以求共善，可能是更多台灣人民老化的目標[5]。輔助宣告制度發展，無論在應然面的立法論上，或是實踐過程，應該都不僅僅止於財產管理而已。

---

[5] 黃詩淳，〈從心理學的老化理論探討臺灣的成年監護制度〉，收於黃詩淳、陳自強主編，《高齡化社會法律之挑戰—以財產管理爲中心》，新學林，2019，頁110-114。

第十二章　親屬會議事件

第一節　事件類型

家族成員遇有紛爭，以往民間習慣，會由同族或親屬尊長組成會議共同商議決定之，民法保留此種習慣而設有親屬會議制度。然而隨著工業化時代來臨，人民脫離農地，湧入城市，親屬會議功能不再，1985年民法修正時，於民法第1132條增訂條文，將親屬會議處理家族紛爭的職能，轉交給法院。然而民法仍留有親屬會議制度，留待後工業新生態文明時代，發揮村里親屬自治，扮演訴訟外紛爭解決機制管道之一的功能。

因為親屬會議無法召開等事由，而必須依照家事事件法轉向法院聲請處理事件，主要有以下幾類事件：

一、民法第1120條前段規定：「扶養之方法，由當事人協議定之；不能協議時，由親屬會議定之。」

二、民法第1149條所規定酌給遺產事件，該條規定內容是：「被繼承人生前繼續扶養之人，應由親屬會議依其所受扶養之程度及其他關係，酌給遺產。」

三、遺產管理事件，包含民法第1177條：「繼承開始時，繼承人之有無不明者，由親屬會議於一個月內選定遺產管理人，並將繼承開始及選定遺產管理人之事由，向法院報明。」第1178條第1項：「親屬會議依前條規定為報明後，法院應依公示催告程序，定六個月以上之期限，公告繼承人，命其於期限內承認繼承。」第1179條第2項後段：「管理人經親屬會議之同意，得變賣遺產。」第1180條：「遺產管理人，因親屬會議，被繼承人之債權人或受遺贈人之請求，應報告或說明遺產之狀況。」

四、遺囑事件，包含第1197條：「口授遺囑，應由見證人中之一人或利害關係人，於為遺囑人死亡後三個月內，提經親屬會議認定其真偽，對於親屬會議之認定如有異議，得聲請法院判定之。」第1211條：「遺囑未指定遺囑執行人，並未委託他人指定者，得由親屬會議選定之；不能由親屬會議選定時，得由利害關係人聲請法院指定之。」第1213條第1項：「有封緘之遺囑，非在親屬會議當場或法院公證處，不得開視。」第1218條：「遺囑執行人怠於執行職務，或有其他重大事由時，利害關係人，得請求親屬會議改選他人；其由法院指定者，得聲請法院另行指定。」

此外，對於親屬會議之決定不服，民法第1137條設計有聲訴制度，規定可由「第一千一百二十九條所定有召集權之人，對於親屬會議之決議有不服者，得於三個月內向法院聲訴」之聲訴事件，以及前述第1139條對於遺囑認定眞僞之異議判定事件，性質上是非訟事件或訴訟事件，學說及實務都有不同見解[1]。鑑於親屬會議決議事項，均屬於家事非訟事件，聲訴親屬會議決議只要不服即可提起，並不限於有撤銷或無效事由，因此應認爲不服親屬會議聲訴事件，仍屬於家事非訟事件。

第二節　管轄

親屬會議事件中，聲請酌定扶養方法及變更扶養方法或程度事件，專屬受扶養權利人住所地或居所地法院管轄（家事§181Ⅳ）。

聲請法院處理遺產管理、遺囑等事件者，專屬被繼承人住所地法院管轄（家事§181Ⅱ、Ⅴ）。

第三節　審理

法院審理親屬會議中處理酌定扶養方法及程度事件，準用婚姻非訟事件中請求扶養費、家庭生活費等規定的審理程序（家事§183Ⅱ準用§99～§103、§107）。

親屬會議事件中涉及未成年人者，準用親子非訟事件中未成年子女聽審請求權保障之審理規定（家事§183Ⅲ準用§106）。

1 李太正，《家事事件法之理論與實務》，元照出版，2020，頁318-319。

第四節　裁判

法院審理親屬會議中處理酌定扶養方法及程度事件，準用婚姻非訟事件中請求扶養費、家庭生活費等規定的裁判規定（家事§183II準用§99～§103、§107）。

法院就遺產管理人報酬事件所爲裁定時，得調查遺產管理人所爲遺產管理事務之繁簡及被繼承人之財產收益狀況（家事§182）。

遺產管理、遺囑等親屬會議事件，聲請有理由時，程序費用由遺產負擔（家事§181IX、XI）。

第十三章　保護安置事件

第一節　兒少保護安置事件

壹、意義

兒童及少年保護安置事件，是指未滿18歲以下之人，遭受危險或有遭受危險之虞，依法由政府社福機關安置在特定場所之事件。依照遭受危險之原因，可以分為一般兒少保護安置事件以及性剝削兒少安置事件。分別依照兒少福權法以及性剝削防制條例，規定保護安置之程序。

兒少保護安置事件是由國家機關，依照具有公法性質的法律，容許國家機關在一定情形下，以公權力參與兒少的照顧。形成國家機關與原本照顧者（通常是父母）分享照顧子女的權力、共同承擔照顧兒少的責任。國家機關行使公權力介入兒少照顧的強度、方式、界線，乃至於法院審查的密度，均成為不斷縈繞的兩難思維。

德國於2008年修訂民法第1166條，規定當兒童的身心健康或其財產受到威脅，而父母不願或無法避免危險時，法院必須採取必要措施避免危險。法院可以採取的措施，包含裁定命為補助、醫療保健服務、到校接受教育、禁止與兒少聯繫或會面、停止親權等。第1166a條規定只有在例外情形，無法應對危險也不能取得有效公權力協助時，方允許裁定將兒少與父母家庭分離。德國家事及非訟事件法第157條規定裁定的審理程序，要求確保兒少以及父母親陳述意見權利。

英國經過幾年研究討論之後，於1989年制定兒童法（Children Act），再於2004年修正。英國兒童法第31條以下，建立了法院之照顧命令制度（care order），規定除非取得法院的命令，否則兒童不可以被迫離開家庭。而法院是否應核發兒童照顧令，應先交由地方主管行政機關訪視調查，於裁定時應遵守最後手段性以及兒童最佳福祉原則。2004年兒童法的修正，將調查的職責交由兒童服務機構

（children's service authority）[1]。

位處亞洲，受英國法影響的華人占多數的新加坡社會，雖然有2014年家事司法法（Family Justice Act）及家事司法規則（Family Justice Rules），但並沒有如英國完整的兒童法律，也沒有建立兒童照顧命令的完整制度，只有在家事司法規則第153條(1)(a)規定對未滿七歲的兒童，可以核發照顧的命令，其餘是由法官在個案當中決定是否採取必要的安置措施[2]。

所謂保護安置處分，係指將兒少帶離原生家庭，安置在特定機構內，並且限制兒少自由之處分而言。如果是單純保護兒少，明定安全計畫，縱然有建議與原生父母暫時隔離的計畫，原生父母對於該安全計畫有異議，並非保護安置處分，不屬於得由家事法庭審理的家事非訟事件。新北市政府新北府訴決字第1090815113號訴願決定書即認爲：「……未妥善照顧童○琳屬實，經評估認雖無緊急安置之必要，惟仍須有其他保護措施始安全，擬定本案安全計畫，依該中心陳明，安全計畫之擬定係爲案主（童○琳）之最佳利益所需，並不具有法律之拘束力，是訴願人主張訴外人彭○樺據此拒絕履行協助交付子女之暫時處分與酌定親權，非安全計畫依法所生之法律效果，是安全計畫之擬訂非屬行政處分，訴願人對此提起訴願，亦非屬訴願救濟範圍內之事項，依訴願法第77條第8款規定，不應受理。」

兒少保護安置事件，依照家事事件法第184條第1項之規定，屬於家事非訟事件。又因爲屬於保護兒童及少年事件，具有高度的公益性，性質上爲家事非訟事件中之公益事件，自應適用家事非訟事件之公益事件程序法理，而非如扶養費請求之聲請事件，適用私權事件之程序法理，允許當事人有若干處分權。

---

1 Nigel Lowe & Gillian Douglas, Broomly's Family Law, Oxford University Press, U.K., 2015, 11th ed., p. 553.

2 Valerie Thean JC & Fool Siew Fong ed., Law and Practice of a Family Law in Singapore, Thomson Reuters Corporation Ltd., Singapore, 2016, pp. 372-373.

貳、公權力與家庭自治

一、家庭功能與兒少保護

西方社會早在亞里斯多德時代，就已經接受公私領域的劃分理論，認爲公領域是爲了追求共同善的生活以及更高的精神需要而存在；私領域是爲了滿足日常生活需要而存在，兩者截然不同。公私兩大領域的劃分，也是社會的自然狀態。近代的自由主義者更認爲公共領域是爲了政治目的而存在，功能是爲了保障社會成員所共同的價值並維繫公平合作的社會，處理的問題是社會的共同善以及基礎的正義問題，必須訴諸於公共理性。而家庭屬於私領域的重要範圍，屬於受保障的個人自由領域，不受公共領域的干涉，在私領域內保有相當的隱私私密空間。家庭既然是一個私領域，其運作就應本於家庭自治的原則，由家庭成員自行決定。而當作爲公共領域執行者的國家機關，欲進入私領域的家庭生活中，就必須有正當的理由，依靠憲法上的依據，並於例外情形下才允許之[3]。

根據1992年7月至1995年之間，在中國大陸福建省閩南山區安溪縣美法村進行的一項社會人類學田野調查，可以發現在華人社會中，上述公私領域區分的界線並不明顯。美法村位於福建東南部沿海的廈漳泉經濟文化區，使用閩南話的方言，有自己的戲劇，有自己的民間信仰儀式。在宋代以及明清時期推動的宗法制，被民間吸收、改造，在鄉村的村落裡面，被廣泛使用。家族在閩南農村的勢力表現爲家族共有制、以祠堂族廟爲中心的家族祭祀型態、以家族親屬爲網絡的社會交換關係。家族組織在美法村具有地方政權的功能，雖然在民國建立之後甚至在1950年代被削弱，但其後家族組織的政治功能又在一定程度獲得回復。雖然家族的族長房長已經不復存在，但是因爲村落的民間祭祀中，長老仍有象徵性的組織作用，一定程度形成以族廟及祠堂爲中心，以主導者跟民間信仰者，共同組成的非正式首領組織，

---

[3] 許育典，《基本人權與兒少保護》，元照出版，2014，頁126-127、103-104。

對村落內部關係的調解跟認同，扮演著重要的角色，發揮相當的功能[4]。

台灣社會，在法律繼受的理想上，雖然承繼著家庭自治功能與國家機關公權力介入形成衝突的思維方式，此在台灣經過工業化、現代化之後，表現爲法律體系上的嚴謹度，確實有其繼受上的必要性。然而也不能忽略，特別是在許多非城市化等地區，仍然留存著許多文化特色，欠缺明顯公私領域劃分的意識。

二、公權力與家庭自治之互動模式

政府機關公權力介入或參與家庭成員之間的互動，其模式可分爲以下四種[5]：

（一）側重父母親權的自由放任型

自由放任是指國家公權力僅在最小限度範圍內介入家庭，以確保家庭隱私以及聖潔獲得最高程度的尊重。當家庭功能嚴重失常，迫不得已情況下，國家權力將兒少，從原生父母帶離，建立新的家庭關係時，新的家庭關係也同受如原生家庭般的尊重。

（二）側重兒少保護的國家親權型

國家親權是基於保護兒少遠離失能父母，擴張國家介入，以確保兒少得到最好的照顧。當父母的照顧被認爲是不適當時，找尋、提供高品質照顧的永久家園，即爲適當的回應。父母的權利、自由以及原生家庭的完整，被放在列後的考慮，而將兒童最佳福祉視爲最優先考慮的事項。

---

4 王銘銘，〈村落視野中的家族、國家與社會—福建美法村的社區史〉，收於王銘銘、王斯福主編，《鄉土社會的秩序、公正與權威》，中國政法大學出版社，1997，頁30、34。

5 許育典，《基本人權與兒少保護》，元照出版，2014，頁110-111；Sonia Harris-Short & Joanna Miles, Family Law, Text, Cases and Material, Oxford University Press, U.K., 2011, p. 805.

（三）原生家庭父母權利保護型

此模式認爲具有生物血緣關係的原生家庭，對兒童和父母都具有極端的重要性，必須盡可能地維繫。國家機關的角色，只是提供家庭所需要的支持以及各種不同的服務，讓父母子女可以始終在一起且良好運作。此模式並指出貧窮以及階級因素，往往是成爲對兒少採取強制安置的重要因素，並非正確的做法。

（四）兒童權利及自由保護型

此模式認爲兒少與成年人，屬於不同的自治以及自由的主體，因此兒少的意願以及想法，於受成年人父母的照顧或者是國家的介入照顧，均應受到尊重。兒少的權利跟自由，也應等同於成年人所應受的保障程度。除非取得兒少的自願，否則兒童不應被視爲需要受到保護，反而僅應被認爲只是需要被賦權。

三、公權力參與家庭之原則

國家行政機關採取手段，介入或輔助家庭生活，有以下三種原則可資參循[6]：

（一）最小限度原則

此原則是基於認爲家庭是民主社會以及個人自由的基本區塊，家庭的完整性及獨立性必須獲得確保，除非有明確的證據證明兒少受到積極的侵害或者家庭已經失靈，否則國家機關不得任意干預。

在此原則下，行政機關除非取得法院的裁定，否則不得採取任何影響兒童生活的強制手段。而法院之裁定，必須已經證明兒童有明顯損害爲要件，且必須以兒童之福祉爲考量原則。如果要將兒少放置於政府機關的安置中，則必須以已經沒有其他適合的個人可以照顧爲前提。而且採取強制干預的手段，必須符合比例原則，與兒少受到的損

---

6 Nigel Lowe & Gillian Douglas, Broomly’s Family Law, Oxford University Press, U.K., 2015, 11th ed., pp. 557-559.

害以及危險相當方可。

衛福部於2019年推動兒少及家庭社區支持服務方案（守護家庭小衛星），結合原有之「推動弱勢家庭兒童及少年社區照顧服務計畫」及「守護家庭小衛星——培植家庭支持服務資源網絡計畫」，整合前者以課後臨托與照顧爲媒介，提供服務、發掘潛在風險之家庭之功能，以及後者期望與地方政府社會（家庭）福利服務中心（下稱社福中心）連結，呈現分層級的公私協力服務模式之優點。發展以照顧兒少爲主軸，建立兒少關係，進而發展其他支持服務，培植在地團體及整合社區資源，以完善家庭支持服務網絡。可以成爲最小限度原則的前階指引。

（二）夥伴原則

鑑於親子責任持續長期存在的本質，行政機關介入兒少的照顧，必須建立與父母共同工作的夥伴原則，促使父母能與行政機關達成自願性的協議，照顧兒少的利益。因此，行政機關於做出決定的程序，應使父母及兒少能積極地參與。透過資訊的交流分享，讓父母親充分瞭解行政機關所採取行動的權限及責任，以兒少利益爲指引，是建立夥伴關係的有效方法。建立行政機關與父母間的夥伴關係，方符合親子責任長期性本質，維繫親子關係。

建立夥伴關係，並不表示行政機關僅在父母同意情形下，才可以採取強制將兒少代理家庭的保護安置措施。只要基於保護兒少最佳利益，採取強制措施是必要時，行政機關即可在父母獲得充分資訊，而兒少瞭解的情形下，採取必要的強制措施。

爲了依循夥伴原則，必須了解保護安置措施，是基於兒少的需求，而不是成爲家庭失敗的印記。

（三）連結維繫原則

兒少無論是基於自願或被強制從家庭帶離，必須反覆強調與原生家庭維繫連結的重要性。對兒少而言，體驗家庭生活是非常獨特且有益健全成長的經驗，必須盡一切的努力，讓兒少可以與原生家庭維繫連結。因此行政機關採取緊急的保護措施時，也同時必須盡力地維繫子女與原生家庭的連結。當行政機關面臨與兒少原生家庭的對立衝突困境時，藉助第三方，例如鄉鎮調解的資訊交流功能、親屬會議的中介功能，或者法院程序，應屬可以考慮的方式。

參、兒少安置事件之類型

一、依安置原因之區分

兒少福權法所規定的安置有三種類型，第一種類型是兒童偏差行爲之保護安置（兒少福權法§52）；第二種類型是兒少受不當對待的保護安置（兒少福權法§56）；第三種類型是兒少家庭變故的保護安置（兒少福權法§62）。三種類型的保護安置，都屬於保護措施。第一種及第三種類型之保護安置，由主管機關爲安置處分後，兒少福權法並沒有進一步規定可由家事法院審查之。家事事件法第184條之立法理由，也僅列第二類型保護安置處分之審查，屬於家事非訟事件。鑑於第一種及第三種類型保護安置處分，若與第二類型性質相同，具有限制兒少自由的成分，應認爲對該等保護安置處分之不服，亦屬於家事非訟事件。然若參考英國兒童法規定，國家機關於特定情形下負有提供兒少住宿服務的義務，則上述第一、三種類型之安置，因屬於不具限制兒少自由性質，而是國家機關所提供福利行政措施的住宿服務[7]，即無聲請法院審查之可言，自非家事非訟事件。

第二類型的保護安置事件，兒少福權法有比較詳細完整的安置處遇程序規定，分別是緊急安置（兒少福權法§56）、繼續安置（兒少福權法§57II）、延長安置（兒少福權法§57II）。緊急安置有72小時的限制，期滿後，主管機關認爲必須繼續安置三個月，可以聲請法院裁定允許之。三個月期滿必須延長安置三個月，主管機關可以再聲請法院裁定允許之。安置期間因情事變更或無繼續安置之必要時，主管機關、兒少父母以及兒少等人，可向法院聲請撤銷或變更安置（兒少福權法§59III）。以上事件，不論是對緊急安置之不服、聲請繼續

---

7 Nigel Lowe & Gillian Douglas, Broomly's Family Law, Oxford University Press, U.K., 2015, 11th ed., pp. 560-570.

安置、延長安置、撤銷變更安置，均屬於家事非訟事件。

二、依安置之階段區分

兒少保護安置可以分爲緊急安置（兒少福權法§57Ⅰ）、繼續安置、延長安置（兒少福權法§57Ⅱ）以及撤銷變更安置（兒少福權法§59Ⅲ）。

緊急安置係指兒少有安置之原因，主管機關於72小時內爲緊急安置而言。主管機關於緊急安置兒少之後，必須通報法院（兒少福權法§57Ⅰ）。

繼續安置是指主管機關認爲兒少安置的時間必須超過72小時，因此聲請法院裁定准予安置三個月而言（兒少福權法§57Ⅱ）。繼續安置係指第一次緊急安置之後，有繼續安置三個月之必要而言。爲免語意有重疊之困擾，若有修法時，改爲「准予安置」，似乎較能避免誤會。

所謂延長安置是指准予安置三個月後，仍有安置之必要，因而延長安置。

所謂撤銷安置是指安置期間因情事變更或無依原裁定繼續安置之必要者而撤銷變更安置之處分，停止或變更安置兒少而言。

肆、保護安置之要件

一、必須是18歲以下的兒少

可受保護安置之兒少，依照兒少福權法第2條之規定，應係指18歲以下的兒少。由於兒少福權法保護安置措施，採取法院事後審查制度，兒少年齡應以保護安置之時間爲準。

二、必須有保護安置之原因

兒少福權法第56條第1項規定應進行安置的事由有：「一、兒童及少年未受適當之養育或照顧。二、兒童及少年有立即接受醫療之必要，而未就醫。三、兒童及少年遭受遺棄、身心虐待、買賣、質押，被強迫或引誘從事不正當之行爲或工作。四、兒童及少年遭受其他迫害，非立即安置難以有效保護。」

英格蘭兒童法第25條第1項規定，法院核發有限制兒童自由的安置處分，必須以兒童有一再潛逃的紀錄，並有可能潛逃於任何其他住宿機構，或者是兒童潛逃後很可能遭受明顯傷害，或對於他人造成明顯傷害等要件。

兩相比較，兒少福權法是從保護兒少的觀點規定保護安置的要件，以家庭功能失常爲主要的考量；而英格蘭兒童法則是從兒少本身外顯失序行爲，作爲兒少自由應受限制的安置處分要件。

三、必須有限制兒少自由的必要

兒少福權法及其施行細則對於保護安置機構可否限制兒少自由並沒有明確規定。而「衛生福利部兒童之家辦理安置及教養業務實施要點」（2013年修正），對於受安置的兒少可否限制自由，也同樣欠缺明文規定。英格蘭兒童法第25條所規定的保護安置（secure accommodation），僅限於對兒少自由進行限制的處分而言。所謂對於兒少自由的限制，是指有任何實踐上的做法或者措施，防止兒童依其自由意願，離開特定的房間、建築物而言。採取房門上鎖、必須持有特定鑰匙方可開啓進出房門、建築物，即屬於對兒少自由的限制。

兒少福權法雖然規定各種類型的保護安置，但因沒有以限制兒少自由爲標準，區別出福利安置與保護安置，以受寬嚴不同的法院審查。以法院裁定許可後，方得爲保護安置處分者，應限於對兒少自由產生限制的保護安置處分爲限。機關基於照顧兒少的職責，提供住宿服務，如果沒有對兒少自由造成限制，應不屬於家事法庭審查的事件。

四、必須是最後手段

兒少福權法第56條第1項規定：「……主管機關應予保護、安置或爲其他處置；必要時得進行緊急安置……」所謂必要時，係指最後手段性，主管機關窮盡其他方法，仍然沒有適當照顧兒少的措施時，方得爲保護安置處分。而法院審查保護安置處分，係審查行政機關權力行使，是否符合一定程序，並不是替代行政機關，成爲兒少最佳福祉的獨立判斷機關[8]。

伍、安置審查程序之審理

一、啓動

緊急安置通報法院、聲請法院裁定准予繼續安置、聲請延長安置，依照兒少福權法第57條第1項規定，必須由直轄市、縣（市）主管機關爲之。至於各直轄縣市政府，依其組織權限劃分辦法，將權限逕行劃分予該地方政府社會局（處），並公告以該機關名義行之，則保護安置事件，可以逕以該地方政府社會局名義爲聲請人（台灣高等法院暨所屬法院104年法律座談會民事類提案第51號研討結論）。

撤銷安置事件，除了直轄市、縣（市）主管機關得爲聲請人之外，被安置兒少之父母、原監護人、受安置人也可以向法院聲請變更或撤銷之。

繼續安置之聲請，得以電訊傳眞或其他科技設備爲之（兒少福權法§57III）。

二、審理

法院裁定保護安置時，可以通知社工陪同（家事§11、家事審理細則§153 I）。法院通知社工陪同時，應通知主管機關派遣得以協助兒少表意的社工。

依照家事事件法第184條第2項之規定，兒少保護安置事件必須準用同法第165條之規定，爲被害兒少選任程序監理人。而依照2015

8 Nigel Lowe & Gillian Douglas, Broomly's Family Law, Oxford University Press, U.K., 2015, 11th ed., p. 575.

年12月修正之家事事件法第165條之規定，原則上應爲被害兒少選任程序監理人，但有事實足認無選任之必要時，法院可以不選任。所謂有事實足認無選任之必要，除了考慮兒童本身的陳述能力外，也應考慮被害兒童之社會生態支持系統，經濟狀況以及程序監理人報酬支付方式等情形而定。

兒童權利公約第12條第1項後段規定了兒童意願受尊重的權利，第12條第2項所規定應聽取兒童的意見，讓兒童有陳述自己意見的機會。於保護安置事件中，就保護安置的必要性、具體安置機構、應否繼續或延長安置、應否撤銷安置等，也有尊重被害兒少意願、讓兒少陳述意見之必要。

三、安置裁定

兒少經緊急安置後，主管機關必須在72小時內，提出報告聲請法院裁定繼續安置。繼續安置裁定之審查事項，應包含繼續安置的容許性、緊急安置的必要性與合法性。法院審查繼續安置，認爲不應繼續安置者，應駁回繼續安置之聲請。審理延長安置、撤銷安置，若認爲有理由，應予准許；若認爲無理由，自應駁回之。

四、安置裁定之效力

法院安置之裁定可以分爲兩種效力，第一種是家事非訟裁定之效力；第二種是法定反射效力。前者包含形式上之確定力以及執行力，與家事非訟裁定之效力並無不同；後者係指法院裁定安置後，被害兒少實際上與父母分離，有必要在執行安置處遇範圍內，變動被害兒少的親子責任承擔狀態，由原本的父母承擔，改由安置機構等執行安置處遇的單位擔任（兒少福權法§62III）。

安置裁定既屬家事非訟裁定，裁定之生效應依照家事事件法第82條第1項規定，於宣示、公告、送達或以其他適當方法告知受裁定人時發生效力。兒少福權法鑑於兒少保護的緊急性以及必要性，於第59條第2項規定，聲請繼續安置、延長安置、撤銷安置期間，原安置機關、機構或寄養家庭得繼續安置。至於經合法抗告者，兒少福權法第59條第2項同樣規定，可以由原安置機構繼續安置，特別規定沒有停止執行之效力，因此不得適用家事事件法第82條第1項後段之規定。然而兒少福權法未區分安置裁定之不同，一概不發生停止執行之效力，在執行上恐生安置過久的情形，解釋上應可依照家事事件法第97條準用非訟事件法第46條，再準用民事訴訟法第491條第2項，由原審法院或抗告法院裁定停止執行原裁定之執行或為其他必要之處分。

第二節　性剝削兒少保護安置事件

壹、意義

為了落實兒童權利公約第34條保護兒童免受性剝削之權利，並貫徹司法院大法官會議釋字第623號解釋「兒童及少年之心智發展未臻成熟，與其為性交易行為，係對兒童及少年之性剝削」之意旨，我國於2015年修訂兒童及少年性交易防制條例，改為兒童及少年性剝削防制條例（下稱性剝削條例），並自2017年1月1日施行。新法強調兒少在性剝削活動之被害人地位，從保護的立場，延續原有法律的安置制度，另外增訂由衛生福利部結合各種社會資源，建立多元保護安置的制度。

由於安置性剝削被害人於特定機構，具有相當強烈的拘束力，而且依照性剝削條例第27條之規定，被害人在安置期間，由安置機構承擔親子責任，形同變動兒童原有人際網絡的效力，因此安置性剝削被害兒少的決定必須接受法院審查。

性剝削保護安置事件，依照家事事件法第184條第1項之規定，屬於家事非訟事件。又因為屬於保護兒少事件，具有高度的公益性，性質上為家事非訟事件中之公益事件。

貳、適用之範圍

性剝削被害人而必須安置者，分別有主體的要素以及性剝削行為的要素。

主體的要素雖然沒有明文規定在性剝削條例中，但參照兒少福權法第2條之規定，應係指18歲以下的兒少，而且不區分國籍。本國籍兒童，固然受到保護，即連外國籍兒童、大陸地區、港澳地區以及無國籍兒童均同受保護（性剝削§19Ⅰ①後）。

至於行為要素之意義，性剝削條例第2條第1項定義為：「一、使兒童或少年為有對價之性交或猥褻行為。二、利用兒童或少年為性交或猥褻之行為，以供人觀覽。三、拍攝、製造、散布、播送、交付、公然陳列或販賣兒童或少年之性影像、與性相關而客觀上足以引起性慾或羞恥之圖畫、語音或其他物品。四、使兒童或少年坐檯陪酒或涉及色情之伴遊、伴唱、伴舞或其他類似行為。」不以已經受到性剝削為要件，只要有疑似遭到性剝削者，也屬於可以保護安置的對象（性剝削§2Ⅱ）。

該條第3款所謂兒童性交或猥褻行為之照片、影片、光碟，舉凡兒童性交、性器官、胸部、臀部等部位而有猥褻之行為者均屬之。拍攝的媒體除了照片、影片之外，透過行動裝置內設的照相機功能，長時間或暫時以電子訊號寄存的行為均屬之。又此款必須區分兒童本身拍攝以及兒童以外之第三人拍攝。如果是兒童以外之第三人拍攝固然符合該款規定，但如果是兒童本身拍攝，則必須視拍攝照片等行為是否意在謀求為性交或猥褻行為而定。如果並不是在謀求性交猥褻行為，兒童基於好奇好玩自行拍攝本身性器官照片，或者應異性友人或親密友人之要求，自主地拍攝性器官照片影像，其行為固然不當，卻不是性剝削被害人。如果是為謀求性交或猥褻行為時，因為可能構成性剝削條例第40條而有違反刑罰法令之行為，仍構成性剝削（參照法務部台灣高等法院檢察署及各一、二審檢察署於105年10月3日座談會討論結論意見）。

另外還應注意，如果被害人是七歲以下之兒童，參考最高法院99年9月7日決議，應認為被害人無同意能力，不能認為已經過兒童同意拍攝，而不構成性剝削。而如果是被脅迫拍攝性器官，屬於性剝削的行為，自不待言。

參、保護安置處遇之程序

一、保護安置程序之特點

（一）階段化安置程序

爲了保護性剝削被害兒少，性剝削條例設計一連串的安置程序。由發現救援被害人兒少後開始的初期緊急安置，緊接著進入中期繼續安置，經過評估後，再確定採取長期處遇安置。初期緊急安置有72小時，重在緊急保護；中期繼續安置爲三個月內，重在評估，以決定是否進入長達兩年的長期處遇安置；長期處遇安置以兩年爲原則，重在教育、保護，讓被害兒少得以重返社群，健全成長。

（二）多時點轉向程序

安置保護被害兒少的目標是讓被害兒少得以在社群中健全成長，因此在安置期間，如果兒少已經可以有穩固的人際網絡，例如父母足以承擔照顧責任、兒少已經可以自立生活、家庭原有人際網絡已經復原，應允許兒少返回家庭，重返社群。因此性剝削條例放棄單行道保護安置程序，改採多時點轉向程序，分別在發現救援階段、初期緊急安置階段、中期繼續安置階段以及長期處遇安置階段，隨時有讓被害兒少轉由家庭、父母照顧的不付安置或停止安置的滾動審查機制，將保護安置機制轉向家庭處遇、社區照顧。

（三）保護措施循環化

被害兒少經中期繼續安置，送請法院裁定長期處遇安置時，若法院認爲並無長期處遇安置之必要，而裁定採用家庭處遇或其他保護措施時，主管（保護）機關即應進行爲期一年或者到被害兒少年滿18歲爲止的訪視輔導程序。在訪視輔導期間，如果發現原裁定之家庭處遇或其他保護措施缺乏成效時，主管機關可以再度啓動保護安置程序，以循環化的方式，隨時檢視兒少的環境以及人際網絡。

（四）保護安置機構多元化

法院裁定安置的機構，除了原有的教育機構即中途學校之外，也納入兒童及少年福利機構、寄養家庭或其他適當之醫療、教育機構等四類。安置機構的多元化，使得執行機關以及法院裁定時，更可以針對兒少的需求、社會生態系統、環境狀況，機動選擇最適宜的安置方法。安置機構的多元化固然有彈性運用的優點，卻也可能引發評估、裁量以及變換上的困難，有待主管機關致力完整的評估標準，並應期待法院在具體案例中逐漸累積經驗，有效落實安置機構多元化的立法本意。

二、保護安置處遇之流程

發現性剝削被害兒少時，必須依照各種狀況，尋求最佳保護被害兒少的方案，進而採取必要且適當的保護措施。保護被害兒少的流程，應可分為下列各階段。

（一）移交主管（保護）機關

司法警察於偵辦犯罪或因有人舉發，而查獲性剝削被害兒少時，即必須啓動保護服務程序。依照性剝削條例第15條第1項之規定，司法警察必須在查獲救援起24小時內將被害人交由當地直轄市、縣（市）主管（保護）機關處理。本條規定之24小時起算時間，依照性剝削條例施行細則第9條第1項規定，係從司法警察依照該條例第9條第1項之規定通知主管（保護）機關時，派社工人員陪同訊問時起算。且依性剝削條例施行細則第10條之規定，在途護送時間、交通障礙時間、因不可抗力事由所致之遲滯時間均不計入24小時內。

（二）主管（保護）機關之第一次保護決定

主管機關接收性剝削被害兒少之後，必須立即評估，決定採取何種保護決定。依照性剝削條例第15條第2項之規定，保護決定有三種，第一種是通知被害人之父母、監護人或親屬帶回，並為適當之保護及教養；第二種是採取其他必要之保護及協助；第三種則是緊急安置。前兩種決定，並不會影響被害兒少的人身自由以及親子責任內容，因此主管機關決定之後，並無接受法院審理之必要。如果決定緊急安置，即應送請法院審查。

（三）初期緊急安置併前置評估

主管（保護）機關考量被害人就學、就業、生活適應、人身安全及其家庭保護教養功能後（性剝削§15II），認爲可能有安置被害兒少之必要時，可以緊急安置被害兒少72小時。

緊急安置雖然實際上拘束被害兒少人身自由，但是性剝削條例第16條第1項基於保護兒少必要性之考量，採取法院事後審查的制度，而不是事前核准緊急安置的制度，規定由主管機關在緊急安置72小時之後，向法院提出報告，由法院裁定之。

72小時的計算方式，依照性剝削條例第17條前段規定係：「……自依第十五條第二項第二款規定緊急安置被害人之時起，即時起算。」另外但書也規定在途護送時間、交通障礙時間、依其他法律規定致無法就是否有安置必要進行評估之時間、其他不可抗力之事由所生之遲滯時間均不計入。至於72小時終止的時間，依照性剝削條例施行細則第9條第2項之規定：「……逾法定上班時間者，以次日上午代之。其次日爲休息日時，以其休息日之次日上午代之。」

（四）中期繼續安置

法院於受理主管機關所提出之安置聲請後，即必須審查緊急安置的合法性以及必要性，並同時決定是否繼續安置。法院認爲初期緊急安置不合法，或者沒有中期繼續安置的必要，應裁定不付安置，並將被害人交付其父母、監護人或其他適當之人；法院認爲有繼續安置的必要，應裁定交由主管機關安置於兒童及少年福利機構、寄養家庭或其他適當之醫療、教育機構（性剝削§16II）。

性剝削條例第16條第2項雖然僅規定法院認爲「繼續安置」，似乎僅由法院審查有無繼續安置之必要。然而被安置人是否爲性剝削被害兒少、緊急安置期間是否屆滿均應爲法院審查的對象。亦即主管機關查獲救援的被害人，若非性剝削被害兒少，或有其他緊急安置不合法的情形，法院仍應駁回安置的聲請。

法院裁定繼續安置的期間不得逾三個月（性剝削§16II）。繼續安置期間，法院得依職權或依直轄市、縣（市）主管機關、被害人、父母、監護人或其他適當之人之聲請，裁定停止安置，並交由被害人之父母、監護人或其他適當之人保護及教養（性剝削§16III）。

（五）長期處遇安置

性剝削被害兒少經主管機關評估後，認為有必要長期安置時，可以在被害人安置後的45天內，提出審前報告，向法院聲請准許長達二年的處遇安置（性剝削§18I、19I②）。

法院受理長期處遇安置之聲請後，依照性剝削條例第19條第1項之規定，可以為三種裁定，分別是：「一、認無安置必要者應不付安置，並交付父母、監護人或其他適當之人……。二、認有安置之必要者，應裁定安置於直轄市、縣（市）主管機關自行設立或委託之兒童及少年福利機構、寄養家庭、中途學校或其他適當之醫療、教育機構，期間不得逾二年。三、其他適當之處遇方式。」

（六）延長安置

長期處遇安置二年期滿之後，主管機關認有繼續安置之必要者，應於安置期滿45日前，向法院提出評估報告，聲請法院裁定延長安置（性剝削§21II）。

延長安置的期間，沒有次數的限制，但每次延長之期間不得逾一年，而且只能延長到被害人年滿20歲為止。至於被害人於安置期間已經年滿18歲，經評估有繼續安置之必要者，最長可以繼續安置到期滿或年滿20歲（性剝削§21II後、III）。又被害人安置最多應只能到20歲，性剝削條例第21條第2項已經有明確規定，因此法院裁定延長安置，被害人在期間已經滿20歲，主管機關也不得繼續安置。而若被害兒少在安置期間滿18歲，經裁定延長安置，也只能延長到20歲。

（七）長期處遇安置期間之滾動審查

被害人經裁定長期處遇安置後，為了確保被害人之人身自由不會受到過長期間的限制，性剝削條例第21條第1項設定了滾動審查制度，規定主管機關應每三個月進行評估。經評估無繼續安置之必要者，得聲請法院裁定停止安置。滾動審查係由行政機關啓動，由法院審查之，以落實兒童權利公約第9條規定兒童與父母不分離之親子關係維繫權利。

主管機關未進行滾動審查時，由於法院長期處遇安置之裁定仍然有效，被害人仍應受該長期處遇安置裁定之拘束，主管機關仍得繼續安置被害人。

被害兒少本身或其父母、監護人可否依照家事事件法第83條第1項第3款之規定聲請法院變更原裁定，改爲停止安置之裁定？可能有不同見解。有認爲性剝削條例爲特別法，應排除家事事件法第83條之適用，因此僅限於主管機關方有聲請權。有認爲爲了保障被害人的程序參與權，應允許被害兒少、被害兒少之父母、監護人聲請法院停止安置。若依照兒童權利公約第12條第2項所保障之兒童陳述意見權以及意願受尊重的權利，應允許被害兒少、被害兒少之父母、監護人依照家事事件法第83條第1項第3款之規定，聲請法院停止安置。法院審理時，自得命主管機關就有無停止安置之情形，提出評估報告。

（八）轉向安置

轉向安置係指在家庭處遇中之性剝削被害兒少，經主管機關評估後，認爲家庭處遇並不適當，必須改爲長期安置處遇而言。當被害兒少因爲受到性剝削，而交付家長輔導時，主管（保護）機關必須進行追蹤、評估觀察，並依家庭處遇之成效，決定有無改採長期處遇安置之必要。評估觀察的內容包含觀察父母認知的狀態、父母的特質、功能以及家庭的資源。父母認知的狀態有父母的信念、價值觀、對於兒少發展的認知、對於兒少的看法；父母的特質有情緒控制以及人格特質；父母的功能有親職教養、健康狀況、穩定安全等；家庭的資源則有支持系統、家人互動以及婚姻關係等。

性剝削條例第23條第2項規定主管機關於訪視輔導後認爲家庭處遇或其他保護措施缺乏效果，可以聲請法院裁定長期處遇安置。

肆、審理程序

一、管轄法院

保護安置事件，無論是初期緊急安置、中期繼續安置、長期處遇安置、延長安置、停止安置或者轉向安置，均屬家事事件法第184條第1項第1款、第2款所規定之保護安置事件，自應由被安置人住所、居所或所在地法院管轄。

初期緊急安置以及中期繼續安置裁定之後，往後長期處遇安置、延長安置等裁定得由被安置人現所在地法院管轄。被安置人已經裁定安置在轄區外的安置機構，該安置機關所在地之法院即屬被安置人之現所在地，自應有管轄權。且從保障被安置人聽審請求權之觀點以及法院調查安置狀態之便利性，亦應允許被安置人所在地法院管轄，不能認爲僅原裁定初期緊急安置之法院方有管轄權。

二、程序之啓動

法院安置裁定之程序，原則上因爲主管（保護）機關之聲請而啓動。聲請書應該依照家事事件法第75條第3項之規定提出聲請書狀。聲請書之聲請意旨並應記載安置機構的類別或特定安置機構的名稱。

主管機關是所有上述事件啓動程序的適格當事人。除此之外，中期繼續安置的停止安置，也可以由被害兒少、父母、監護人或其他適當之人啓動停止安置的程序（性剝削§16III）。至於長期處遇安置停止安置程序，縱然性剝削條例沒有特別規定，被害人、父母、監護人或其他適當之人，仍屬於啓動停止安置程序的適格當事人。

中期繼續安置中的停止安置，法院可以依職權裁定停止安置（性剝削§16III）。因此此類事件，性質上屬於家事非訟事件中之完全職權事件。至於長期處遇安置中，法院可否職權啓動停止安置程序，可能有認爲既然中期繼續安置允許法院職權裁定停止安置，性質相近的長期處遇安置，也應該允許法院職權啓動。但鑑於法院審理權限之被動角色，除非法律明文授權法院可以職權啓動者，否則不應要求，也不應允許法院職權啓動，更且長期處遇安置之停止安置可以由被害兒少或其父母聲請，促請法院啓動審查，並無必要再由法院職權啓動。

由於性剝削保護安置事件屬於職權事件，因此程序啓動之後，主管機關指定安置機構的聲請意旨，並不發生拘束法院的效力，法院仍然可以依職權僅指定類別，或者具體指定安置的機構。

三、審理程序

法院裁定保護安置時，依照性剝削條例第9條第1項採取通知社工陪同。依照2017年1月17日修正之家事事件審理細則第153條第1項、第2項分列情形規定，第一種是裁量通知陪同；第二種是強制通知陪同。性剝削條例所定之保護安置事件屬於強制通知陪同。保護安置審理程序屬於強制通知陪同之見解，在實務操作上，可能面臨應由機構內的社工或主管機關主責社工陪同的困難，特別是當程序由被害兒少啓動時，例如聲請停止安置，因此有待酌量。

依照家事事件法第184條第2項之規定，兒童保護安置事件必須準用同法第165條之規定，爲被害兒少選任程序監理人。而依照2015年12月修正之家事事件法第165條之規定，原則上應爲被害兒少選任程序監理人，但有事實足認無選任之必要時，法院可以不選任。所謂有事實足認無選任之必要，除了考慮兒童本身的陳述能力外，也應考慮被害兒少之社會生態支持系統、經濟狀況以及程序監理人報酬支付方式等情形而定。

兒童權利公約第12條第1項規定締約國應確保有表示意見能力的兒童得就涉及本身之事項陳述意見，且應依照兒童的年齡以及成熟度，衡酌意見的重要度。此於性剝削保護安置事件中，就是否應受保護安置，可能被認爲屬於法律要件適用上的問題，被害兒少的意願較不具有重要性。但是就保護安置的類別、具體安置機構、應否長期處遇安置、應否停止安置等，則可能有比較大容許尊重被害兒少意願的空間。

兒童權利公約第12條第2項規定保障兒童陳述意見的權利，我國家事事件法第184條第2項規定保護安置事件準用同法第108條第1項，使被害兒少於審理中有陳述意見的機會。此外，同法第106條第2項也規定，判斷兒童最佳利益時，也應該使兒童有陳述意見的權利。因此，保護安置事件審理中也應保障被害兒少的意見陳述權。兒少陳述意見的內容，並不僅僅圍繞保護安置處遇的內容，反而應盡量地以親子責任的實際狀況、兒少需求等事項。

四、安置裁定

（一）短期緊急（中期繼續）安置裁定

被害兒少經緊急安置後，主管機關必須在72小時內，提出報告聲請法院裁定繼續安置。此爲法院第一次處理被害兒少的安置事件，因此慣稱爲「第一裁」。

短期緊急（中期繼續）安置裁定之審查事項，是否僅限於繼續安置的容許性或者包含緊急安置的必要性與合法性，可能有不同見解：

甲說：僅限於中期繼續安置之容許性。因爲依照性剝削條例第16條之規定，主管機關所聲請者僅爲繼續安置的容許性，並非聲請法院核准緊急安置，因此法院僅應審查中期繼續安置的容許性。

乙說：包含初期緊急安置的合法性、必要性以及中期繼續安置的容許性。因爲性剝削條例雖然僅規定主管機關聲請法院核准中期繼續安置，但是中期繼續安置緊跟著初期緊急安置，而初期緊急安置並沒有任何審查機制，因此無可避免地必須在中期繼續安置的審查中檢視初期緊急安置的合法性以及必要性。諸如被聲請安置的兒少不是性剝削的被害人，或者被害兒少並無緊急安置的必要，可以交給父母帶回等，均應由法院一併審查。如果採甲說見解，主管機關所爲初期緊急安置的決定，可能因爲具有行政處分的性質，必須循行政救濟程序處理，使安置事件的法院審查模式趨於複雜，恐非立法本意，也沒有必要。

鑑於保護安置被害兒少之階段，每一個階段的安置都可能對被害兒少造成影響，理應從初期緊急安置起的三個階段，均應接受法院的審查。不過，由於保護被害兒少的急迫性，性剝削條例既然合併兩者之審查，自應同時審查緊急安置的合法要件、必要要件以及中期繼續安置的容許性，因此應採乙說見解。

法院審查中期繼續安置的容許性，如果認為不具容許性，應依照性剝削條例第16條第2項之規定不付安置，並且將被害兒少交給父母等人。法院如果認為初期緊急安置不具合法性或必要性時，依照目前的性剝削條例第16條第2項之規定，也應該為不付安置的裁定。並且由於不會發生造成人民額外負擔的問題，也為了避免被害兒少身體健康受到侵害，自應依照同條項的規定，將被害兒少交付其父母、監護人或其他適當之人。

中期繼續安置裁定，必須決定安置的期間以及安置的機構。中期繼續安置的期間，依照性剝削條例第16條第2項之規定不得逾三個月。而三個月的起算時點，依照性剝削條例施行細則第15條第1項之規定係從緊急安置滿72小時起算。由於性剝削條例僅規定不得逾三個月，法院自可以根據評估報告，決定繼續安置的期間。

此外，中期繼續安置的裁定，還必須根據評估報告決定安置的機構。安置機構有四類選擇，分別是：1.兒童及少年福利機構；2.寄養家庭；3.適當之醫療機構；以及4.適當之教育機構。法院於裁定主文除了類別之外，是否必須記載特定的安置機構名稱，有不同見解。

甲說：必須記載清楚特定的機構名稱，俾利行政機關依照法院裁定執行。法院裁定時可以要求主管機關在評估報告中提出特定安置機構名稱，以免被害兒少在不同的安置機構流浪。

乙說：不必記載清楚，因為如何執行應委由主管機關考慮執行的實際狀況，且各地方政府的社會資源不同，無法要求每一個縣市主管機關都必須具體記載特定的安置機構。

此應依照法院審理過程呈現的狀態，參考行政機關所提出的評估報告，依個案情形決定之。如果主管機關（即聲請人）經過評估認為被安置人可以安置在特定機構，法院審理後也認為不宜使被安置人在不同的安置機構流浪，自可於裁定中指定特定具體安置機構。如果主管機關（即聲請人）評估安置機構的現存床位等因素後，認為暫時先指定類別為宜，法院考量被安置人之住所、維繫被安置人之適宜人際網絡，認為應裁定安置在轄內適宜之機構，但尚無法確認具體的安置機構，自可裁定安置機構的類別，再由主管機關先行確認安置機構之床位等狀態後，依照裁定所定機構類別執行之。

2018年修正性剝削條例第21條規定：「被害人經依第十九條安置後，主管機關應每三個月進行評估。經評估無繼續安置、有變更安置處所或爲其他更適當處遇方式之必要者，得聲請法院爲停止安置、變更處所或其他適當處遇之裁定。」

（二）長期處遇安置

經過中期繼續安置後，主管機關必須評估是否應採取長期處遇安置。如果評估認爲有必要時，依性剝削條例第18條第1項之規定，主管機關必須在被害人安置後45日內，向法院提出審前報告，並聲請法院裁定。由於是法院第二次審理保護安置事件，因此慣稱爲「第二裁」。主管機關提出聲請的45天時間，係從中期繼續安置的時間起算（性剝削細則§15II），而不是從初期緊急安置起算。

主管機關所提出的審前報告，包含安置評估及處遇方式之建議（性剝削§18II）。性剝削綜合評估的因素分爲三類，第一類是個人安全評估；第二類是家庭功能評估；第三類是社會生態環境系統評估。第一類之個人安全評估，包含年齡、在學狀況、身心狀況（有無吸毒）、心理感受（不願返家）、人際關係狀態、遭受性剝削經驗；第二類之家庭功能評估，包含家長或主要照顧者的威脅程度、家長的照顧能力，以及媒介、收取金錢、管教兒童之主觀因素；第三類之社會生態系統評估，包含兒童生存環境，如無家可歸、居無定所、同住者涉入色情業等情形。

長期處遇安置的期間長達二年，還可以延長，因此法院審理長期處遇安置，應愼重爲之。主管機關提出的審前報告如有不完備，法院得命於七日內補正（性剝削§18Ⅰ），此項規定雖然不能認爲是聲請的合法要件，但也賦予法院要求主管機關提出完整審前報告的權限。法院審酌審前報告時，不能僅爲書面審理，必須依照家事事件法第184條第2項準用同法第106條，使關係人包含被害兒少、親子責任有影響的父母親、監護人或實際照顧兒童之祖父母等親人陳述意見，確保家事非訟事件當事人之程序參與權。

主管機關除了提出審前報告之外，也必須依照家事事件法第75

條第3項之規定提出聲請書狀，並且記載聲請意旨。聲請意旨應記載安置機構的種類，分別是兒童及少年福利機構、寄養家庭、適當之醫療機構以及適當之教育機構。也可以指定具體的安置機構，詳如前述。

安置機構的多元化帶來彈性，但也增加責任。決定採取何種安置機構，因考慮各種安置機構現在面臨的問題，包含是否可以提供如身心障礙者的個別化處遇；安置機構是控制被害人行動自由或者單純保護；安置機構是否傾向願意安置兒童保護的個案，而非性剝削被害人；兼收男女有人力、空間、管理上的困擾等等。也必須考慮隨著被害兒少的成長需求，安排不同的處遇方式。諸如若干機構可能是比較自由，強調保護色彩的，而其他機構則是強調紀律，控制性的功能比較強等。

法院裁定內，必須決定是否准許安置，如果認無安置必要者，應裁定不付安置，並命將被害兒少交付父母、監護人或其他適當之人。如果認爲有安置必要時，應定期間，命被害兒少安置之。裁定安置的期間最長不得超過二年，應可由法院於裁定中明定之。裁定安置的機構，應與中期繼續安置相同，法院可以記載機構類別，也可以載明具體保護安置機構，由法院參考審前報告，聽取被害兒少以及父母等關係人意見決定之。

被害兒少經長期處遇安置後，主管機關認爲有變更安置機構類別或者特定安置機構的必要時，性剝削條例第21條已經特別規定主管機關得聲請變更。

被害兒少是無合法有效停留我國國境之兒少，依照兒少性剝削條例第19條第1項第1款之規定，應裁定不付安置。

（三）延長安置

長期處遇安置已經期滿，主管機關認有繼續安置之必要者，應於安置期滿45日前，向法院提出評估報告，聲請法院裁定延長安置（性剝削§21II）。

延長安置之審理，必須由主管機關提出評估報告，雖然不是聲請的程序要件，但如果沒有提出評估報告，法院自應認爲沒有證據資料可以證明有延長安置的必要，裁定駁回。主管機關提出評估報告後，法院仍應依照家事事件法第184條第2項準用同法第106條，使關係人包含被害兒少、父母親、監護人或實際照顧兒童之祖父母等親人陳述意見，確保家事非訟事件當事人之程序參與權。

經調查證據、陳述意見等程序後，法院認爲不應延長安置或者被害兒少已經超過18歲者，應駁回聲請。若法院認爲應延長安置，應裁定延長安置並宣告一年以內延長安置的期間。

（四）停止安置

停止安置係指被害兒少經裁定安置後，聲請法院裁定停止安置而言。停止安置的聲請有三種情形，第一種情形是中期繼續安置之停止，由法院依職權或依直轄市、縣（市）主管機關、被害人、父母、監護人或其他適當之人之聲請，裁定停止安置；第二種情形是主管機關依照性剝削條例第21條第1項之規定滾動審查後，認爲應停止安置而聲請者；第三種情形是被害兒少即被安置人、父母親、監護人等人認爲安置已經沒有必要，而以自己名義聲請者。第三種情形，特別是長期處遇安置，雖然在性剝削條例中沒有法律明文規定，但家事事件法有可以援引的法源依據，而且提供更充足的程序保障，貫徹兒童權利公約所保障的兒童陳述意見權以及意願受尊重權，應採肯定見解，已經詳如前述。

停止安置之聲請，法院認爲應停止安置者，即應爲裁定停止安置。裁定停止安置之後，有被害兒少返家銜接的問題，依照性剝削條例第21條第4項，主管機關必須得負起協助被害兒少銜接家庭的責任。至於該條項所規定「免除」的用語，由於性剝削條例並未規定免除的事由，也沒有區分免除安置與停止安置的效力，應係舊法即兒童及少年性交易防制條例第18條第5款免除特殊教育的筆墨遺跡。

（五）轉向安置

性剝削被害兒少，經交付家長輔導，主管（保護）機關追蹤後認爲必須轉向改採長期處遇安置時，法院審理程序應等同於長期處遇安置之裁定程序。

有疑問者，轉向安置是否包含初期緊急安置程序？此由性剝削條例第23條第2項僅規定轉向長期處遇安置，似乎不包含緊急安置。但由於性剝削條例第15條第1項並未限於司法警察機關發現救援，方得啓動初期緊急安置，且如果主管（保護）機關於訪視輔導時，發現被害兒少有再度受性剝削等情形，爲保護被害兒少，自應允許主管機關除聲請長期處遇安置之外，也可以啓動初期緊急安置程序。

2018年修正性剝削條例第30條，於第1項第3款、第4款更明確規定應轉向安置之情形，分別是：「經依第十六條第二項規定安置於兒童及少年福利機構、寄養家庭或其他適當之醫療、教育機構，屆期返家者。」「經依第十六條第三項規定裁定停止安置，並交由被害人之父母、監護人或其他適當之人保護及教養者。」

五、安置裁定之效力

法院安置之裁定可以分爲兩種效力，第一種是家事非訟裁定之效力；第二種法定反射效力。前者包含執行力，與家事非訟裁定之效力並無不同；後者之法定反射效力，係指法院裁定安置後，被害兒少實際上與父母分離，有必要在執行安置處遇範圍內，變動被害兒少的親子責任承擔狀態，由原本的父母承擔，改由安置機構等執行安置處遇的單位擔任，因此性剝削條例第27條規定：「安置或保護教養期間，直轄市、縣（市）主管機關或受其交付或經法院裁定交付之機構、學校、寄養家庭或其他適當之人，在安置或保護教養被害人之範圍內，行使、負擔父母對於未成年子女之權利義務。」安置裁定既屬家事非訟裁定，裁定之生效應依照家事事件法第82條第1項規定，於宣示、公告、送達或以其他適當方法告知受裁定人時發生效力。至於經合法抗告者，由於性剝削條例第20條第3項已經特別規定沒有停止執行之效力，因此不得適用家事事件法第82條第1項後段之規定。然而性剝削條例第20條第3項之規定，並未區分緊急安置、停止安置、延長安置等裁定之不同以及裁定交付父母等不付安置、交付安置之不同，一概不發生停止執行之效力，未來在執行上恐怕產生安置過久，或者應安置而無法安置的情形，解釋上應可依照家事事件法第97條準用非訟事件法第46條，再準用民事訴訟法第491條第2項，由原審法院或抗告法院裁定停止原裁定之執行或為其他必要之處分。

此外，被害兒少經緊急安置後，主管機關已經依照性剝削條例第16條第1項聲請安置，但尚未裁定駁回前，主管機關得繼續安置（性剝削§16Ⅳ），屬於法律之特別規定。

伍、程序與處分之競合

性剝削被害人是兒童及少年，同時受到兒少福權法之保護。性剝削條例與兒少福權法雖然有類似普通法與特別法之關係存在，但是主管機關於兒童有兒少福權法所列之情形，仍得依照該法採取必要的保護措施。

此外，依照性剝削條例核發之保護安置裁定與依照少年事件處理法所裁處之少年保護裁定競合時，究竟應該執行哪一項裁定，兩項法律都沒有規定，從保護少年的觀點來看，應視少年司法裁定與家事保護安置裁定有無衝突之情形而定，如果是少年事件處理法第42條第1項第1款、第2款所規定之「訓誡，並得予以假日生活輔導」「交付保護管束並得命為勞動服務」，應可併行進行審理程序或執行。但如果有衝突時，例如少年事件處理法第42條第1項第3款、第4款所定之「交付安置於適當之福利、教養機構、醫療機構、執行過渡性教育措施或其他適當措施之處所輔導」「令入感化教育處所施以感化教育」等情形，應區分程序審理中以及裁定確定後，分別決定效力衝突的問題。如果保護安置程序與少年司法保護事件兩種程序競合時，依照性剝削條例第26條第2項規定之意旨，似乎採取保護程序優先的想法。不過該項規定並無法排除少年保護事件之啓動，因此仍無法完全排除兩種程序競合的困難。實務處理上，無論是安置裁定在先或者已經有保護事件之裁定如感化教育，均可由法院在後程序審理中，一併考量是否以必要另外執行安置處分或者為感化教育，此可依照少年事件處理法第28條第1項之規定處理之。

另因為安置裁定沒有拘束被害人人身自由的效力，而少年司法保護事件有收容裁定，有可能立即防止被害人繼續被迫性剝削之實際效力，均可以由法院與主管機關在審理程序中討論安排最適當的處遇方式。另外實務上可能發生少年收容後離所，因此少年法庭與行政機關之間也應該有比較密切的聯繫，避免少年再度陷入性剝削的困境。

至於安置處分與少年感化教育裁定均已確定而須執行時，由於兩種均屬於確定且應執行之裁定，應由各主管機關依職權執行。

第三節　身心障礙者保護安置事件

壹、意義

身心障礙者權利公約第16條第4項規定：「身心障礙者受到任何形式之剝削、暴力或虐待時，締約國應採取所有適當措施，包括提供保護服務，……」我國身心障礙者權益保障法第80條規定，身心障礙者遭遇被虐待等情事時，主管機關可以進行緊急保護安置，並得聲請法院裁定繼續保護安置、延長安置。此即爲身心障礙者保護安置事件，性質上爲家事非訟事件，且屬於公益事件。

身心障礙者保護安置事件，必須以受安置者爲身心障礙者，且有法定事由時，方可爲之。所謂身心障礙者，係指有神經系統構造及精神、心智功能等各種身體系統構造或功能，有損傷或不全導致顯著偏離或喪失，影響其活動與參與社會生活之一者，經醫事、社會工作、特殊教育與職業輔導評量等相關專業人員組成之專業團隊鑑定及評估，領有身心障礙證明而言（身心障礙者權益保障法§5）。

付保護安置之事由，係指有「遺棄、身心虐待、限制其自由、留置無生活自理能力之身心障礙者於易發生危險或傷害之環境、利用身心障礙者行乞或供人參觀、強迫或誘騙身心障礙者結婚、其他對身心障礙者或利用身心障礙者爲犯罪或不正當之行爲」而言（身心障礙者權益保障法§75）。至於有扶養義務人喪失扶養能力，而需要適當安置者，並不屬於應受法院審查的安置事件（身心障礙者權益保障法§77Ⅰ）。扶養義務人而有違反身心障礙者權益保障法第75條，而使身心障礙者有生命身體之危難或生活陷於困苦之虞者，已經符合身心障礙者權益保障法第78條第1項的規定，而爲緊急安置，則仍屬於應受法院審查的保護安置事件。立法論上，對身心障礙者的保護安置，如果沒有構成身體自由的妨害，僅屬於保護性質的行政作爲，似無受法院立即審查的必要性。

貳、安置審查程序之審理

一、管轄法院

身心障礙者之安置事件，專屬被安置人住所地、居所地或所在地法院管轄（家事§184Ⅰ③）。家事事件法第184條是指身心障礙者得繼續安置事件，但是延長安置、變更安置、撤銷安置等事件均應適用同一管轄法則。

二、啓動

聲請法院裁定准予繼續安置、延長安置，依照身心障礙者權益保障法第80條規定，必須由直轄市、縣（市）主管機關爲之。

撤銷安置事件，除了直轄市、縣（市）主管機關得爲聲請人之外，被安置身心障礙者之法定代理人、受安置人也可以向法院聲請變更或撤銷之。

三、審理

法院裁定保護安置時，可以通知社工陪同（家事§11Ⅰ、家事審理細則§153Ⅰ）。依照家事事件法第184條第2項之規定，保護安置事件必須準用同法第165條之規定，原則上應爲被安置人選任程序監理人，但有事實足認無選任之必要時，法院可以不選任。所謂有事實足認無選任之必要，應考慮身心障礙者本身的陳述能力、經濟狀況以及程序監理人報酬支付方式等情形而定。

四、安置裁定及效力

身心障礙者經緊急安置後，主管機關認爲應繼續安置者，可以在72小時內，聲請法院裁定繼續安置。繼續安置裁定之審查事項，應包含繼續安置的容許性、緊急安置的必要性與合法性。法院審查繼續安置，認為不應繼續安置者，應駁回繼續安置之聲請。審理延長安置、撤銷安置，若認為有理由，應予准許；若認為無理由，自應駁回之。

安置裁定之效力，與兒少安置裁定相同，可以參照前述說明。

第四節　嚴重病人停止安置住院事件

壹、事件類型

所謂精神疾病，精神衛生法第3條第1款規定：「指思考、情緒、知覺、認知、行為等精神狀態表現異常，致其適應生活之功能發生障礙，需給予醫療及照顧之疾病；其範圍包括精神病、精神官能症、酒癮、藥癮及其他經中央主管機關認定之精神疾病，但反社會人格違常者，不包括在內。」

而所謂嚴重病人，係「指病人呈現出與現實脫節之精神狀態，致不能處理自己事務，經專科醫師診斷認定者」。由於嚴重病人已經無法處理自己的事務，必須採取必要的保護措施。而當嚴重病人有傷害他人或自己之虞時，經專科醫師診斷有全日住院治療之必要者，即應由其保護人協助前往精神醫療機構辦理住院（舊精神衛生法§41Ⅰ）。嚴重病人拒絕接受全日住院治療者，主管機關得指定精神醫療機構予以緊急安置，並即鑑定有無全日住院治療必要（舊精神衛生法§41Ⅱ）。鑑定結果，有全日住院治療必要，即應向審查會申請許可強制住院（舊精神衛生法§41Ⅲ）。

經緊急安置或強制住院之嚴重病人或其保護人，得向法院聲請裁定停止緊急安置或強制住院（舊精神衛生法§42Ⅲ）。停止緊急安置、強制住院之聲請事件，即為家事事件法第185條第1項第4款之停止安置事件。

依照2022年修正前舊精神衛生法的規定，強制嚴重病人全日住院治療的決定，以及延長60日安置的決定，並不受家事法院的審查。只有停止緊急安置、停止強制住院的事件，才受法院審查。精神衛生法於2022年11月全文修正公布，並自公布之日起兩年實施。第五章強制社區治療及強制住院治療之條文，另由行政院會同司法院決定施行日期。

德國家事及非訟事件法第312條以下規定安置事件（Unterbringungsssachen），就被安置人進行剝奪自由的安置、精神病患的安置、對成年人採取的剝奪自由安置等事件之程序做出詳細的規定。這項程序之規定，乃相應德國民法第1906條所規定的保護措施。依照德國民法第1906條之規定、家事及非訟事件法第319條第6項之規定，必須取得法院的裁定，才可以進行安置，與我國目前法律的規定不同。

貳、安置審查程序之審理

一、管轄法院

停止緊急安置、強制住院事件，專屬被安置人住所地、居所地或所在地法院管轄（家事§184Ⅰ④）。至於被安置之人，依照提審法第1條之規定聲請提審，應由逮捕、拘禁地及安置所在地之地方法院管轄提審事件。

二、啓動

依照2022年修正前精神衛生法第42條第3項規定，經緊急安置或強制住院之嚴重病人或其保護人，得向法院聲請裁定停止緊急安置或強制住院。

德國家事及非訟事件法第315條特別規定關係人之範圍，包含受安置人及其保護人、主管行政機關，也包含與受安置人同居的配偶或生活伴侶，或共同生活的父母、子女、養父母，甚至包含被安置人指明可信任的人以及機構負責人。參照我國家事事件法第77條所列之程序參與人，應認爲得聲請停止安置、強制住院之聲請人，包含嚴重病人之配偶、父母及子女等人。

三、審理

法院裁定保護安置時，可以通知社工陪同（家事§11Ⅰ、家事審理細則§153Ⅰ）。依照家事事件法第184條第2項之規定，保護安置事件必須準用同法第165條之規定，原則上應爲被安置人選任程序監理人，但有事實足認無選任之必要時，法院可以不選任。所謂有事實足認無選任之必要，應考慮嚴重病人本身的陳述能力、經濟狀況以及程序監理人報酬支付方式等情形而定。

醫學臨床上，精神障礙或心智欠缺伴隨認知功能下降退化，且難以回復的狀態。而精神疾病的致因常是多重的，達到精神疾病的診斷要件，往往也是動態，病患隨著外來因素的發生或強化，而罹患精神疾病，但也會因爲除去壓力源而不符合精神疾病的診斷要件。因此在精神病患的嚴重病態行爲時，雖然會符合精神疾病的診斷。但是在壓力及衝動過後，暴力危險降低，仍需考慮是否應予精神治療介入。常見的原因是物質濫用、人格違常、情感性的精神病。其中物質的濫用，可能是酒精或是毒品。法院於審理時似應更多注重程序上的審查，而將嚴重病人或精神病患的判斷，交給鑑定人。

法院審理期間，若有符合家事事件法第85條之規定，即得依職權核發必要的暫時處分。

參、2022年修正新法

一、精神衛生法修正及施行

精神衛生法於2022年12月14日修正全文91條，爲全案修正，大幅度修正條文內容，修正重點包括：積極布建社區心理衛生中心、精進病人協助及前端預防、建立危機處理機制、強化病人通報、強制住院改採法官保留、殺人或傷人案件刑事優先原則。歷經委員會審查、朝野協商，對於社區支持服務內涵、強制社區治療是否改採法官保留、強制住院病人出院之銜接、緊急安置時間等議題進行討論後，鑑於強制社區治療對於人身自由限制強度較強制住院爲低，不採取法官保留，惟強化社區支持服務內涵及強制住院病人出院之銜接，縮短緊急安置天數。本次修法強化精神病人社區支持、維護社區安全，並加強精神病人人身自由之保障。

新法公布施行後，除第五章強制社區治療、強制住院治療等法院裁定程序以及第81條第3款、第4款由行政院會同司法院定之外，自公布後二年施行。由於第五章之內容與家事事件法有密切關係，司法院也草擬法律修正案，明文將精神衛生法增加之強制社區治療、延長強制安置等事件納入家事事件，並依照目前強制社區治療強制住院審查會設置之實際狀況，劃定法院管轄等。

二、事件類型

2022年修正之精神衛生法，爲了保障嚴重病人之人身自由，擴大法院審查保護處分之事件類型，除了原本之停止緊急安置、停止強制住院之保護處分，採取法官保留原則，交由法官審查決定之外，將增加之強制社區治療事件，其裁定停止，聲請強制住院轉換爲社區強制治療，以及強制住院之聲請、停止與延長，均採取法官保留原則，必須經法院核可裁定准許後，方得採取保護處分。可以將精神衛生法新增納爲家事非訟事件，依保護處分限制嚴重病人人身自由之強度，依序可以區分爲社區治療、停止緊急安置、強制住院等三種類別。

（一）社區治療事件

第66條第1項停止強制社區治療事件

嚴重病人不遵醫囑致其病情不穩或生活功能有退化之虞，經專科醫師診斷有接受社區治療之必要者，病人住居所在地主管機關、社區心理衛生中心應與其保護人合作，共同協助其接受社區治療。而嚴重病人拒絕接受社區治療時，經地方主管機關指定之專科醫師診斷仍有社區治療之必要，嚴重病人拒絕接受或無法表達時，即向依照精神衛生法第53條設立之精神疾病強制社區治療審查會申請許可強制社區治療。

社區治療係於社區中採行居家治療、社區精神復健、門診治療及其他方式之治療（精神衛生法§3Ⅰ⑥）。由於社區治療對於嚴重病人之人身自由限制程度低，因此強制社區治療，不採取法官保留原則，而由審查會決定即可。強制社區治療之期間不得逾六個月（精神衛生法§54Ⅲ），延長強制社區治療期間不得逾一年（精神衛生法§55Ⅱ）。於強制治療期間，辦理強制社區治療之機構團體，因嚴重病人病情改善等原因，得停止強制社區治療（精神衛生法§56Ⅰ）。除此之外，嚴重病人或其保護人亦得聲請法院裁定停止強制社區治療（精神衛生法§66Ⅰ、Ⅲ），此爲家事非訟事件。

（二）停止緊急安置事件

第60條第2項第4款之聲請停止緊急安置事件

此類事件是因嚴重病人有傷害他人或自己或有傷害之虞，經專科醫師診斷有全日住院治療之必要，而嚴重病人拒絕接受全日住院治療，即由地方主管機關指定精神醫療機構予以緊急安置（精神衛生法§59Ⅰ、Ⅱ）。緊急安置期間爲七日，在此期間，若法院認停止緊急安置之聲請爲有理由時，即應停止緊急安置（精神衛生法§60Ⅰ、Ⅱ④）。

（三）強制住院事件

1. 第59條第4項聲請強制住院案件

此類事件是因爲嚴重病人傷害他人或自己或有傷害之虞，經專科醫師診斷有全日住院治療之必要者，嚴重病人拒絕接受，地方主管機關指定精神醫療機構予以緊急安置，並交由二位以上指定之專科醫師實施強制鑑定，鑑定結果，仍有全日住院治療必要，經詢問嚴重病人意見，其拒絕接受或無法表達時，而向法院聲請裁定強制住院（精神衛生法§59Ⅳ）。

2. 第63條第2項延長強制住院案件。

強制住院期間，不得逾60日（精神衛生法§63Ⅰ）。期間屆滿，經二位以上地方主管機關指定之專科醫師鑑定嚴重病人有延長強制住院期間之必要者，指定精神醫療機構應於強制住院期間屆滿14日前，向法院聲請裁定延長強制住院（精神衛生法§63Ⅱ），此即爲延長強制住院之家事非訟事件。

3. 第64條停止強制住院案件。

強制住院期間或延長強制住院期間，嚴重病人及其保護人得聲請法院裁定停止強制住院（精神衛生法§66Ⅰ、Ⅲ），此為家事非訟事件。

4. 第71條第1項之裁定轉向強制社區治療事件

嚴重病人不遵醫囑致其病情不穩或生活功能有退化之虞，經專科醫師診斷有接受社區治療之必要者，病人住居所在地主管機關、社區心理衛生中心應與其保護人合作，共同協助其接受社區治療。而嚴重病人拒絕接受社區治療時，經地方主管機關指定之專科醫師診斷仍有社區治療之必要，嚴重病人拒絕接受或無法表達時，即向依照精神衛生法第53條設立之精神疾病強制社區治療審查會申請許可強制社區治療（精神衛生法§54Ⅰ、Ⅱ）。由於社區治療對於嚴重病人之人身自由限制程度低，因此強制社區治療由審查會決定即可。

然而，若對於嚴重病人聲請強制住院或延長強制住院，經法院審查後認為未達應受強制住院之程度，但有強制社區治療之原因者，法院可裁定強制社區治療（精神衛生法§71Ⅰ）。

三、法院組織

（一）參審制度

嚴重病人保護處分之家事非訟事件，採取參審制度，由法官一人為審判長，參審員兩人組成合議庭審理（精神衛生法§67Ⅰ）。參審員應包括中央主管機關推薦之精神科指定專科醫師及病人權益促進團體代表各一人（精神衛生法§68Ⅰ），由中央主管機關推薦，經司法院法官遴選委員會遴定，提請司法院院長任命，任期三年（精神衛生法§68Ⅲ）。未來的嚴重病人保護處分家事非訟事件之法庭，將由一名法官、一名專科醫師以及一名病人權益促進團體代表組成。精神衛生法第67條第1項後段明文規定由法官擔任審判長。

家事非訟事件，並無由受命法官行準備程序，合議庭參與辯論之審理程序，雖然依照家事事件法第97條準用非訟事件法第46條，再準用民事訴訟法第495條之1、第463條、第277條第1項，得由審判長指定一名庭員擔任受命法官，行準備程序。然若合議庭認爲一起參與案件之審理，直接接觸證據，以利評議裁定，自得由合議庭一起行審理程序。

（二）法院管轄權

管轄權之規定，應著重於嚴重病人之程序權保障，其他得參與程序人之參與程序權之保障，應使有管轄權之法院與嚴重病人現所在地，趨於一致，以保障嚴重病人之程序權，同時周全安全議題。德國家事及非訟事件法第313條第3項規定，對於精神病患採取剝奪自由安置措施之家事非訟事件，專屬在轄區內採取安全措施之法院管轄。被安置人已經被安置於機構時，由該機構所在地之法院專屬管轄。目前家事事件法第184條現所在地爲管轄因素之一，即具有重要性。

四、保護處分之類型

精神衛生法依照嚴重病人病情程度，依序規定對嚴重病人人身自由不同程度限制之保護處分。第一種類型是嚴重病人有不遵醫囑導致病情不穩或生活功能退化，因病情較爲輕微，採取強制社區治療保護處分（精神衛生法§54Ⅰ）；第二種類型是嚴重病人有傷害他人或自己或有傷害之虞，而有全日住院治療之必要，必須進行安置鑑定等措施，病情已經較爲嚴重，因而採行七天緊急安置之保護處分（精神衛生法§59Ⅰ、Ⅱ）；第三種類型是嚴重病人有傷害他人或自己或有傷害之虞，有全日住院治療之必要，經鑑定後確認，而採行60天之強制住院保護處分（精神衛生法§59Ⅳ）。

若依病情之發展程度，保護處分可能呈現由強制社區治療而緊急安置，再行強制住院。在執行六個月之強制社區治療、七天之緊急安置或60天之強制住院，均得因病情改善等原因，而由嚴重病人本人或其保護人聲請法院裁定停止之。至於病情有惡化現象，於強制社區治療期間，嚴重病人有傷害自己或他人需要緊急安置，甚而強制住院之情形，如符合保護處分之要件，自得進行之，或聲請法院於強制社區治療期間，裁定強制住院。

至於各保護處分之間的轉向，精神衛生法僅於第71條第1項，允許由法院於聲請強制住院之審理事件中，未達受強制住院之程度，改爲行強制社區治療。至於停止強制住院後，可否由法院裁定改行強制社區治療，由於精神衛生法第54條第2項規定，強制社區治療必須向審查會申請，由審查會決定之，且需要其他機構配合。因此，法院應無轉向裁定改行強制社區治療之權限。

五、程序之啓動

依照精神衛生法第66條第1項之規定，聲請法院裁定停止緊急安置、強制住院或強制社區治療，得由嚴重病人或其保護人聲請。同條第3項規定：「經中央主管機關認可之病人權益促進相關公益團體，得就強制住院、強制社區治療及緊急安置事項進行個案監督；其發現不妥情事時，應即通知各該主管機關採取改善措施，並得基於嚴重病人自主、平等及利益保障之考量，向法院聲請裁定停止強制住院、強制社區治療或緊急安置。」由此規定可知，聲請停止緊急安置、強制住院或強制社區治療，爲聲請事件，法院縱使於裁定強制住院期間，亦不得職權啓動停止強制住院之裁定程序。至於停止緊急安置等聲請事件之適格聲請人，精神衛生法第66條第1項雖然規定限於嚴重病人及依精神衛生法第34條第1項選任之嚴重病人保護人，然而由於停止緊急安置等事件，裁定之結果直接影響嚴重病人監護人，亦可能損及配偶、父母親及子女之權利，依照家事事件法第77條第1項第3款及第2項之規定，爲得參與程序之利害關係人。

強制住院及延長強制住院，嚴重限制病人人身自由，得聲請之適格當事人自有嚴格限制之必要。2022年修正後之精神衛生法第53條第4項規定，僅有經指定之精神醫療機構方得向法院聲請強制住院或延長強制住院。因此，若非經指定之精神醫療機構，縱使爲設有精神科之醫療機構或是精神科診所，均非適格之聲請人。

六、審理程序

對嚴重病人之保護處分，無論是有關強制社區治療、緊急安置、強制住院之家事非訟事件，均屬公益事件。法院應依職權探知原則，蒐集事證。由於嚴重病人之保護處分，具有對於嚴重病人之處遇，法院於裁定時，有必要與專科醫師、護理師、職能治療師、心理師、社會工作師等專業人士合作。新修正之精神衛生法第53條第4項，特別規定由審查會協助法院安排審理之行政事項。所謂審查會，依照同條第1項、第2項之規定，由中央主管機關成立之，成員包括專科醫師、護理師、職能治療師、心理師、社會工作師、病人權益促進團體代表、法律專家及其他相關專業人士。

爲了保障嚴重病人之公正程序請求權，2022年修正後之精神衛生法，分別在緊急安置事件、強制住院事件，規定不同程度的律師協助、選任律師擔任非訟代理人以及選任程序監理人之措施。精神衛生法第62條規定：「嚴重病人緊急安置期間，未經委任律師爲代理人者，應由指定精神醫療機構通報中央主管機關提供必要之法律扶助。」「前項受理通報及扶助業務，中央主管機關得委託財團法人法律扶助基金會或其他民間團體辦理。」此不限於聲請停止緊急安置是法院裁定事件，凡是緊急安置期間，均應由目前法律扶助基金會委派律師協助嚴重病人，進行後續的安置及強制鑑定措施。

凡由法院受理之嚴重病人保護處分事件，嚴重病人無非訟代理人者，法院認有必要時，得爲其選任律師爲代理人（精神衛生法§70Ⅰ）。嚴重病人無前項代理人或法院於審理程序中認有必要者，得爲其選任程序監理人；程序監理人之報酬，得由國庫支付（精神衛生法§70Ⅱ）。由於家事非訟事件之程序監理人，得爲程序行爲，如聲請調查證據等，與律師擔任非訟代理人，功能有可互補之處，法院自得依個案狀況，選任律師擔任非訟代理人，或選任程序監理人。嚴重病人之程序監理人，其報酬之負擔，精神衛生法第70條第2項規定由國庫支付，與家事事件法第16條第4項、第6項規定，作爲程序費用之一部分，並得由國庫先行墊付有所不同。

法院審理聲請強制住院或其他停止強制住院、強制社區治療之事件中，認爲有必要就嚴重病人之家庭支持系統、所在地附近醫療資源進行瞭解，亦得指定特定事項，命家事調查官就特定事項調查事實（家事§18Ⅰ）。而精神衛生法第53條第4項也特別規定，審查會於申請強制住院或延長強制住院時，應協助法院安排審理之行政事項，自應包含法院調查審認所需之事證及醫療意見。

嚴重病人縱然不能以法律行爲負擔義務，然而依照家事事件法第14條第2項之規定，只要滿七歲以上，就精神衛生法所定由法院裁定之家事非訟事件，因均屬於人身自由之事件，均具有程序能力，可自行聲請停止緊急安置、強制社區治療、強制住院。

七、裁定

新修正精神衛生法第63條第1項規定，法院每次裁定強制住院期間，不得逾60日。依其文義，強制住院期間由法院裁量決定之，最長不得超過60日。法院於裁量強制住院期間時，應參考專科醫師強制鑑定之結果，或請強制鑑定之專科醫師陳述意見，以作爲裁量之依據。

法院製作之裁定書，得由法官宣示主文、事實及理由要旨，由書記官記載於筆錄代之；如經提起抗告，法院應於10日內補正裁定書（精神衛生法§71Ⅲ）。

對於嚴重病人之保護處分，尤其安全上的特別考慮，精神衛生法特別規定在聲請裁定如強制住院期間，指定精神醫療機構對於嚴重病人仍得繼續爲緊急安置、強制住院或強制社區治療（精神衛生法§73）。至於法院裁定之效力，若爲裁定強制住院，指定精神醫療機構亦得接續執行強制住院，縱使有抗告，也不停止執行強制住院（精神衛生法§73）。然若是法院裁定停止強制社區治療、停止緊急安置、停止強制住院，或是駁回強制住院之聲請，或是駁回延長強制住院之聲請，精神衛生法第73條特別規定裁定效力，無論是法院裁定後，或是在抗告期間，指定醫療機構不得繼續爲緊急安置、強制住院或強制社區治療之保護處分。

法院所爲嚴重病人之保護處分裁定，有不服者，得於裁定送達後10日內提起抗告；對於抗告法院之裁定，不得再抗告（精神衛生法§71Ⅱ）。

第五編

履行確保及強制執行

本編目次

第一章　通則

第一節　強制執行法之準用

依家事事件法做成之調解、和解及本案裁判，除法律別有規定外，得爲強制執行名義（家事§186Ⅰ）。暫時處分之裁定及依家事事件法第90條第1項所爲回復原狀之裁定，亦得爲執行名義（家事審理細則§163Ⅰ）。家事非訟事件裁定，於宣示、送達、公告或以其他適當方法告知時即發生效力（家事§82Ⅰ），不待確定，因此債權人執得爲執行名義之家事非訟事件本案裁判聲請強制執行，毋庸提出裁定確定證明書。法院受理家事非訟事件本案裁判強制執行時，應注意該裁判是否已合法抗告、上訴（家事審理細則§163Ⅱ）。

家事事件之強制執行，除法律別有規定外，準用強制執行法之規定（家事§186Ⅱ前段）。對於執行方法之聲明異議（強執§12）、執行事件命債權人查報或職權調查（強執§19Ⅰ）、執行法院向稅捐或其他有關機關調查債務人財產狀況（強執§19Ⅱ）、債務人經合法通知無正當理由不到場之拘提（強執§21）、有事實足認顯有履行債務之可能故不履行等情形之命提供擔保或限期履行（強執§22Ⅰ）、有事實足認顯有履行債務之可能故不履行等情形之命限制住居（強執§22Ⅱ）、債務人未依照命令遵期履行之管收（強執§22Ⅴ）、動產執行之直接取交（強執§123）、可代替行爲請求權之命代爲履行（強執§127）、不可代替行爲請求權之科處怠金或管收（強執§128）。關於繼承財產分割之裁判，執行法院得將各繼承人分得部分點交之；其應以金錢補償者，並得對於補償義務人之財產執行。執行名義係變賣繼承財產，以價金分配於各繼承人，執行法院得予以拍賣，並分配其價金，其拍賣程序，準用關於動產或不動產之規定（強執§131），均在可以準用之列。家事事件之強制執行，除準用強制執行法之規定外，有與財產強制執行不同之處，需要借助社會福利主管機關、社會福利機構，並結合心理、社工等專業領域人員，妥善執行，因此家事事件法第186條第2項後段特別規定，家事事件之強制執行，得請求行政機關、社會福利機構協助執行。

家事事件之強制執行，在未設家事執行處之前，應由各地方法院之執行處執行之。家事事件法第187條所定之履行調查及勸告，由少年及家事法院爲之。未設少年及家事法院之地區，由地方法院家事法庭法官爲之（家事審理細則§164）。依家事事件法成立之執行名義，其聲明異議或是提起債務人異議之訴，由該執行處所屬法院之家事法庭審理[1]。

暫時處分之裁定得爲執行名義（家事§87II），得由爲暫時處分之法院依職權爲執行（家事§87III）。暫時處分於裁定送達或告知受裁定人時即發生效力，如果告知顯有困難，於公告時發生效力（家事§87 I），暫時處分於生效後，即得成爲執行名義，家事法院（庭）可以依職權執行。如限制父母親帶離未成年子女出境之暫時處分，法院於裁定後立即公告，或當庭告知受裁定人，即可職權通知入出境管理機構，執行暫時處分之內容。暫時處分之裁定屬於依法應登記事項者，法院應依職權通知該管機關；裁定失其效力時亦同（家事§87IV）。至於如離婚後贍養費請求事件，法院依聲請核發供擔保後，禁止債務人處分移轉特定不動產，因爲尙須提供擔保後，才得執行，家事法院（庭）即無法在未提供擔保前，依職權囑託辦理查封登記[2]。

第二節　履行勸告制度

執行名義成立之後，當事人可以聲請法院調查義務履行之狀況，並勸告債務人履行（家事§187 I）。此即履行勸告制度，乃是鑑於若干家事事件執行名義，諸如會面交往、扶養方法、監護方法等，均屬於家庭成員關係之裁判。執行名義的內容有長期性，取得執行名義，未必以經由法院強制名義內容獲得實現爲唯一目的，可能包含由調解、法院裁判等手段，是家庭成員間之規範有自主回復的機

---

1 李太正，《家事事件法之理論與實務》，五南圖書，2020，頁433。
2 李太正，《家事事件法之理論與實務》，五南圖書，2020，頁424。

會。因此，在取得執行名義之後，藉由資源整合、團隊合作之方式，讓家事成員能在柔性勸告下，依照執行名義內容自動履行。避免因公權力強制執行，惡化家庭成員關係。

親子責任事件之執行名義，當事人包含父母、子女，得進行會面交往的祖父母也都可以聲請履行勸告。兒少福權法第4條規定了主管機關對於應受保護兒少的一般照顧義務，內容包含「協助兒童及少年之父母、監護人或其他實際照顧兒童及少年之人，維護兒童及少年健康，促進其身心健全發展，對於需要保護、救助、輔導、治療、早期療育、身心障礙重建及其他特殊協助之兒童及少年，應提供所需服務及措施」。因此執行名義成立後的履行勸告制度，確實提供法院與兒少主管機關合作，確保親子責任事件執行名義確實被實現，以保障兒少最佳利益的制度管道。

履行勸告由債權人檢具執行名義向法院聲請之（家事§187Ⅰ）。履行勸告，由爲裁判或成立調解或和解之第一審法院管轄（家事§187Ⅱ）。

法院爲履行調查及勸告，應聽取債務人之陳述。但法院認有急迫情形或依事件性質顯不適當者，不在此限（家事審理細則§165）。履行勸告之執行，可以由法院視實際需要、法院及社會資源等情形採行措施，必要時，並得囑託其他法院或協調相關機關、機構、團體及其他適當人員共同爲之，並得命家事調查官等調查（家事審理細則§166Ⅰ）。法院所可以採取之措施，包含以下幾項，但法院認爲必要時，也可以採取其他措施：

一、評估債務人自動履行之可能性、何時自動履行、債權人之意見、未成年子女之意願、心理、情感狀態或學習生活狀況及其他必要事項等，以擬定適當之對策。

二、評估債權人及債務人會談可能性並促成會談。但有家庭暴力情形者，準用家庭暴力防治法第47條之規定。

三、進行親職教育或親子關係輔導。

四、未成年子女無意願時，予以適當之輔導，評估促成共同會談、協助履行。

五、向其他關係人曉諭利害關係，請其協助促請債務人履行。

六、協助債權人或債務人擬定安全執行計畫或短期試行方案。

七、勸告債務人就全部或已屆期之金錢或其他代替物之給付，提出履行之方式。

八、其他適當之措施。

其中第2款、第3款及第6款情形，應經債權人及債務人之同意；請債權人、債務人與未成年子女共同會談時，並應注意未成年子女之意願及其最佳利益。法院認第7款履行之方式適當時，得通知債權人爲是否接受之表示；債權人表示接受時，請債務人依債權人接受履行之方式爲之。上述各款措施需支出費用者，由法院酌量情形，命債權人及債務人以比例分擔或命一造負擔，或命各自負擔其支出之費用。

履行勸告制度，有賴法院整合資源，以期有效發揮制度功能。

第二章　扶養費及其他費用之執行

第一節　暫免繳納執行費

聲請強制執行，依強制執行法第28條之2繳納執行費，執行標的金額或價額未滿新臺幣5,000元整，免徵執行費；新臺幣5,000元以上者，每百元收七角執行費。

子女對父母之扶養費請求權，或是年老父母對子女之扶養費請求權，既經取得執行名義，該請求權屬於維持生活所需，家事事件法第189條因而特別規定暫免繳執行費，以期更有效保障扶養請求權人。強制執行法第28條之2第5項也有同樣規定。

得暫免繳納執行費者，既然已經明定限於扶養費請求權，自不包含家庭生活費用請求權以及贍養費請求權[1]。至於代墊扶養費之返還，既係基於不當得利或無因管理之請求權，學者認爲不在可暫免繳納執行費之範圍內[2]。

扶養費請求權之執行名義，不論是法院裁定或是和解筆錄、調解筆錄，均得適用家事事件法第189條，暫免繳納執行費用。

第二節　逐期給付債權之執行

命定期給付或定期金給付之扶養費、家庭生活費用或贍養費等費用之「逐期給付」執行名義，於聲請執行時，往往面臨必須等候每期債權屆至，方得聲請執行之窘境。家事事件法爲使逐期給付債權發揮照顧受扶養權利人之功能，特別設計兩種新制度，一爲期限利益喪失制度（家事§190）[3]，一爲強制金制度（家事§191）。期限利益喪

---

1 李太正，《家事事件法之理論與實務》，五南圖書，2020，頁436。

2 不同見解，許士宦，《家事事件法論》，新學林，2019，頁420。

3 有學者稱之爲預備查封，許士宦，《家事事件法論》，新學林，2019，頁415；有學者稱之爲直接強制，李太正，《家事事件法之理論與實務》，五南圖書，2020，頁437。

失制度係指債務人一期未完全履行時，債權人得聲請法院就其餘未到期之債權一併強制執行，債務人原本享有之分期期限利益因而喪失。

逐期給付之債權，強制執行法原已設有簡單迅速聲請執行之程序（強執§5-1），但因僅規定債權人於各期屆至時，得聲請繼續執行，並未規定債權人得就未屆期之債權聲請執行，債權人仍然必須等候債權到期，方得聲請執行，對權利人之保障尚有不足。家事事件法有鑑於此，增訂期限利益喪失制度，而有別於強制執行法第5條之1之規定。

可適用期限利益喪失制度之執行名義，限於家庭生活費用、扶養費或贍養費之請求。代墊扶養費之請求，係基於不當得利或無因管理，有學者認為不屬於本條所稱之扶養費請求執行名義，如上所述。另外非民法上所定之扶養義務人，為維持他人生計而簽訂扶養契約，應屬一般金錢債權之執行，不在本條適用之列[4]。至於執行名義成立之方式，可以是法院終局裁定、暫時處分，也可以是和解筆錄或調解筆錄。

期限利益喪失制度，適用於分期給付及定期金給付之執行名義。兩者性質不同，分期給付是有總額給付，但是可以分期履行；定期金給付是沒有定出總額，只是定出每期應給付之金額。定期金給付之基礎法律關係為扶養權利義務關係，扶養義務人依法令或契約負有扶養義務時，義務人與權利人之間即有權利義務關係存在，並即發生效力，定期金之各期給付僅係該權利義務關係更進一步具體化，此由民法第732條第2項有關定期金預付規定，亦可獲得佐證。且為保障受扶養權利人，分期給付與定期金給付功能幾乎相同，於期限利益喪失之規定，似無區別之必要[5]。惟有學者採不同見解，認為定期金給付之債權係逐次發生，而非逐次到期，理論上，並無期限利益可言，不應有期限利益喪失制度之適用[6]。

期限利益喪失制度於執行名義所載之債權為分期給付債權時，

---

4 許士宦，《家事事件法論》，新學林，2019，頁420。

5 許士宦，《家事事件法論》，新學林，2019，頁390-391似採相同結論。

6 邱璿如，〈未成年子女扶養費債權履行確保制度之擴充必要性（上）〉，《台灣法學》，第176期，2011/5，頁9-11。

因執行名義除每期給付之金額外，尚有總額之記載，如果債務人喪失期限利益時，債權人即得以執行名義所記載之債權總額聲請執行，適用上當無疑問。但如果債權屬於定期金給付時，所謂未到期債權之範圍，即尚待確定。定期金債權如果訂有期限，例如至債權人成年時爲止，則所謂未到期債權，應係指至期限到期爲止前所有之債權。如果是屬於終身定期金者，則應以平均壽命爲期限。已經屆滿平均壽命者，無論是分期給付或是定期金，執行法院於計算其餘未到期之債權時，自應扣除中間利息。另外由於該執行名義已經確定，有關其餘未到期債權之計算，自應由執行法院爲之，毋庸另外聲請法院裁定確認，當屬自明之理。

家事事件法第190條第1項所規定之期限利益喪失制度，與家事事件法第100條第3項所規定期限利益喪失，效果相同。僅前者係執行程序中之期限利益喪失，後者則由法院於事件審理裁判時決定。而且家事事件法第190條既然規定限於未到期之債權，債權人得聲請執行，若屬已經到期之債權，包含依照家事事件法第100條第3項因法院酌定一期不履行，視爲全部到期之情形，債權人原本即可聲請執行，無再適用家事事件法第190條第1項喪失期限利益之必要。

利益喪失制度之執行，可以執行債務人財產之範圍，限於債務人已屆清償期之薪資債權或其他繼續給付之債權（家事§190II）。

第三節　強制金

強制金制度，是爲了確保執行債務人依執行名義履行，因此於執行債務人未依執行名義履行時，除了原執行內容所記載的內容之外，並應給付一定金額之強制金於執行債權人。家事事件法第191條規定家事事件執行名義，給付強金之要件，「債務人依執行名義應定期或分期給付家庭生活費用、扶養費或贍養費，有一期未完全履行者，雖其餘履行期限尚未屆至，執行法院得依債權人之聲請，以裁定命債務人應遵期履行，並命其於未遵期履行時，給付強制金予債權人。」執行法院得依債權人之聲請裁定強制金，限於執行名義爲定期或分期給付家庭生活費用、扶養費或贍養費，此類執行名義之範圍，與期限利益喪失制度之執行名義相同。債務人未依執行名義所記載的內容履行，已經有一期未完全履行之情形，縱然其他履行期限尚未屆至，執行法院仍得依債權人之聲請，命給付強制金（家事§191Ⅰ）。若債務已屆期，債務人仍未履行，執行法院得依債權人之聲請，以裁定命債務人限期履行，並命其於期限屆滿仍不履行時，給付強制金（家事§191Ⅳ）。執行名義內容不限於分期給付之債權，也包含定期金債權之執行名義[7]。

法院已經依家事事件法第100條第4項酌定加給金額，債權人可否依家事事件法第191條聲請法院裁定酌給強制金。有見解認爲，家事事件法第191條第1項但書既然特別將酌定加給金額之情形排除在外，解釋上應採取否定見解，即法院已經於裁判中酌定加給金額，債權人即不能再聲請裁定酌給強制金。惟家事事件法第191條第1項之立法理由明白表示：「爲促使債務人確實依執行名義履行債務，爰設間接強制制度，除少年及家事法院於裁判時已酌定加給金額外，執行法院亦得依聲請命債務人給付強制金予債權人，以供債權人選擇利用。」允許債權人選擇其中之一，達成債權滿足之效果；而且強制金屬於強制執行方法之一，並非違約金實體債權，債務人既未能依照執行名義履行，債權人自得聲請法院採取強制金之執行方法。

又債權人雖得選擇，應僅得二擇一，不能既請求依加給金額履行，又聲請法院酌定強制金，此所以家事事件法第191條第1項但書特別將已經命加給金額者排除在外。因此家事事件法第191條第1項之債權，並不包含法院依同法第100條酌定加給金額之債權。換言之，酌定加給金額債權，雖爲執行名義內容，但不得採用家事事件法第191條所定之強制金執行方法。

強制金由執行法院裁定爲之，此所謂執行法院是指執行行爲之法院執行處，或是執行處所屬之法院（家事庭）、同管轄區域之少家法院，容有疑問。因爲立法理由記載：「強制金係以違反包括強制金裁定在內之有關執行名義之執行債權履行命令爲條件之制裁金，屬債務人新增之債務，該裁定係另一執行名義，債權人如欲執行強制金裁

7 李太正，《家事事件法之理論與實務》，五南圖書，2020，頁439。

定，應另爲強制執行之聲請。」既然強制金屬於債務人新增債務，並非執行方法之怠金，應由有審判權限之法院家事庭或管轄區域是少家法庭爲之，俾使債務人對於新增債務之聽審請求權，同獲保障。

執行法院強制金之裁定，也可以成爲執行名義。強制金必須經由債權人聲請，執行法院方得裁定，此與強制執行法第128條所定執行方法中之怠金，性質上不同。至於債務人就所給付之金額得否主張先清償扶養費之本金債額，而非先清償法院所命加給之金額。由於強制金之裁定屬於單獨之執行名義，自應依聲請執行程序定之，惟均屬強制執行法第31條以下得參與分配之債權。

執行法院裁定之強制金，金額不得逾每期執行債權二分之一（家事§191Ⅲ）。裁定時應考慮的因素，包含債權人因債務不履行所受之不利益、債務人資力狀態及以前履行債務之狀況（家事§191Ⅱ）。

債務人證明其無資力清償或清償債務將致其生活顯著窘迫者，執行法院應依債務人之聲請或依職權撤銷第191條第1項及第4項之裁定（家事§191Ⅴ）。強制金裁定確定後，情事變更者，執行法院得依債務人之聲請變更之。債務人爲第192條第1項聲請，法院於必要時，得以裁定停止強制金裁定之執行（家事§192Ⅰ、Ⅱ）。

第四節　執行財產之範圍

扶養費債權往往是受扶養權利人維持基本生活所需要之資財，於受扶養權利人爲無謀生能力之未成年子女，更仰賴扶養費方能上學、購衣、吃飯。由於父母親對於未成年子之扶養義務，係生活保持義務，縱使父母親沒有多餘的能力照顧未成年子女，仍然必須就其所得之生活資財供養未成年子女，助其長大成人。家事事件法第193條因而特別規定，有關未成年子女扶養費債權之執行，並不受強制執行法第122條執行財產範圍之限制，縱使該財產係父母親維持生活所必需之物品，仍可以聲請法院查封執行。

未成年子女與父母間並沒有家庭生活費用分擔之問題，父母親爲照顧未成年子女日常生活起居所應支付之費用，均屬於扶養費用，包含就學、購衣、補習、看診、生活飲食等費用均屬扶養費用。法院於裁定中載明未成年子女扶養費用，固屬本條所稱之執行名義，法院依家事非訟事件暫時處分類型及方法辦法第7條第1項第1款所核發命相對人給付費用之暫時處分，亦應屬於家事事件法第193條所稱扶養費債權。至於該款所定之諮商輔導費用，旨在修補父母子女之關係，並非扶養所必需之費用，應不包含在內。其他款項之暫時處分，均非有關金錢給付之執行，自不屬於家事事件法第193條所稱之扶養費債權。

強制執行法第122條曾於2011年6月29日修正，擴張禁止執行債務人財產之範圍，將債務人依法領取之社會福利津貼、社會救助或補助，列爲絕對不得爲強制執行之標的，並將相對不得強制執行之標的擴及債務人依法領取之社會保險給付。該法修正之立法理由爲：「債務人依法領取之社會福利津貼、社會救助或補助，多爲政府照護社會弱勢族群之措施，俾維持其基本生活。各相關法規雖多明定依法請領各項現金給付或補助之權利，不得扣押、讓與或供擔保，但該等權利實現後，如仍予強制執行，有違政府發給之目的，宜明定債務人依法領取之該等津貼、救助或補助，不得爲強制執行，爰增訂第一項。」「現行社會保險係指公教人員保險、勞工保險、軍人保險、農民保險及其他政府強制辦理之保險。債務人依法領取之社會保險給付，其金額多寡不一，如係維持債務人及其共同生活之親屬生活所必需者，宜明定不得爲強制執行。」家事事件法第193條排除強制執行法第122條，既未限定修正前條文即現行條文第2項，自應認爲包含第1項。且政府發放債務人社會福利津貼、社會救助或補助，原意應在救助債務人本人及其家屬，則債務人之未成年子女亦應同受保護，若債務人未履行其扶養義務，其所領取之社會福利津貼例如失業補助，自應允許未成年人持扶養債權之執行名義聲請執行。

又既然家事事件法第193條排除強制執行法第122條之適用，則無論是強制執行法第122條第1項或第2項之公法債權，扶養權利債權人均得聲請全額執行，執行法院毋庸酌留債務人生活所需費用。至於是否應留其他共同生活之親屬所需之費用，情理上似有斟酌空間，惟因扶養費之酌定，係家事法院本於職權，衡酌債務人資力及所須扶養義務之範圍而定，裁定時，應已考量債務人共同生活親屬之生活所需，執行法院當無另爲考量之必要。

最高法院106年台抗字第652號判決也闡明此意旨：「……是爲確保未成年子女之生存及發展，債務人之未成年子女關於其扶養費債權之執行，既不受強制執行法第122條之限制，即得就債務人對於第三人之債權全部爲之（僅須酌留債務人及受其扶養之其他未成年子女生活所需），則該有執行名義之未成年子女扶養費債權、受債務人扶養之其他未成年子女生活所需及債務人與其共同生活之親屬生活所必需部分，一般債權人即不得爲強制執行。」

第三章　交付子女與子女會面交往之執行

執行名義係以交付子女或子女會面交往爲內容，該執行名義屬於強制執行法第128條所規定「債務人應爲一定之行爲，而其行爲非他人所能代履行者」之執行名義，即不可代替行爲之執行名義。執行名義的形式，可能是法院判決裁定、訴訟上和解、調解以及暫時處分。

會面交往執行名義的執行，往往是具有繼續性，執行名義所記載的內容，可能是每星期會面交往，或是每個月會面交往，而不是一次性的執行。因此有賴父母雙方確實自主地依照執行名義所記載的會面交往方式履行，此即依憑執行名義所記載會面交往方式，有具體可行性及自願性。因此在法院審理裁定過程中，或者調解程序進行中，使會面交往方式之裁定或調解筆錄、和解筆錄，具體可行，且係出於自願，甚至已經試行，當可避免再進入強制執行程序。

若無法有效會面交往或者交付子女，則此種執行名義之執行方法，依照強制執行法第128條有兩種執行方法，第一種是該條第1項所規定之怠金；第二種是該條第3項所規定之直接強制。第一種之怠金是債務人應交付子女或者應許非同住之父母與子女爲會面交往，卻不願意履行時，執行處得依債權人之聲請，先定履行期間命債務人履行，債務人若不履行，執行處得科以3萬元以上30萬元以下之怠金，而且可以連續再處怠金，甚至加以管收。怠金制度配合有限期履行、連續處罰怠金以及管收，已經是相當強力的執行方法；第二種方式是直接強制，將子女依照執行名義交付給執行名義所記載之債權人。

直接強制與間接強制各有優缺點，家事事件法爲因應交付子女或會面交往事件之多樣需求、謀求子女之最佳利益，於第194條特明列法院選擇執行方法時，應審酌考量之因素，包含未成年子女之年齡及有無意思能力、未成年子女之意願、執行之急迫性、執行方法之實效性、父母與未成年子女間之互動狀況及可能受執行影響之程度，俾其針對個別案件及執行階段之不同，彈性擇一或合併使用，實現執行名義所記載之內容。

未成年子女與離婚父母會面交往裁定之落實執行，方可以有效避免未成年子女拐帶。在2003年發生一件美國與加拿大人民間之會面交往裁定執行，就是一件鮮明的案例。該案是未成年子女與父母原本一起住在美國賓州，母親將子女帶往加拿大居住，經過一年之後，父親才有機會見到子女，父親因此向加拿大法院聲請可以與子女會面交往之裁定，加拿大法院裁定父親可以在其住所與子女會面交往，駁回將子女帶回賓州的請求。然而父親在其住所與子女會面交往之後，察覺到母親可能將子女帶到加拿大其他地區，因此再經由美國法院裁定駁回母親將子女帶回加拿大的聲請[1]。此案例也是因爲父親認爲會面交往無法獲得確保，母親也認爲未成年子女會因爲會面交往之後，失去繼續照顧子女的機會。父母雙方對於會面交往的落實與否有所懷疑，導致父親、母親在各自所在地的法院，聲請裁定帶返子女、變更親子責任之內容、變更會面交往的方式等諸多事件，引發更多後續波折。

至於以直接強制方式交付子女，家事事件法第195條規定，以直接強制方式將子女交付債權人時，宜先擬定執行計畫；必要時，得不先通知債務人執行日期，並請求警察機關、社工人員、醫療救護單位、學校老師、外交單位或其他有關機關協助。執行過程中，宜妥爲說明勸導，儘量採取平和手段，並注意未成年子女之身體、生命安全、人身自由及尊嚴，安撫其情緒。

---

1 Grammes v. Grammes, No. Civ.A.02-7664.2003 WL22518715 (E.D.Pa. October 6, 2003).

參考文獻

壹、中文部分

Alison Taylor著，楊康臨、鄭維瑄譯，《家庭衝突處理—家事調解理論與實務》，學富文化公司，2007。

Simon Butt & Tim Lindsey著，陳春生、程明修等譯，《印尼法導論》，臺灣環境資源與能源法學會，2022。

吳明軒，《民事訴訟法（下冊）》，2011，修訂9版。

呂太郎，《民事訴訟法》，元照出版，2022。

沈冠伶，《民事程序法之新變革》，新學林，2009。

沈冠伶，《家事程序之新變革》，元照出版，2015。

李太正，《家事事件法之理論與實務》，五南圖書，2020。

邱聯恭，《司法之現代化與程序法》，1992。

邱聯恭，《程序利益保護論》，2005。

邱聯恭，《爭點整理方法論》，2002。

邱聯恭，《程序制度機能論》，臺大出版中心，2018。

邱聯恭，《程序選擇權論》，2000。

松本博之著，郭美松譯，《日本人事訴訟法》，廈門大學出版社，2012。

林秀雄，《親屬法講義》，元照出版，2022。

林秀雄，《繼承法講義》，元照出版，2019。

姜世明，《家事事件法》，元照出版，2019。

姜世明，《民事訴訟法（上冊）》，新學林，2022。

姜世明，《民事訴訟法（下冊）》，新學林，2014。

姜世明，《民事訴訟法基礎論》，元照出版，2022。

姜世明，《非訟事件法新論》，新學林，2018。

姜世明，《家事事件法理與實踐之虛與實》，2016。

高鳳仙，《家事事件法》，五南圖書，2019。

許士宦，《家事事件法論》，新學林，2019。
許士宦，《家事事件法》，新學林，2020。
許士宦，《家事審判與債務執行》，新學林，2013。
陳棋炎、黃宗樂、郭振恭，《民法親屬新論》，三民書局，2022。
陳棋炎、黃宗樂、郭振恭，《民法繼承新論》，三民書局，2022。
陳榮宗、林慶苗，《民事訴訟法（下）》，三民書局，2021。
陳惠馨，《民法繼承篇—理論與實務》，元照出版，2017。
楊熾光，〈家事調解之實質發展與專業整合〉，《司法研究年報》，第31輯，2014。
鄧學仁，《現代家族法之研究》，瑞興圖書公司，2009。
戴炎輝、戴東雄、戴瑀如，《親屬法》，元照出版，2021。
戴炎輝、戴東雄、戴瑀如，《繼承法》，元照出版，2021。
魏大喨，《民事訴訟法》，三民書局，2021。

貳、外文部分

Allison Diduck & Felicity Kaganas, Family Law, Gender and the State, Text, Cases and Materials, Hart Publishing, U.K., 2012.
Claudia Martin, Diego Rodriguez-Pinzón, & Bethany Brown, Human Rights of Older People, Springer, U.S.A., 2015.
Dennis R. Hower, Janice L. Walter, & Emma R. Wright, Wills, Trusts and Estate Administration, CENGAGE Learing, Boston U.S.A., 2017.
Frances Burton, Family Law, London, 2012.
Johannes Holzer, FamFG, RWS Verlag, Köln, 2011.
Lynn Dennis Wardle, William C. Duncan, & Lawrence C. Nolan, Family and Succession Law in the USA, Wolters Kluwer, 2022.
Martin Haußleiter, FamFG, Verlage C.H. Beck, München, 2011.
Nigel Lowe & Gillian Douglas, Broomly's Family Law, Oxford University Press, U.K., 2015, 11th ed.
Richard Zöller, Zivilprozessordnung, Kommenter, Dr. Otto Schmidt Verlag,

Köln, 30Aufl. 2014.

Sonia Harris-Short & Joanna Miles, Family Law, Text, Cases and Material, Oxford University Press, U.K., 2011.

Ursula Bumiller & Dirk Harders, FamFG Freiwillige Gerichtbarkeit, C.H. Beck, München, 10Aufl. 2011.

Valerie Thean JC & Fool Siew Fong ed., Law and Practice of a Family Law in Singapore, Thomson Reuters Corporation Ltd., Singapore, 2016.

國家圖書館出版品預行編目(CIP)資料

家事事件法疏義／賴淳良著. --初版. --臺北市：五南圖書出版股份有限公司, 2023.10
面；　公分
ISBN 978-626-366-581-1(平裝)

1.CST: 家事事件法

584.4　　112014727

1SC2

家事事件法疏義

作　　者— 賴淳良（519.2）
發 行 人— 楊榮川
總 經 理— 楊士清
總 編 輯— 楊秀麗
副總編輯— 劉靜芬
責任編輯— 呂伊真
封面設計— 陳亭瑋
出 版 者— 五南圖書出版股份有限公司
地　　址：106台北市大安區和平東路二段339號4樓
電　　話：(02)2705-5066　　傳　　真：(02)2706-6100
網　　址：https://www.wunan.com.tw
電子郵件：wunan@wunan.com.tw
劃撥帳號：01068953
戶　　名：五南圖書出版股份有限公司

法律顧問　林勝安律師

出版日期　2023年10月初版一刷
定　　價　新臺幣550元

經典永恆·名著常在

五十週年的獻禮——經典名著文庫

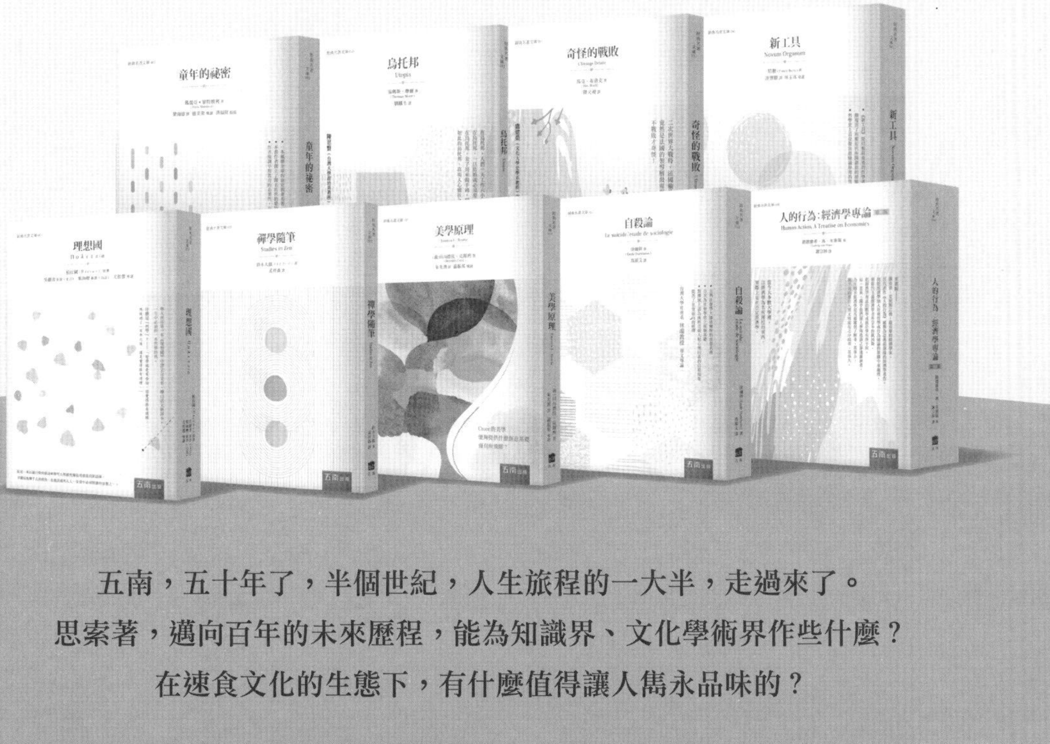

五南，五十年了，半個世紀，人生旅程的一大半，走過來了。
思索著，邁向百年的未來歷程，能為知識界、文化學術界作些什麼？
在速食文化的生態下，有什麼值得讓人雋永品味的？

歷代經典・當今名著，經過時間的洗禮，千錘百鍊，流傳至今，光芒耀人；
不僅使我們能領悟前人的智慧，同時也增深加廣我們思考的深度與視野。
我們決心投入巨資，有計畫的系統梳選，成立「經典名著文庫」，
希望收入古今中外思想性的、充滿睿智與獨見的經典、名著。
這是一項理想性的、永續性的巨大出版工程。
不在意讀者的眾寡，只考慮它的學術價值，力求完整展現先哲思想的軌跡；
為知識界開啟一片智慧之窗，營造一座百花綻放的世界文明公園，
任君遨遊、取菁吸蜜、嘉惠學子！